冶金专业教材和工具书经典传承国际传播工程
普通高等教育“十四五”规划教材

“十四五”国家重点出版物出版规划项目

深部智能绿色采矿工程
金属矿深部绿色智能开采系列教材
冯夏庭　主编

金属矿山生态-经济一体化设计与固废资源化利用

Eco-economic Design and Solid Waste Utilization of Metal Mines

顾晓薇　胥孝川　主　编
孙晓刚　孙　雷　包妮沙　刘文刚　赵　鑫　副主编

扫码看本书
数字资源

北　京
冶　金　工　业　出　版　社
2023

内 容 提 要

本书针对金属矿床开采所伴生的生态环境问题，围绕降低生态环境冲击这一主题，从末端治理、源头减量和固废资源化利用三个方面讲述了相关理论知识、方法和技术。全书共分 4 篇 14 章。第 1 篇对生态经济学作概要介绍，包括生态经济学基本理论、可持续发展评价指标和生态足迹计算模型。第 2 篇讲述了矿山生态恢复（即末端治理）与生态-经济一体化矿山设计（即源头减量），包括矿山土地复垦、矿山生产的生态足迹与生态成本、露天矿境界与开采计划的生态-经济一体化优化方法。第 3 篇介绍了矿山环境监管及监测技术，包括矿山环境监管内容与制度、矿区生态环境监测的遥感技术、铁尾矿主成分及含水率监测的高光谱技术。第 4 篇介绍了采空区治理及矿山固废的资源化利用，包括采空区处理与利用、尾矿再选、利用尾矿和废石制备多种建筑材料和高附加值产品等。

本书可作为高等院校矿业工程领域相关专业的教材，也可供有关专业的工程技术人员和研究人员参考。

图书在版编目(CIP)数据

金属矿山生态-经济一体化设计与固废资源化利用/顾晓薇，胥孝川主编. —北京：冶金工业出版社，2023. 11
（深部智能绿色采矿工程/冯夏庭主编）
“十四五”国家重点出版物出版规划项目
ISBN 978-7-5024-9540-4

Ⅰ. ①金… Ⅱ. ①顾… ②胥… Ⅲ. ①金属矿—矿业经济—生态经济—经济一体化—高等学校—教材 ②金属矿—废物综合利用—高等学校—教材 Ⅳ. ①F407. 1 ②X752

中国国家版本馆 CIP 数据核字(2023)第 105057 号

金属矿山生态-经济一体化设计与固废资源化利用

出版发行	冶金工业出版社	**电　话**	(010)64027926
地　址	北京市东城区嵩祝院北巷 39 号	**邮　编**	100009
网　址	www. mip1953. com	**电子信箱**	service@ mip1953. com

责任编辑　杨　敏　美术编辑　彭子赫　版式设计　郑小利
责任校对　郑　娟　李　娜　责任印制　窦　唯
三河市双峰印刷装订有限公司印刷
2023 年 11 月第 1 版，2023 年 11 月第 1 次印刷
787mm×1092mm　1/16；19 印张；455 千字；281 页
定价 49. 00 元

投稿电话　(010)64027932　投稿信箱　tougao@cnmip. com. cn
营销中心电话　(010)64044283
冶金工业出版社天猫旗舰店　yjgycbs. tmall. com
（本书如有印装质量问题，本社营销中心负责退换）

冶金专业教材和工具书
经典传承国际传播工程
总　　序

钢铁工业是国民经济的重要基础产业，为我国经济的持续快速增长和国防现代化建设提供了重要支撑，做出了卓越贡献。当前，新一轮科技革命和产业变革深入发展，中国经济已进入高质量发展新时代，中国钢铁工业也进入了高质量发展的新时代。

高质量发展关键在科技创新，科技创新离不开高素质人才。党的二十大报告指出："教育、科技、人才是全面建设社会主义现代化国家的基础性、战略性支撑。必须坚持科技是第一生产力、人才是第一资源、创新是第一动力，深入实施科教兴国战略、人才强国战略、创新驱动发展战略，开辟发展新领域新赛道，不断塑造发展新动能新优势。"加强人才队伍建设，培养和造就一大批高素质、高水平人才是钢铁行业未来发展的一项重要任务。

随着社会的发展和时代的进步，钢铁技术创新和产业变革的步伐也一直在加速，不断推出的新产品、新技术、新流程、新业态已经彻底改变了钢铁业的面貌。钢铁行业必须加强对科技进步、教育发展及人才成长的趋势研判、规律认识和需求把握，深化人才培养体制机制改革，进一步完善相应的条件支撑，持续增强"第一资源"的保障能力。中国钢铁工业协会《"十四五"钢铁行业人力资源规划指导意见》提出，要重视创新型、复合型人才培养，重视企业家培养，重视钢铁上下游复合型人才培养。同时要科学管理，丰富绩效体系，进一步优化人才成长环境，造就一支能够支撑未来钢铁行业高质量发展的人才队伍。

高素质人才来源于高水平的教育和培训，并在丰富多彩的创新实践中历练成长。以科技创新为第一动力的发展模式，需要科技人才保持知识的更新频率，站在钢铁发展新前沿去思考未来，系统性地将基础理论学习和应用实践学习体系相结合。要深入推进职普融通、产教融合、科教融汇，建立高等教育+职业教育+继续教育和培训一体化行业人才培养体制机制，及时把钢铁科技创新成果转化为钢铁从业人员的知识和技能。

一流的专业教材是高水平教育培训的基础，做好专业知识的传承传播是当代中国钢铁人的使命。20 世纪 80 年代，冶金工业出版社在原冶金工业部的领导支持下，组织出版了一批优秀的专业教材和工具书，代表了当时冶金科技的水平，形成了比较完备的知识体系，成为一个时代的经典。但是由于多方面的原因，这些专业教材和工具书没能及时修订，导致内容陈旧，跟不上新时代的要求。反映钢铁科技最新进展和教育教学最新要求的新经典教材的缺失，已经成为当前钢铁专业人才培养最明显的短板和痛点。

为总结、提炼、传播最新冶金科技成果，完成行业知识传承传播的历史任务，推动钢铁强国、教育强国、人才强国建设，中国钢铁工业协会、中国金属学会、冶金工业出版社于 2022 年 7 月发起了“冶金专业教材和工具书经典传承国际传播工程”（简称“经典工程”），组织相关高校、钢铁企业、科研单位参加，计划用 5 年左右时间，分批次完成约 300 种教材和工具书的修订再版和新编，以及部分教材和工具书的对外翻译出版工作。2022 年 11 月 15 日在东北大学召开了工程启动会，率先启动了高等教育和职业教育教材部分工作。

“经典工程”得到了东北大学、北京科技大学、河北工业职业技术大学、山东工业职业学院等高校，中国宝武钢铁集团有限公司、鞍钢集团有限公司、首钢集团有限公司、河钢集团有限公司、江苏沙钢集团有限公司、中信泰富特钢集团股份有限公司、湖南钢铁集团有限公司、包头钢铁（集团）有限责任公司、安阳钢铁集团有限责任公司、中国五矿集团公司、北京建龙重工集团有限公司、福建省三钢（集团）有限责任公司、陕西钢铁集团有限公司、酒泉钢铁（集团）有限责任公司、中冶赛迪集团有限公司、连平县昕隆实业有限公司等单位的大力支持和资助。在各冶金院校和相关钢铁企业积极参与支持下，工程相关工作正在稳步推进。

征程万里，重任千钧。做好专业科技图书的传承传播，正是钢铁行业落实习近平总书记给北京科技大学老教授回信的重要指示精神，培养更多钢筋铁骨高素质人才，铸就科技强国、制造强国钢铁脊梁的一项重要举措，既是我国钢铁产业国际化发展的内在要求，也有助于我国国际传播能力建设、打造文化软实力。

让我们以党的二十大精神为指引，以党的二十大精神为强大动力，善始善终，慎终如始，做好工程相关工作，完成行业知识传承传播的使命任务，支撑中国钢铁工业高质量发展，为世界钢铁工业发展做出应有的贡献。

中国钢铁工业协会党委书记、执行会长

2023 年 11 月

金属矿深部绿色智能开采系列教材
序　言

新经济时代，采矿技术从机械化全面转向信息化、数字化和智能化；极大程度上降低采矿活动对生态环境的损害，恢复矿区生态功能是新时代对矿产资源开采的新要求；“四深”（深空、深海、深地、深蓝）战略领域的国家部署，使深部、绿色、智能采矿成为未来矿产资源开采的主趋势。

为了适应这一发展趋势对采矿专业人才知识结构提出的新要求，依据新工科人才培养理念与需求，系统梳理了采矿专业知识逻辑体系，从学生主体认知特点出发，构建以地质、测量、采矿、安全等相关学科为节点的关联化教材知识结构体系，并有机融入“课程思政”理念，注重培育工程伦理意识；吸纳地质、测量、采矿、岩石力学、矿山生态、资源综合利用等相关领域的理论知识与实践成果，形成凸显前沿性、交叉性与综合性的“金属矿深部绿色智能开采系列教材”，探索出适应现代化教育教学手段的数字化、新形态教材形式。

系列教材目前包括《金属矿山地质学》《深部工程地质学》《深部金属矿水文地质学》《智能矿山测绘技术》《金属矿床露天开采》《金属矿床深部绿色智能开采》《井巷工程》《智能金属矿山》《深部工程岩体灾害监测预警》《深部工程岩体力学》《矿井通风降温与除尘》《金属矿山生态-经济一体化设计与固废资源化利用》《金属矿共伴生资源利用》，共 13 个分册，涵盖地质与测量、采矿、选矿和安全 4 个专业、近 10 个相关研究领域，突出深部、绿色和智能采矿的最新发展趋势。

系列教材经过系统筹划，精细编写，形成了如下特色：以深部、绿色、智能为主线，建立力学、开采、智能技术三大类课群为核心的多学科深度交叉融合课程体系；紧跟技术前沿，将行业最新成果、技术与装备引入教材；融入课程思政理念，引导学生热爱专业、深耕专业，乐于奉献；拓展教材展示手段，采用全新数字化融媒体形式，将过去平面二维、静态、抽象的专业知识以三维、动态、立体再现，培养学生时空抽象能力。系列教材涵盖地质、测量、开采、智能、资源综合利用等全链条过程培养，将各分册教材的知识点进行梳理与整合，避免了知识体系的断档和冗余。

系列教材依托教育部新工科二期项目“采矿工程专业改造升级中的教材体系建设”（E-KYDZCH20201807）开展相关工作，有序推进，入选《出版业“十四五”时期发展规划》，得到东北大学教务处新工科建设和“四金一新”建设项目的支持，在此表示衷心的感谢。

主编　冯夏庭

2021年12月

前　　言

工业革命以来，以技术进步为先导的工业文明使人类攫取、加工、利用自然资源的能力迅速提高，加上人口的不断增长，致使社会经济系统与自然生态系统之间的物质代谢规模以前所未有的速度扩张。人类社会与自然之间巨大的物质、能量交换所伴随的种种生态环境问题，使人类越来越清醒地认识到资源短缺、环境恶化和生态退化对人类自身发展的日益显化的制约，并开始重新审视人类社会走过的发展道路，寻求新的发展模式——可持续发展。进入21世纪，可持续发展已经成为全球发展的核心主题。我国一直是全球可持续发展的积极参与者和贡献者，特别是党的十八大以来，更是把生态文明建设提高到了前所未有的战略高度。

采矿业在为现代人类文明做出不可替代贡献的同时，也对生态环境造成巨大冲击。可持续发展和生态文明建设要求采矿业必须在为社会经济发展提供必需的矿产资源的同时，尽可能降低对生态环境的影响。采矿业从业者的视野和知识结构也必须满足这一要求，一方面要着眼于采出矿石，掌握矿产开采的相关理论知识和技术手段；另一方面要兼顾矿产开采所伴生的生态环境问题，了解降低采矿对生态环境冲击的途径、方法和相关技术。

从现有技术水平及其发展趋势看，降低采矿业对生态环境的冲击有三条基本途径。

末端治理。末端治理是指在矿山生产对生态环境造成损害之后，采取必要的治理措施，使生态系统的生态服务功能和环境质量得以恢复。矿山土地复垦是末端治理的主要手段。

源头减量。源头减量是指在矿山开始生产之前，在矿产开发利用方案的规划设计和工艺技术的选择阶段就充分考虑生态环境问题，使方案和工艺技术本身就具有低生态环境冲击的特征。源头减量的有效措施之一是推行“生态-经济一体化”矿山设计，即在开采方案的设计中纳入生态成本，使开采方案在现有技术经济条件下，在经济效益最大化和生态环境冲击最小化这两个目标之间达到最佳平衡。

固废资源化利用。矿产开采产生大量的固态废弃物（简称固废）。金属矿山产生的固废主要是尾矿和废石。这些固废压占大面积土地，破坏了土地承载的生态系统，并对环境造成污染。将这些固废作为有价值产品的生产原料，不仅能够缓减对生态环境的压力，而且可以创造经济价值和就业，还可以缓减一些原料的短缺矛盾，可谓一举数得。

本书针对金属矿床开采所伴生的生态环境问题，以降低生态环境冲击为主题，以上述三条途径为主线，讲述相关理论知识、方法和技术。主要目的是拓宽矿业工程领域读者尤其是学生的专业视野和知识结构，树立可持续发展观和生态文明观，更好地满足新时代矿业发展的需要。

参与本书编写工作的人员及其分工如下：

顾晓薇：编写第 1 章（部分）、第 2 章、第 4 章（部分）、第 6 章、第 13 章（部分）、第 14 章（部分）；

胥孝川：编写第 3 章、第 4 章（部分）、第 5 章、第 13 章（部分）、第 14 章（部分）；

孙晓刚：编写第 10 章、第 11 章、第 13 章（部分）、第 14 章（部分），邱景平参编；

孙　雷：编写绪论、第 1 章（部分），何玉龙参编；

包妮沙：编写第 8 章、第 9 章；

刘文刚：编写第 12 章，刘文宝参编；

赵　鑫：编写第 7 章。

材料收集和整理人员有：李晓慧，朱振国，王凤丹，李泽华，雷海梅，孙文瀚。

本书在编写过程中，参考了有关文献，在此对文献作者表示感谢。北京矿冶科技集团有限公司环境所周连碧、浙商中拓建邦（浙江）矿业有限公司李广军对本书的编写提出了宝贵建议，在此表示感谢。

由于编者水平所限，书中难免存在不足之处，希望广大读者批评指正。

编　者

2023 年 2 月

于东北大学

目　　录

第 1 篇　生态经济概论

绪　论

进入 21 世纪以来，传统的粗放式经济发展模式已经受到资源短缺、环境恶化的挑战，全球都在普遍反思人与自然、环境和科技之间的关系。中国是拥有 14 亿多人口的发展中国家，既要面临着发展经济迫切要求，又要将提高人民生活水平放在首要目标，但又面临着资源日益匮乏的挑战。大力推进产业转型升级，发展绿色产业，走环境友好型的绿色发展道路，是中国的必然选择。党的二十大报告中明确要求："推动绿色发展，促进人与自然和谐共生"。在"十四五"所处的历史发展机遇时期，我们肩负着实现"两个一百年"宏大目标和综合国力前所未有发展的关键时刻，同时也是资源短缺、传统产业产能过剩、产业转型升级、生态环境等问题凸显的时期，如何平衡和处理好经济持续稳定发展与生态环境保护之间的关系，成为新时代中国改革发展面临的理论研究和实践探索的热点问题。

人与自然的关系是人类生存最基本的关系，在社会发展过程中有着重要的价值导向作用。尊重自然，遵循规律，实现人与自然和谐共生，才能在开发利用自然上少走弯路。

A　习近平新时代生态文明思想

a　习近平生态文明思想的理论与实践

党的二十大强调，"大自然是人类赖以生存发展的基本条件。尊重自然、顺应自然、保护自然，是全面建设社会主义现代化国家的内在要求。必须牢固树立和践行绿水青山就是金山银山的理念，站在人与自然和谐共生的高度谋划发展"，指出"促进人与自然和谐共生"是中国式现代化的本质要求。党的二十大在生态文明建设方面作出的重大论断和战略部署，体现了我们党对生态文明建设规律的认识达到新高度。习近平生态文明思想是习近平新时代中国特色社会主义思想的重要组成部分，它的形成不是一蹴而就的，而是中国共产党人在长期实践基础上，不断探索，逐渐深化认识的过程，这既是对马克思主义发展观的继承和发展，也是对中国传统文化蕴含自然思想以及哲学智慧的传承和弘扬，是揭示自然规律和人类社会发展规律的科学理论。

社会主义革命和建设时期是"被动式"的环境保护。新中国成立后，中国共产党在相当长一段时期内，面临的考验是能不能战胜严重的经济困难，迅速恢复和发展国民经济，如何快速从农业国家发展成为先进的工业国家是当时我国面临的主要任务。中国共产党对生态环境建设的探索是以社会主义建设为导向的，社会主义建设理念决定了关于生态环境问题的认识程度。曾经提出"征服自然""战天斗地""赶超英美"等口号。虽然那个时期在处理人与自然关系问题上没有充分尊重发展规律，但经历挫折后，面对重重困难，以毛泽东为核心的党的第一代中央领导集体及时纠正并总结经验教训，为日后中国特色环境保护道路奠定了良好的发展基础。例如为了尽快修复战争后中国被破坏的自然环境，1956

年毛泽东提出“植树造林、绿化祖国”；面对农业、林业和畜牧业的优先发展问题，毛泽东同志指出三者的辩证关系：“应互相依赖平衡传递发展，不存在先后发展的问题。”周恩来则敏锐地意识到未来工业发展中我国也将面临环境公害，派代表团参加了1972年人类环境会议。该会议触发了一个重要的思想转折，即生态破坏和环境污染问题不仅仅是资本主义社会的产物，在社会主义中国也有，而且非常严重。

改革开放的号角唤起了党对生态保护的重视与整治。改革开放以来，以邓小平为核心的党的第二代中央领导集体在转变经济增长方式的同时开展了环境保护立法工作。1981年党中央制定的《关于在国民经济调整时期加强环境保护工作的决定》中，要求必须“合理地开发和利用资源”“保护环境是全国人民根本利益所在”。1983年邓小平在第二次环境保护会议上提出：“环境保护是我国的一项基本国策。”党的十三大明确提出要坚定不移地贯彻执行注重效益、提高质量、协调发展、稳定增长的战略，从粗放经营为主逐步转上集约经营为主的轨道。1989年12月，《中华人民共和国环境保护法（试行）》上升为国家正式法律，标志着环境保护法律正式建立。1992年党的十四大召开，党中央对经济发展与人口、资源的问题进行了分析。江泽民在全国第四次环境保护会议上指出，“经济发展必须与人口、资源环境统筹考虑，不仅要安排好当前发展，还要为子孙后代着想，为未来的发展创造更良好的条件，决不能走浪费资源和先污染后治理的路子，更不能吃祖宗饭断子孙路”。1994年《中国21世纪议程——中国21世纪人口、环境与发展白皮书》的制定和实施，标志着中国可持续发展思想和战略的正式确立。

进入21世纪，我国经济快速发展，工业化和城市化进程日益加快，但与此同时国内生态环境状况堪忧，问题重重，经济发展与资源短缺、生态破坏、环境污染等形成较大矛盾。面对这一发展不平衡的严峻形势，党的十七大报告中提出科学发展观的核心观点：科学发展观第一要义是发展，核心是以人为本，基本要求是全面协调可持续，根本方法是统筹兼顾。这标志着中国共产党对人与自然的和谐、生态文明建设的认识更加科学和深化，要求把大自然的优美和人的自身发展相结合，实现人与自然的和谐统一。在纪念中国共产党成立90周年大会上的讲话中，胡锦涛同志进一步强调，“不断在生产发展、生活富裕、生态良好的文明发展道路上取得新的更大的成绩”。这些认识深化的结果就是生态文明建设上升为中国特色社会主义事业总体布局的重要组成部分。

党的十八大以来，以习近平同志为核心的党中央高度重视社会主义生态文明建设，坚持把生态文明建设作为统筹推进“五位一体”总体布局和协调推进“四个全面”战略布局的重要内容，坚持节约资源和保护环境的基本国策，坚持绿色发展，把生态文明建设融入经济建设、政治建设、文化建设、社会建设各方面和全过程，加大环境保护和生态建设力度，推动生态文明建设在重点突破中实现整体推进。党的二十大丰富和发展了习近平生态文明思想，为新时代生态文明建设树起了新的历史坐标。

保护生态环境已成为全球共识，但把生态文明建设作为一个政党特别是执政党的行动纲领，中国共产党是第一个。

b　习近平生态文明思想的理论来源

一是传统文化中蕴含的早期生态思想。中国传统文化中包含着源远流长的生态文明思想，儒家的“天人合一”、道家的“道法自然”和佛家的“众生平等”，三者都蕴涵着丰富的生态智慧，其中所涵括的人与自然的和谐关系，为习近平生态文明思想提供了源头活水。习近平总书记在吸收中国古代“鱼逐水草而居，鸟择良木而栖”“天育物有时，地生财有限”等生态观念的基础上明确提出“绿水青山就是金山银山”“山水林田湖草是生命共同体”“良好生态环境是最普惠的民生福祉”等一系列精辟论述，不仅将自然生态的重要性提高到了前所未有的高度，还使得自然生态与经济发展、社会民生有机融合，为正确看待和处理人与自然和谐共生的关系问题提供了答案。

二是马克思主义生态思想。囿于时代背景，马克思、恩格斯没有对生态环境问题进行专门论述，马克思主义经典著作中也未使用过“生态文明”的概念，但生态思想却在他们著作中有迹可循。他们指出人与自然的关系问题是生态问题的核心。马克思把自然界比作人类的无机身体，“自然界就它本身不是人的身体而言，是人的无机的身体。人靠自然界来生活。这就是说，自然界是人为了不致死亡而必须与之不断交往的人的身体”。恩格斯认为“我们统治自然界，决不像征服者统治异民族一样，决不像站在自然界以外的人一样，相反地，我们连同我们的肉、血和头脑都是属于自然界，存在于自然界的；我们对自然界的整个统治，是在于我们比其他一切动物强，能够认识和正确运用自然规律”。习近平总书记在关于人与自然和谐共生的重要论述中吸收了马克思关于人与自然关系的思想精髓并进行了创新发展。习近平总书记所强调的“自然是生命之母，人与自然是生命共同体，人类必须敬畏自然、尊重自然、顺应自然、保护自然”就深刻而又形象地阐述出保护自然就是保护人类，建设生态文明就是造福人类这一道理。

三是根植于中国特色社会主义建设的伟大实践。历史和现实都表明，不尊重自然、不顺应自然、不保护自然就会遭到自然的报复，无论是工业革命后快速发展的资本主义国家，还是改革开放后走“高投入、高消耗、低效率”发展道路的中国，都为此付出了惨重的代价。习近平从基层到中央历经多个岗位，他的生态文明思想是一以贯之的，是从中国特色社会主义实践中发展起来的。在陕北梁家河插队时，作为党支部书记的习近平带领群众成功建成了陕西第一口沼气池，迈出了改善生态的第一步；在河北正定任县委书记时，习近平提出的“宁肯不要钱，也不要污染，严格防止污染搬家、污染下乡”的口号深入人心；在宁德担任地委书记时，习近平遵循因地制宜之法，鼓励宁德依托荒山、荒坡、荒滩实行集约经营；2000 年，时任福建省省长的习近平率先提出生态省战略构想；主政浙江省期间，他对于人与环境的关系曾作出过深刻论述，“你善待环境，环境是友好的；你污染环境，环境总有一天会翻脸，会毫不留情地报复你。”

c　习近平生态文明思想的三个特质

（1）重和谐，有系统。一是把人与自然和谐共生摆在了更加突出的位置。对于生态文明建设来说，能否正确看待并处理人与自然的关系具有十分重大的意义。习近平总书记在深刻把握人类文明发展规律、自然规律、经济社会发展规律的基础之上，提出了“人与自然是生命共同体”这一理念及“人与自然和谐共生”这一本质要求，并在党的二十大报告中强调要“站在人与自然和谐共生的高度谋划发展。”2021 年 4 月 22 日，习近平总书记出席领导人气候峰会，并发表《共同构建人与自然生命共同体》的重要讲话，首次明确提出并全面系统阐述了“构建人与自然生命共同体”理念的丰富内涵和核心要义，为人类文明永续发展进步指出方向。在 2018 年 5 月 18 日至 19 日的全国生态环境保护大会上，习近平总书记强调，要“像保护眼睛一样保护生态环境，像对待生命一样对待生态环境”，让自然生态美景永驻人间，还自然以宁静、和谐、美丽。在 2014 年 3 月 7 日参加十二届全国人大二次会议贵州代表团审议时，习近平总书记指出，“绿水青山和金山银山决不是对立的，关键在人，关键在思路。保护生态环境就是保护生产力，改善生态环境就是发展生产力。让绿水青山充分发挥经济社会效益，不是要把它破坏了，而是要把它保护得更好。”2013 年 5 月 24 日，在十八届中央政治局第六次集体学习时的讲话中，习近平总书记强调：“生态环境保护是功在当代、利在千秋的事业。在这个问题上，我们没有别的选择。全党同志都要清醒认识保护生态环境、治理环境污染的紧迫性和艰巨性，清醒认识加强生态文明建设的重要性和必要性，真正下决心把环境污染治理好、把生态环境建设好，为人民创造良好生产生活环境。”这些重要论述都向我们指明了生态环境保护的必要性与重要性。在生态问题上切忌因小失大、急功近利，而应当算长远账、算整体账、算综合账，把生态环境保护这一项长期任务完成好。

二是把生态文明建设看作一项系统工程。要保护好生态环境，科学系统的视野是必不可少的。在习近平看来，一个良好的自然生态系统历经亿万年的形成过程，其复杂程度决定了任何不恰当的治理方式都容易造成生态的系统性破坏。这就对生态系统修复提出了进一步要求，即种树的不能只管种树、治水，护田的也不能只管治水、护田。习近平总书记曾深刻指出，“生态是统一的自然系统，是相互依存、紧密联系的有机链条。”“如果因小失大、顾此失彼，最终必然对生态环境造成系统性、长期性破坏。”2022 年 10 月 16 日习近平总书记在党的二十大报告中指出，“坚持山水林田湖草沙一体化保护和系统治理，统筹产业结构调整、污染治理、生态保护、应对气候变化，协同推进降碳、减污、扩绿、增长，推进生态优先、节约集约、绿色低碳发展。”并强调要“提升生态系统多样性、稳定性、持续性。”2021 年 4 月 30 日，习近平总书记在主持十九届中共中央政治局第二十九次集体学习时强调：“要提升生态系统质量和稳定性，坚持系统观念，从生态系统整体性出发，推进山水林田湖草沙一体化保护和修复，更加注重综合治理、系统治理、源头治理。”2013 年 11 月，习近平在党的十八届三中全会上作关于《中共中央关于全面深化改革若干重大问题的决定》的说明时指出：“我们要认识到，山水林田湖是一个生命共同体，人的命脉在田，田的命脉在水，水的命脉在山，山的命脉在土，土的命脉在树。”2013 年 4 月 2 日，习近平在参加首都义务植树活动时指出，“森林是陆地生态系统的主体和重要资源，是人类生存发展的重要生态保障。不可想象，没有森林，地球和人类会是什么样子。”基于上述论断，习近平总书记要求各级政府坚持系统思维，充分把握生态文明建设与经济、政治、文化、社会等各方面的内在关联性，将生态文明建设作为一个系统工程来考量和操作，不断加快建立生态文明制度，健全国土空间开发、资源节约利用、生态环境保护的体制机制，推动形成人与自然和谐发展现代化建设新格局。

（2）为民生，守初心。一是认为生态环境不仅关乎中华民族永续发展的长远利益更事关人民生活的幸福安康。习近平总书记指出，“生态兴则文明兴，生态衰则文明衰。”他的表述简明精悍，从人类历史发展的角度出发，将人与自然的关系、文明兴衰与民族命运、环境质量与人民福祉做了精妙的联结。他的阐述在深刻中保持通俗，在抽象中不失具体，不仅将处理人类生产与自然环境的关系的认识论发展到了新高度，更体现出了对于解决生态环境问题的历史责任感和整体发展观。生态环境是人类生存和发展的根基，生态环境变化直接影响文明兴衰演替。古埃及、古巴比伦、古印度、中国四大文明古国均发源于森林茂密、水量丰沛、田野肥沃的地区。而古埃及、古巴比伦的衰落同样与以土地荒漠化为代表的生态环境衰退息息相关。我国古代一些地区也有过与之相类似的惨痛教训，古代一度辉煌的楼兰文明如今已不复存在，被埋藏在万顷流沙之下。我国一些地方过去在处理经济发展与生态环境保护的关系上，一度出现过“先污染后治理”、以牺牲生态环境为代价换取经济增长的错误思路。习近平总书记指出，这种发展思路既是不可持续的，也是得不偿失的，不符合我国人民的根本利益。习近平总书记指出：“发展必须是科学发展，必须坚定不移贯彻创新、协调、绿色、开放、共享的发展理念。”“我们既要绿水青山，也要金山银山。宁要绿水青山，不要金山银山，而且绿水青山就是金山银山。”“两山”理念不仅是重要的发展理念，还是推进现代化建设的重大原则。

二是强调良好的生态环境是最普惠的民生福祉。共产党人“以人民为中心”的执政理念在习近平生态文明思想中得以充分展现。习近平总书记指出：“以人为本，其中最为重要的，就是不能在发展过程中摧残人自身生存的环境。如果人口资源环境出了严重的偏差，还有谁能够安居乐业，和谐社会又从何谈起”，要“让人民群众喝上干净的水，呼吸上清洁的空气，吃上放心的食物”。在发展与环保二者发生冲突时，习近平总书记强调经济发展“不能以牺牲生态环境为代价”。他指出，良好生态环境是最普惠的民生福祉。要坚持生态惠民、生态利民、生态为民，重点解决损害群众健康的突出环境问题。2018 年 5 月，在全国生态环境保护大会的讲话中，习近平总书记强调，“生态环境是关系党的使命宗旨的重大政治问题，也是关系民生的重大社会问题。”“广大人民群众热切期盼加快提高生态环境质量。我们要积极回应人民群众所想、所盼、所急，大力推进生态文明建设，提供更多优质生态产品，不断满足人民群众日益增长的优美生态环境需要。”

（3）勇担当，谋大同。一是勇于直面当前生态环境面临的挑战。“我国生态环境矛盾有一个历史积累过程，不是一天变坏的，但不能在我们手里变得越来越坏，共产党人应该有这样的胸怀和意志。”习近平总书记的讲话字字铿锵，掷地有声。当前，我国的生态文明建设正处于压力叠加、负重前行的关键期，已进入提供更多优质生态产品以满足人民日益增长的优美生态环境需要的攻坚期，也到了有条件有能力解决生态环境突出问题的窗口期。之所以说我国的生态文明建设到达“关键期”，是因为我国产业结构偏向第二产业、能源结构偏向化石能源、产业布局偏乱，多领域、多类型、多层面的生态环境问题累积叠加，资源环境承载能力已近极限。之所以说我国的生态文明建设处于“攻坚期”，是因为重污染天气、黑臭水体、垃圾围城等问题成为重要的民生之患、民心之痛，成为全面建成小康社会的明显短板。之所以说我国的生态文明建设处于“窗口期”，是因为党中央、国务院经过多年实践，探索出一条保护生态环境的有效路径，我们完全有条件、有能力化解生态环境危机，走出生态环境困境。“三期叠加”更加考验共产党人的智慧和决心。习近平强调，“这是一个凤凰涅槃的过程。如果现在不抓紧，将来解决起来难度会更高、代价会更大、后果会更重。我们必须咬紧牙关，爬过这个坡，迈过这道坎。”“不能一边宣布全面建成小康社会，一边生态环境质量仍然很差，这样人民不会认可，也经不起历史检验。不管有多么艰难，都不可犹豫、不能退缩，要以壮士断腕的决心、背水一战的勇气、攻城拔寨的拼劲，坚决打好污染防治攻坚战。”他向全党提出要求，“时代是出卷人，我们是答卷人，人民是阅卷人”，要以时不我待、只争朝夕的精神投入工作。

二是积极构建人类生态命运共同体。习近平在全国生态环境保护大会上的讲话中指出，“要实施积极应对气候变化国家战略，推动和引导建立公平合理、合作共赢的全球气候治理体系，彰显我国负责任大国形象，推动构建人类命运共同体。”生态环境问题对人类的生存造成了严重危机，污染问题、资源问题、气候问题等世界性问题严重阻碍全球可持续发展进程。面对日益蔓延的全球性生态问题，任何一国都不能“自扫门前雪”，只有携手努力、同舟共济才是解决问题的正途。中国积极参与全球生态环境保护与治理，为改善全球生态环境做出了突出贡献，引领着未来全球生态命运共同体的前进方向，在解决本国环境问题，加快建设“美丽中国”的同时，坚持为建设“美丽世界”贡献中国智慧、展现中国担当、提供中国方案。如，着力推动建设绿色“一带一路”，成为全球最大的可再生能源生产国和可再生能源消费国；推动国际绿色低碳循环发展合作机制的建立与完善，率先发布《中国落实2030年可持续发展议程国别方案》，实施《国家应对气候变化规划（2014—2020年）》，在推动全球气候谈判，促进《巴黎气候协定》的通过并监督其落实的过程中发挥了重要作用。

“共谋全球生态文明建设，深度参与全球环境治理”既是我们向世界的承诺，也是我们展现给世界的行动。

（4）善法治、党领导。一是为生态环境保护工作提供严格的制度和法治保障。法治在党领导人民治国理政的过程中发挥着重要作用，依靠法治解决环境问题不仅成本更低，而且效率更高。据统计，就长江流域而言，其单位面积污染物排放量远高于全国平均水平，生物完整性指数已跌至最差等级——无鱼等级。目前，环境保护法律法规尽管处于不断健全完善的过程中，但仍无法满足改善长江流域生态环境的迫切需要。生态环保领域“守法成本高、违法成本低”，为了扭转这一乱象，必须要建立健全最严格的制度体系和最严密的法治体系。习近平强调“奉法者强则国强，奉法者弱则国弱。”“要严格用制度管权治吏、护蓝增绿，有权必有责、有责必担当、失责必追究，保证党中央关于生态文明建设决策部署落地生根见效。”

二是必须坚持和加强党对生态文明建设的领导。我国生态文明建设作为一种执政理念和实践形态，贯穿于中国共产党带领全国各族人民实现全面建成小康社会奋斗目标的过程中，贯穿于实现中华民族伟大复兴中国梦的历史愿景中，贯穿于建设美丽中国的长远目标中。面对时间紧迫、任务繁重、困难巨大的污染防治攻坚战，要做好打硬仗、打大仗、打苦仗的准备。必须坚持和加强党的领导，在生态文明建设各领域、各方面、各环节全方位落实党的领导，巩固中国共产党在生态文明建设过程中的领导核心地位，提升其领导力。习近平指出，地方各级党委和政府主要领导是本行政区域生态环境保护第一责任人，各级党委要关心、支持、引导生态环境保护工作，打造一支敢担当、敢作为、敢斗争的环境保护铁军，全面贯彻落实党中央决策部署，担负起生态文明建设的重大责任。

B　人与自然和谐共生

在漫长的历史岁月中，人类对于自身与自然关系的理解，经历了崇拜、改造、征服、共生的演化过程。用一个形象的比喻：人与自然的关系变化脉络经过了奴隶、仆人、主人、伙伴四个阶段。在人类社会发展的早期，生产力水平极为低下，极难理解世界的自然现象，只能适应自然发展，被动地从自然界中获取生存所需，人类更像是自然的“奴隶”，因而多崇拜自然，因而诞生了山川、河流、植物、动物等图腾信仰。农业革命改变了这一现状，畜力和金属工具的广泛应用推动了社会生产力的发展。人们有能力开垦耕地，考察水文特征、地形土壤、气候差异并加以利用，通过劳动获取有限度的生产生活资料，人类更像是自然的“仆人”。工业革命极大地提高了人类的生产能力，使自然资源的开发利用达到了空前的规模，人类随着能力的增强妄图征服自然，我们像自然的主人一样无节制、无约束地向自然索取，造成了一系列生态问题。这也引起了人们的警醒与反思：人与自然是生命共同体、是伙伴，只有尊重自然、顺应自然、保护自然，才能满足人民日益增长的美好生活需要。

a　原始社会人类敬畏自然

（1）起源于石器制造与应用的人类劳动。石器在人类社会早期是最为主要的生产工具，石器工具制造技术的进步促使人们发掘出手的作用，认识到手的意义，手工艺由此萌芽。距今170万年前，中国先民——云南元谋人就以打制石器作为渔猎工具。从距今17000多年的山顶洞人遗迹中，发现了众多类型丰富的石器，这些石器的工艺加工已经比较先进，钻孔、刮削、磨光、刻纹等技术被广泛应用，其工艺制作在满足先民物质生活所需的同时还出现了装饰的萌芽，说明先民们已经有了审美需求。除此之外，人工取火技术也被山顶洞人掌握。从火种的保存到取用，人类生存能力已经有了飞跃性的提高。火的广泛使用为制陶工艺、冶金工艺等提供了可能，因此火在人类社会的演进过程中具有重要意义。

恩格斯说，发现摩擦生火是“人类对自然界的第一个伟大的胜利”“甚至把这种发现看作人类历史的开端”“就世界性的解放作用而言，摩擦生火还是超过了蒸汽机，因为摩擦生火第一次使人支配了一种自然力，从而最终把人同动物界分开”（《自然辩证法》）。

人类对自然材料的进一步加工，最初只能改变外形，而利用火改变泥土性质的制陶工艺实现了人类原材料加工技术的飞跃。陶器的产生不仅增加了生活用具的种类，而且使农耕生活的稳定性大大增强。随着父系氏族公社时代的到来，原本由氏族共同掌握的制陶事业转变为家族所经营的专业生产部门，陶器制作工艺不断提高，各种陶器层出不穷，灰陶、黑陶、白陶等不同类别的陶器相继出现。

（2）人类敬畏大自然的伟大，受支配于自然，屈从于自然。远古时期，人类活动范围还很小，由于缺乏先进的工具和发达的科学技术，人类相对于自然而言还十分弱小，改造自然的能力更是十分有限。人类生存所需有赖于自然供给，只能在自然条件允许的范围内维持群体的生存与繁衍。总体上讲，此时的人类是自然的一部分，只能服从自然，对于自然持恐惧与崇拜态度。此时，人在自然界中的活动基本以采集和渔猎的实践形式为主，人与自然的关系依旧处于原始状态。

野牛、野猪、黑熊等猛兽化石在当前出土的旧石器时代动物化石中占据很大比重，中国古代相关资料也记载了早期人类生活环境的险恶：《庄子·盗拓》中说道“古者，禽兽多而人民少，于是民皆巢居而避之。”原始人类的力量在疾病、灾害、猛兽面前显得尤为渺小，对于自然的敬畏、神化、崇拜等观念也由此产生。正如马克思所说：“自然界起初是作为一种完全异己的、有无限威力的和不可制服的力量与人们对立的，人们同它的关系完全像动物同它的关系一样，人们就像牲畜一样服从它的权力，因而，这是对自然界的一种纯动物式的意识（自然宗教）。”

此时的人类对于环境的影响微乎其微，原始人类生存环境本就极为有限，即使局部环境出现问题，相对于广袤无垠的地球来说，也是可以忽略不计的，地球的自我恢复能力足以消弭人类对自然界产生的影响。

b 农业社会人类利用自然

（1）铁器的应用空前地提高了人类改造自然的能力。农业的起源大约在1万年前，伴随着农业文明阶段的到来，人类的生产技术进一步提高，青铜器和铁器的应用是这一文明阶段的代表性成就。农耕和畜牧成为人类主要的物质生产活动。青铜器和铁器的应用推动了农业和畜牧业的发展，人类对自然的依赖性降低。人类根据当时当地的自然条件，创造有利于己身的条件，种养人类生存所需的植物动物，并且使其生存属性和生活习性适应人类需要。生产力水平的提高推动了人对若干可再生能源的利用，畜力、风力、水力等逐渐应用于人们的日常生活，加之金属工具的广泛应用，人类改造自然的能力逐步增强。

农耕、犁、水利灌溉、四大发明等是当时生产技术的代表。

（2）人类对自然的初步利用，人与自然关系的低水平平衡。人类的科学技术在农业社会有了长足进步，人类的生产积极性与能动性也得到了大幅提高，对自然的依赖程度也随之减弱，逐渐从依赖自然向改造自然过渡，从被动向主动过渡，但总体来说人类社会生产力发展仍处于低水平状态，人类活动并未对自然界产生较大影响，人类远未达到支配自然的地步。在这一时期，虽然“蜀山兀，阿房出”等破坏大自然的活动时有出现，玛雅文明的覆灭等自然对人类的局部惩罚与浅层报复初露端倪，但人类仍然在春种秋收、勤劳耕作的农业社会生活状态之下安稳定居。因此，从总体上讲，农业文明具有利用和创造条件使得动植物的生长适应人类生活所需和初步利用水力、风力等可再生能源的基本特征，人类开始着手对自然进行浅表改造，自然界也必然不会因人类活动而遭受深度破坏，人与自然的关系维持在低水平的平衡状态之中。人顺从“天”是“天人合一”的明显特征，“天”在“天人”的共同体中成为主体，人则是客体。

人类对自然的认识在农业文明时期仍处于幼稚阶段，尽管此时生态环境系统各要素之间保持了相对平衡，但这种平衡是建立在落后的经济社会发展水平之上的，是由落后的社会生产力水平决定的，是与人类开发自然能力不足相联系的，因而与人们追求和赞美的理想境界还有很大差距。

c 工业社会人类征服自然

近代自然科学伴随着人类历史上的伟大变革而产生，同时也进一步推动了人类社会的深层次变革。首先，地理大发现使世界市场开始形成，并促进了财富的大量积累，为资本主义生产方式的出现奠定了基础，这些都成为近代自然科学诞生的社会历史动因。其次，文艺复兴为近代自然科学的兴起提供了文化前提，奠定了思想基础。最后，生产力的迅速发展为近代自然科学形成提供了物质和技术保证，而科学实验手段的探索则为近代自然科学的发展提供了方法支撑。

（1）工业革命开启了人类现代化生活。工业文明的兴起是以资本的原始积累为前提的。18 世纪 60 年代，伴随着蒸汽机的巨大轰鸣，人类社会由农业文明迈向工业文明，人类改造自然的速度迅速提升，改造自然的规模空前扩大，所创造的物质财富日益增多。

第一次工业革命从 18 世纪 60 年代开始持续了将近百年之久，蒸汽机的发明与应用成为其标志。蒸汽机所带来的蒸汽动力使人类摆脱了自然原始动力的束缚，推动了纺织业和冶金工业的双重变革，这种非自然力的动力使得人类进入机械化时代，也极大地改变了人在自然界中的地位。近代大学的建立为工业革命的发展提供了助力。博洛尼亚大学为文艺复兴奠定了科技和人文基础，几乎与此同时，英国诞生了牛津大学，之后又创立了剑桥大学，这两所高校培养了牛顿、培根、达尔文等一批引领时代的伟大人物，他们交相辉映形成璀璨星空，以科技理论为基础推动英国工业革命进一步发展。

第二次工业革命大约从 19 世纪 60 年代开始持续至二战之前，电力和内燃机的发明和应用成为其标志，更进一步的动力转换催生了石油化学、家用电器等新型工业产业的出现。与第一次工业革命不同，发电机、电动机的发明是在科学原理指导下完成的，以科学为基础的技术发明大大减少了盲目性，它远比第一次工业革命更加深刻、更加广泛地改变了人类的生产方式、生活方式、思维方式和精神面貌。在这个过程中，近代德国大学的科学研究发挥了重要作用，德国柏林洪堡大学把科学研究引入大学，海德堡大学、慕尼黑工业大学等一批近代大学纷纷大力开展科学研究，使大学成为学术研究的圣殿。先进的科学理论不断转化为实用性技术，实现了社会生产力的大变革与大发展。人在自然中获得了更大的自由度，进一步摆脱了自然对人的限制与支配，逐渐成为自然界的主人。

第三次科技革命是以包括电子技术、航天航空技术、新材料技术、新能源技术等在内的技术群为核心的革命。新材料技术的诞生，使得人类创造出大量自然界中原本不存在的材料，极大地丰富了人们的生活，推动了材料工业的发展。例如，塑料在日常生活中得到广泛应用，天然橡胶已经被人造橡胶取代。自然中原子核内能量的发掘，为人类提供了极具发展前景的清洁高效能源。飞机的应用推动了人员与物质的高效流动，电气的广泛使用极大丰富了人类的视听世界。

（2）人类在征服自然的同时也遭遇了自然的报复。科学技术的进步带动了生产力的飞速发展，工业革命使人类与自然界的关系发生了翻天覆地的变化，大自然在人类眼中已经不再神秘，不再是人们眼中的崇拜对象。人类由自然的顺从者向改造者和征服者的角色转变，而不再尊重与敬畏自然，主宰自然、奴役自然、支配自然的行为哲学大行其道，认为“人类对自然界具有支配的地位，人是‘万物之灵’，是‘万物的尺度’”。人类中心主义使人类在错误的道路上渐行渐远，经济发展在保持高速度的同时也带来了资源的高消耗和环境的高污染，面对人类肆无忌惮的奴役，大自然发出了沉重的警示。

工业革命使人类社会由农业文明迈向工业文明，迅速发展的各类技术手段不断提高人类获取自然资源的能力，物质欲望的不断膨胀，人口规模的迅速扩张，都加快和扩大了人类社会有机体新陈代谢的速度与规模。人类用近 200 年的时间创造了璀璨的物质文明，也加剧了对于生态环境的冲击和自然资源的消耗。

世界自然基金会的研究表明，地球的森林面积由 8000 年前的 80.8 亿公顷锐减至当前的 40.6 亿公顷（联合国粮食及农业组织和联合国环境规划署，2020），每年消失的森林面积达到触目惊心的 470 万公顷（联合国相关报告），热带雨林的消失速度近 10 年同比加快 50%。森林面积锐减，导致野生动物栖息地不断缩小，生物多样性遭到严重破坏。据统计，目前全球每年物种灭绝数量约达5万之多，平均每天近140个物种灭绝，10%的高等植物物种的生存受到严重威胁，3/4的鸟类有灭绝的危险，北美1/3的淡水鱼类处于濒危状态。20世纪，矿物燃料的使用量以30倍的总量迅速增加，世界发生了多起严重威胁人类生存的环境公害事件：1930年比利时的马斯河谷事件、1948年美国多诺拉延误事件、1940年初美国洛杉矶光化学烟雾事件、1952~1965年日本水俣病事件、1955~1972年日本骨痛病事件以及1968年日本米糠油事件等。人与自然的尖锐矛盾使人类尝到了破坏生态环境产生的恶果，人类开始重新审视传统的社会发展道路，并开始探索更高水平和更具前景的新发展道路。

d 生态社会人与自然和谐共生

人类社会在与自然界进行物质交换的过程中产生了尖锐矛盾，衍生出了种种生态环境问题。人类对经济社会发展与自然环境之间的关系有了更加清醒的认识，资源短缺、环境恶化、生态破坏会严重制约经济社会的正常发展，人类社会的可持续发展面临着严峻的挑战。在此背景下，可持续发展的思想应运而生，人类进入生态文明阶段。

从自然的奴隶和仆人到以自然的主人自居，从以伙伴朋友相处到与自然和谐共生，人类对人与自然关系的认识愈发深入和理性。以人为中心的人本主义和以自然为中心的自然主义都偏离了正确轨道。自然界为人类提供生活生产所必需的物质资料，是人类社会得以存在和发展的前提和基础，人类能够发挥能动性主动调节人与自然的关系，人与自然之间是共生共荣、共同进退、共同发展的共同体。人类只有扔下傲慢的态度，摒弃奴隶的心态，转而与自然平等对话、相互扶持、共同发展，人与自然的矛盾才会日益缓和，自然界才会愈发美丽，人类才能拥有更加广阔和光明的发展前景。人与自然命运与共，应当抛弃不合时宜的发展观念，并重新注入符合时代发展要求的崭新观念。

马克思指出："自然界是人为了不致死亡而必须与之处于持续不断的交互作用过程的人的身体。"将自然界视为人的身体，赋予了自然界极高的评价。恩格斯指出："我们连同我们的肉、血和头脑都是属于自然界，存在于自然界的。"深刻表明了人因自然而生，以及人类社会的生产和生活同样是自然界有机组成部分的本质属性。习近平总书记着眼本国生态文明发展大势，放眼世界性生态环境问题，立足人民群众的根本利益，站在人与自然和谐共生的高度，站在建设美丽中国、实现中华民族伟大复兴的战略高度，深刻回答了生态文明建设的一系列重大理论和实践问题，形成了习近平生态文明思想。这一思想不断指引着我国生态文明建设和美丽中国建设向更高层次迈进。

党的二十大报告将人与自然和谐共生的现代化上升为中国式现代化的重要特征之一，再次明确了新时代中国生态文明建设的战略任务，为新时代生态文明建设指明了方向、明确了目标、提供了根本遵循，这是关乎国家富强、民族振兴与人民幸福的重大战略部署，为人类可持续发展贡献了中国智慧、中国方案。

C 当前严峻的生态形势和矿山生态化建设

自人类文明产生以来，破坏自然环境的现象便开始出现。直到19世纪，对自然环境破坏局限在人类生存的局部范围之内。20世纪以来，二战后各国经济迎来恢复发展期，世界工业化进程进入新阶段，煤炭、石油等化石能源的广泛使用使得二氧化碳排放量急剧增加，世界市场的进一步完善加速了生态环境问题向全球范围扩展。两极冰川急剧缩减，发达国家工业污染严重，发展中国家深陷贫困与污染的发展困境，人类生活用水短缺现象日益严重，土地荒漠化范围不断扩大，可耕地面积不断缩小，全球变暖加剧海平面上升，过度捕捞导致水生生物数量锐减，地下矿物资源濒临枯竭，森林面积逐年减少，大气污染严重，酸雨等自然灾害频发……地球在人类的摧残下留下满身伤痕。人口、资源、环境等一系列严重制约人类发展的世界性问题的出现，使人类逐渐从主宰自然的美梦中醒悟过来，与自然和谐共生才是可持续发展的前提和基础。而只有尊重自然，顺应自然，保护自然，处理好经济发展和资源环境的关系，才能实现人与自然和谐共生。

a　当前严峻的生态形势

迄今为止，已经进入人类视野的生态环境问题主要有：人口问题，粮食问题（包括耕地减少、食品短缺等），环境污染问题（包括水污染、噪声污染、大气污染、土壤污染、“温室效应”等），生态退化问题（包括土地荒漠化、水土流失、物种灭绝等），不可再生的资源问题（水、矿物等资源日益匮乏），这些问题严重地干扰和破坏了人类的居住和生存环境。

（1）人口问题。据官方人口统计数据，1800 年世界人口数量突破 10 亿大关，1930 年世界人口数量达到 20 亿，30 年之后突破 30 亿，14 年后再增长 10 亿，13 年后达到 50 亿，2021 年达到 78.3663 亿，2022 年达到了 80 亿。据联合国《世界人口展望 2022》报告预计，到 2030 年，全球人口将增长至 85 亿左右，2050 年达到 97 亿，21 世纪 80 年代达到 104 亿峰值，并保持这个水平到 2100 年。根据人口学家的研究结果，100 亿～150 亿是地球人口承载力极限，如果不能对人口增长加以及时有效的合理控制，人类可持续发展的理想必将被中断。人口的持续增长推动人类活动范围的不断扩大，地球生态系统面临着巨大压力。

从人口问题衍生而来的其他一系列问题更值得我们关注：劳动就业问题、青少年犯罪问题和人口老龄化问题愈发严重，社会不稳定因素与日俱增。诸如养老、社会保障、环境治理等社会支出在社会总支出中所占据的比重日益增加，导致许多国家不堪重负，严重阻碍了经济社会的平稳运行和发展。

（2）粮食问题。2014 年，粮农组织对世界粮食状况进行调查统计并发布《粮食不安全状况 2014》。报告指出，当前 10.2 亿人口处于饥饿状态，这一数字已经创造了历史最高纪录；粮农组织发布的《2021 年全球粮食危机报告》指出 2020 年全球 1.55 亿人面临严重的粮食安全问题，达到了五年来的最高水平。2030 年，世界粮食产量必须达到 29 亿吨才能满足现存人口的粮食需求。然而世界粮食种植面积增幅却并不尽如人意。从 1961 年开始，全球耕地总面积年均增长率仅有 0.34%，发展中国家耕地面积年均增长 0.68%。

近两年来，受新冠疫情及非洲蝗虫肆虐影响，很多国家缩减甚至禁止粮食出口。越南决定停止大米出口，哈萨克斯坦禁止小麦、土豆等农产品出口，塞尔维亚停止葵花籽油出口。新冠疫情的暴发使一些国家出现民众争相囤粮的现象，粮食短暂性紧缺的趋势愈显，尽管目前粮食出口大国并未出台相关禁令，但新冠肺炎如果不能在短时间内消灭，禁止粮食出口的风气一旦波及美、法、俄等粮食出口大国，全球粮食安全将面临有史以来最为严峻的考验。

（3）环境污染。据 WHO（世界卫生组织）估计，环境污染引发了当前全世界 1/4 的疾病，每年因水污染、空气污染和废弃物污染造成的死亡人数高达 770 万。

1）全球变暖和温室效应：温室气体过量排放引起的全球变暖具有极大的危害性，其影响涉及人类生存的方方面面。近 10 年，年均温室气体排放量超过 500 亿吨，导致全球气候变暖不断加剧，对全球环境产生了潜移默化的影响。两级冰川融化，海水温度上升，寒带植被增多，全球春天变长等都是其外在表现。全球气候变暖会引发各类自然灾害，进而威胁人类的生存环境。政府间气候变化专门委员会第五次评估报告（2014 年）表明，基于现有的一个单一最长数据集，1850~1900 年和 2003~2012 年平均温度之间的总升温幅度为 0.78°（0.72°~0.85°）。据日本气象白皮书预测，如果人类不采取有效措施减少温室气体的排放量，21 世纪全球气温每 10 年将平均升高 0.3°；到 21 世纪末，地球的平均气温将增加 5°，南北极冰川融化现象将更加严重，整个海平面将升高数英尺，海拔低于海平面高度的国家如马尔代夫、汤加 、图瓦卢等国将被海水淹没。

2）大气污染：2021 年 9 月世界卫生组织发布的《世卫组织全球空气质量指南》显示，世界上 95%的人口都在呼吸着被污染的空气，大气污染已经成为人类健康最大的威胁之一。2016 年，全球有 410 万人因长期暴露于 PM2.5 超标的空气环境而死于肺癌、急性肺病和呼吸系统感染等呼吸系统疾病，其中将近一半发生在中国和印度。此外，发达国家和发展中国家的空气质量差距逐步拉大，发展中国家面临日趋严重的空气危机。

3）水污染：2021 年 4 月，日本政府单方面宣布，两年后将福岛第一核电站的逾 125 万吨核废水倾倒进太平洋。此举不仅招致中国、韩国、俄罗斯、朝鲜等周边国家的强烈反对，也在日本国内引起大规模抗议。2022 年 7 月 22 日，日本原子能规制委员会正式批准了东京电力公司有关福岛第一核电站事故后的核污染水排海计划。日方这一自私自利、以邻为壑的行径不仅有违国际道义，而且是对国际海洋法的公然蔑视和践踏。如果日本政府真将此决定付诸实施，则必须为此承担相应的国际责任。尽管日本政府对外宣称，核废水经过净化装置过滤后仅留有放射性物质氚，而氚的浓度已被稀释至其国内标准的四十分之一，但这一说法很难令外界信服。2019 年，美国伍兹霍尔海洋研究所称，从日本核废水中检测出碘-129、锶-90、钌-106、碳-14 等放射性元素。其中，碘-129 和锶-90 都是严重的致癌物，碳-14 则会对人类 DNA 产生破坏作用。日本将危害如此巨大的核废水排放入海已经严重违反了《联合国海洋法公约》。

恒河污染严重。近年来，恒河两岸 4 亿多人居住在污染严重的环境之中。过度排放的城市污水、未经处理的工业废水、大量无法降解的塑料以及人体排泄物等污染物对恒河造成了极端严重的污染。据统计，恒河附近海域的大肠粪菌指标已经超过印度政府官方限制的 100 倍以上，恒河 140 多种鱼类、90 多种两栖类动物濒临灭绝。

4）噪声污染：一个研究小组在《欧洲心脏杂志》上发表的报告称，他们对 2000~2015 年间居住在瑞士苏黎世机场附近因心血管疾病死亡的近 2.5 万名居民死因情况进行了分析，发现夜间飞机飞越这些居民家上空后，死亡率会显著上升，尤其是女性的死亡率。

（4）生态退化问题。当前全球干旱区有将近 1/3 面临荒漠化危机，100 多个国家的 9 亿多人口处于荒漠化的困境之中，全球每年因荒漠化造成的各类经济损失高达 420 亿美元。亚非两洲幅员辽阔，荒漠化地区面积较大且分布集中，因此是荒漠化问题的“重灾区”。亚非两洲人口占世界总人口的70%以上，因此荒漠化对亚非地区人口生活的影响也较其他地区更为严重。荒漠化这一顽症痼疾严重威胁着森林、土地、湖泊等自然界的各个方面，对土壤肥力、水资源循环、农作物成长和牲畜养殖等都造成了严重威胁。

工业革命导致人类对生物资源实用价值的需求与日俱增，却忽视了生物多样性的潜在价值，人类对其进行肆意开发和无情蚕食，地球生命系统遭受了严重破坏。据统计，当前可供生物存活的环境面积仅剩400年前的10%，物种锐减一半以上，其中热带雨林急剧缩小对物种的影响最为突出。仅1990~2020年的30年间，砍伐热带雨林引起的物种灭绝就使世界物种减少5%~15%。哺乳动物在过去的400年间共灭绝58种，平均每7年就有一个物种在地球上消失，这个速度高于正常化石记录7~70倍；哺乳动物在20世纪共灭绝23种，平均每4年灭绝一种，这个速度高于正常化石记录13~135倍。自2001年至今，英国的港海豹因疾病和屠杀数量锐减，只剩下原有数量的60%；曾经遍布苏格兰高地的苏格兰野猫如今只剩大概35只；原产于肯尼亚和索马里的美洲羚羊如今也濒临绝种。残酷的事实不能不引起人类对于保护生物多样性的重视。

（5）森林覆盖率减少。在原始社会，森林占据了地球陆地总面积的2/3，森林总面积约76亿公顷；19世纪中期森林总面积减少20亿公顷，20世纪末期，地球陆地森林覆盖率锐减至27%，森林总面积仅剩34.41公顷，80%的原始森林遭受严重破坏。森林锐减衍生了一系列生态环境问题，其中最为严重的是六大生态危机：土地荒漠化加剧，1/4的全球陆地受到荒漠化侵袭，110多个国家深受其害；水土流失严重，大量地表土和养分流失，耕地贫瘠趋势愈发明显；干旱缺水导致120多个国家面临水资源危机；洪涝灾害愈演愈烈；动植物灭绝速度加快，高于自然灭绝速度1000倍；温室效应加剧，将近一半面积的北极冰川在一百年内融化，直接导致海洋面上升50厘米。

（6）海洋污染。石油泄漏、大量未经处理的工业废料和生活污水排放入海、鱼类过度捕捞等行为严重破坏了海洋生态平衡。《科学》杂志2015年发表的研究成果表明，每年进入海洋的塑料超过800万吨，约51万亿个塑料微粒漂浮在海水中，这一数字超过银河系中恒星数量的500倍。每年约1000万吨石油、2.5万吨氯联苯、390多万吨锌、30多万吨铅、25万吨铜流入大海，海洋中的放射性物质高达2000万居里。这些有毒物质经由鱼虾等海洋生物最终进入人类身体，给人类健康造成严重损害。

随着人类对海洋探索范围的不断扩大，海洋生物的生存面临着越来越严重的威胁。受全球变暖、海洋污染等多种因素影响，超过50%的海洋物种在海水温度变化和海洋污染等因素的影响下彻底消失，有些鱼类的数量锐减3/4，珊瑚礁、海草等海洋植物数量也在急剧减少。长此以往，海洋生物链将无法延续。

（7）不可再生资源问题。水、石油、煤炭等资源日益匮乏。全球超过40亿人每年至少有一个月的时间处于极度缺水状态。随着人口数量不断增长，经济发展需求日甚，水资源消耗量不断增加，但水资源状况却不断恶化，水资源危机势必会进一步加剧。水资源的短缺与污染，不仅严重制约经济社会的平稳发展，还直接损害人们的身体健康。研究表明，世界上80%的疾病与水源环境有关，伤寒、疟疾、肠胃病等疾病大都是由水污染引起的。另外，石油等化石能源也面临枯竭危机，《BP世界能源统计年鉴（2019）》的数据指出，以目前的开采速度计算，当前全球石油储量仅可供生产50年。

b　矿产资源开发造成的环境问题

矿产资源是我国发展的重要保障。我国疆土辽阔、资源丰富，自新中国成立以来，矿产资源相关产业已经成为我国的重要经济支柱，但由于环境保护意识淡漠，生态修复技术不够成熟，导致许多矿山开采区生态环境破坏极为严重，且至今无法恢复，矿山生态问题已成为制约生态文明建设的重要问题之一。党的十八大以来，生态文明建设成为党和国家的重大战略部署，在习近平生态文明思想的指引下，满目疮痍的矿山正在恢复成绿水青山并重新焕发勃勃生机。我国是世界上最早开发利用矿产资源的国家之一。新中国成立以后，优先发展重工业的国家战略推动采矿及相关产业实现大发展。70 多年来，我国矿产勘查开发利用取得了重大突破，探明了大批矿产地，成为世界矿产资源生产和消费大国。我国已发现矿产 173 种，其中查明资源储量 162 种，品种较齐全。我国矿产资源总量大，有 20 多种矿产资源的探明储量位居世界前列，其中，钒矿、钛铁矿、钨矿、锡矿、锑矿、钼矿等储量居世界第一位。2020 年，全国非油气矿石产量为 107.03 亿吨，矿业总产值为 19796.48 亿元，矿业及相关产业已成为我国经济的重要支柱。

我国矿产资源的典型特征是单一矿产少、共伴生矿产多、品位低，分选和冶炼复杂、困难，生产成本高，且我国金属类矿山资源利用方式较为传统和粗放，资源质量和赋存条件较差，废石尾矿利用率不高，对环境污染和破坏较为严重。同时主要金属矿产资源对外依赖程度较大，且随着经济发展，对矿产资源的消费需求会越来越大，矿产安全成为我国必须加以重视的国家安全问题之一。

长期以来，人们过度重视经济利益而忽视生态价值，对生态系统的不可逆性认识不足，持续开发利用矿产资源严重干扰了山、水、林、田、湖、草这一生命共同体的内部平衡。据相关统计数据，全国铁矿和有色及稀贵金属矿开采每年约产生 30 亿吨废石，累计堆存超过 600 亿吨，非金属矿开采（煤炭开采除外）每年约产生 10 亿吨的废石，累计堆存超过 100 亿吨。矿产开采特别是露天开采所产生的固体废弃物和废水以及对地下水的过度抽排，使地形地貌景观、野生动植物系统、地表水和地下水的水位与水质、空气环境和土壤环境等发生重大改变。截至 2018 年底，全国矿山开采占用损毁土地约 5400 多万亩。其中，正在开采的矿山占用损毁土地约 2000 多万亩、历史遗留矿山占用损毁约 3400 多万亩。并且土地破坏数量还在不断上升。因此，科学合理地对矿山生态系统加以修复是十分必要的。

c　矿山可持续发展建设

可持续发展观是与旧式发展观截然不同的全新发展观念，伴随着人口问题、资源问题、环境问题等多方面世界性问题的扩散而产生，主要目的是推动全球经济平稳运行，改善全球生态环境质量，破解当前人类发展困境，实现人类的永续发展。而要实现矿山可持续发展，其重点在于企业应当在提质增产的基础上满足国家可持续发展的战略需求，其核心在于实现矿业在经济发展、生态保护、优化环境等方面的协同发展，科学有序地利用矿产资源。无论从国家政策导向出发，还是立足于矿业城镇的迫切需求，对矿山生态环境展开系统化、深层次、全方位的综合治理都意义重大。

（a）国家层面

（1）加强规划引导，完善政策扶持。高度重视矿产资源安全，将关键性矿产资源安全提升至国家战略地位，建立健全矿产资源法律法规和制度安排，强化矿产行业国家保护力度。关键性矿产资源在加强高端装备制造、加工制造新材料、开发新能源等方面具有重要支撑作用，将为大批新兴产业发展提供原料保障，是产业升级换代不可替代的动力之源。因此应从国家战略高度重视关键矿产安全问题，提升关键矿产资源安全管理现代化水平，着手实施关键矿产资源战略储备以切实保障中国未来关键性矿产资源安全，将关键性矿产资源的供给风险降至最低。

（2）制定开发战略，开发新兴资源。国家应当制定科学合理有效的矿产资源开发战略，对矿产开采实施有计划的调节。同时优化矿产开发布局，严格划定禁采限采区域，严格制定准入管理制度，实现矿产资源合理开发和矿山环境保护的双重实效。

加快可再生能源开发利用步伐，推动天然气、核能等可代替能源在社会生活中的应用，同时部署推进新矿物矿产、大洋矿产资源等新矿产资源的探查与开发工作，为矿产资源可持续供给奠定坚实基础。

（3）实施三深战略，实施走出去战略。实施深地、深海、深空探测开发“三深战略”。推动相关领域基础理论研究，创新探测技术方法和仪器装备。加快对资源领域的探索，占据未来大国竞争的制高点。

大力实施“走出去”战略。促进全球矿产资源配置更加公平、合理、科学，全面推动地质矿产领域国际合作，推动建立全球矿产资源配置新秩序。

（4）扎实推进节能减排，加强生态环保建设。大力发展循环经济、低碳经济、绿色经济。坚持“绿水青山就是金山银山”的理念和绿色发展理念，鼓励支持相关产业发展，有效推进矿产资源的科学开采与循环利用，加大矿山环境修复力度。实现矿产资源勘查开发与生态环境保护协调发展，最大限度地兼顾涉矿群众利益。

（5）构建人才培养战略，强化矿产理论研究。加快建立和完善自然资源高层次科技创新人才的培养、激励与引进机制，坚持和加强党对地质勘探、矿产开发、综合利用等方面的领导，加大力度培养专业地质人才队伍，打造一支技术过硬、信念坚定、敢于创新的国家地质队伍。推动成矿理论、矿产勘查理论、勘查技术研究，构建全新找矿模型，加快矿业勘查方法技术创新，做好矿产资源先进适用技术的推广工作，并将之应用于矿产资源勘查、开发、利用等各个领域。

（6）加强立法规范，整顿资源开发秩序。深入推进矿产资源领域行政审批制度、矿产资源管理体制和资源税费、自然资源资产产权制度等矿产资源领域各项制度改革，制定合理的矿产资源政策，不断完善矿产资源法律法规体系，以法治和制度为矿产资源的开发和保护提供有力保障。充分发挥国家资源部的引领监督作用，推动矿产资源管理体制全方位完善，推动我国矿产资源管理向新阶段迈进，实现经济社会可持续发展。

（b）行业层面

（1）以供给侧结构性改革为主线推进技术创新。创新是企业进步的灵魂和持续发展的不竭动力。企业不能墨守成规，闭门造车，必须及时更新经营理念，了解社会最新需求，推动企业技术进步。只有这样，企业才能紧跟时代潮流，永葆生机，充满活力。

资源品质堪忧、规模小、污染严重的矿山企业应及时关停，剥离不良资产，加快行业内部资金、人才和技术等各方面要素的整合，打造资金充足、技术先进、实力强劲的矿产企业。以资源供给侧结构性改革为主线，优化资源结构，同时依靠科技进步不断提升贫矿、表外矿、零星矿、共生矿、尾矿和残矿的资源利用效率，提高矿产资源的综合利用水平和矿山废弃物的资源化利用水平。

（2）创新驱动，实现矿业技术革命。合理开发和有效利用矿产资源是矿山企业的中心任务，企业应当坚持以强化资源综合利用和降本提质增效为重点，以创新理念为指引，不断实现技术进步。坚持依靠科技进步推动提高矿产资源综合利用率，通过科技攻关、技术创新、技术改造的有机结合实现经济、环境、资源三者的协同发展。充分发挥社会主义市场经济的优势，在生产过程中推广应用先进成熟的技术，加快步伐推动最新科技成果转化为现实生产力，强化矿产品深加工技术的研发，延长矿物相关产品产业链条，在提高矿物产品品质的同时优化其结构。

加快构建安全、高效、绿色的综合技术体系，打造符合要求且极具潜力的现代矿业。以科技水平、自动化水平、资源利用率、安全保障等几方面为抓手，以创新为发展基点，依靠创新驱动战略，促使行业具备先发优势，引领发展态势。加快推动数字化技术在工艺控制方面的应用，以数字化技术实现规模化、集约化生产，推动生产成本降低。

（3）优化产业结构，提升产品质量。传统矿业企业存在发展方向单一、产业结构老化、产品质量较低等问题，只有开辟新发展方向，优化矿业产业结构，才能使矿业企业的综合实力不断增强，实现矿业企业的持续健康发展。企业应当以调整优化产业结构为核心任务，探索多元化经营模式。企业应当立足自身基本情况，加快形成以矿产开发和矿产品交易为支撑，以非矿相关产业为辅助的经营模式，不断扩大产品市场覆盖范围，推动企业可持续发展。

在优化产业结构的同时，应当重点推动矿产品结构升级和矿产品质量提升。更加注重产品多样化供给，在生产中提高产品的技术含量，提升产品附加值，延长矿业产业链条，提升优质增量供给。逐步减少原材料型矿产品供给，改善粗加工型矿产品供给现状。充分发挥矿业企业比较优势和规模效益，通过优化产业结构和提升产品质量打造矿业企业新的经济增长点。

（4）契合国家战略，承担企业责任。矿山企业应坚持“引进来”，充分利用国外资金、技术和人才等多种要素。我国企业要抓住“一带一路”建设的契机，通过化石能源和金属矿产等矿产产能合作，加强和扩大区域基础设施建设，实现“一带一路”沿线国家的互利共赢。我国企业应当积极承担社会责任，做好矿山生态修复工作，实现开采、保护、修复的有机统一，实现打造绿色矿山的目标。将开发过程中的保护与闭坑以后的修复相结合，尽可能减轻矿产资源开发对地表生态环境的影响。在条件允许的情况下建立矿山公园或地质公园，在矿山关闭后促进生态环境修复的同时推动旅游业发展。

（c）个人层面

大学生是引领社会发展的主力军，更是新时代的建设者。当前，高消耗、高污染的经济发展路径已经无以为继，必须走出一条资源节约型、环境友好型的绿色、低碳、循环发展之路，才能应对未来生态环境和自然资源的挑战，推动经济社会可持续发展。作为大学生，面对日益严峻的生态环境问题，必须将自身置于国家发展和民族振兴大局之中，为生态文明建设作出贡献。

（1）发挥监督作用，监督政府和企业行为。通过自愿参加各类社会团体和社会组织，做好矿山资源开发保护宣传工作，投身环境保护监督工作。个人在日常生活中应树立低碳节能意识并践行绿色生活方式。

（2）成为素质良好的科技工作者。在校期间努力学习，夯实专业知识基础，坚持实事求是的态度，培养肯钻研敢攀登的精神，追求真理、坚持真理、探索真理，从实际出发开展创新研究。

（3）涵养家国情怀。广大科技工作者应坚定理想信念，涵养家国情怀，自觉把小家融入大家，将小我融入大我，坚守为国家、为民族、为人民的初心使命，不断攀登科技创新高峰。广大科技工作者应当投身世界科技强国建设，投身实现中华民族伟大复兴中国梦的光荣实践，在祖国需要之时毅然决然，舍身奋斗。百年未有之大变局为我们提供了广阔的舞台，各位同学青春正好，风华正茂，更应当把个人价值融入民族复兴伟业之中，融入中国特色社会主义的历史进程之中。

第1篇　生态经济概论

1　生态经济学概述

人类社会经济同自然生态环境的关系自古以来就普遍存在，人类社会的发展史就是一部向自然界攫取资源和资源加工能力不断提高的历史，社会经济发展要同其生态环境相适应，是一切社会和一切发展阶段所共有的经济规律。

1.1　认识生态经济学

1.1.1　生态经济学的产生和发展

生态经济学是生态学与经济学交叉发展起来的一门新兴边缘学科。生态经济学的目的，是根据生态学和经济学的原理，从生态规律和经济规律的结合上来研究人类经济活动与自然生态环境的关系。具体地说，它是研究使社会物质资料生产得以进行的经济系统和自然界的生态系统之间的对立统一关系的学科，是既从生态学的角度研究经济活动对生态系统的影响，又从经济学的角度研究生态系统和经济系统相结合形成的更高层次的复杂系统即生态经济系统的结构、功能及其规律的学科。生态经济学的形成和发展体现了当代自然科学和社会科学走向综合统一科学体系的大趋势。

20世纪60年代，随着科技进步和人类生产力水平的不断提高，人类创造了前所未有的财富。但是，全球性的人口膨胀、粮食短缺、能源紧张、资源匮乏、环境污染和生态退化等问题也随之而来，为人类敲响了警钟。面临既要满足经济增长，又要有效保护生态环境和利用资源的难题，世界上第一次形成了探讨人类生存和发展的生态环境问题的绿色思潮。在这个“百家争鸣”的热潮中，生态经济学诞生了并逐渐进入大众视野。在社会发展中，经济和科技不断实现新的突破，但同时人们也惊讶地发现，物质财富的增多并没有带来同比例的福祉增长，相反，水土流失、土地沙化、森林破坏等问题带来了连锁反应——人口和粮食压力陡增与生态环境恶化，人类为此越来越感到忧虑。因此，生态经济学应运而生。生态经济学是伴随人类面临的环境与可持续发展问题的日益突出、人类解决环境与可持续发展问题的迫切需要而发展起来的。

1966年，美国经济学家肯尼斯·鲍尔丁发表了题为《一门科学——生态经济学》的文章，首次提出了“生态经济学”这一概念。他在反思传统经济学的基础之上，明确阐述了生态经济学的研究对象，进而第一次提出了“生态经济协调理论”。20 世纪 60 ~ 70 年代，以保尔 · 埃里希的《人口爆炸》和《增长的极限》为代表，新古典经济理论由于对支持人类经济系统的环境系统缺乏研究而受到自然科学家的抨击。这种论战引发更多关于经济与生态环境之间关系的思考，经济学家和生态学家开始沟通。此外，《增长的极限》中科学家们利用数学模型和系统分析方法，研究了人口问题、工业化问题、粮食问题、自然资源问题和环境污染问题五个因素的内在联系及其与人类未来发展的关系；提出“全球均衡”的概念等，这些都成为生态经济学研究的最初尝试。20 世纪 80 年代末，伴随着全球环境的进一步恶化，国际社会各界人士开始深入探讨研究。50 多位科学家组织在一起成立了国际生态经济学会（ISEE），创立了生态经济学，并在 1989 年出版发行了期刊杂志 *Ecological Economics*，从此对生态经济学的研究方兴未艾。20 世纪 90 年代以来，生态经济学研究已从理论研究进入到应用研究和实证研究的新阶段，形成了生态经济学理论与实证复合发展的新局面。

我国从 1980 年提出研究生态经济问题和建立生态经济学至今已有 40 多年的历史。中国社会科学院经济研究所和《经济研究》编辑部联合召开了我国首次生态经济问题座谈会。我国对生态经济学的研究历程大致可分为三个阶段。

第一阶段从 20 世纪 70 年代末至中国生态经济学会成立，这一阶段是中国生态经济研究的初创时期。1978 年，党的十一届三中全会要求把工作重心转移到社会主义现代化建设上来，其中包含了从滥用资源、破坏生态环境转为保护自然资源和改善生态环境的内容。在党的解放思想、实事求是的政治思想路线的指引下，一大批科学工作者对新中国成立以来，由于政策、工作上的失误而带来的一系列严重生态问题进行了深入而广泛的研究，其研究核心是发展经济必须遵循经济规律和生态规律。

第二阶段是 20 世纪 80 年代初至 90 年代初期。20 世纪 80 年代初，中国生态经济学的倡导者、奠基者，著名经济学家许涤新多次提出要认真总结和对待新中国成立以来在现代化建设过程中出现的新情况和新问题，并于 1980 年 9 月首次提出“要研究我国生态经济问题，逐步建立我国生态经济学”的目标。在 20 世纪 80 年代后期至 90 年代初期，生态经济协调发展论，成为我国生态经济理论的主流。这一理论的形成与发展，是我国生态经济学建设中的一项重要成就，也是我国生态经济学理论发展史上具有重要意义的大事。

第三阶段从 20 世纪 90 年代至今。在这一阶段，无论是生态经济理论和管理，还是国际交流和合作，中国的研究和参与不断深入和扩展。1992 年，联合国在巴西里约热内卢召开环境与发展大会，提出可持续发展应作为全球的共同战略，得到了世界各国的积极响应。1994 年，我国在世界上率先提出了《中国 21 世纪议程——中国 21 世纪人口、环境与发展白皮书》，明确了“只有将经济、社会的发展与资源、环境相协调，走可持续发展之路，才是中国发展的前途所在。”20 世纪 90 年代中期以来，我国生态经济协调发展理论与实践向深度与广度扩展的最重要最显著的特点就是向可持续发展领域渗透与融合，逐步形成了可持续发展经济理论。

我国生态经济学发展的历程，同样也是我国生态经济学发展、壮大的成果，是改革开放的成果，更是社会主义现代化建设的现实需要。

1.1.2 环境运动的兴起

1962年，美国海洋生物学家、作家、诗人蕾切尔·卡逊（Rachel Carson）出版了《寂静的春天》一书，揭示了为追求利润而滥用农药和杀虫剂对人类的危害，指出环境的污染最终会威胁人类的生存。该书被誉为“绿色圣书”和“改变美国决策的25种读物之一”，它“犹如旷野中的一声呐喊，用它深切的感受、全面的研究和雄辩的论点改变了历史的进程”（美国副总统阿尔·戈尔，1994），其出版促进了群众性的热爱自然、保护环境运动的兴起，成为环境保护历史上具有开创意义的一个里程碑。

20世纪60年代末，美国、德国和挪威等一些西方学者成立了罗马俱乐部，发表了一系列有关资源、环境以及人类未来发展的研究报告，引起全世界对环境问题的严重性的警觉。以梅多斯（D. Meadows）等为代表的一派持“极限增长”观点，其代表作是1972年出版的《增长的极限：罗马俱乐部关于人类困境的报告》以及20年后的《逾越极限：全球崩溃或可持续的未来》。报告向世界发出了严重警告：如果世界人口、工业化、污染、粮食生产以及资源枯竭按照目前的增长态势不加以改变，地球的承载极限将在未来百年内的某个时候被突破，其后果将是人口和工业生产能力突然下降并失去控制，防止这种崩溃的唯一方法是实现“零增长”。以朱利安·西蒙（Julian L. Simon）等为代表的另一派则持“无极限增长”观点，其代表作有《没有极限的增长》（即《最后的资源》，1981；《资源丰富的地球》，1984等）。他们强调技术进步将为各国的经济增长提供更大的潜力，科学技术的进步和资源利用效率的提高，可以克服人类面临的资源与环境困境，虽然目前人口、资源和环境的发展趋势给技术、工业化和经济增长带来了一些问题，但是人类能力的发展是无限的，因而这些困境不是不能解决的，世界的发展趋势是在不断改善而不是在逐渐变坏，因而增长也是无限的。由于《增长的极限》一书用词激烈，突出了人口爆炸、粮食和能源短缺、环境污染等问题的严重性，它提出的解决问题的“零增长”方案在现实世界中难以推行，所以反对和批评的意见很多，从急需摆脱贫困的发展中国家到仍想增加财富的发达国家中的许多人不同意这一方案。但是该报告发出的地球潜伏着危机和发展面临着困境的警告，无疑是一副清醒剂。无论是“悲观主义”的“极限增长论”还是“乐观主义”的“无极限增长论”，这场由学术界掀起的大辩论，其影响之深远已大大超出了学术争论的范畴，不仅在全球范围唤起了人们对环境问题的热切关注，还促使环境问题首次摆上了国际社会的议事日程。

1972年6月，联合国在瑞典首都斯德哥尔摩召开了一次具有划时代意义的盛会——人类环境会议，共有113个国家及地区和有关群众团体的代表参加了会议，它是世界各国政府第一次聚集在一起共同讨论环境问题。会议发表的《人类环境宣言》第一次在社会和经济目标之外，以正式文件的形式将保护环境列为人类的行为目标，提出了世界各国政府和人民应该遵循的有关人类环境问题的原则，从道德的角度强调人类负有保护和改善世界环境的庄严责任，呼吁各国政府和人民为维护和改善环境、造福全体人类、造福后代而共同努力。斯德哥尔摩会议首次开启了国际社会环境问题的对话、讨论与合作之门，促使了联合国环境规划署（UNEP）的创立，标志着20世纪60年代末、70年代初世界环境保护运动的第一个高潮。

1.1.3　生态经济学与可持续发展

生态经济学是一门从最广泛的领域阐述经济系统和生态系统之间关系的学科，重点在于探讨人类社会的经济行为与其所引起的资源和环境嬗变之间的关系，是一门由生态学和经济学相互渗透、有机结合形成的具有边缘性质的学科。生态经济学所关心的问题是当前世界面临的一系列最紧迫问题，如持续性、酸雨、全球变暖、物种灭绝和财富的分配等。生态经济学的研究鼓励经济学和生态学等学科之间的交叉，倡导从新的视点分析生态系统与经济系统之间的关系。生态经济学是适应可持续发展的需要，为解决可持续发展问题而产生的。

可持续发展就是在工业经济快速发展的背景下，资源和环境出现危机，引发了人们对经济增长和自然环境关系的反思而出现的新发展理念。

1980 年 3 月 5 日，联合国又向全世界发出呼吁：必须研究自然的、社会的、生态的、经济的以及利用自然资源过程的基本关系，确保全球持续发展。1983 年 11 月，联合国成立了以挪威首相布伦特兰夫人（G. H. Brundland）为首的世界环境与发展委员会（WCED），成员有科学、教育、经济、社会及政治方面的 22 位代表，其中 14 人来自包括中国在内的发展中国家。联合国要求该组织以“持续发展”为基本纲领，制订“全球的变革日程”。1987 年，该委员会把经过 4 年研究和充分论证的报告《我们共同的未来》提交给联合国大会，正式提出了可持续发展的概念。该报告对当前人类在经济发展和环境保护方面存在的问题进行了全面、系统的评价，指出：过去我们关心的是发展对环境带来的影响，而现在我们则迫切地感到生态的压力，如土壤、水、大气、森林的退化对发展所带来的影响；在不久以前我们感到国家之间在经济方面相互联系的重要性，而现在我们则感到在国家之间的生态学方面的相互依赖的情景，生态与经济从来没有像现在这样互相紧密地联系在一个互为因果的网络之中。这是人类社会有关环境与发展思想从一般的考虑环境保护到强调把环境保护与人类发展结合起来认识的一个重要飞跃。这份报告提出了一个为大多数所接受的可持续发展的定义：“可持续发展是既满足当代人的需求又不危及后代满足其需求的发展”。这个定义鲜明地表达了两个基本观点：一是人类要发展，尤其是穷人要发展；二是发展有限度，不能危及后代人的发展。

1989 年，发展中国家与发达国家经过一系列的对话和争论，在 UNEP 第十五届理事会期间，以声明的形式就与可持续发展概念有关的子孙后代的需要、国家主权、国际公平、自然资源、生态问题、环境保护与发展结合等重要内容，达成共识。第 44 届联大 44/228 号决议重申了这一共识，并决定召开最高级别的“联合国环境与发展大会”，以促进全球可持续发展的实施。1992 年 6 月，联合国第二次“世界环境与发展”大会在巴西的里约热内卢召开，全球 100 多个国家的政府首脑出席会议。这次会议与 20 年前（1972 年）的环境大会相比，一个明显的特征是国际关注的热点已经由单纯的环境保护问题转移到了环境与发展的大课题。大会通过了《里约热内卢环境与发展宣言》和《21 世纪议程》。这次会议以可持续发展为指导思想，反思了自工业革命以来的那种“高生产、高污染”的传统发展模式以及“先污染、后治理”的发展道路，并加以否定。里约会议使环境问题登上了全球议程的最高位置，不仅提高了全球环境意识，使可持续发展概念和理论更广泛地为公众接受，而且启动了停滞多年的南北对话。它把可持续发展由理念推向了行动。

1997 年 3 月，70 多个国家和地区的代表在里约热内卢举办了“里约+5 论坛”，讨论修改可持续发展合作纲领性文件《地球宪章》，并于 1997 年成立“地球宪章委员会”来监督这个计划的进行。2000 年 3 月，地球宪章委员会在巴黎召集会议，确定了地球宪章的内容是尊重并关怀一切生命、生态完整等。

2002 年 8 月 27 日，联合国可持续发展首脑会议在南非约翰内斯堡召开，有 180 多个国家的首脑和政府领导出席，参加这个会议的总规模超过 6 万人。这次广泛参与的会议推动了将可持续发展计划转化为具体行动，并进一步强调了生产和消费对可持续发展的重要性。随后，国际组织和世界各国都积极开展了与可持续生产和消费有关的行动。

2015 年 9 月，联合国可持续发展峰会正式通过了题为“变革我们的世界——2030 年可持续发展议程”。该议程包括 17 个目标，涉及经济发展、社会进步和环境保护三个方面，三者密不可分，相辅相成 。这一议程适用于世界上所有国家，既包括发达国家也包括发展中国家。

2016 年 1 月，《2030 年可持续发展议程》正式启动，新议程呼吁各国现在就采取行动，为今后 15 年实现 17 项可持续发展目标而努力。该议程涉及可持续发展的三个层面，即社会、经济和环境，以及与和平、正义和高效机构相关的重要方面。2016 年 11 月，由全球 195 个国家在巴黎气候变化大会上通过的《巴黎协定》正式生效，该协定为 2020 年后全球应对气候变化行动作出安排，主要目标是将 21 世纪全球平均气温上升幅度控制在 2℃以内，并将全球气温上升控制在前工业化时期水平之上 1.5℃以内，它是人类历史上应对气候变化的具有里程碑意义的国际法律文本，形成了 2020 年后的全球气候治理格局。

我国在人类文明进程中贡献巨大。从古代传统小农经济的基础上形成了“天人合一”的思想，发展到现代对生态文明的高度重视。改革开放以来，我国对环境保护尤为重视。中国共产党第十五次全国代表大会明确提出了实施可持续发展战略。党的十六大以来，在科学发展观的指导下，党和国家领导人陆续提出走新型工业化发展道路，发展低碳经济、循环经济，建立资源节约型、环境友好型社会等战略。党的十七大报告进一步明确了生态文明建设发展理念。党的十七届五中全会明确提出提高生态文明水平，绿色建筑、绿色施工、绿色经济、绿色矿业、绿色消费模式。党的十八大报告第一次单篇论述生态文明，首次把“美丽中国”作为未来生态文明建设的宏伟目标，把生态文明建设摆在五位一体的高度来论述。在党的十八届五中全会上，绿色发展列入五大发展理念。在党的十九大上，坚持人与自然和谐共生成为新时代坚持和发展中国特色社会主义的 14 条基本方略之一。2020 年，习近平总书记在联合国生物多样性峰会上宣布，中国将力争于 2030 年前实现二氧化碳排放达到峰值、2060 年实现碳中和。全球能源互联网发展合作组织基于在清洁发展、电网互联、气候环境等领域的长期积累，对我国碳减排路径与能源电力转型方案开展了深入研究，于 2020 年 12 月编写完成《中国 2030 年前碳达峰研究报告》《中国 2060 年前碳中和研究报告》《中国 2030 年能源电力发展规划研究及 2060 年展望》三项研究成果，提出以特高压电网引领中国能源互联网建设，加快推进能源开发清洁替代和能源消费电能替代（“两个替代”），实现能源生产清洁主导、能源使用电能主导（“双主导”），能源电力发展与碳脱钩、经济社会发展与碳排放脱钩（“双脱钩”）的系统减排路径与方案。2021 年 3 月召开的中央财经第九次会议指出，要把碳达峰、碳中和纳入生态文明建设整体布局；推动绿色低碳技术实现重大突破，抓紧部署低碳前沿技术研究，加快推广应用减污降碳技术。在2021年4月22日召开的领导人气候峰会上，习近平总书记首次提出构建“人与自然生命共同体”，要做到“六个坚持”——坚持人与自然和谐共生，坚持绿色发展，坚持系统治理，坚持以人为本，坚持多边主义，坚持共同但有区别的责任原则。习主席强调，要从自然中寻找发展机遇，实现生态环境保护和经济高质量发展双赢。

我国的一系列举措为其他发展中国家生态转型提供借鉴，为解决人类应对气候变化问题贡献中国的独特智慧和方案。

1.1.4 生态经济系统的本质特征

生态经济系统是生态经济学的核心范畴之一。因此，在进行生态经济问题分析之时，必须考虑清楚生态经济系统的问题。生态与经济为一个整体系统，将此整体系统中的诸多要素进行分析，可以得出生态经济系统共同的本质特征。

1.1.4.1 整体性

生态经济系统具有整体性的特征。整体性强调，在进行生态经济系统研究时，要考虑到生态系统中的要素与经济系统中的要素，将两个系统中的各要素置于生态经济的大系统之中，以系统的观点分析要素与整体的关系、要素与要素的关系，切实关注整体中某一要素的变化，以及由于这一要素的改变对整体生态经济系统产生的影响。在整个生态经济系统之中，当某种要素发生改变之时，整体的系统也会发生改变。以森林生态经济系统为例，当森林遭到破坏之际，必然会导致其提供的服务，如调节气候，保持水土等的能力遭到破坏，最终影响相关行业的可持续发展，导致经济结构与生态结构的双重失衡。

1.1.4.2 丰富性

生态经济系统类型多样。依照不同的类型划分标准，可将丰富的生态经济系统分为以下几类。

首先，依据地域维度划分，生态经济系统可分为全球型、国家型、地区型。三种类型在空间层次上逐渐递减，研究范围各不相同。全球型生态经济系统将研究视角置于地球表层最大的生态经济系统，即地球生物圈与人类经济社会共同构成的系统。如全球出现的经济与生态问题、能源与可持续发展问题、人口问题等。国家型生态经济系统研究的是某一国家经济发展与自然生态之间的系统。如国家经济发展与环境保护之间的关系、社会上经济理性与生态理性如何平衡的问题。地区型生态经济系统研究某一区域自然生态保护与经济发展的关系问题，这一生态经济系统由于生态要素的结合类型和利用方向不同，产生了诸多种类。按照地形地貌划分，可分为山区、平原、水域等生态经济系统。按照气候特征划分，可分为热带、亚热带、温带、寒带生态经济系统。按照地理位置划分，可分为沿海、内地、边疆等生态经济系统。

其次，依据经济状况维度划分，生态经济系统可分为部门经济类、生产力水平类与市场需求类。按部门经济划分，生态经济系统分为农业、林业、畜牧业、渔业、工业等。按生产力发展水平划分，生态经济系统分为发达地区、中等发达地区与落后地区的生态经济系统。按市场需求划分，可分为贸工农生态经济系统、种植养殖生态经济系统、林牧渔工商生态经济系统等。

1.1.4.3 差异性

生态经济效益最大值的达到需要生态系统与经济系统形成最佳组合。不同地域的生态系统存在着一定差异。随着光照、水量、温度、土壤等基础环境因素的变化，生态系统内部结构、功能、数量、质量等参数也会发生一定的改变，这些变化正是造成各地区生态系统产生了差异性，也是制约各地区经济稳定发展的重要因素。生态经济系统差异性的特点要求人们要根据每一地区生态系统的具体情况进行具体研究，以此为依据来进行经济建设，合理分配好农、林、牧、副、渔、工等各行业的比重，发挥出不同地域内生态经济系统的优势与潜力。

1.1.4.4 有序性

生态经济系统的有序性是生态系统与经济系统的有序性的共和。生态系统的有序性是生态经济系统有序性的基础，经济系统在运作过程中也同样遵循有序性的特征。在具体的生态经济系统内部，经济系统不断与生态系统有序地进行物质、能量、信息之间的交互运动，以此达到生态经济系统的有序性。此外，生态经济系统的协调有序性也表现在生态系统的自然生长与经济目标的人工导向间的协调，否则人工导向容易导致生态经济系统的逆向演替。

1.1.4.5 发展性

随着实践的不断发展，生态经济系统也在演替发展。生态经济系统是经济社会系统演替发展与自然生态系统演替发展的统一，表现为经济社会主导下的发展演变过程。分析生态经济系统的发展势必要联系到一定历史发展阶段、同一历史阶段经济发展阶段的不同时期以及同一时期不同的经济活动。依据生态经济系统的发展顺序，大致经历了原始性生态经济系统、掠夺性生态经济系统、协调性生态经济系统三个主要的阶段。三个阶段之间相互联系，各自反映了不同阶段的生产力发展水平，以及人们对于自然界的认识水平。

原始型生态经济系统结构简单，是人类社会生产力水平极度低下的产物。过度依赖自然状况、发展速度慢、生产规模小是此阶段生态经济系统的特点。对于经济发展而言，此阶段并不能满足社会经济发展与生态保护的需要，因此，此生态经济系统必定向下一生态经济系统发展。

掠夺型生态经济系统是在人类社会发展进入工业文明后，经济系统依赖技术手段以掠夺的方式同生态系统之间建立起的一种不平衡的生态经济系统方式。生态经济协调发展观念的缺乏是这种畸形生态经济系统产生的重要原因。这种模式的增长是以破坏资源和环境为代价的。可想而知，当超越了资源和环境的承载力之后，经济增长就会受到制约，故此种生态经济系统也必定向下一生态经济系统发展。

协调型生态经济系统是人类社会发展进入新的生态化时代后，经济系统通过科技手段与生态系统结合，实现效能、产能、质能优质发展的一种协调发展方式。此种生态经济系统具有循环和充分利用的功能，并且具有不危及生态环境的特征，是人们正在努力构建，并且今后将会普遍存在的一种生态经济系统。

1.2 生态经济学理论、内容与方法

1.2.1 生态经济学理论

生态经济学是探索人与自然和谐共生的科学。生态经济学所倡导的是企业追求的经济

最优解与自然最大承载值之间的平衡。生态经济学理论主要包括：生态学基本理论、经济学基本理论、生态经济系统理论、生态产业理论、生态经济效益理论、生态经济平衡理论与生态经济政策理论等。

1.2.1.1 生态学基本理论

生态经济学中使用的关于生态学的基本理论，有以生态系统中生物的生存离不开环境为代表观点的生物与环境相互关系理论；也有强调自然界生物群并不是孤立存在的各种群之间存在各式各样的群间关系的生物群关系理论；还有生态系统中能量流动与物质循环理论、“关键种”理论、食物链及食物网理论、生态系统多样性理论、生态系统耐受性理论，以及生态系统的自我调节理论等。

1.2.1.2 经济学基本理论

经济学是研究经济主体选择行为的科学。经济学基本理论有以下三种：(1) 经济人假设理论。经济学是以假设的形式作出回答的。经济人假设理论区分于经济人弱假设理论与经济人强假设理论两种。(2) 资源稀缺理论。经济学自产生之日起，就是跟资源稀缺联系在一起的。正是因为资源有稀缺性，产生了选择资源使用问题和资源如何分配问题，也就产生了资源稀缺理论。(3) 私有产权假设理论。私有产权假设理论的含义是，个人有权以社会承认的方式选择使用他所占有的资源，这意味着经济人是在经济学的分析视野下带着一定数量的资源进入市场进行交易的。

1.2.1.3 生态经济系统理论

分析生态经济系统的特点、结构和功能是生态经济学的首要任务，生态经济学理论包含着生态经济系统理论。生态经济系统由生态系统和经济系统组成，它们是相互结合、相互联系的统一体，也是生态经济学的基本范畴。生态经济系统是一个具有独立特征、结构与功能的生态经济复合体，并有其自身的规律性。生态经济系统必须具有四个基本条件：其一，具有一个完整的生态系统单元，且不是纯自然的生态系统，而是经过人工干预的生态系统；其二，在这个人工干预的生态系统的结构单元中有人类的劳动物化于其中；其三，人类劳动参与生态系统的自然循环过程之后必须转化为社会经济产品；其四，经济产品输出该系统后参与社会经济再生产的生产、分配、交换、消费的循环运动。所以生态经济系统不是生态系统与经济系统的简单混合或叠加，而是人类经济活动与生态环境相互融合所产生的客观实体。由于生态经济系统的组成要素多、关系复杂、地域差异明显，因而不同地区或同一地区的生态经济系统会因其内部组成成分有异、联系方式不同而形成各不相同的生态经济系统。

1.2.1.4 生态产业理论

生态经济的发展以生态产业的发展为前提。当前，产业发展出现了产业生态化的新趋势，即要求产业发展要追求一种与自然和谐共生的模式。将生态产业理论细分，可具体分为生态农业理论、生态畜牧业理论、生态渔业理论、生态工业理论、生态旅游业理论五种。

生态农业理论。生态农业是基于经济与环境协调发展的原则，借鉴多种农业生产的成功经验，融合经济学和生态学理论，借助现代化科学技术手段，所形成的集合经济期望与生态期望相统一的农业。生态农业有着投入少、能源损耗低、环境破坏程度小的优势，长期保持生态农业的模式有助于提升人体健康，形成生态与经济平衡的良性关系。

生态畜牧业理论。在可持续发展目标的促使下，生态畜牧业运用生态系统的生态位理论、食物链理论、物质循环再生理论、物质共生理论等，依据系统工程方法，采用现代科技成就，强调发展畜牧业为主，实现生态、经济、社会三维效益的有机统一，是技术畜牧业发展的高级阶段。

生态渔业理论。生态环境的保护与建设是维持渔业生产力的基础，生态渔业作为渔业持续发展的战略思想，是协调渔业全局发展的生态工程。生态渔业按照生态经济学原理和系统科学方法，应用生物科学与渔业科技成就，对区域渔业进行系统的优化升级，在保证使渔业生产与生态保护达到和谐状态的前提下，提高渔业产品的质量与数量。

生态工业理论。生态工业是仿照自然界生态过程中物质循环与能量流动的方式来规划工业生产系统的工业模式。与自然生态系统类似，工业生态系统的各生产过程通过物质流、能量流和信息流相互关联，在一种工业生产过程中出现的废物产料能够在另一种生产过程中被利用。原料、中间产物、废物产料、最终成品的循环利用，资源保护与收益率之间优化平衡是生态工业追求的目标。

生态旅游业理论。生态旅游源自传统的大众旅游产业，是旅游业发展的最新阶段。生态旅游地通常会选择生态环境良好且文化底蕴丰富的自然保护区。处于生态旅游地的旅游者和经营者的环保意识强，追求生态效益与经济效益的统一。生态旅游是一种能给旅游地带来经济利益的旅游模式，也是一种可持续性的旅游活动。

1.2.1.5 生态经济效益理论

经济效益与生态效益是否统一，是评价生态经济系统效益优劣的决定因素，同时也是生态经济学所研究的重要内容。在生态经济效益理论中，生态效益与经济效益之间有着共生性，二者是既对立又统一的关系。两者的对立关系体现在，将经济效益与生态效益按照宏观与微观的维度进行区分，并两两组合，就得出来四对关于经济效益与生态效益的矛盾。四种组合的最优解是既获得好的经济效益，又获得好的生态效益，也就是生态效益与经济效益都为正值。两者的统一关系体现在，生态效益是经济效益的基础，经济效益的不断提升是生态效益稳定发展的必要条件。此外，生态经济效益理论还包括生态效益的计算方法与评价原则。在生态经济效益的评价过程中，必须坚持三个基本原则，即经济效益与生态效益的一致性原则、产品价值与使用价值一致性的原则、当前利益与长远利益一致性的原则。三项基本原则是生态经济效益评价的出发点，在评价过程中首要的评价原则就是生态效益与经济效益的统一。在某些情况下，经济效益更要服从于生态效益。

1.2.1.6 生态经济平衡理论

生态经济的平衡关系涉及社会生产的发展以及人民生活的质量。因此生态经济学理论势必要考虑到生态经济平衡理论。生态经济平衡理论的实现需要遵循因地制宜的原则，要求各国从实际出发采取针对性措施，使系统向最佳平衡状态转变；此外，也需要遵守优化的原则，在生态失调向生态平衡的转变过程中，各国应择优选择措施、对策与方案。同时，是否遵循综合效益原则与协调原则也是在寻求生态经济平衡中必须考虑的问题。为实现生态经济平衡，任何国家或地区都要用生态经济平衡的战略思想去指导经济、社会、科技的发展，在生态经济规划中开展生态经济平衡的设计工作。合理开发利用资源、加强生态经济管理，以此维护生态经济平衡。

1.2.1.7　生态经济政策理论

在生态经济理论体系之中，生态系统是被动调节的对象，经济系统则是发起调节控制功能的主体。即人们通过生产、管理活动，运用经济、技术、行政等手段，靠控制生态系统与经济系统之间的物质和能量的交互，以此使生态经济系统得以良性循环。生态经济系统的良性循环对于我国经济发展有着重大的意义，实现良性循环需要人类对经济系统的调控和管理。调控生态经济系统的基础理论包括系统调控理论、运筹学理论等。人们通过基础理论的运用与生态经济的宏观管理实现生态环境系统的良性循环。

1.2.2　生态经济学研究内容

1.2.2.1　生态经济系统的特征

生态系统与经济系统作为独立的系统，存在着自身的独特特征。研究生态系统与经济系统各自的基本特征及其组成的生态经济这一复合型系统的一般特征，是生态经济学的研究内容。在实际研究中，自然生态系统的一般特征、生态系统与经济系统之间的内在联系与规律、生态经济复合系统的分类及各类生态经济系统的一般特征等，都属于生态经济系统的特征范畴。

1.2.2.2　生态经济系统的区域性结构

生态经济系统的区域性结构是生态经济学研究的重点。任意一种系统均是由一定的结构组成的。同时，结构又布局于一定区域土地之上，这就导致了区域结构是否合理决定着该地域生态经济系统的整体功能的效能水平，故研究生态经济系统的结构问题对于提高生态经济系统的功能有着重要的意义。

1.2.2.3　生态经济系统的综合功能和整体运动

生态系统内各要素进行交互运动，产生了关于物质、能量、信息的转移变化，这一转移变化的状况影响了生态经济系统综合功能。生态经济系统的综合功能和整体运动包括：生态与经济两个系统的生态平衡和经济平衡、经济与自然再生产的联系与规律、人类各种经济活动对于生态经济系统产生的影响以及自身效益、一系列计量指标体系等。

1.2.2.4　生态经济系统管理

当人的经济行为作用于生态系统时，生态经济复合系统就产生了。因此，生态经济学研究势必要考虑到人类管理生态经济系统的行为是否科学合理的问题。

1.2.2.5　生态经济学的发展历史及其现实应用

生态经济学在总结历史经验与教训的同时，也要从中找出生态经济的规律性，以推动人类运用生态经济复合系统的理论去指导现实的生态活动与经济活动。最终，在科学理论与方案的推动下，使生态、经济、社会三维效益都能达到高水准。

1.2.3 生态经济学研究方法

由于生态经济学主要是研究生态经济系统的可持续发展问题，其研究方法主要是建立在生态经济系统理论之上，从复杂巨系统的角度探讨生态系统与经济系统之间的关系。生态经济学作为目前所有研究领域中涵盖范围最广的交叉学科之一，其方法论主要是在系统论的基础上，采用当前各相关学科流行的研究方法，如信息论、控制论、协同论、系统动力学、价值分析法等，来耦合生态和经济系统。

2　生态经济学评估指标与方法

自 1987 年世界环境与发展委员会（WCED）在其报告《我们共同的未来》中正式提出可持续发展的概念以来，可持续发展已经成为人类理想的发展模式和一种普遍的政策目标。实施可持续发展的主要问题在于如何使这种新的战略具有可操作性，这样才能帮助决策者调整政策，把当前的发展从不可持续的轨道调整到可持续的轨道上来。

如何判断某种发展战略是否是可持续的呢？方法之一是建立一套可持续发展的测量指标（指数）。例如，Meadows（1990 年）呼吁设计这样一个指数，“该指数由一些简单的数据组成，从而能够与 GDP、道-琼斯指数一样在晚间新闻中出现。我们需要这样的指数来告诉人们，他们的环境是变好了还是变坏了。”对决策者来说，这些指标可以作为是否可持续性的信号，以避免不可持续发展模式。

为服务于可持续发展的科学决策，将可持续发展的理念变成现实的、可操作的管理模式，人类必须知道自己目前所处的状态以及实现可持续发展还有多远的路要走，这就要求定量测度发展的可持续性状态。因此，定量测度发展的可持续性状态的可持续发展评估研究就成为可持续发展研究的重要内容之一。

由于传统的国民经济核算指标 GDP 在测算发展的可持续性方面存在明显缺陷，为此，一些国际组织及有关研究人员从 20 世纪 80 年代开始就努力探寻能定量衡量一个国家或地区发展的可持续性指标。联合国开发计划署（UNDP）于 1990 年 5 月在其第一份《人类发展报告》中首次公布了人类发展指数（HDI）；1992 年联合国环境与发展大会（UNCED）结束后，建立“可持续发展指标体系”被正式提上国际可持续发展研究的议事日程。联合国可持续发展委员会（UNCSD）也于 1995 年正式启动了“可持续发展指标工作计划（1995—2000）”。2015 年 9 月，193 个国家的领导人在联合国峰会上审议通过了《变革我们的世界：2030 年可持续发展议程》，议程设定了 17 个可持续发展目标（SDGs）和 169 个具体目标（涉及 244 个具体指标）。2016 年 9 月，李克强在纽约联合国总部主持召开“可持续发展目标：共同努力改变我们的世界——中国主张”座谈会，宣布发布《中国落实 2030 年可持续发展议程国别方案》，将 2030 可持续发展议程与中国中长期发展规划有机结合，确定了中国落实 17 项可持续发展目标及其 169 个具体目标的基本方案，促进 2030 年议程在全国的贯彻落实。2018 年 2 月和 2019 年 5 月，国务院两批次批复深圳市、太原市、桂林市、郴州市、临沧市和承德市 6 个城市创建国家可持续发展议程创新示范区，对照 SDGs 关键目标和指标，设定了地方可持续发展指标体系，以期为全球可持续发展提供中国经验。

2019 年，可持续发展目标指标机构间专家组以替换、修订、增加和删除的形式对“2030 年议程”中 36 项内容做了重大修改，同年，联合国大会宣布《2021—2030 联合国十年生态系统恢复》（*UN Decade on Ecosystem Restoration* 2021—2030）决议，旨在大规模恢复退化和被破坏的生态系统，以此作为应对气候危机和加强粮食安全、保护水资源和生物多样性的有效措施。

随着可持续发展评估指标（体系）设计和应用研究的不断深入，可持续发展定量评估的各种指标体系/指数不断被提出，有涵盖可持续发展所涉及的社会、经济、环境和制度等四维问题的系统性指标体系；有主要侧重于一个方面可持续发展评估的指标体系/指数，如社会发展类指标、经济发展类指标、生态环境类指标等。

2.1 评估的工具——指标

2.1.1 指标与指数

指标（indicators）：复杂事件和系统的信号或标志，它们是指示系统特征或事件发生的信息集（例如 GDP，是用于描述整个经济系统的状态及其变化趋势的指标）。

指数（index）：一类特殊的指标，它用于描述某一指标的相对变化关系（例如 GDP 指数，是计算期 GDP 与基期 GDP 的比值，用于描述 GDP 随时间变化的趋势）。

指标用于指示、描述某种现象、环境、领域的状态，以提供其信息，具有超出于参数值本身的意义。运用指标的目的是简化关于复杂现象（如可持续发展）的信息，使交流变得容易、便捷和定量化。

指标能够从多方面为决策者提供决定性的指导；能够将自然科学与社会科学的指示转变为便于决策过程使用的、可管理的信息单元；能够帮助衡量可持续发展状况并促进向可持续发展目标迈进；可以提供早期预警，及时发出警报以防止经济、社会和环境的损失。同时，指标也是交流主意、思想和价值观的重要工具。

2.1.2 可持续发展评估指标

1992 年联合国环境与发展大会认识到，指标在帮助国家做出有关可持续发展的决策方面发挥着重要的作用。《21 世纪议程》第 40 章中号召各个国家、国际组织、政府组织、非政府组织开发和应用可持续发展评估指标（体系），以便为各层次的决策提供坚实基础。

2.1.3 可持续发展评估指标的选取原则

尽管建立可持续发展测量指标（体系）的主意很诱人，但很显然，由于可持续发展的概念范围是如此之大，所以必然会产生所建立指标（体系）的适宜性问题及数据的可获得性问题。指标的开发涉及的问题还包括：指标的维数、测量的相关尺度、测量中的可能误差、测量数据的权重、测量方法的可靠性等。

一个好的可持续发展指标应具备的 7 个条件：指标计算所需的数据是可以获得的；指标是易于理解的；指标是可以测量的；指标计量的内容是重要的和有意义的；指标描述的

时间状态与其获取的时间间隔是短暂的；指标所依据的数据可以进行不同区域的比较；可以进行国际比较。不同国家和社会组织针对可持续发展指标选择原则做出了具体规定。

（1）联合国可持续发展委员会（UNCSD）可持续发展指标选择原则。在尺度和范围上是国家级的；与评价可持续发展进程的主要目标相关；可以理解的、清楚的、简单的、含义明确的；在国家政府可发展的能力范围内；概念上是合理的；数量上是有限的，但应保持开放并可根据未来需要进行修改；全面反映《21 世纪议程》和可持续发展的各个方面；具有国际一致的代表性；基于已知质量和恰当建档的现有数据，或者以合理成本可获得的（有效成本）数据，并且可以定期更新。

（2）经济合作与发展组织（OECD）可持续发展指标选择原则。1）政策的相关性，包括指标要提供环境状况、环境压力或社会响应的代表性途径；简单、易于解释并能够揭示随时间的变化趋势；对环境和相关人类活动的变化敏感；提供国际比较的基础；指标是国家尺度的，或者能够应用于具有国家重要性的区域环境问题；具有一个可与之相比较的阈值或参照值，据此使用者可以评估其数值所表达的重要意义。2）分析的合理性，包括在理论上应当用技术或科学术语严格定义；在国际标准和国际共识的基础上，可以与经济模型、预测、信息系统相联系。3）指标的可测性，包括指标所需要的数据应当是已经具备或能够以合理的成本-效益比取得；适当的建档其质量可知；可以依据可靠的程序定期更新。

（3）加拿大国际可持续发展研究所（IISD）1996 年在意大利 Bellagio 会议上提出的可持续发展评价原则（Bellagio principle）。包括指导前景与目标、整体观点、关键要素、适当尺度、实际焦点、公开性、有效信息交流、广泛参与、进行中的评价、制度能力 10 个方面，是关于可持续发展进程评价的指导原则，其中涵盖了可持续发展评价的指标体系选择原则。基于这些原则，IISD 提出了涵盖城市、州、国家和区域的不同范围、不同方面的多个指标集合。IISD 指出可持续发展可以通过单一指标界定，但为了在具体应用中把握可持续发展的所有重要方面，必须有一定数量的指标集。考虑到时间成本及数据可得性，实际运用中无法考察大量指标并进行数据采集和分析，因此选择有代表性的指标就变得非常重要。

（4）中国本土化的可持续发展评价指标体系的设计原则。1）科学性原则，即指标体系应建立在科学基础上，既能够客观地反映可持续发展的水平和状况，能够形成可持续发展内部相互联系的整体，又要保证其研究方法、资料和数据的收集具有一定的科学依据。2）系统性原则，“2030 年议程”再次强调了经济、社会、环境三者的可持续发展，评价指标应从支撑经济、社会和环境领域整体发展的角度，实现对“2030 年议程”目标的支撑。指标体系的建立要根据可持续发展的系统思想，尽可能全面地对可持续发展目标的落实情况进行考察，利用各指标间的相互关系及指标体系与外部的联系来构建，从而形成一个目标明确、层次分明、相互衔接的有机整体。3）适应性原则，即指标体系与中国国情和统计体系相适应，具有考核基础、统计或普查条件。4）数据可得性和可靠性原则，即评价体系内包含的指标应当是可测量的、切实可行的，而不是笼统的、主观的描述。指标涉及的内涵数据要能够形成长期监测报告，以获取明确的结论，确保评价指标可跟踪、可测度、准确性。5）可扩延性原则，由于可持续发展涉及内容众多，评价指标体系需具有一定的弹性，可进行扩展。

从可持续发展评估的内在要求及国际上可持续发展评估指标体系发展的实践来看，可持续发展指标的选择应当考虑：与可持续发展目标的密切相关性；内涵和概念的准确性；可测量性和数据的易获得性；可理解性和简明性；适当的时空尺度；区域的可比性；代表性和数量的有限性；预测性和预警性；测量方法的科学性；与政策的相关性等。

2.2 评估指标类型及其框架模式

2.2.1 评估指标类型

由于可持续发展问题的宽泛性和复杂性，迄今提出的可持续发展评估指标（体系）/指数类型多种多样，从不同的研究角度出发，可持续发展的指标体系、指标/指数可以有不同的分类。指标分类的依据有：指标的功能、指标的计量单位、指标的信息集成度、指标与时间的相关性、指标的空间尺度、指标的重要性、指标的学科属性、指标体系框架模式、指标对可持续发展的涵盖程度等。例如：依据指标的基本功能，可以分为描述性指标和评价性指标；按照指标的计量单位，可以分为货币化指标和事务性指标；按照指标的信息集成度，可以分为单个指标、专题指标和集成化指标等。

2.2.2 指标体系框架模式

指标体系框架是指标体系组织的概念模式，它有助于描述指标间的作用关系，也有助于选择和构建指标。指标体系框架往往是在构建指标中产生，反过来又为具体应用目的构建新的指标提供指导。

目前，可持续发展指标体系框架模式可以归纳为5种，即压力-响应模式（stress-response model）、基于经济模式（economics-based model）、社会-经济-环境三分量模式（three-component or theme model）、人类-生态系统福利关联模式（linked human-ecosystem well being model）、多种资本模式（multiple capital model）。应用较广的框架模式是经济合作与发展组织（OECD）的压力-状态-响应模型。

（1）压力-响应框架模式。压力-响应指标体系框架模式的典型例子是OECD的压力-状态-响应模型（pressure-state-response，PSR）。PSR模型中的P是环境压力，泛指人类的经济活动，诸如投入经济系统的能源、物质以及各种产业的运作过程。S是指环境和资源状态，诸如空气、水、土地等物理、化学成分以及再生及非再生资源的存量情况。R是指政府、企业及消费者个体对环境状态的反应，诸如政策、税收、补贴、价格、抗议等。PSR三者形成因果关联的反馈环关系，如图2-1所示。

依据表达习惯的不同，PSR模型在不同的系统有不同表现形式。如：联合国可持续发展委员会（UNCSD）的驱动力-状态-响应模型（driving force-state-response model，DFSR）

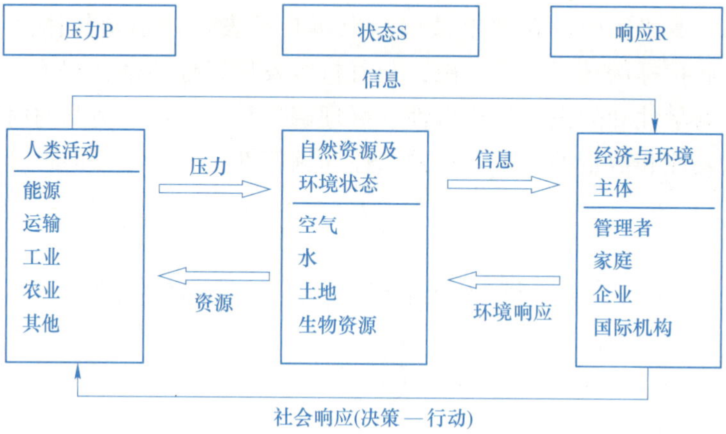

图 2-1 压力-状态-响应模型

（资料来源：*Towards sustainable development: environmental indicators*，OECD，2001）

和欧洲环保局（EEA）使用的驱动力-压力-状态-冲击-响应模型（driving force-pressure-state-impacts-response model，DPSIR）。DPSIR 模型如图 2-2 所示。

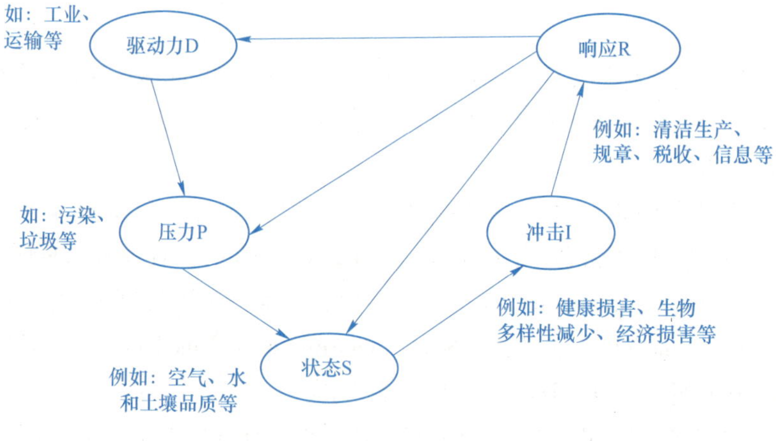

图 2-2 驱动-压力-状态-冲击-响应模型

（资料来源：*Towards environmental pressure indicators for the EU*，EEA，1998）

（2）基于经济的框架模式。基于经济的指标体系框架模式反映的是投入-产出模式，这种模式一直主导着当代的思想方式。真实进步指数（GPI）、联合国统计局的综合环境经济核算体系（SEEA）等是这种指标体系框架模式的典型代表。这种模式也为生态足迹指数的计算提供基础。德国 Wuppertal 气候、环境与能源研究所提出的物质能源平衡模式——单位服务物质输入（material input per service unit，MIPS）框架也属于这种模式。

（3）社会-经济-环境三分量模式或主题框架模式。许多社区可持续发展指标体系采用的是主题指标体系框架模式，这些模式中的指标一般并不相互关联，但却构成反映社区关注的不同问题（主题）的一组指标。这种模式的最好例子如加拿大 Alberta 可持续性指数，美国 Oregon-Benchmarks 指标体系、Seattle 指标体系。

（4）人类-生态系统福利关联框架模式。人类-生态系统福利关联框架模式的提出是为了将系统思想应用于维持和改善人类和生态系统的福利的目标。这种模式有 4 类指标：生态系统指标（用于评估生态系统的福利）；相互作用指标（用于评估人类和生态系统界面处产生的效益和压力流）；人口指标（用于评估人类的福利）；综合指标（用于评估系统特征，以及为当前和预测分析提供综合观点）。这种模型的原型是加拿大国家环境与经济圆桌会议（NRTEE）的可持续发展指标体系。可持续性晴雨表（barometer of sustainability）指数是应用这种模式的一个例子。

2.3　具有代表性的可持续发展评估指标

2.3.1　社会发展类指标

联合国开发计划署（UNDP）从 1990 年开始出版年度《人类发展报告》，并在同年出版的报告中提出了“人类发展指数”（HDI），用于测算世界各国的人类发展状况。HDI 是由 3 项基础指标组成的综合指数：（1）出生时的人均预期寿命（life expectancy at birth）；（2）教育水平，包括成人识字率（15 岁及其以上人口）和综合入学率；（3）人均 GDP。这三项指标加权合成为测算国家的人类发展状况的综合指数——人类发展指数（HDI）。HDI 所需的数据容易获得，模型和计算方法都较简单。

依据人类发展指数的高低，可将各国分为极高人类发展国家或地区（HDI>0.8）、高人类发展国家或地区（0.8≥HDI>0.7）、中等人类发展国家或地区（0.7≥HDI>0.55）、低人类发展国家或地区（HDI≤0.55）。

UNDP 在发布的 2022 年人类发展报告《不确定的时代，不稳定的生活：在转型的世界中塑造我们的未来》中指出，各种不确定性正在层层累积、相互作用，以前所未有的方式动摇生活根基。人类发展报告办公室发言人表示，广泛的挑战正在造成巨大的不确定性，全球 HDI 首次出现了连续两年的倒退下降，超过 90%的国家在 2020 年或 2021 年下降；而连续两年下降者占 40%以上，这表明当前全球危机对许多国家而言影响仍在加深。在全球 HDI 普降中，中国 HDI 由 2019 年的 0.761 提升至 2022 的 0.768，指数排名也从第 85 跃至第 79 位（如表 2-1 所示），逆势增长。这很大程度上得益于我国的疫情防控措施，不仅降低了新冠肺炎疫情导致的死亡人数，同时也令我国的经济发展得以较早恢复，并从受到疫情影响后新增的海外需求中受益。

表 2-1　2022 年全球 HDI 排名前 99 的国家

HDI 排名	国家/地区	HDI 指数	HDI 排名	国家/地区	HDI 指数	HDI 排名	国家/地区	HDI 指数
1	瑞士	0.962	34	波兰	0.876	67	阿尔巴尼亚	0.796
2	挪威	0.961	35	立陶宛	0.875	68	保加利亚	0.795
3	冰岛	0.959	35	沙特阿拉伯	0.875	68	格林纳亚	0.795
4	中国香港（SAR）	0.952	35	巴林	0.875	70	巴巴多斯	0.790
5	澳大利亚	0.951	38	葡萄牙	0.866	71	安提瓜和巴布达	0.788
6	丹麦	0.948	39	拉脱维亚	0.863	72	塞舌尔	0.785
7	瑞典	0.947	40	安道尔	0.858	73	斯里兰卡	0.782
8	爱尔兰	0.945	40	克罗地亚	0.858	74	波黑	0.780
9	德国	0.942	42	智利	0.855	75	圣基茨和尼维斯	0.777
10	荷兰	0.941	42	卡塔尔	0.855	76	伊朗	0.774
11	芬兰	0.940	44	圣马力诺	0.853	77	乌克兰	0.773
12	新加坡	0.939	45	斯洛伐克	0.848	78	北马其顿	0.770
13	比利时	0.937	46	匈牙利	0.846	79	**中国**	**0.768**
13	新西兰	0.937	47	阿根廷	0.842	80	帕劳	0.767
15	加拿大	0.936	48	土耳其	0.838	80	摩尔多瓦	0.767
16	列支敦士登	0.935	49	黑山	0.832	80	多米尼加共和国	0.767
17	卢森堡	0.930	50	科威特	0.831	83	古巴	0.764
18	英国	0.929	51	文莱	0.829	84	秘鲁	0.762
19	日本	0.925	52	俄罗斯联邦	0.822	85	亚美尼亚	0.759
20	韩国	0.925	53	罗马尼亚	0.821	86	墨西哥	0.758
21	美国	0.921	54	阿曼	0.816	87	巴西	0.754
22	以色列	0.919	55	巴哈马	0.812	88	哥伦比亚	0.752
23	斯洛文尼亚	0.918	56	哈萨克斯坦	0.811	89	赛文森特和格林纳丁斯	0.751
24	马耳他	0.918	57	特立尼达和多巴哥	0.810	90	马尔代夫	0.747
25	奥地利	0.916	58	乌拉圭	0.809	91	阿塞拜疆	0.745
26	阿拉伯联合酋长国	0.911	58	哥斯达黎加	0.809	91	阿尔及利亚	0.745
27	西班牙	0.905	60	白俄罗斯	0.808	91	汤加	0.745
28	法国	0.903	61	巴拿马	0.805	91	土库曼斯坦	0.745
29	塞浦路斯	0.896	62	马来西亚	0.803	95	厄瓜多尔	0.740
30	意大利	0.895	63	格鲁吉亚	0.802	96	蒙古	0.739
31	爱沙尼亚	0.890	63	塞尔维亚	0.802	97	突尼斯	0.731
32	捷克	0.889	63	毛里求斯	0.802	97	埃及	0.731
33	希腊	0.887	66	泰国	0.800	99	斐济	0.730

2.3.2 经济发展类指标

可持续经济福利指数（ISEW）和真实进步指数（GPI）是由 Daly 和 Cobb 针对 GDP 的缺陷提出的。该指标侧重于福利的测量，考虑了收入分配的调整、再生产资本存量的变化、一些环境污染和资源耗竭的成本估计和家庭劳动的价值等。GPI 是对 ISEW 的修正，增加了智力资本、犯罪与家庭破裂、自愿工作、休闲时间、防护性支出、公共设施以及对外资的依赖度等。

真实储蓄（GS）指标由世界银行提出，它把资本的概念扩展到包括自然资本（自然资源）、人造资本、人力资本和社会资本，通过选取核算指标对这些资本进行测量，对 GDP 做修正计算。真实储蓄等于总储蓄扣除产品资产贬值、自然资源损耗与环境污染损失。

综合环境经济核算体系（SEEA）是联合国统计署（UNSD）针对国民经济核算体系（SNA）没有考虑自然资源损耗和环境质量下降的缺陷提出来的，包括人造资本和自然资本平衡表、经济活动的环境外部效应和环境成本矩阵、防护性支出、自然资源和环境价值评估四个部分，先后有四个版本（SEEA-1993、SEEA-2000、SEEA-2003 和 SEEA-2012）。SEEA 用自然资源损耗和环境成本对 GDP 进行调整，得到所谓的"绿色 GDP"，以度量经济-环境的相互作用和发展的可持续状况。

环境可持续性指数（ESI）由世界经济论坛的"global leaders of tomorrow environment task force"、耶鲁大学的环境法律与政策研究中心、哥伦比亚大学的国际地球科学信息网络中心提出，由环境系统状态、环境压力、人类的环境脆弱性、社会与制度能力和全球管理等 5 部分的 20 个指标和 60 个变量整合而成。ESI 可以揭示环境与经济之间的相互作用和影响环境可持续性的主要因素，对国家的环境可持续性进行系统、定量的评价和比较。

2.3.3 生态环境类指标

生态系统服务指标体系由 Costanza 等于 1997 年提出，该体系把全球生物圈分为远洋、大陆架、森林、草原、湖泊、农田、城市等 16 个生态系统，以气候调节、水供给、土壤形成、废物处理、生物控制、食物生产、文化等 17 个类型的生态服务指标，定量评估全球生态系统的服务价值。

2001 年，联合国秘书长安南宣布启动一项为期 4 年（2001~2005 年）的国际合作项目——千年生态系统评估（millennium ecosystem assessment，MEA）。这是在全球范围内第一个针对生态系统及其服务与人类福祉之间的联系，通过整合各种资源，对各类生态系统进行全面、综合评估的重大项目。MEA 将生态系统服务归纳为供给服务、调节服务、文化服务和支持服务 4 个功能类别。在此基础上，联合国环境规划署提出生物多样性和生态系统服务经济价值评估体系，联合国统计署提出环境经济核算体系试验性生态系统核算体系，美国环境保护局提出最终生态系统产品和服务分类体系（FEGS）和国家生态系统服务分类体系（NESCS）。

能值分析（emergy analysis）指标是由 Odum 提出的以能量为核心的分析方法。能值是资源、产品或劳务形成过程中直接或间接投入的有效能的数量，能值分析把生态或生态经济系统中不同种类的能量转换为具有统一标准的能值（太阳能值），以此来表征资源、产品和服务的价值，衡量生态经济系统的运行特征和发展的可持续性。

自然资本指数（NCI）是以《生物多样性公约》为指导设计的用于度量生物多样性的指数，它被定义为自然区域面积和生态系统质量的函数，基于对物种的监测和有关土地利用状况的统计数据计算，取值范围为 0~100。

物质流核算体系（MFA）是由 Wuppertal 气候、环境与能源研究所提出，在欧盟委员会的大力推动下发展起来的。MFA 以社会经济系统的直接和间接物质投入、物质排放和存量等物质流指标，定量描述社会经济系统与自然系统间的物质交换（即社会代谢），度量社会-经济系统的代谢规模——物质吞吐量。MFA 全面地反映出社会-经济系统的物质面，通过资源的开采、搬运和废弃物的排放测量社会-经济系统的资源利用及其对生态环境的冲击；与经济指标（如 GDP）结合可以从不同侧面揭示社会-经济系统的资源利用效率、资源需求结构以及经济发展与资源需求的关系。

生态足迹指标（EF）是由 William E. Rees 和 Mathis Wackernagel 等于 1992 年提出和发展起来的。生态足迹是支持特定人口或经济体的资源消费和废弃物吸收所需要的具有一定生态生产力的土地的面积，它把消费与提供消费物质和吸纳废弃物所需要的各类土地联系起来，把人类的消费形象地喻为负载着人类物质文明的巨脚踏在地球上留下巨大的脚印，以生态生产性土地面积来度量人类消费对生态资源的占用和对生态环境的冲击。EF 以其形象、综合、简明和易于计算的特点，受到生态经济学界的广泛关注，被广泛应用于全球、国家、地区、城市、村镇、校园、交通、产品及家庭等各个层面的生态占用及承载力研究。

2.3.4　系统性指标体系

联合国及其他一些国际组织构建了一些由成套指标组成的系统性指标体系，包括经济、社会和环境等因素，这里介绍有代表性的四个体系。

（1）联合国可持续发展委员会（UNCSD）的可持续发展指标体系。这一指标体系于 1996 年提出，依据 DFSR 模型构建。该体系分经济、社会、环境和制度四个维数，最初包括 134 个指标，其中经济指标 23 个、社会指标 41 个、环境指标 55 个、制度指标 15 个。该体系突出反映了环境压力与环境退化之间的关系。经过 22 个国家的应用、检验和评价，该指标体系被调整为由 15 个主题、38 个子主题和 58 个核心指标构成的主题-子主题-核心指标体系。

（2）经济合作与发展组织（OECD）的可持续发展指标体系。OECD 从 1989 年开始实施其“环境指标工作计划”，1994 年形成了核心环境指标体系，包括 40~50 个指标，1998 年开始发布其成员国的指标测度结果。最终的指标体系包括 3 类指标：第一类是核心环境指标，包括环境压力与状况指标和社会响应指标；第二类是部门指标，包括部门环境变化、部门与环境的相互作用和经济与政策 3 方面的指标；第三类是环境核算指标，包括自然资源核算和环境费用支出指标。

（3）世界保护同盟（IUCN）的可持续性晴雨表指标体系。该指标体系于 1995 年提出，它把可持续发展看作人类福利和生态系统福利的结合，将二者同等看待，包括用于测量人类福利和生态系统福利两个子系统。这两个子系统又各包括 5 个方面共 87 个指标，对这些指标进行等权重平均和集成，形成人类福利指数（HWI）、生态系统福利指数

(EWI)、福利指数（WI）和福利/压力比指数（WSI）。指数结果以 HWI 和 EWI 分别作为横坐标和纵坐标作图，并划分出 5 个坐标区域来表述可持续发展状态。

（4）联合国统计署（UNSD）的可持续发展指标体系。该指标体系于 1995 年提出，其框架模型类似于 DFSR。该体系针对经济、资源和环境等 9 个方面的问题，以环境方面为主，包括社会经济活动、冲击与结果、对冲击的响应、存量与背景条件 4 个方面的共 88 个指标。

2.4 中国可持续发展评估指标研究概述

中国政府对可持续发展十分重视，政府的中心任务已从长期的以经济发展为中心转到强调社会、经济和自然的协调发展，并明确提出建设节约型社会。一些部门及研究机构在可持续发展指标及其应用方面开展了不少研究，取得了一定的进展。

20 世纪 90 年代，国家统计局统计科学研究所和《中国 21 世纪议程》管理中心尝试建立一套国家级的可持续发展指标体系，其总体构想是将可持续发展的指标体系分成经济、社会、人口、资源、环境和科教 6 个子系统，在每一个子系统内分别根据不同的侧重点建立描述性指标共计 83 个。由于在这些子系统与指标中存在一定的重复和交叉，该指标体系尚需进一步深化和提炼。国土开发与地区经济研究所按照社会发展、经济发展、资源和环境 4 个领域分别列举了重点指标，还应用 ECCO（evolution of capital creation options）方法模拟运行，产生出一系列非货币指标。

2016 年，国家发改委、国家统计局、环境保护部和中央组织部等联合制定了《绿色发展指标体系》和《生态文明建设考核目标体系》，作为生态文明建设评价考核的依据。其中，《生态文明建设考核目标体系》在目标设计上，包括资源利用、生态环境保护、年度评价结果、公众满意程度、生态环境事件 5 个方面的 23 项考核目标。该体系中全部 23 个指标中的 20 个集中用于体现生态环境保护和资源利用效率。《绿色发展指标体系》采用综合指数法测算生成绿色发展指数，以动态衡量地方每年的生态文明建设进展，覆盖了资源利用、环境治理、环境质量、生态保护、增长质量、绿色生活、公众满意程度 7 个方面共 56 项指标。

中国国际经济交流中心与美国哥伦比亚大学地球研究院历时三年，于 2017 年完成了中国可持续发展指标体系（CSDIS）的构建，以弥补 GDP 指标的缺陷和不足，加快适应新时代高质量发展和建设美丽中国的要求。指标体系既考虑了稳定的经济增长、结构优化升级和创新驱动发展这些经济发展方面的指标，又针对经济发展中资源环境的突出矛盾增加了两个关联主题，即消耗排放与治理保护，以反映人类对自然修复所做出的努力，包括资金上的投入、主要环境治理目标的设定等，同时也考虑了一定的社会民生问题。

2020 年，国家发展改革委会同相关部门制定了《美丽中国建设评估指标体系及实施方案》，主要是面向 2035 年“美丽中国目标基本实现”的愿景，选取了包括空气清新、水体洁净、土壤安全、生态良好、人居整洁 5 类主题建立指标体系，并分类细化提出 22 项具体指标。该指标聚焦于生态环境良好、人居环境整洁，目标是打造“青山常在、绿水长流、空气常新”，半数指标都集中在表征空气、水体和土壤的质量方面。

3　生 态 足 迹

地球只有一个，一个地球是否够用，这不仅是可持续发展的重大问题，也是平民百姓争得面红耳赤的根本问题。尽管环境空间、环境承载力所建构的概念与此相关，可是始终缺少一个可操作的指标。加拿大英属哥伦比亚大学的雷斯教授（William Rees）和魏克内格教授（Mathis Wackernagel）提出了“生态足迹”（ecological footprint，EF）指标，并创建了一套 EF 的计算方法，为计算地球资源综合承载力的大难题做出了重要贡献。雷斯教授是人口生态学家，长期从事人口、环境和资源的学术研究，魏克内格教授是瑞士人，在加拿大英属哥伦比亚大学区域规划研究所取得博士学位，他是雷斯的学生。两位教授于 1996 年合著发表了“我们的生态足迹”（*Our Ecological Footprint*，1996）。目前已有数十个国家利用生态足迹指标计算各类承载力问题，世界自然基金会（World Wide Fund for Nature，WWF）和 RP（Redefining Progress）两大非政府机构自 2000 年起每年和每两年公布一次世界各国之生态足迹资料。

3.1　生态足迹基本概念

人类维持一定的生活水平需要消费各种资源，其中最根本的资源是生物性物质（谷物、蔬菜、水果、肉、蛋、毛皮等等）和能源物质（石油、煤炭和天然气等）。保障这些资源的供给是人类社会生存与发展的根本条件。土地是为人类提供资源和各种生态服务、支撑人类社会发展的最根本资源，几乎所有生物性物质和能源等矿产都来源于土地，社会代谢所产生的废弃物也靠土地来容纳和生长在其上的生物来降解、吸收。因此，人类的几乎每一项物质消费都可以追溯到提供生产该消费所需的原始物质与能量的土地，并能够估算出给定的消费量所需要的土地面积。例如，谷物类消费可追溯到农耕地，1t 小麦大约需要 0.3hm^2的耕地；牛羊肉类消费可追溯到牧草地，1t 牛肉大约需要 33hm^2的牧草地；木制品消费可追溯到林地。能源消费对土地的占用不是直接占用。现在和今后相当长的一个时期，人类的能源主要来源于化石能源矿物，能源消费中排放大量以 CO_2 为主的温室气体，对生态环境造成损害。为抵消能源消费的这种环境冲击需要有大面积的森林来吸收温室气体。因此，能源消费占用的是用以吸收温室气体的林地。

生态足迹的基本思想就是把消费与支持消费需要的各类土地联系起来，把物质消费转换为生态生产性土地面积，以此来度量人类消费对生态资源的占用和对生态环境的冲击。生态足迹是支持特定人口或经济体的资源消费和废弃物吸收所需要的具有一定生态生产力的土地的面积。生态足迹形象而又定量地表述了人类活动对生态环境的冲击，它把这种冲击比喻为“一只负载着人类与人类所创造的城市、工厂……的巨脚踏在地球上留下的脚印”。生态足迹指标及其计算方法一经提出，以其形象、综合、简明和易于计算的特点，受到生态经济学界的广泛关注，被广泛应用于全球、国家、地区、城市、村镇、校园、交通、企业、产品以及家庭、个人等各个层面的生态压力和承载力研究。

3.1.1 生态足迹基本假设

生态足迹的概念和计算主要基于以下假设：

（1）人类消耗的大多数资源和产生的废弃物是可计量和追踪的。

（2）大多数所消耗的资源和产生的废弃物可以换算为提供这些资源和吸纳这些废弃物所需要的生态生产性土地的面积。

（3）通过对每一项面积以其生物生产力加权，可以把不同类型土地的面积转化为具有同一度量单位——全球公顷（global hectare，gha）的面积，即具有世界平均生物生产力的面积。

（4）土地的用途是单一的，且在任一给定年份每一全球公顷的土地的生物生产力是相同的，以全球公顷为单位的不同类型的土地面积可以相加而得到生态足迹或生态容量的总量指标。

（5）以生态足迹表示的人类需求量与自然系统提供的生态容量之间，当都以全球公顷为度量单位时，可以直接比较。

（6）如果对生态系统的需求超出生态系统的再生能力，需求面积可以超过供给面积。

3.1.2 生态生产性土地类别

人类及万物均依赖地球，地球有多大，一直受到观察。固然地球面积在宇宙进化过程中是动态的，其时间尺度大概以亿年和几十亿年来计算，但以人类历史作时间尺度（万年或十几万年）观察，地球几何面积的相对变动可以忽略不计。整个地球表面大约71%为海洋，具有生态生产力的陆地（biologically productive land）大约只占地球表面积的16%，其余陆地大约占13%。

生态生产性土地是指具有生态生产能力的陆地或水体。生态生产也称生物生产，是指生态系统中的生物从外界环境中吸收生命过程所必需的物质和能量，转化为新的物质，实现物质和能量的积累。生态生产使自然资本产生自然收入。土地的生态生产力（ecological productivity）越高，单位面积能够提供的生态资源就越多，其生命支持能力就越强。

地球上不同区域的土地由于在气候条件、土壤理化性质等方面的差异，具有不同的生产力，适合于不同类型生物质的生长。在生态足迹计算中，根据生物生产力和适合于生长的生物质种类，生态生产性土地被分为6大类。

（1）农耕地（cropland）。农耕地是所有土地中生态生产力最高的一类，它能够集聚的生物量最多，主要用于种植粮食作物。根据联合国粮农组织（Food and Agriculture Organization，FAO）的估计，目前世界上大约有 $1.5\times10^9hm^2$ 农耕地，人均约 $0.25hm^2$，其中 $1.3\times10^9hm^2$ 是已耕种地，$2\times10^8hm^2$ 是未耕种地。每年大约有 $1\times10^6hm^2$ 的土地因土质严重退化变为无法耕种的废弃地。我国耕地面积世界排名第三，仅次于美国和印度。根据2021年自然资源部发布的《第三次全国国土调查主要数据公报》，我国耕地面积为

$1.29\times10^8hm^2$。

（2）牧草地（pasture/grazing land）。牧草地用于生长牲畜需要的牧草。据 FAO 估计，全球目前大约有 $3.5\times10^9hm^2$ 的牧草地，折合人均约为 $0.6hm^2$。绝大多数牧草地在生产力上远不及农耕地，一个原因是它们积累生物量的潜力不如农耕地，另一个原因是由植物能量转化为动物能量存在着著名的 10 倍数关系而降低了其为人类提供生化能的能力。根据 2021 年自然资源部发布的《第三次全国国土调查主要数据公报》，我国草地面积为 $2.65\times10^8hm^2$。

（3）林地（forest land）。林地指可产出木材的人造林或天然林。当然，森林还具有其他许多功能，如防风固沙、涵养水源、改善气候、保护物种多样性等。据 FAO 估计，全球现有森林约 $4.06\times10^9hm^2$，人均森林面积约为 $0.68hm^2$。大多数林地的生态生产力较低。森林总面积排前五的国家有俄罗斯、巴西、加拿大、美国和中国。根据 2021 年自然资源部发布的《第三次全国国土调查主要数据公报》，我国林地面积为 $2.84\times10^8hm^2$。

（4）建设用地（built-up land）。建设用地包括各类人居设施、道路、工业和水电设施等所占用的土地，全球该类用地面积的最低估计是 $3\times10^8hm^2$。由于人类的大部分建成地位于地球最肥沃的土地上，建用地增长是可耕地减少的主要原因之一。根据 2021 年自然资源部发布的《第三次全国国土调查主要数据公报》，我国建设用地面积为 $4.1\times10^7hm^2$。

（5）海洋/水域（sea/water area）。海洋覆盖了地球上 $3.66\times10^{10}hm^2$ 的面积，相当于人均 $6hm^2$。但是可供人类使用的生态生产性水域面积并不大，95%以上的渔业捕获量归功于沿大陆架占总海洋面积约 6%的近海域。我国主张管辖海域面积约为 $3\times10^8hm^2$，水深在 200m 以内且适宜于渔业生产的大陆架面积为 $2.27\times10^8hm^2$，内陆水域为 $1.8\times10^7hm^2$（数据源于中华人民共和国自然资源部）。

（6）固碳地（carbon uptake land）。人类活动向大气排放大量 CO_2 和其他气体，导致温室效应。要抵消这些气体的生态冲击就需要有足够面积的植物通过光合作用来吸收温室气体，这一需求对应的土地称为固碳地。由于化石能源消费是温室气体的最大产生源，所以也称之为化石能源地。生态足迹计算中一般是以森林的 CO_2 吸收能力为标准，计算吸收 CO_2 所需要的土地面积，所以固碳地一般视为林地。由于这类土地专门用于吸收温室气体，不以生产林产品为目的，故在生态足迹方法中将其独立列出。地球上具有 CO_2 吸收能力的天然森林面积迅速减少，而能源消费总量不断上升。因此，此类土地的供给远远低于其需求量。

3.1.3 等量因子与产量系数

上述 6 类土地的生态生产力不同，需要将其面积转换为具有相同生态生产力的等量面积后，才能进行加总得到总量面积，用于这一转换的系数称为等量因子（equivalent factor）。“相同生态生产力”定义为全球所有类型土地的平均生产力。第 $k(k=1, 2, \cdots, 6)$ 类土地的等量因子用 γ_k 表示，其含义是：1 公顷第 k 类土地在生态生产力上相当于具有全球平均生态生产力的土地的 γ_k 公顷。具有全球平均生态生产力的 1 公顷称为 1 全球公顷（global hectare，gha）。

假定有两个国家 A 和 B 各有三种不同类别的土地，其总面积和生产力如表 3-1 所示。

表 3-1 不同土地的不同产量（虚拟）

虚拟土地	A 国		B 国	
	面积/hm^2	产量/t	面积/hm^2	产量/t
土地 1	10	5	8	7
土地 2	4	8	3	10
土地 3	3	7	6	11
合计	17	20	17	28
1gha 生产力=(20+28)/(17+17)=1.412t				

假设全球只有 A、B 两国，土地总面积为 $34hm^2$，总产量为 48t。因此，全球平均生态生产力（即 1gha 生产力）为 1.412t/gha。

由于三种土地具有不同的生产能力，因此，三种土地转换为 gha 时需要通过等量因子（equvialenc factor）折算，即某类土地等量因子等于该类土地的平均生产力与 1gha 生产力（1.412）的比值。三类土地的等量因子计算如表 3-2 所示。

表 3-2 土地的等量因子（虚拟）

虚拟土地	面积/hm^2	产量/t	平均生产力 /$t \cdot hm^{-2}$	全球平均生产力 /$t \cdot gha^{-1}$	等量因子 γ_k	等量化后的面积/gha
土地 1	18	12	0.667	1.412	0.472	8.50
土地 2	7	18	2.571	1.412	1.821	12.75
土地 3	9	18	2.000	1.412	1.416	12.75
合计	34					34

土地面积等量化处理的目的在于方便国际比较，但是等量因子的精确性受到质疑，因为很难准确地计算全球各类生物生产力的总平均值，1gha 的标准量难以统一。根据国际组织 Global Footprint Network（GFN）的生态足迹计算方法，农耕地、林地和牧草地的等量因子是根据全球农业生态区划（global agro-ecological zones，GAEZ）模型中土地的适宜性指数计算的，适宜性指数基于土地的农作物生产潜力确定。计算中假定：一个国家的土地中，适宜性指数最高的土地用于农耕地，适宜性指数次高的土地用于林地，适宜性指数最低的土地用于草地。农耕地、林地或牧草地的等量因子等于该类土地的适宜性指数的全球平均值与所有类型土地的适宜性指数的全球平均值之比。

对于国家或更大的研究对象，建用地的等量因子一般取农耕地的等量因子；固碳地的等量因子一般取林地的等量因子；水产地的等量因子根据“1 全球公顷的水产地能够生产的鲑鱼的热量等于 1 全球公顷的牧草地生产的牛肉的热量”换算。

根据 GFN，近半个世纪以来等量因子只发生了微弱变化，如表 3-3 所示。

表 3-3　不同时期各类型土地的等量因子 γ_k

土地类型	1961 年	1971 年	1981 年	1991 年	2001 年	2003 年	2007 年
农耕地	2.23	2.23	2.23	2.22	2.19	2.21	2.51
林地	1.31	1.32	1.32	1.32	1.38	1.34	1.26
牧草地	0.50	0.49	0.48	0.47	0.48	0.49	0.46
水产地	0.35	0.35	0.35	0.36	0.36	0.36	0.37

由于不同区域的资源状况不同，不仅农耕地、牧草地、林地、水产地等不同类型土地的生态生产力存在差异，而且同类型土地的生态生产力在不同区域间也存在差异。因此，为了在区域间具有可比性和可累加性，需要把研究对象的每类土地的面积换算为具有相应类土地全球平均生产力的等量面积，换算系数即为产量系数（yield factor）。某个区域第 k（$k=1, 2, \cdots, 6$）类土地的产量系数 λ_k 是该类土地在这个区域的平均生产力与同类土地的全球平均生产力之比。如果某类土地 k 只生产一种初级产品（林地和草地一般如此），产量系数 λ_k 的计算公式为：

$$\lambda_k = \frac{\overline{y_k}}{\overline{Y_k}} \tag{3-1}$$

式中　$\overline{y_k}$——研究对象的第 k 类土地的平均生产力；

$\overline{Y_k}$——第 k 类土地的全球平均生产力。

如果某类土地 k 生产一种以上初级产品（如农耕地），产量系数的计算公式为：

$$\lambda_k = \frac{\sum_{i=1}^{K} \frac{P_i}{\overline{Y_{ki}}}}{\sum_{i=1}^{K} \frac{P_i}{\overline{y_{ki}}}} \tag{3-2}$$

式中　K——第 k 类土地生产的初级产品种类数；

P_i——研究对象的第 k 类土地生产的第 i 种初级产品的年产量；

$\overline{Y_{ki}}$，$\overline{y_{ki}}$——全球和研究对象的第 k 类土地对于产品 i 的平均生产力。

对于国家或更大的研究对象，建用地的产量系数一般取农耕地的数值，固碳地的产量系数与林地相同。

对于某一给定区域，其第 k 类土地的实有物理面积乘以 λ_k 就变为具有该类土地全球平均生产力的面积，再乘以 γ_k 就变为具有全球平均生产力的等量面积，即全球公顷（gha）。

3.2　生态足迹计算模型

生态足迹的现有计算方法有综合法和成分法。综合法以各类物质的宏观统计量为基础，计算一个地域或群体对各类物质的整体消费及其对应的生态足迹，适合于全球、国家和区域层次的生态足迹研究。成分法则以构成消费成分的单体测量为基础计算研究对象的物质消费量和生态足迹，适合于小单元对象的生态足迹计算，如城镇、村庄、公司、学校、个人或单项活动等。

3.2.1 综合法计算模型

综合法是以各类物质的宏观统计量为基础，计算一个区域或人类群体对各类物质的整体消费量及其对应的生态足迹，适合于全球、国家和区域层次的生态足迹研究。综合法一般只计算生物质消费、能源消耗和净进口工业品携带能源的生态足迹。

生物质消费的占地类型是农耕地、林地、牧草地和水产地，消费量根据本地产量、出口量和进口量的统计数据计算，即表观消费量。支持研究对象的生物质消费所需的这 4 类土地的任一类的生态足迹 EF_k 为：

$$EF_k = \gamma_k \sum_{i=1}^{n} \left(\frac{P_{ki} - E_{ki}}{\overline{y_{ki}}} \lambda_k + \frac{I_{ki}}{\overline{y_{ki}^p}} \lambda_k^p \right) \qquad k = 1,2,3,4 \tag{3-3}$$

式中 n——由第 k 类土地生产的生物质种类数量；

P_{ki}——研究对象的第 k 类土地生产的第 i 种生物质的年产量，t/a；

E_{ki}——研究对象的第 k 类土地生产的第 i 种生物质的年出口量，t/a；

I_{ki}——研究对象进口的第 k 类土地生产的第 i 种生物质的年进口量，t/a；

$\overline{y_{ki}}$，$\overline{y_{ki}^p}$——研究对象和进口来源地的第 k 类土地对于第 i 种生物质的平均生产力，t/(hm^2·a)；

λ_k，λ_k^p——研究对象和进口来源地的第 k 类土地的产量系数；

γ_k——第 k 类土地的等量因子；

k——土地类型，k=1，2，3，4 分别表示农耕地、林地、牧草地和水产地。

如果进口来源地较多且缺乏各进口来源地的数据时，可近似用研究对象的平均生产力和产量系数代替进口来源地的平均生产力和产量系数。

令建用地的实际用地面积为 B，则该类土地的生态足迹 EF_5 为：

$$EF_5 = B\lambda_5\gamma_5 \tag{3-4}$$

式中 λ_5，γ_5——研究对象的建用地的产量系数和等量因子，对于区域性的大研究对象，一般取农耕地的数值。

能源消耗的“占地”类型为固碳地，即吸收能源消耗的二氧化碳排放所需要的林地，其生态足迹 EF_6 为：

$$EF_6 = \gamma_6 \sum_{j=1}^{m} \frac{G_j}{\overline{C_j}} \tag{3-5}$$

式中 m——消耗的一次能源种类数，一般按煤炭、石油、天然气、水电四大类计算；

G_j——第 j 种能源以能量计算的年消耗量，GJ/a；

$\overline{C_j}$——全球平均固碳能力，即具有全球平均生产力的单位面积的森林能够吸收的大气中的二氧化碳量所对应的第 j 种能源的能量值，GJ/(hm^2·a)，根据有关研究，对于煤炭、石油、天然气和水电，$\overline{C_j}$ 值分别取 56GJ/(hm^2·a)、73GJ/(hm^2·a)、96GJ/(hm^2·a) 和 1000GJ/(hm^2·a)；

γ_6——固碳地的等量因子，取林地的等量因子。

净进口商品的携带能是这些商品在生产和运输中消耗的能量，通过商品的能源密度（即单位重量的能量值）计算，GFN 计算了 625 种商品的能源密度。携带能的生态足迹的土地类型为固碳地，其计算与上述能源消耗相同，固碳能力的取值一般介于煤炭和石油的固碳能力之间。

上述各项生态足迹计算中，土地面积已转换为具有全球平均生产力的面积单位——全球公顷，总生态足迹 EF 为：

$$\mathrm{EF} = \sum_{k=1}^{6} \mathrm{EF}_k \tag{3-6}$$

实际应用中通常是计算人均生态足迹，以便于不同研究对象间的比较。

应用生态足迹综合法进行一个国家内部各省、市和区域尺度的生态足迹研究时，使用全球公顷会使计算结果失去直观性，甚至由于存在各国数据统计方法不一、标准不一等因素，转换后出现扭曲。这时，采用“国家公顷（national hectare，nha）”作为计量单位更为合适。应用国家公顷计算生态足迹时，国家内不同区域和不同类型的生态生产性土地面积被转化为具有“全国平均生产力”的土地面积。

采用 nha 的计算模型与采用 gha 的不同点如下：

（1）第 k 类土地的等量因子 γ_k 的计算变为：所研究国家第 k 类土地的平均生产力除以该国家所有各类土地的平均生产力；

（2）所研究国家内某个区域第 k 类土地的产量系数 λ_k 的计算变为：该区域第 k 类土地的平均生产力与同类土地的全国平均生产力之比。

由于采用统一的国家分类标准和口径，对于生态生产性面积的定义和选取比较容易保持一致，国家平均生产力数据也比世界平均生产力数据更易准确获得，所以采用 nha 可以改善计算结果的准确性和国内可比性；但计算结果不再具有国际可比性。

3.2.2　成分法计算模型

成分法是从研究对象的生产和生活的各项活动出发，通过收集、实测相关消费与排放成分的量来计算生态足迹。成分法更适用于较小的研究对象，如村庄、企业、学校、家庭、个人等。成分的划分根据相关数据的可获取或可测性确定，一般分为生物质、能源（煤炭、焦炭、原油、燃料油、汽油、柴油、煤油、煤气、天然气、液化气、电力等）、固态废弃物、大气污染物（工农业排放、交通排放）、建用地等几大类。

以下计算公式中，已经考虑了基于土地生产力的面积等量换算，各项生态足迹的单位都是全球公顷，可以直接相加求得总生态足迹。

（1）生物质消费的生态足迹。生物质的生态足迹是为提供研究对象所消费的各种生物质需要的土地面积，记为 $\mathrm{EF_B}$。对于较小的研究对象，一般没有进、出研究对象的物质量的统计数据，故不详细考虑进口来源地的生产力情况，直接依据调查或估算的生物质消费量和研究对象的生产力计算：

$$\mathrm{EF}_B = \sum_{k=1}^{4}\left(\gamma_k \lambda_k \sum_{i=1}^{n} \frac{C_{ki}}{\overline{y_{ki}}}\right) \tag{3-7}$$

式中　C_{ki}——研究对象对第 k 类土地生产的第 i 种生物质的年消费量，t/a；

$\overline{y_{ki}}$——研究对象的第 k 类土地对于第 i 种生物质的平均生产力，t/(hm^2·a)；

λ_k——研究对象的第 k 类土地的产量系数；

γ_k——第 k 类土地的等量因子；

k——土地类型，$k=1$，2，3，4 分别表示农耕地、林地、牧草地和水产地。

（2）能源消耗的生态足迹。能源消耗的生态足迹是为吸收化石能源燃烧中排放的 CO_2 需要的固碳地的面积，一次化石能源消耗的生态足迹记为 EF_E，计算公式为：

$$EF_E = \gamma_6 \frac{\alpha}{Y_C} \sum_{i=1}^{m} Q_i h_i \eta_i \tag{3-8}$$

式中 m——消费的一次化石能源种类数；

Q_i——第 i 种一次化石能源年消耗量（重量或体积）；

h_i——第 i 种一次化石能源的单位重量或体积的热值；

η_i——第 i 种一次化石能源的单位热值的碳排放量（即碳排放系数）；

α——碳到二氧化碳的转换系数，$\alpha=3.6667$；

Y_C——具有全球平均生产力的森林对大气中 CO_2 的年吸收能力，根据相关文献，一般为 $5.2t/(hm^2 \cdot a)$；

γ_6——固碳地的等量因子，一般取林地的等量因子。

对于整个国家或用电完全来自自有电厂的研究对象，电力消耗产生的温室气体排放量等于用于发电的一次化石能源消耗的排放量，电力消耗的生态足迹已经包含在一次化石能源消耗的生态足迹之中，不需要另算。对于小的研究对象，一般没有自有电厂，用电完全来自于国家电网，需要单独计算电力消耗的生态足迹。对于既有发电厂又需要外部供电的研究对象，计算时应注意一次化石能源消耗和电力消耗的生态足迹不重复、不遗漏。对于任何研究对象，一次化石能源消耗应包括其自有发电厂的一次化石能源消耗，而电力消耗只计算对外部电力的消耗。

来自公用电网电力消耗的生态足迹，可以按照全国发电总量中以各类化石能源为燃料的发电量比例、单位发电量的平均化石能源消耗量，把电力消耗量换算为化石能源消耗量，然后按上式计算生态足迹。当前我国主要还是以火力发电为主，以 2021 年为例，总发电量为 81121.8 亿千瓦时，其中火力发电达到 57702.7 亿千瓦时，占比为 71.13%，且燃料主要是煤炭；其次是水利发电，达到 11840.2 亿千瓦时，占比为 14.6%；风力发电、核能发电以及太阳能发电分别占比 6.99%，5.02%和 2.26%。因此，可以依据全国火力发电量的煤炭消耗量和火力发电量比例估算单位发电量的 CO_2 排放量，进而计算电力消耗的生态足迹。如果有单位发电量的 CO_2 排放量数据，电力消耗的生态足迹可直接用下式计算：

$$EF_e = \frac{\gamma_6}{Y_C} Q_e E_{CO_2} \tag{3-9}$$

式中 Q_e——电力的年消耗量，$GW \cdot h/a$；

E_{CO_2}——单位发电量的 CO_2 排放量，$t/(GW \cdot h)$。

（3）固态垃圾排放的生态足迹。固态垃圾的生态足迹主要由三部分组成：

1）垃圾降解产生的温室气体的生态足迹。垃圾降解产生二氧化碳、甲烷等温室气体，吸收这些气体需要的植被面积即为该部分生态足迹，占地类型为固碳地。

2）垃圾处置过程的生态足迹。由于绝大部分垃圾是填埋/堆置处理，这部分足迹主要是垃圾清运过程中运输工具的各种排放对应的生态足迹，占地类型为固碳地。

3）垃圾处置设施生态足迹。即垃圾填埋场及辅助设置占用的土地面积，占地类型为建用地。

前两部分是吸纳垃圾产生的各种废气需要的林地面积，属于间接用地；后一部分属于直接用地。

一般而言，固态垃圾中的有机废弃物经细菌作用所产生的垃圾瓦斯中，按体积论 CO_2 和 CH_4 大约各占一半。CH_4 量可折算成相当温室效应的 CO_2 量。计算垃圾的间接用地要根据垃圾的构成成分分别计算，一般计算公式为：

$$EF_W = \frac{\gamma_6}{Y_C}\sum_{i=1}^{n_W} W_i(q_i^{CO_2} + q_i^{CH_4}\chi) \tag{3-10}$$

式中 EF_W——垃圾排放温室气体的生态足迹，hm^2；

n_W——产生温室气体的垃圾种类数；

W_i——第 i 种垃圾的年排放量，t/a；

$q_i^{CO_2}$——第 i 种垃圾的 CO_2 产生率，t/t；

$q_i^{CH_4}$——第 i 种垃圾的 CH_4 产生率，t/t；

χ——CH_4 的 CO_2 当量系数，即 CH_4 的增温潜势（global warming potential），据政府间气候变化委员会（Intergovernmental Panel on Climate Change，IPCC）提供的数据，20 年的 $\chi=84$、100 年的 $\chi=28$；

其他符号同前。

垃圾清运过程中运输工具的各种排放对应的生态足迹按照下文的交通生态足迹计算；垃圾处置设施生态足迹按实测面积和占用土地类型的等量因子、产量系数计算，也可以包括在建用地的生态足迹中。

（4）大气污染物排放的生态足迹。大气污染物除上述 CO_2 外，主要有 SO_2、NO_x 和粉尘。其排放主要来自工业、发电和交通。要使空气质量不下降，即空气中这些污染物的浓度不升高，就得有足够的树木吸收排放的污染物。因此，大气污染物排放的生态足迹等于吸收所排放的污染物需要的林地面积，占地类型为固碳地。

SO_2、NO_x 和粉尘排放的生态足迹分别记为 EF_S、EF_N 和 EF_D，如果有其排放量数据，可直接用以下公式计算：

$$EF_S = \gamma_6 \frac{S}{Y_S} \tag{3-11}$$

$$EF_N = \gamma_6 \frac{N}{Y_N} \tag{3-12}$$

$$EF_D = \gamma_6 \frac{D}{Y_D} \tag{3-13}$$

式中 S——SO_2 的年排放量，t/a；

N——NO_x 的年排放量，t/a；

D——粉尘的年排放量，t/a；

Y_S，Y_N，Y_D——具有全球平均生产力的森林对大气中 SO_2 的年吸收能力、NO_x 的年吸收能力和粉尘的年滞尘能力，t/(hm² · a)；

γ_6——固碳林地的等量因子。

交通的废气排放量一般没有现成的统计数据，可根据不同交通工具的废气排放系数（单位里程的废气排放量）计算。这里只考虑公路交通车辆的 SO_2 和 NO_x 排放，把公路车辆分为轻型车、重型车和摩托车。计算公式如下：

$$EF_{TS} = \frac{\gamma_6}{Y_S}\sum_{i=1}^{J} L_i \zeta_i \tag{3-14}$$

$$EF_{TN} = \frac{\gamma_6}{Y_N}\sum_{i=1}^{J} L_i \rho_i \tag{3-15}$$

式中 EF_{TS}——交通 SO_2 排放的生态足迹，hm^2；
EF_{TN}——交通 NO_x 排放的生态足迹，hm^2；
J——交通车辆分类数；
L_i——第 i 类交通车辆的年行驶总里程，10^6km/a；
ζ_i——第 i 类交通车辆的 SO_2 排放系数，g/km；
ρ_i——第 i 类交通车辆的 NO_x 排放系数，g/km；
其他符号同前。

（5）建用地的生态足迹。建用地包括研究对象的各种建（构）筑物的占地，土地类型为占用前的土地类型，计算公式为：

$$EF_C = \sum_{k=1}^{4} B_k \lambda_k \gamma_k \tag{3-16}$$

式中 EF_C——建用地的生态足迹，hm^2；
B_k——建用地所占用的第 k 类土地的面积，hm^2；
k——土地类型，$k=1$，2，3，4 分别表示农耕地、林地、牧草地和水域；
λ_k——建用地所占用的第 k 类土地的产量系数；
γ_k——第 k 类土地的等量因子。

3.3 生态承载力

特定人口或区域所拥有的具有生态生产性土地的总面积称为生态承载面积，是生态承载力的一个度量。为了使生态承载面积与生态足迹有相同的度量标准并在全球范围内具有可比性，需要把研究区域的各类土地的实有物理面积换算为以全球公顷表示的等量面积。研究区域实有的六类土地面积 $s_k(k=1, 2, \cdots, 6)$ 分别乘以相应的产量系数 λ_k 和等量因子 γ_k 后求和，就得到具有全球平均生产力的生态承载面积 EC：

$$EC = \sum_{k=1}^{6} s_k \gamma_k \lambda_k \tag{3-17}$$

生态承载面积的单位是全球公顷。EC 除以区域人口即为区域的人均生态承载面积。

3.4 生态赤字与生态效率

研究对象的生态赤字 ED 是其生态足迹与生态承载力之差：

$$ED = EF - EC \tag{3-18}$$

生态赤字为正表明，研究对象的消费和废弃物排放所产生的生态压力超过了其生态承载力，较大的生态赤字可能造成两方面的后果：一是如果没有外来资源的输入，研究对象的消费（生活）水平无法持续；二是其生态功能会退化、环境会恶化。所以一般认为出现较高的生态赤字表明了研究对象的发展不具有可持续性。生态赤字为负时，称之为生态盈余，表明研究对象的生态承载力足可以承受其生态压力，发展具有可持续性。以生态足迹与生态承载力的对比来评价可持续发展状况，一般较适用于大的研究对象，如全球、国家、区域。

应用生态足迹分析评价研究对象的发展之可持续性时，应特别注意贸易的作用。由于经济体之间大量贸易的存在，经济体变为一个开放系统，它可以通过贸易利用其他经济体的资源支持自己的发展，虽然出现了生态赤字，其发展可能仍然具有可持续性。因此，国际贸易不仅是一个经济概念，而且是一个生态概念。

生态效率一般定义为使用单位生态资源能够获得的产出。应用生态足迹指标构建研究对象的生态效率时，生态资源的使用量即为生态足迹的大小，而产出一般为经济产出（如GDP），所以生态效率即为单位生态足迹的经济产出值。生态效率的倒数称为生态消耗强度，即单位经济产出所产生的生态足迹大小。

基于生态足迹指标对不同性质的研究对象进行生态效率计算时，其生态效率的定义可能不同。例如，在应用生态足迹成分法进行大学校园生态足迹的计算时，由于高等教育的直接目的不是经济产出，而是人才培养、知识的创新和传播，大学的“产出”主要是具有知识的人。因此，基于生态足迹指标，一所大学的生态效率应定义为单位生态足迹的在校生人数，它定量地表述了单位生态资源可以支持的人才培养量。大学的生态消耗强度是培养单位人才需要消耗的生态资源量，即生均生态足迹。

把生态效率定义为产生单位生态足迹的经济产出时，经济产出一般用国内生产总值（GDP），生态效率 EE 为：

$$EE = \frac{GDP}{EF} \tag{3-19}$$

第2篇　矿山生态经济与复垦

4　矿山生态复垦

矿产开采损毁大量土地，对矿区及其周边环境造成污染，使矿区生态系统的功能丧失或降低。矿山土地复垦就是恢复或重建矿山生产中损毁的土地的功能，使之重新具有有益的用途，并使矿区生态系统重新具有正常的生态生产力和生命支持能力。

土地复垦与生态重建首先产生于发达国家。许多发达国家在20世纪50~60年代就制定了矿山复垦法规并付诸实践；20世纪70年代后，矿区生态环境修复已逐步发展成为一个集采矿、地质、农学、林学、生态学等多学科，涉及多行业、多部门的重要工程科学领域；20世纪80年代后，步入了法制化的发展轨道。土地复垦与生态重建工作开展较好的国家都有以下的特点：

（1）有健全的法规；

（2）设有专门的管理机构；

（3）有明确的资金渠道，如建立生态恢复基金和保证金制度；

（4）将土地复垦与生态重建纳入开采许可制度之中；

（5）建立明确的土地复垦与生态重建标准；

（6）重视相关领域的科学研究和多学科专家的参与和合作；

（7）设立专门的研究机构。

土地复垦与生态重建在我国得到重视始于20世纪80年代。1985年在安徽省淮北市召开了第一次全国土地复垦学术研讨会，成立了复垦学术团体；1987年在山西省大同市第二次全国土地复垦学术交流会上，成立了中国土地复垦研究会；1988年国务院颁布了《土地复垦规定》，并于1989年初正式实施，标志着我国土地复垦工作开始走上法制化轨道。之后，全国各省、市、行业依据《土地复垦规定》制定实施细则加以落实，我国土地复垦工作进入了有组织、有领导的发展阶段。1990年前后在全国设立了12个土地复垦试验示范点，开始了大面积的土地复垦试验推广工作。我国土地复垦工作从无到有，复垦率不断提高，取得了明显的经济、社会和生态环境效益。进入21世纪，国家对矿山土地复垦倍加重视，出台了一系列相关法规和技术规范，如《关于加强生产建设项目土地复垦管理工作的通知》（2006年）、《关于组织土地复垦方案编报和审查有关问题的通知》（2007年）、

《土地复垦条例》(2011 年)、《土地复垦方案编制规程》(2011 年)、《土地复垦条例实施办法》(2013 年)、《土地复垦质量控制标准》(2013 年) 等，要求所有矿山编制土地复垦方案，由土地行政主管部门组织审查（评审），并把土地复垦方案作为新建（扩建）矿山项目的许可前置条件。

矿山土地复垦与生态重建技术包括方方面面，如处理与复垦矿山固体废弃物的微生物技术和多层覆盖技术、提高复垦土壤生产力的土壤培肥技术、再造植被与牧草和农作物的生产技术、水污染治理技术、土地污染治理技术、沉陷区复垦技术、复垦设备及产品的制备等。本章针对采矿工程专业对相关复垦知识的需要，简要介绍矿山土地复垦的一般过程和技术、酸性水与土壤重金属污染治理常用方法、植物种类选择、复垦适宜性评价和复垦方案编制等内容。

4.1　采矿对土地和生态环境的损害

采矿活动对土地和生态环境的损害主要包括：土地的挖损与占压、地表沉陷、地下和地表水位变化与污染、空气污染、土壤污染，以及引发山体滑坡和泥石流等；这些都又不同程度地造成植被的破坏，造成生物数量和多样性下降，打破矿区甚至周边地区的生态平衡。损害的范围与程度主要取决于矿山生产规模、开采方式和采矿方法、矿体赋存条件等。

4.1.1　土地损毁

露天矿在生产中形成巨大的采坑，损毁大面积土地；排弃剥离的大量废石形成巨大的排土场，占压大面积土地。露天采场的大小取决于依据矿体赋存条件和技术经济条件设计的最终境界；一般而言，矿体埋藏越深，境界就越深，其地表范围和剥离量也越大，采场挖损和排土场占压的土地面积越大。绝大多数金属露天矿的境界平均剥采比大于 2，而且排土场平均堆置高度一般都小于采场深度，这意味着排土场的占地面积是采场的数倍。

地下开采对土地的损毁主要体现在地表沉陷。未经采动的岩体在地壳内处于自然应力平衡状态，当局部矿体采出后，在岩体内部形成采空区，导致周围岩体的应力状态发生变化，从而引起应力重新分布，使岩体产生移动变形和破坏，直至达到新的平衡。随着采矿工作面的推进，受采动影响的岩层范围不断扩大，岩层移动可能发展到地表，引起地表下沉或塌陷。依据沉陷地的物理特征，可以将地表沉陷对土地的损毁形式归纳为以下三种：

（1）地表下沉盆地。在开采影响波及地表以后，受采动影响的地表向下沉降，从而在采空区上方的地表形成一个比采空区面积大得多的沉陷区域。这种地表沉陷区域称为地表下沉盆地。在地表下沉盆地形成的过程中，改变了地表原有的形态，引起地表标高和坡度的变化及水平位移，从而对位于影响范围内的道路、管路、河渠、建筑物、生态环境等造成不同程度的破坏或损害。在地下水位高的地区，地表下沉 1m 左右，下沉盆地内便可积水，严重影响土地的使用。

（2）裂隙与台阶。在地表下沉盆地的外边缘区，地表可能产生裂缝。这主要是由地表下沉的拉伸变形所致。地表裂缝一般平行于采空区边界发展，其深度和宽度与有无第四纪松散层及其厚度、性质和变形大小密切相关。地表裂缝容易造成水土流失和养分损失。当裂缝大到一定程度时还会出现堑沟或台阶，对地表的破坏更为严重。

(3) 塌陷坑。塌陷坑多出现在开采急倾斜矿体的区域，在开采浅部缓倾斜或倾斜矿体的区域，地表有非连续性破坏时，也可能出现漏斗状塌陷坑。塌陷坑造成土地的生态生产力完全丧失、建筑物和道路被毁，危害极大。

矿山生产对土地损毁的另一重要来源是尾矿库。在我国，绝大多数金属矿的矿石需要经过选矿提升品位后才能进入下游生产链。选矿中产生大量的尾矿，需要修建尾矿库存放，损毁大片土地。另外，矿山办公区、临时生活区以及生产基础设施和专用运输系统等都占用土地。

4.1.2 生态环境损害

伴随上述土地损毁的是大面积的植被破坏，使许多生物的生存环境遭到破坏，严重危害当地的生态平衡。另外，矿山生产对水、空气和土壤环境都可能造成不同程度的损害，破坏或损害生态系统和自然景观。

4.1.2.1 水文地质条件变化与水污染

露天开采中，地下水会汇集到采坑，为了保证生产的正常进行，一般都需要把水收集并排出采场。抽排大量的地下水会改变采场及其周围区域的地下水位，造成附近的泉水干涸、水井干枯、土地缺水，影响周边的农牧业生产甚至居民生活。由此引发的矿业公司与当地农（牧）民之间的矛盾频繁发生。

露天开采对矿区及其周边区域的水文地质条件的影响程度，取决于矿山规模、开采深度、地下水位、岩层透水特性等。据国外资料，露天开采可对采场以外相当范围的水文地质条件产生影响，如苏联的某露天矿区，开采引起的水文地质条件发生变化的面积超过了开采面积的 9 倍；波兰一面积为 $2100hm^2$ 的露天采场，引起 $120000hm^2$ 的水文变化。另外，排放未经过净化处理的露天矿坑水，还可能造成对地表、地下水的污染，如水质酸化、重金属超标等。

排土场的废石经受风吹、日晒和雨淋，发生物理风化剥蚀和化学风化，其中的有毒重金属元素（如铅、镉、汞、铜、钴、镍、砷、铬等）、溶解的盐类以及悬浮未溶解的颗粒状污染物，通过雨水的淋溶作用，流入地表水体后使水质发生变化，也可能渗入地下水系造成地下水的污染。

地下开采中，也需要抽排大量地下水，从而影响水文地质条件；地表下沉和塌陷形成的裂缝会引起地表水流失，在干旱地区影响植物生长；地下矿坑水的排弃也可能对水系造成污染。

尾矿库设计与施工不当时，也会使含有有害元素和选矿药剂的水渗入地下，污染地下水系。

酸性废水是矿山产生的另一重要污染源。酸性废水是尾矿库、废石堆或暴露的硫化物矿石经氧化形成的。酸性废水不但溶解大量可溶性的 Fe、Mn、Ca、Mg、Al、SO_4^{2-} 等，而且溶解重金属元素。酸性废水使供水变色、浑浊，污染地表和地下水，导致水的生态环境严重恶化。

4.1.2.2 土壤污染与流失

排土场废石中的重金属元素通过风化和雨水的淋溶作用渗入周围土地，导致土壤污染，影响农牧业生产。有些重金属污染还能沿着食物链传递，最终进入人体，危害人身健康。

在平原矿区，开采沉陷造成地势变低、潜水位抬高，一方面使地面、地下径流不畅，在雨季容易出现洪涝，使土地沼泽化；另一方面，在旱季潜水蒸发变得强烈，地下水易携带盐分上升到地表，使土壤盐碱化。在较干旱的地区，地表沉陷形成的裂缝引起地表水流失，使土壤微气候变得更为干燥，土壤更容易被风、水侵蚀，造成土壤流失。

尾矿、废石或暴露的硫化物矿石经氧化形成的酸性废水诱发土壤酸化：H^+荷载增大，强酸阴离子驱动盐基阳离子大量淋溶，导致土壤盐基饱和度降低、土壤酸化和结构破坏，使土壤肥力和生产力下降。

4.1.2.3 空气污染

露天矿的凿岩爆破、运输和排土作业都产生大量扬尘，影响矿区和下风区的空气质量。排土场的废石经风化后，其中的重金属元素通过扬尘进入空气，飘浮在空气中的微细粉尘颗粒会进入人的肺部，导致气管炎、肺气肿、尘肺等疾病，严重的还能导致癌症的发生；较大的粉尘颗粒会进入人的眼、鼻，引起感染。废弃不用的尾矿库如果不及时复垦，风干后会产生大量粉尘。由于尾矿颗粒微细，稍有风力就能产生扬尘，严重污染空气，影响人身健康和植物生长。

矿山生产中消耗能源和炸药，产生各种废气排放。这些废气不仅污染空气、损害人身健康，而且产生温室效应，为气候变化做“贡献”。

4.1.2.4 景观破坏

露天采场、废石堆、尾矿库、塌陷坑等彻底破坏了矿区的自然景观。自然地貌被改变，植被被毁，一座座秀丽的青山变成裸露的采坑、岩坡和乱石堆。

采矿不仅破坏矿区景观，而且严重影响区域大景观。沿交通道路附近、民航航线上的采场、废石堆、尾矿库等直接影响来往人流对该区域的直观印象，严重降低其对旅游者、投资者和居民的吸引力，制约了森林资源、水资源、旅游资源的保护和开发利用，最终影响到区域的投资环境和总体规划。

4.1.2.5 生物损害

露天采场、废石堆和尾矿库彻底破坏了其所在场所的土壤和植被，地下开采沉陷区的沼泽化、盐碱化或地表水流失等严重危害植物的生长。

采矿活动对土地的损毁，对水、土壤和空气环境的污染，以及由此引起的对植被的破坏和对植物生长环境的损害，改变甚至破坏了动物的栖息环境。一些野生动物由于无法继续在原地生存而迁移，或因缺少食物或食用有毒食物而死亡，导致矿区原有野生动物的种群和数量大幅下降。综合结果是使矿区及其周边区域的生态系统遭受破坏或损害，生态平衡被打破。

4.1.3 引发地质灾害

大型金属露天矿在开采过程中形成高达数百米、帮坡角为35°~55°的高陡边坡，其本身就不很稳固，爆破使岩体的稳定性进一步降低，容易发生滑坡。这种滑坡在生产矿山和废弃采场都可能发生。如果是山坡露天矿，露天采场的滑坡在雨季还可能引发泥石流。

大型排土场的排弃高度大，松散体本身的稳固性差，如果地基有松软层，在巨大的重力作用下，基层滑动会引发排土场坍塌性滑坡。如果排土场坐落在天然坡度较大的山坡，在雨季发生这种滑坡会演变为泥石流。

在山区，地下开采形成的塌陷裂缝破坏了山坡岩体的连续性，天然坡度较大时，在雨水的作用下也能诱发滑坡，并可能发生泥石流。

尾矿库遭遇暴雨时可能由于泄洪不力发生洪水漫顶，或是在坝顶、坝肩、坝基处由侵蚀、渗漏等引起溃坝，或是在地震作用下尾矿发生液化造成坝体严重变形甚至溃坝。由于尾矿颗粒微细，尾矿泥流的流动性大，其危害性极大，事故后的清理难度也非常大。

滑坡和泥石流是危害性很高的地质灾害，常因此淹（埋）没农田，摧毁建筑物和植被，造成生命财产的巨大损失。

4.2 矿山土地复垦的一般要求

矿山土地复垦的总体目标可表述为：把矿山生产中破坏的土地恢复到期望的可利用状态，恢复或重建矿区的生态功能。矿山土地复垦的一般要求可归纳如下：

（1）《关于加强生产建设项目土地复垦管理工作的通知》和《关于组织土地复垦方案编报和审查有关问题的通知》要求，所有新建、扩建和生产矿山企业必须编制土地复垦方案，经土地行政管理部门审查（评审）批准，否则不予批复建设用地申请和采矿权证，不予通过年检。新建或扩建矿山应在制定矿产开发利用方案的同时编制土地复垦方案，矿产开发利用方案在开采、排弃工艺上应充分考虑土地复垦的要求，如：预先剥离和妥善存放表土，含有害成分废石的隔离排弃等。

（2）土地复垦方向（即复垦后土地的用途和类型）应尽可能与破坏前相一致；如果土地行政管理部门已对矿区或其一部分土地的利用进行了新的规划，改变了土地利用性质，相应范围的土地复垦方向应与新规划一致；在没有新的规划改变了土地利用性质的情况下，复垦后的耕地面积应不小于破坏前的耕地面积，条件允许时，尽可能增加耕地面积。

（3）复垦后土地的生产能力应不低于破坏前土地的原有生产能力，并尽可能实现其生产能力的提高。

（4）复垦后的地貌应尽可能与破坏前一致，与周边地貌相协调。

（5）复垦应充分利用本矿的废石、尾砂等废弃物充填露天采场、地下采空区、塌陷区等，但要防止充填物造成新的污染。

（6）复垦的同时对矿区污染进行综合治理，复垦不得形成新的污染源。

（7）合理计划，及时复垦。要结合矿产开发利用计划，合理编制和实施复垦计划，尽可能将复垦时间提前。一个土地损毁单元上的生产活动一旦结束（如某一尾矿库的尾矿排弃量达到了设计容量、多个露天采场开采时某个采场开采完毕等），就应立即开始该单元的复垦作业。

（8）企业对矿区内历史形成的已损毁土地也应实施复垦。

4.3 矿山土地复垦一般工程与技术

不同的土地损毁单元需要的复垦工程和技术有差异。本节针对露天采场、排土场（废石堆）、尾矿库、沉陷区以及其他矿山用地，简要介绍复垦这些单元的一般工程与技术。

4.3.1 表土剥离与储存

土壤是珍贵资源，是矿山复垦中恢复植被的必备资源。因此，应把拟开采和压占区的表土预先剥离并妥善储存，以备复垦之用。表土一般分表层壤土（植物生长层）和亚表层土。不同地区和自然条件下的表土层厚度不同，表层壤土的厚度一般为30cm左右，亚表层土的厚度一般为30~60cm左右。混合剥离会降低土壤的肥力，一般应把表层壤土和亚表层土分别剥离，分别储存。剥离表土前，应先清除树根、碎石及其他杂物。剥离土壤的设备和剥离厚度应符合土层的赋存条件，以尽量降低土壤的损失和贫化。采土作业应尽量避免在雨季和结冻状态下进行。

多数情况下，表土剥离与复垦之间有相当长的一段时间，需要设置堆场储存表土。表土场应设置在地势平坦、不易受洪水冲刷并具有较好稳定性的地方。在表土场坡脚采用编织袋筑围堰和品字形紧密排列的堆砌护坡，并在土面上进行覆网养护，以防止表土流失。为了防止堆存土壤的质量恶化，表土的堆置高度不宜太大，表层壤土一般不宜超过10m，亚表层土不宜超过30m。储存期长的土堆还应栽种一年生或多年生草类，以防止风、水侵蚀。表土场外围设置临时排水沟导流雨水，使表土堆不受冲刷。排水沟断面依据当地的降雨量设计，北方地区排水沟断面一般为底宽0.5m、深0.5m、上宽1.0m。

4.3.2 露天采场复垦

大中型金属露天矿采场都有高陡边坡，边坡角一般为35°~55°，边坡垂直高度从数十米到数百米。高陡边坡的稳定性较低，易发生滑坡。因此，在复垦前应对边坡进行全面或局部改缓或加固。深凹露天矿的边坡改缓难度大，可根据实际情况，采用锚杆、钢筋护网、喷射混凝土等护坡措施。

小型露天采场的复垦一般应利用生产中剥离的废石进行充填，平整为与周边地形相协调的地形，然后进行覆土和种植。根据土地损毁前的利用方式和适宜性评价结果，复垦为林地、耕地或草地等。

大中型露天采场的复垦方向一般为恢复植被或建成水体。进行植被恢复复垦时，应利用生产中剥离的废石把露天采场的深凹部分充填至自然排水标高，并设置导流区，以使复垦后的采场具有防洪排水能力。然后对充填后的采场底部进行平整、覆土和种植。由于金属露天矿一般地处山区，又有高陡边坡，存在交通不便等不利因素，采场底部一般不复垦为耕地，多复垦为林地。

大中型金属露天矿的边坡陡、边帮上的平台窄，未被充填的台阶一般不具备复垦为梯田型耕地的条件（也不值得），通常是把台阶平台平整后复垦为林地。平整时要注意形成一定的反向（向帮坡倾斜的）坡度，以防止水土流失。台阶坡面为坚硬岩石，倾角一般为45°~70°，很难复垦。

进行植被恢复的露天采场，应视情况在采场外围周边修筑拦截排水沟，以防止边坡侵蚀和水土流失，保护植被。

将露天矿采场建成水体也有很多益处，如拦蓄降雨和洪水，补给当地的地下水，有条件时还可配套水利设施用于灌溉、养鱼等。这种复垦方式需要平整露天采场的底部，用泥质土覆盖有害岩石；采取措施防止边坡和相邻地域被侵蚀，使采场保持预计水位并保证水的交换；建造为露天采场灌水所需的工程设施，以及为利用蓄水所需的其他设施等。

大中型露天矿的采场面积较大、垂直高差大、边帮陡。为了防止人畜进入造成不必要的伤亡和财产损失，一般应在距离采场地表外边缘 10m 左右每隔一定距离（30m 左右）以及通往采场的道口设立警示牌。对复垦为水体的露天采场，警示牌尤为必要，在危险地段还应安装护栏。

4.3.3 排土场复垦

此节中，排土场包括露天开采中排弃剥离的废石形成的堆场和地下矿开采中排弃从井下提升到地表的废石形成的堆场。

4.3.3.1 排土场整形与防护

复垦排土场，首先需要对其顶部平台进行平整，对大块岩石，可先采用液压镐敲碎，用碎石填洼垫低，用推土机进行平整和压实。在平台外沿修筑挡水埂，内侧修建排水系统。一般应在废石面上铺一层黏土，碾压密实，形成防渗层。有害物质（如酸性土岩、重金属等）出现在排土场表面时，必须实施移除或用专门的方法进行改良，否则铺敷的土壤会受到这些物质的污染。改良方法一般有石灰处理、去除有害物质并妥善处置，或用其他无害物质封盖隔离。

为防止排土场边坡发生坍塌和降低雨水冲蚀，排土场边坡要缓一些，高排土场要修成阶梯形。排土场的高度与其边坡角度的关系大致为：高度小于 40m 时，其边坡角不大于 12°；高度在 40~80m 时，其边坡角不大于 8°；更高的排土场的边坡视实际情况进一步放缓。边坡需要修成阶梯形时，一般情况下台阶高度为 8~10m，平台宽度为 4~10m，总体边坡角控制在 15°~20°以内。为了防止阶梯受雨水冲刷，平台应有 1.5°~2°的横向坡度（下坡朝向台阶内侧）。用大块废石封闭台阶底脚，以拦截坡面下移泥沙，保护边坡稳定。大型排土场在排土作业中一般分阶段排弃，阶段高度和平盘宽度的确定除考虑排土工艺、排土设备等因素外，还应充分考虑复垦的需要，以便使排土作业与堆整边坡和修筑阶梯的工作结合进行，减少复垦工程量。另外，在整个排土场的坡脚应修筑一定规格的挡土墙，并在排土场外围依据地形条件设置必要的截洪沟。

覆土的排土场表层应整平并稍有坡度，以利于地表积水流出。实践证明，大面积的排土场一次整平是不够的，排土场岩石的不均匀下沉可能使整平后的表面再次出现高低不平。因此，排土作业结束后可进行第一次整平，相隔一段时间待岩石下沉之后再进行最后整平。

4.3.3.2 土壤重构与改良

金属矿的排土场本身不适于植物生长，需要采取适当措施进行土壤重构与改良。土壤重构与改良途径一般有客土法、生活垃圾法、保水剂法、菌根法等。根据复垦条件和方向，这些方法可以单独使用，也可综合使用。

（1）客土法。客土法是通过施用外来表土（剥离储存的表土或来自取土场的表土），对整形后的排土场表面进行覆土，使之适合植物生长。大型排土场面积大，采用全覆土复垦需要的表土量大，工程量大、费用高。可根据植物的种类和排土场岩石的性质，采用将表土与排弃岩土按一定比例混合的方式，表土比例以保证植物的成活率和正常生长为原则。这种方式比较适用于露天煤矿，如霍林河矿采用1：1的混合比取得了良好效果。

（2）生活垃圾法。将城镇居民所产生的生活垃圾和排弃岩土按一定比例混合，既可以解决生活垃圾的堆放与处理问题，同时又起到改良土壤的作用。如果要把排土场复垦为耕地或果园，应对生活垃圾的有害成分及其含量进行测定和分析，保证果实中有害成分的含量不超标。

（3）保水剂法。在气候干燥地区，土壤的含水量不能满足植物正常生长的需要，靠人工长期浇水来维持会大幅增加复垦和养护成本，水源短缺时也无法实现。使用保水剂可大大减少灌溉量。保水剂在使用前，先用清水浸泡（400倍水左右），让保水剂充分吸水，使其形成黏稠的絮状物质，然后将其拌入靠近植物根系的土壤中或直接浸泡土壤根系，栽植后浇1次透水，然后覆土踩实。每株保水剂的用量在一定范围内越多越好，但考虑到复垦成本，每株的施用量一般为2.4g左右。

（4）菌根法。菌根是真菌与植物根系所形成的共生体，能促进植物的生长，增强植物对不良环境的抵抗力，防止苗木根部病虫害等，特别是能够促进植物对磷元素和氮元素的吸收。通过形成根瘤菌增加土壤的含氮量，不仅有助于植物吸收水分，增强其抗旱能力，提高幼苗的成活率，促进植物的生长，还能提高土壤质量。菌种可在市场上或培育单位购买。施用量一般为每株50g（含培养基质），施于植物的根部。

4.3.3.3 植物种植

金属矿的排土场表面为散体岩石，铺敷肥沃土壤前最好先铺垫一层底土。铺敷土壤的厚度依据植物种类和土壤的质量确定。谷物和多年生草类对土壤质量要求较高，其肥沃土壤层不宜低于30cm；植树造林则不一定要求全面积铺敷肥沃土壤，可在一定规格的植树坑内填土施肥，栽植树苗。

由于排土场的植物生长条件差，应选用能忍受苛酷自然条件、成活率高的植物，适当搭配不同群落和品种。种植的方法一般有两种：一种是直接将种子播入土壤；另一种是将植株、树苗、根茎等移栽土中。

4.3.4 尾矿库复垦

影响尾矿库复垦利用方式的主要因素是尾矿的理化特性、当地气候、地形地貌、土壤性质及水文地质条件等。

尾矿库坝体的稳定性是实施复垦的重要前提。应通过钻孔取样以及孔水位跟踪监测、样品测试等，查明坝体剖面形状及材料组成和潜在的稳定性影响因素，评价坝体在正常、洪水、地震等条件下的稳定性，包括在地震作用下尾矿发生液化的可能性。采取措施对不稳定或有隐患的坝体段进行加固，保证尾矿库长期稳定。

充分了解尾砂及土壤的性状和理化特性，对尾矿库复垦至关重要。应通过取样，测定和分析尾矿库不同深度尾砂的主要理化指标及重金属全态、有效态浓度等。尾砂的一般特性是：沙质结构，持水力差；缺乏黏土和有机质，阳离子代换量低；缺乏有效氮和磷，营养力低；颗粒凝聚力差，对作物苗期生长不利；含有重金属。

如果尾矿坝坝坡是由底部料石护坡和上部尾矿砂堆积坡面组成，必须对尾矿堆积坡面进行整形和植被恢复。一种整形方法是首先削平斜坡，而后沿斜坡的横面挖随坡就势的水平沟，沟距 2m 左右，深 1m 左右，宽 0.8m 左右，在沟内充填岩石风化土或表土，然后在其上种植木本植物，以防坡面的风雨侵蚀和地表径流，达到防风、固沙、护坡的目的。

尾矿库库面一般采用客土法恢复为耕地、林地或草地。覆土厚度主要取决于植物品种和土壤质量。复垦为耕地时，以满足作物绝大部分根系生长的深度范围为基本标准。据有关研究资料：冬小麦 0~40cm 的土层根量占 82%、0~80cm 的土层根量占 90%以上；玉米 0~20cm 的土层根量占 60%左右、0~50cm 的土层根量占 90%左右；大豆 0~40cm 的土层根量占 90%左右；一般蔬菜 0~50cm 的土层根量占 90%左右。因此，复垦为耕地的覆土厚度以 50~80cm 为宜。复垦为林地的覆土厚度一般为 40~50cm。用于尾矿库复垦的客土应含有足够的黏土成分。

在尾砂和客土的性状和理化特性合适时，可采用客土与尾砂混合的方式，这样可大大减少覆土量。如在山西中条山公司胡家峪铜矿毛家湾尾矿库的复垦中，采用覆 15cm 的黄土与尾砂混合（土壤与尾砂比例 2∶1）方式，进行小区田间试验，种植花生、高粱和玉米，取得了良好效果。将垃圾肥与覆土结合起来，即先施垃圾肥，再在上面覆盖一层土壤，也可减少覆土量，取得良好的土壤改良效果。

在复垦的尾矿库种植粮食等可食性作物，应十分注意防止食物链污染。必须采取措施进行土壤污染治理，并对收获的粮食、果实进行污染物检验。

多层覆盖技术可有效防止尾矿酸化和污染物迁移。在尾矿上加 3 个覆盖层：上层是约 0.6m 厚的土壤，供植被生长；中层为约 1.2m 厚且渗透性较好的石块，增加透气性，促进水的水平流动；下层为有机材料，用以耗气和与 S^{2-} 和 HCO_3^- 发生反应。

4.3.5 沉陷区复垦

地下开采造成的地表沉陷主要表现为下沉盆地、裂隙与台阶、塌陷坑等，因此，如果复垦方向是植物种植，首先应针对沉陷区的这些土地损毁特征进行土地整形，主要包括消除附加坡度、充填裂缝、平整波浪状地形等。

在中低潜水位区且地表沉陷深度不大的条件下，可采用非充填复垦。

在地势较平坦的高潜水位区，沉陷区复垦面临的一个主要问题是积水。一是采用废石充填，提高沉陷区地表到不积水标高，然后覆土、种植。二是采用合理的排水措施（如修建排水沟、泵排设施等），形成疏浚系统，通过自排或强排把沉陷地积水排出，恢复土地利用。疏排复垦需对配套的水利设施实行长期有效的管理，保证沉陷地的持续利用。值得一提的是，对此类沉陷区，应在沉陷积水前把表土剥离并妥善储存，否则会导致土壤大量损失，并增加复垦成本。

在丘陵地区的中低潜水位条件下，也可根据受损后地貌的特征和土壤条件，因地制宜，将沉陷地整理为梯田。

在沉陷深度较大的高潜水位沉陷区，可以借助积水修建鱼塘和人工水库。在岩石移动之前预先清除存在的植被层和有害岩石，在有害岩石出露的地段建造屏蔽层，如用混凝土或其他材料制成屏蔽支撑墙，用于防止水从有害岩石内渗透到水体。

根据沉陷区的地貌、水文和土壤特点，可实施“水陆”双重复垦，如在低洼的积水地段修建鱼塘，在鱼塘周围的非积水区种植植物，利用水陆交换互补的物质循环，因势利导，进行生态农业开发或营造经济林、生态林等。

总之，沉陷区的地貌特征、自然条件等千差万别，应本着因地制宜的原则，选择环境和谐、生态和经济价值高的复垦方式。

4.3.6　其他土地损毁单元的复垦

除上述露天采场、排土场（地下矿废石堆）、尾矿库和沉陷区外，矿山生产损毁或影响的土地还有：井巷地表出口、运输道路、办公和各类地表建筑设施的占地、取土场等。

对不再使用的井巷地表出口应进行封堵，以防矿坑水外流造成污染和人畜掉入；拆除并运走井巷出口的地表设施（如井架等）；去除井巷出口周边及附近场地的硬覆盖，平整土地；覆土种植。

没有再利用价值的矿区废弃道路也应进行复垦。矿山临时道路一般没有硬覆盖，只需翻松表土，进行必要的土壤改良，即可种植。如有硬覆盖，需去除硬覆盖并覆土。

对办公和各类地表建筑设施的占地，拆除建筑物和配套设施后，清除建筑垃圾，去除硬覆盖；平整土地；覆土种植。一些设施所在地可能存在污染，应注意对污染物进行去除和隔离处理。

一些矿山需要选择表土层厚的地方取土，以满足复垦对土壤的需求。取土场也必须复垦。取土时就有计划地留一定厚度的底土，复垦时进行必要的平整后，覆表层壤土，将取土场复垦为原有用途。

4.4　矿山酸性废水与土壤重金属污染治理

4.4.1　矿山酸性废水治理

如前所述，矿山酸性废水不仅 pH 值低，而且一般溶解有多种重金属，如 Pb、Cu、Zn、Ni、Co、As、Cd 等。矿山酸性废水治理，一是中和其酸性，二是去除或降低溶解物（主要是重金属）含量。

自然界的许多矿物具有中和能力，不同的矿物在不同的 pH 值范围的中和能力和反应活性不同。碳酸盐如方解石、白云石是最具活性的中和矿物；硅酸盐矿物由于其广泛分布也是重要的中和剂，其活性有强（如富钙长石）有弱（如钾长石）。在低 pH 值矿山废水中，黏土矿物（如高岭土）也具有较强的中和能力。因此，自然系统本身就具有一定的酸性废水中和能力。但由于自然系统整治效果的局限性和脆弱性，必须施行人工治理。

传统的酸水整治措施是在酸性废水中加入碱性中和剂，通过充气、絮凝和沉淀来整治酸性废水。在氧化条件下，整治硫化物酸性废水的碱性中和剂通常是氢氧化钙。对于溶解物整治，氢氧化钙在氧化条件下使重金属以微溶或不溶性的氢氧化物沉淀析出。在非氧化条件下，一些整治措施也很成功，如向矿山废水导入 H_2S 溶液，能使铅以 PbS 的形式沉淀析出、铜以硫化物形式沉淀析出。另一种去除铜的方法包括在溶液中加入废铁，通过离子交换、电化学还原而析出铜。

上述传统整治措施对于金属离子浓度及酸度高的废水的整治是有效的。但矿山废水的金属离子浓度及酸度一般不高，湿地技术可发挥作用。在美国科罗拉多州的一些地区，金、银等金属矿开采近 2 个世纪，矿山废水曾造成大量河流污染。有关部门评价了多种治理方案，最后确定采用湿地处理系统。整治设施是 $3m \times 20m \times 1.3m$ 的水泥槽，槽体分成三个部分，包括一层河床石块、一层复合材料和一层基底；后来为增加与底层的接触，安装了折流板和氧气"摩擦"箱。在最佳条件下，该设施能够去除污水中 99%的 Cu、98%的 Zn、94%的 Pb 和 86%的 Fe，pH 值从 3.0 提高到 6.5。

4.4.2　土壤重金属污染治理

治理土壤重金属污染就是清除被污染土壤中的重金属或降低土壤中重金属的活性和有效态组分，以恢复土壤生态系统的正常功能，减少土壤重金属向食物链和地下水的转移。

依据修复原理，土壤重金属污染的修复方法大致可分为物理、化学和生物三大类。实际上，这三类方法很难截然分开，因为土壤中发生的反应十分复杂，每一种反应基本上都包含了物理、化学和生物过程。

物理修复是指以物理手段对污染物进行移除、覆盖、稀释、热挥发等。常见的有：固化与稳定化、玻璃化、土壤冲洗、原地土壤淋滤、电动力处理、非毒性改良剂改良、深耕、排土法和客土法等。多数物理修复方法可在短时间内达到较好的效果，但成本较高，其中的大多数修复方法适用于面积较小、污染较重的土壤的重金属污染治理。

化学修复是利用外来的，或土壤自身物质之间的，或环境条件变化引起的化学反应，达到重金属污染治理的目的。化学修复多数通过氧化还原反应和中和反应来完成。这种方法存在化学试剂的非专一性、反应产物的稳定性以及中间过渡产物可能产生二次污染等问题。

生物修复是利用各种天然生物过程处理重金属污染物，具有成本低、对环境影响小等优点。生物修复一般可分为植物修复和微生物修复。植物修复是利用某些植物能够忍耐和超量积累某种或某些重金属元素的特性，用植物及其共存微生物体系清除土壤中的重金属。植物修复技术主要由植物萃取、根际过滤和植物固化三部分组成。微生物修复则是利用微生物促进有毒、有害物质的降解，使之无毒无害化。植物修复较物理、化学或微生物方法具有更多的优点；然而，重金属超积累植物通常都矮小、生物量低、生长缓慢且周期长，不宜治理重污染土壤。另外，高耐重金属植物不易找到，而且被植物摄取的重金属因大多集中在根部而易重返土壤。

实践中，治理土壤重金属污染主要有以下三种途径：

（1）固定或稳定法。用各种物理、化学和生物的方法改变重金属在土壤中的存在状态，将重金属固定或稳定在土壤中，降低其在环境中的迁移和生物利用。

（2）去除法。用物理、化学或生物的方法将重金属从土壤中去除。物理方法主要是将污染土壤挖出、搬运走，达到去除本地污染的目的。该方法能迅速去除污染物，但成本高，而且仅是将污染土壤从本地搬运到另一地，不是从根本上去除，要求妥善处理挖出的污染土壤，以防止二次污染。用超累积植物修复重金属污染土壤是一种成本低的去除方法，但超累积植物生长缓慢且周期长、见效慢。采用选矿的方法用化学试剂对土壤进行清洗，是一种去除重金属的有效方法，但成本高。

（3）隔离法。用各种防渗材料，如水泥、黏土、石板、塑料板等，把污染土壤就地与未污染土壤或水分开，以阻止或减少重金属扩散。常用的方法有振动束泥浆墙、平板墙、薄墙、化学泥浆幕、地下冷冻、喷射泥浆等。该法适用于污染严重、易于扩散且污染物可在一段时间内分解的情况。

以上治理途径可视情况单独使用或联合使用。

4.5　植物种类选择

在矿山损毁土地的生态重建与恢复中，植物种类的选择至关重要。选择原则主要包括：生长快，适应性强，抗逆性好（即抗旱、耐湿、抗污染、抗风沙、耐瘠薄、抗病虫害等）；优先选择固氮树种；尽量选择当地优良的乡土植物。

在许多情况下，矿山损毁土地的植被恢复需要分阶段进行。初始阶段的植被往往以基质改良为主要目的，利用绿肥、固氮先锋植物解决土壤熟化和培肥问题。绿肥植物（多为豆科植物）具有耐碱性和生命力旺盛的特性，含有丰富的有机质和氮素，根系发达，能够吸收和聚集深层土壤的养分，为后茬植物提供各种有效养分。绿肥植物腐烂后还有胶结团聚土粒的作用，改善土壤的理化特性。固氮植物（如豆科植物、桤木、红三叶草等）具有较高的吸收氮元素的能力，据有关研究，在豆科植物所需的氮总量中，只有约 1/3 取自土壤，其余 2/3 靠共生固氮菌固定空气中的氮素。固氮植物体腐败后把氮元素释放到土壤中，增加土壤的氮含量，可替代化肥和有机肥，或大幅减少肥料施用量。

云南会泽铅锌矿废弃地的复垦研究表明，禾本科与茄科植物对铅锌矿渣这种恶劣生长环境具有较强的忍耐力，许多一年生和两年生植物如白茅、辣蓼、白草、铁线草等可以作为先锋植物选用。据对广西刁江流域的野外调查，纤细木贼、五节芒、狗牙根、土荆芥、菅草、假俭草、白茅、类芦、斑茅、芦竹、密蒙花等，能在 As、Sb、Zn、Cd 复合污染的废弃地上生长良好，可作为这类地区矿山废弃地植被恢复的先锋植物。

在干燥、寒冷条件下，主要考虑选择耐旱、耐寒、根系发达的植物，例如丁香、刺梅、榆叶梅、沙棘、小叶锦鸡儿、榆树、小叶杨、华北落叶松、红柳、樟子松、胡枝子、草木樨，地肤、猪毛菜、紫苜蓿、沙打旺等。

与乔木和草本植物相比，灌木树种在植被的防护功能和土壤改良功能上具有优越性。与乔木相比，具有抗逆性强、根系发达、枯枝落叶丰富、郁闭时间短、覆盖地面迅速、土壤改良作用强等优点；与草本植物相比，具有生长快、植物量大、根系发达、固持和网络土壤能力强、生态效益多样、防护功能强等优点。因此，选择优良的灌木树种可以加快绿化和生态恢复。

根据很多学者的研究，已有将近 200 种植物在不同类型的尾砂库上自然定居生长。

总之，要结合复垦方向、不同复垦单元上土地（物料）的理化性质以及气候条件等，为每一复垦单元选择最合适的植物种类。应对当地的植物群落进行调查，必要时进行小区土壤重构、改良和种植试验，以保证植被恢复与生态重建的成功。

4.6 土地复垦的适宜性评价

土地复垦的适宜性评价就是针对各种可能的复垦方向，对损毁土地的适宜程度作出判断，选择最适宜的复垦方向。评价的依据主要包括：土地损毁程度、表面覆盖物特性、地貌、气候、水文、损毁前土地利用状况、所在区域的土地利用规划等。

4.6.1 评价原则

土地复垦的适宜性评价应遵守的原则主要包括：

（1）因地制宜，耕地优先。根据各个待复垦单元的具体条件确定其复垦利用方向，不能强求一致；原有耕地仍应优先考虑复垦为耕地，原有耕地由于损毁严重或其他原因无法复垦为耕地时，应尽量在其他地块补复耕地。

（2）主导因素与综合分析相结合。应对影响土地复垦利用的诸多因素（如土壤、气候、地貌、原来利用状况、损毁程度等）进行分析，从中找出影响复垦利用的主导因素，并综合考虑资金投入、种植习惯、土地利用结构、社会需求等因素，确定适宜的利用方向。

（3）与地区土地利用总体规划相协调。应考虑所在地区土地利用总体规划中对拟复垦地块的利用规划，使复垦后的土地利用与规划一致。

（4）生态环境效益与经济效益兼顾。当被损毁的土地可以复垦为多种用途（具有多适宜性）时，应综合评价各复垦方向的生态效益和经济效益，力求做到二者兼佳。由于金属矿山一般地处山区，复垦的主要目的是恢复植被（包括农业生产）和景观，生态恢复和环境保护在大多数情况下应该是第一位的，不应单独追求经济效益而大幅降低复垦的生态环境效益。

4.6.2 评价单元划分

在土地复垦的适宜性评价前，要依据土地的损毁形式、程度和形态以及对复垦工程的要求等，科学划分评价单元。评价单元亦即复垦单元。

露天矿的评价单元一般可划分为：采场坑底、台阶平台、台阶坡面、排土场顶面平台、排土场边坡、尾矿库库面平台、尾矿坝边坡、存土场、取土场、建筑设施及其附属场地、道路等。

地下矿的评价单元一般可划分为：沉陷区、井（巷）口及其附属场地、废石堆顶面平台、废石堆坡面、尾矿库库面平台、尾矿坝边坡、存土场、取土场、建筑设施及其附属场地、道路等。

4.6.3 适宜性评价的分类系统

适宜性评价的分类系统是指复垦后土地利用方向及适宜等级构成的评价系统。这种分类系统不同于土地利用现状调查规程规定的分类系统，一般根据待复垦土地本身的属性和复垦目标灵活确定。

一般情况下，按“纲—类—级”建立分类系统，把所有待复垦土地单元分为适宜和不适宜两个大纲；适宜纲下按可能的土地利用类型分若干类，如宜农（包括粮食与蔬菜种植）、宜果、宜林（乔木和灌木）、宜草、宜渔（包括水产养殖和其他用途的水塘）和宜建等；在类下按损毁程度和复垦的难易程度分为若干级（一般为3~4级），如对于宜农的单元，1级为适宜垦种、2级为可垦种、3级为基本可垦种。

4.6.4 评价方法与步骤

土地复垦的适宜性评价方法有极限条件法、指数法和模糊数学法等。极限条件法就是根据限制性最大（适宜性等级最低）的因素，评价复垦单元的适宜类级。该方法不需要复杂的数学计算，易于考虑定性因素，是目前制定矿山土地复垦方案中使用较广泛的方法。应用极限条件法评价土地复垦适宜性的一般步骤如下：

（1）划分评价单元，建立适宜性评价分类系统。

（2）确定各个评价单元的适宜类，即可能的土地复垦方向。

（3）选择影响因子。影响因子即主导影响因素，应满足：可测性，即因素是可以测得并可用定量数值或定性分级序号表示；关联性，即选择的因子指标的增长或减少标志着受评价土地单元质量的提高或降低，或对某一或某些适宜类的适宜级别有影响；独立性，即参评因子之间界限清晰，没有重叠。对于不同地区、不同的开采方式和可能的复垦方向，影响因子可能有较大的差异，对于耕地、林地、草地等以植被恢复为目的的复垦方向，影响因子一般包括：坡度、表层物质组成、覆土厚度、灌溉条件、排水条件、污染物（如重金属）含量等。

（4）建立影响因子指标或分级与分类系统之间的适宜性评价标准关系。即就每一因子的给定指标值或分级，确定每一待选复垦方向的适宜性等级，如表4-1所示。表4-1中的适宜级别分3级：1为适宜、2为较适宜、3为基本适宜；“不”表示不适宜。例如，表4-1中的第二行表示：就地形坡度这一影响因子而言，坡度为4°~7°时，耕地的适宜级别为2（较适宜），林地、果园和草地的适宜级别都为1（适宜）。这种关系的确定因地而异，必须综合考虑当地的气候、土壤、可选植物的特性等因素，例如，就灌溉条件而言，在半干旱地区和雨水较丰富地区，同一复垦方向对同样的灌溉条件的适宜等级不同。

表4-1 影响因子指标与待选复垦方向适宜性之间的关系示例

影响因子	因子指标或分级	耕地	林地	果园	草地
坡度/(°)	≤3	1	1	1	1
	4~7	2	1	1	1
	8~15	3或不	1	1	1
	16~25	不	2	2	2
	26~35	不	3	3	3或不
	>35	不	3或不	不	不
表层物质组成	壤土	1	1	1	1
	岩土混合物	3	2或3	2或3	2或3
	砾质	不	3或不	不	3或不
	石质	不	不	不	不

续表 4-1

影响因子	因子指标或分级	耕地	林地	果园	草地
土质层厚度/cm	≥80	1	1	1	1
	50~79	1 或 2	1	1	1
	30~49	2 或 3	1 或 2	1 或 2	1
	10~29	3 或不	2 或 3	2 或 3	2
	< 10	不	3 或不	3 或不	3
排水条件	不淹或偶尔淹没，排水好	1	1	1	1
	季节性短期淹没，排水较好	2	2	2	2
	季节性较长淹没，排水较差	3 或不	3	3	3 或不
	长期淹没，排水差	不	不	不	不
灌溉条件	有稳定灌溉条件	1	1	1	1
	灌溉水源保证差	2	2	2	1 或 2
	无灌溉水源	3	2 或 3	3	2 或 3

（5）列出所有评价单元的土地性质。通过对已损毁土地单元的实地调查或对拟损毁单元的分析预测，得出相关影响因子在每个评价单元的指标值范围或分级。一个假设露天矿的各评价单元的土地性质如表 4-2 所示。

表 4-2　各评价单元的土地性质示例

评价单元	影响因子				
	坡度/(°)	表层物质组成	土质层厚度/cm	排水条件	灌溉条件
采场坑底	< 5	石质、砾质	0	淹没	有灌溉水源
台阶平台	< 5	石质、砾质	0	封闭圈以下淹没	有灌溉水源
台阶坡面	45~60	基岩	0	封闭圈以下淹没	有灌溉水源
排土场顶面	< 5	砾质	0	排水较好	无灌溉水源
排土场坡面	25~35	砾质	0	排水较好	无灌溉水源
尾矿库库面	< 5	砂质	0	排水较好	无灌溉水源
尾矿坝堆积坡面	25~35	砂质	0	排水较好	无灌溉水源
办公区	< 5	硬覆盖	0	排水较好	无灌溉水源
工业设施及场地	< 5	硬覆盖	0	排水较好	无灌溉水源
道路	< 15	砂壤土、壤土	10~40	排水较好	无灌溉水源
存土场	5~10	壤土	30	排水较好	有灌溉水源

（6）把每个评价单元的土地性质与各影响因子指标（分级）下复垦方向的适宜性相对照，即对照表 4-2 和表 4-1，并考虑能够采取的措施，确定每个评价单元对每个复垦方向的适宜性。一个假设矿山的排土场顶面平台的复垦适宜性如表 4-3 所示。对每一评价单元都应列出类似的适宜性表。

表 4-3　排土场顶面平台的复垦适宜性示例

复垦方向	主要限制因子	复垦措施	适宜性等级
耕地	地表物质组成、土质层厚度、灌溉条件	通过平整、覆客土和土壤改良，可以耕种；但气候较干旱，无灌溉水源	3 或不
林地	地表物质组成、土质层厚度、灌溉条件	通过平整、覆客土，可以种植抗旱性较强的树种	2
果园	地表物质组成、土质层厚度、灌溉条件	通过平整、覆客土，基本可以种植抗旱性较强的果树	3
草地	地表物质组成、土质层厚度、灌溉条件	通过平整、覆客土，可以种植抗旱性较强的草种	3

（7）依据上述过程中确定的适宜性，综合考虑损毁前土地的利用、周边植被种类、复垦后期管理、市场等条件，确定每一评价单元的最佳复垦方向。如果对于某个评价单元，某一复垦方向的适宜性明显高于其他复垦方向，又符合其他条件，该复垦方向就是该单元的最佳复垦方向；如果对于某个评价单元，多个复垦方向的适宜性等级相同或很接近，首先考虑其他条件进行排除（比如，林地和果园均适宜，但不具备果园管理条件或适种的水果品种没有市场，可排除果园）；若考虑了其他条件后仍有多个适宜复垦方向，应通过成本、效益比较确定最佳者。表 4-4 为最后评价结果示例。

表 4-4　土地复垦适宜性评价结果示例

评价单元	复垦方向	面积 /hm^2	复垦面积 /hm^2	备　注
采场坑底	林地	10. 3411	10. 3411	废石充填到封闭圈标高
台阶平台	林地	3. 2134	3. 2134	封闭圈标高以上的台阶
台阶坡面		5. 2530	0	坡度大、基岩，不复垦
排土场顶面	林地	45. 2876	45. 2876	
排土场坡面	林地	20. 3760	20. 3760	
尾矿库库面	林地	12. 3784	12. 3784	
尾矿坝堆积坡面	林地	6. 0725	6. 0725	
办公区	林地	0. 4628	0. 4628	
工业设施及场地	林地	2. 6726	2. 6726	
道路	林地	3. 4782	1. 7424	部分留作农村道路
存土场	耕地	1. 3743	1. 3743	

4.7　土地复垦方案编制

土地复垦方案的内容和结构主要与所开采的矿产类型、开采方式等有关。下面是我国矿山土地复垦方案的一般内容。

（1）前言（或总则）。包括：

1）编制任务来源。

2）编制依据。国家有关法律法规，部委规章，规范性文件，地方政府规章和有关法规的实施细则，相关规程、规范，所在地区土地利用规划，矿山的矿产资源开发利用方案以及其他有关技术文件和资料，矿山项目环境影响评估报告等。

3）复垦范围与项目的服务年限（包括复垦时间）。

4）矿山项目区土地权属。

5）需要说明的其他问题。

（2）矿区及其所在地区概况。包括：

1）自然环境概况。地理位置、气象气候、地表水系、地形地貌、土壤、植被等。

2）社会经济概况。行政区划、产业分布、人口、收入、交通等。

3）项目区内土地利用现状。

4）矿山地质概况。地层与岩性特征、主要地质构造、水文地质、矿产赋存条件、矿体产状与组分、矿石储量和品位等。

5）开采方式与方法简介。露天或地下开采、采矿方法、主要工艺流程。

（3）土地损毁状况。通过实地调查、测量和分析测算，确定以下内容：

1）已损毁土地状况。所有已损毁单元的面积、位置分布和损毁形式（挖损、占压、沉陷等）。

2）拟损毁土地预测。所有拟损毁单元的面积、位置分布和损毁形式（挖损、占压、沉陷等）。

（4）土地复垦的可行性评价。包括：

1）矿山生产对土地及生态环境的影响分析。对土地的损毁或影响、对水环境的影响、对大气环境的影响、对生物的影响等。

2）土地复垦的适宜性评价。应用适当的方法，确定各评价单元的复垦适宜性，确定其复垦可行性和复垦方向。

（5）预防控制与复垦措施。包括：

1）预防控制措施。土源保护措施（拟损毁区表土剥离、存土场选址、存土场侵蚀防护等），采场边坡稳定保障措施，排土场稳定保障与侵蚀、污染防治措施，尾矿库稳定与污染防治措施，地表沉陷监测措施等。

2）复垦措施。针对每个复垦单元的特性、条件和确定的复垦方向，依据有关规范和标准，详细说明复垦措施。如：废石充填、土地平整、削减坡度、覆土和土壤改良、酸性废水与土壤重金属污染治理、植物种类选择、种植等。

3）复垦土地管护措施。保证植物达到要求成活率或产量的各种相关措施，如浇水、施肥、病虫害防治等。

（6）复垦工程设计与工程量计算。基于预防控制与复垦措施，依据有关规范和标准，合理设计有关工程并计算工程量。一般包括：土地平整、废石充填、削坡、挡土墙、截洪沟、排水系统、客土与土壤改良、种植、灌溉等工程。

（7）复垦计划安排。结合矿山生产计划，本着尽早复垦的原则，合理安排各个复垦单元的复垦时间和相关工程的施工时间。

（8）复垦投资概算。包括：

1）概算编制依据。国家、部门有关土地整理项目的预算编制办法、定额标准；地方相关项目建设投资标准、造价信息等。

2）复垦投资计算。按照定额指导价和市场价相结合的原则，合理确定各项取费标准；按工程项目或复垦单元计算静态复垦投资。一般应包括：直接施工费、间接费、设备费、利润、税金、不可预见费、其他费用等。依据复垦计划安排与相应资金的投入额和投入时间、价差预备费率，计算土地复垦的动态投资。正常经济条件下的价差预备费率一般为5%~7%。

（9）复垦效益分析。包括：

1）生态环境效益。

2）社会效益。

3）经济效益。

（10）保障措施。包括：

1）组织与管理保障。

2）技术保障。

3）资金保障。

5 矿山生产的生态成本

采矿对土地、水、大气、生物质等造成不同程度的破坏或损害。土地、水、大气、生物质是构成自然生态系统的基本要素，所以这里把这种破坏和损害统称为生态冲击或生态压力。

矿山需要各种能源、辅助材料和设备等投入来维持生产，在生产过程中通过对土地的挖损、占压和废弃物排放，造成生态系统的直接和间接冲击。直接生态冲击是矿山生产对生态系统的直接破坏，主要包括：露天采场、排土场或废石堆场、尾矿库、表土堆放场、塌陷区、专用道路、选矿厂、办公区、专用设施及场地等。

间接生态冲击主要包括能耗和各种材料（包括设备）消耗所产生的生态冲击。我国的能源几乎全部来自化石能源矿物，能源消耗对生态系统的冲击不是直接的挖损或占压，而是通过以二氧化碳为主的各种废气排放对生态系统产生间接影响，主要表现为温室效应和污染对生态功能的削弱。矿山生产中消耗的辅助材料（钢材、水泥、木材等）和设备在其生产过程中也消耗能源和原材料。例如，对于矿山消耗的钢材，其生产过程包括铁矿石开采与加工、钢铁冶炼、钢材加工等工序，每一工序都通过直接土地占用、能耗、废弃物排放等对生态系统产生冲击，这种冲击虽然发生在矿山以外，但确实是由矿山生产间接引起，是由矿山所消耗的材料或设备“携带”的冲击。

矿山开采产生的生态冲击，无论是直接生态冲击还是间接生态冲击，都可以根据第3章的生态足迹模型进行定量计算。

5.1 矿山生产的生态足迹

基于广义生态足迹概念，矿山生产对生态系统的各种冲击可以转化为具有同一量纲的综合压力——矿山生态足迹。根据上述矿山生产造成的生态冲击的特点，矿山生态足迹可分为直接占用足迹、能耗足迹（温室气体排放足迹）、污染足迹、携带足迹四大部分。

5.1.1 直接占用足迹

直接占用足迹就是把矿山生产对生态系统的直接生态冲击所造成的破坏，按破坏土地的基本类型，换算为生态足迹。直接破坏的土地单元包括：露天采场挖损、排土场或废石堆场占压、尾矿库挖损和占压、表土堆放场占压、塌陷区破坏、专用道路挖损和占压、选矿厂挖损和占压、办公区占压、专用设施及场地占压等。对于金属矿山，直接破坏的土地类型绝大多数为林地、草地，少量为农耕地。根据第3章足迹计算模型，矿山所破坏的不同类型土地的综合直接足迹的计算公式为：

$$A_{\mathrm{f}} = \sum_{k=1}^{3} \lambda_k \gamma_k \sum_{i=1}^{n} A_{ki} \tag{5-1}$$

式中　A_f——矿山直接生态足迹，hm^2；

k——土地类型，1、2、3 分别表示农耕地、林地、草地；

i——直接破坏的土地单元序号，即上述采场、排土场、尾矿库等；

A_{ki}——矿山直接破坏的第 i 个单元中属于第 k 类土地的面积，hm^2；

λ_k——第 k 类土地的产量系数；

γ_k——第 k 类土地的等量因子。

矿山开采直接破坏的土地单元面积与矿山储量规模、生产规划、工业场地布置、矿区地形和矿岩特性等有关，以下以露天矿为例，给出各土地损毁单元面积的计算方法。

5.1.1.1　露天采场的土地损毁面积

露天采场挖损的土地总面积等于开采方案中最终境界的地表面积。不同开采方案可能有不同的最终境界，某个开采方案的采场挖损总面积可以依据其最终境界的地表周界线（闭合多边形）上的顶点坐标直接计算：

$$A_M = \frac{1}{20000}\left|\sum_{i=1}^{n}(x_{i+1}y_i - x_i y_{i+1})\right| \tag{5-2}$$

式中　A_M——露天采场挖损的土地总面积，hm^2；

n——最终境界地表周界多边形上的顶点总数；

x_i，y_i——第 i 个顶点在水平面上的东西向和南北向坐标值，m，当 $i=n$ 时，$i+1=1$。

在开采过程中，采场不断扩大和延深，挖损的地表面积也随时间变化。用 $A_{M,t}$ 表示第 t 年末采场挖损的累计地表面积。$A_{M,t}$ 随时间 t 的变化关系取决于开采方案的生产计划。$A_{M,t}$ 的值可以依据生产计划中每年末采场的地表周界线计算，计算公式同上。如果某个开采方案的开采寿命为 n 年（即在第 n 年末采到方案的最终境界），显然有 $A_{M,n}=A_M$。

5.1.1.2　排土场的土地损毁面积

排土场压占的土地总面积取决于废石排弃总量、排土场地形、堆置高度和边坡角等。在开采方案的优化设计阶段，一般没有排土场的完整设计，只能按容量需求对排土场的占地总面积进行估算。排土场的总容量需求用下式计算：

$$V_D = \frac{Wk_w}{\gamma_w} \tag{5-3}$$

式中　V_D——排土场的总容量需求，10^4m^3；

W——废石排弃总量（即境界中的废石总量），10^4t；

γ_w——废石的原地（实体）容重，t/m^3；

k_w——排土场沉降稳定后废石的碎胀系数，一般为 1.10~1.35。

矿山只设一个排土场时，排土场的占地总面积可用下式估算：

$$A_D = \frac{V_D}{H_D} f_D(V_D, \alpha_D) \tag{5-4}$$

式中　A_D——排土场占地总面积，hm^2；

H_D——排土场平均堆置高度，m；

$f_D(V_D, \alpha_D)$——排土场的形态系数；

α_D——排土场总体平均边坡角，(°)。

排土场的形态基本上是不规则的台体，在给定高度 H_D 的条件下，顶面积与底面积的比值随容量 V_D 和边坡角 α_D 变化，V_D 和 α_D 越小，这一比值越小，排土场的形态越接近锥体，$f_D(V_D, \alpha_D)$ 的取值越接近 3；反之，排土场的形态越接近柱体，$f_D(V_D, \alpha_D)$ 的取值越接近 1。

排土场损毁的土地面积随时间的变化关系比较复杂。总体来看，在开采过程中随着排弃量的积累，排土场的占地面积逐步扩大。但排土场在某一时点的土地损毁面积并不是到达这一时点的累计排弃量的简单线性函数。原因之一是在开始排土之前，建设排土场需要对场地进行某些作业，造成植被和土壤的破坏，而准备的面积往往要满足不止一年的排土需要。所以，可能是大面积的土地在接纳排土之前就被损毁了。原因之二是排土场的平面扩展和升高随时间的变化，取决于地形、排土工艺、排土线布置、阶段高度等因素，占地面积并不是随排弃量的增加而线性增加，而是呈不规则的阶梯式增加。因此，在矿山生产过程中，第 t 年末排土场损毁土地的累计面积，记为 $A_{D,t}$，不能依据这时的累计排弃量应用上述公式进行估算。

为了在没有排土场详细设计的条件下，在开采方案优化中尽可能反映其损毁土地面积随时间变化的主导趋势，并使估算模型具有实用性，作如下简化处理：假设排土场的初始建设面积等于容纳前 n_0年的排弃量所需的面积，这一初始面积记为 $A_{D,0}$，在开采方案的前 n_0年里，排土场的土地损毁面积保持 $A_{D,0}$不变；之后，排土场的土地损毁面积逐年扩大，并假设随排弃量线性增加。如此简化后，在整个开采寿命期，排土场损毁土地的累计面积 $A_{D,t}$随时间 t 的变化关系可以简化为二段线性函数：

$$A_{D,t} = A_{D,0} = \frac{V_{D,0}}{H_D} F_D(V_{D,0}, \alpha_D) \quad 对于\ t = 0, 1, 2, \cdots, n_0 \tag{5-5}$$

$$A_{D,t} = A_{D,0} + \frac{A_D - A_{D,0}}{W - W_0} \sum_{i=n_0+1}^{t} w_i \quad 对于\ t = n_0 + 1, n_0 + 2, \cdots, n \tag{5-6}$$

式中 $V_{D,0}$——开采方案中前 n_0年的排土容量需求（即排土场初始建设容量），$10^4 m^3$；

W_0——开采方案中前 n_0年的废石排弃总量，$10^4 t$；

w_i——开采方案中第 i 年的废石排弃量，$10^4 t$；

n——开采方案的开采寿命（从基建期结束、生产开始的时点算起），a。

W_0和 $V_{D,0}$为：

$$W_o = \sum_{i=0}^{n_0} w_i \tag{5-7}$$

$$V_{D,0} = \frac{W_0 k_w}{\gamma_w} \tag{5-8}$$

式（5-7）中，$i=0$ 时，w_0 表示基建期的废石排弃量。

如果所设计的矿山拟设置多个排土场，可以根据各个排土场的预计容量和相关参数分别估算每个排土场的占地总面积，并基于开采方案的累计剥离量随时间的变化关系和排土场的使用顺序安排，参照上述方法估算每个排土场的投入使用时间和排土场的土地损毁面积随时间的变化关系。

5.1.1.3　尾矿库的土地损毁面积

开采方案的尾矿产生总量等于入选矿石总量减去精矿总量，即：

$$T = Q\left(1 - \frac{g_o}{g_p} r_p\right) \tag{5-9}$$

式中　T——尾矿总量，10^4t；

Q——入选矿石总量（即境界中的采出矿石总量），10^4t；

g_o——入选矿石的平均品位；

g_p——精矿的平均品位；

r_p——选矿金属回收率。

尾矿库的总容量需求为：

$$V_T = \frac{T}{\gamma_T} \tag{5-10}$$

式中　V_T——尾矿库的总容量需求，$10^4 m^3$；

γ_T——尾矿在尾矿库的堆置容重，t/m^3。

矿山只设置一个尾矿库时，尾矿库的占地总面积可用下式估算：

$$A_T = \frac{V_T}{H_T} f_T(V_T, \alpha_T) \tag{5-11}$$

式中　A_T——尾矿库占地总面积，hm^2；

H_T——尾矿库总高（深）度，即库底到库面的平均高度，m；

$f_T(V_T, \alpha_T)$——尾矿库的形态系数；

α_T——尾矿库总体平均边坡角，(°)。

由于尾矿是以一定浓度的砂浆流体排放，所以一个尾矿库一般需要一次性建成。因此，矿山只设置一个尾矿库时，可以认为其损毁土地面积在整个开采寿命期都等于其占地总面积，即第 t 年末尾矿库的累计占地面积 $A_{T,t}$ 等于 A_T。如果所设计矿山拟建多个尾矿库，可以根据各个尾矿库的最大容量和相关参数，分别估算每个尾矿库的占地总面积，并基于开采方案的累计入选矿量随时间的变化关系和各个尾矿库的使用顺序安排，估算每个尾矿库的投入使用时间和尾矿库的土地损毁面积随时间的变化关系。

5.1.1.4　地面设施的土地损毁面积

地面设施包括矿山专用道路和厂房、仓储、办公、供电、供水、排水等设施。地面设施的占地面积与开采方案的生产能力有一定的关系。例如，生产能力较高的方案，使用的设备规格较大、道路的宽度和设备维修设施的面积都较大。然而，地面设施的占地面积与生产能力之间不是线性关系。在一定的生产能力范围内这一面积变化不大，可以看作常数；当生产能力的变化足以引起这一面积变化时，二者之间的函数关系也难以确定。而且这一面积与采场、排土场和尾矿库的占地总面积相比非常小，没有必要在开采方案优化中详细考虑其随开采方案的变化。此外，绝大多数地面设施的建设在矿山投产时已经完成。地面设施的土地损毁总面积记为 A_B，第 t 年末的累计土地损毁面积记为 $A_{B,t}$。基于上述讨论，可以假设 $A_{B,t}$ 在开采方案的寿命期是一常数（即对于所有年份 t，$A_{B,t} = A_B$）。一般在新矿山的开采方案优化阶段还没有矿山的总图布置，A_B 的数值可以根据条件类似的矿山的该项面积估算。

5.1.1.5 表土堆放场的土地损毁面积

按照矿山土地复垦的相关规定，需要对生产中将要损毁的土地上的表土进行剥离并妥善保存，以备复垦时使用。表土堆放场自身的表土一般不需要剥离，因为表土堆放不会造成被压占土壤的破坏，堆存的表土移走后，对原表土进行翻松即可在表土场的复垦中就地使用。所以，需要堆存的表土来自露天采场、排土场、尾矿库和地面设施区的表土剥离。根据场地条件，表土可以集中堆存（全矿只设一个表土场）或就近分散堆存。后者是在露天采场、排土场、尾矿库等附近分别设置表土场，把剥离的表土就近堆存在各自的表土场中，这样可以最大限度地缩短表土搬运距离。

表土场的总容量需求为：

$$V_S = (A_M h_M + A_D h_D + A_T h_T + A_B h_B)\ k_S \tag{5-12}$$

式中 V_S——表土场总容量需求，$10^4 m^3$；

k_S——表土在堆场的松散系数；

h_M，h_D，h_T，h_B——露天采场、排土场、尾矿库和地面设施区的表土平均剥离厚度，m。

只设置一个表土场时，表土场的占地总面积用下式估算：

$$A_S = \frac{V_S}{H_S} f_S(V_S, \alpha_S) \tag{5-13}$$

式中 A_S——表土场的占地总面积，hm^2；

H_S——表土平均堆置高度，m，一般为 10~30m；

$f_S(V_S,\ \alpha_S)$——表土堆的形态系数；

α_S——表土堆的平均坡面角，(°)。

表土堆置压占土地的面积随时间的变化关系，总体上是随着表土剥离面积的扩大（即表土堆置量的增加）而扩大。由于表土剥离区域的表土厚度不均匀、表土堆置形态的变化以及表土场地形等因素，表土堆占地面积随时间的变化关系很复杂。考虑到与采场、排土场和尾矿库的占地总面积相比，表土堆的占地面积很小，所以为便于计算作如下简化处理。

（1）假设表土剥离与土地损毁在时间上同步。例如，排土场在第 t 年末的累计损毁土地面积为 $A_{D,t}$，那么，第 t 年末在排土场的累计表土剥离面积也是 $A_{D,t}$；对于其他土地损毁单元，也是如此。

（2）对于露天采场、排土场、尾矿库和地面设施区，无论在这些场地内剥离到什么位置，剥离的表土量均按各自的平均表土厚度计算。

（3）在给定堆置高度的条件下，假设表土堆压占土地的面积随表土堆置量的增加而线性增加。

基于以上简化，表土堆放场的累计占地面积随时间的变化关系为：

$$A_{S,t} = \frac{A_S}{V_S}(A_{M,t} h_M + A_{D,t} h_D + A_{T,t} h_T + A_{B,t} h_B) k_S \tag{5-14}$$

式中 $A_{S,t}$——第 t 年末表土场的累计占地面积。

对表土实行多堆场分散堆存时，可以应用上述估算方法，依据各个堆场的服务对象，分别计算各个堆场的容量需求和占地面积，并依据各自服务对象的土地损毁面积随时间的变化关系，估算各个表土堆场的占地面积随时间的变化关系。

5.1.2 温室气体排放足迹

矿山的温室气体排放足迹是指为吸收矿山生产过程中排放的温室气体所需要的固碳地的面积。矿山生产中的温室气体排放主要来源于柴油、电力和炸药消耗。下面就矿山生产中柴油、电力和炸药消耗所对应的温室气体排放量及其足迹建立计算模型。

5.1.2.1 增温潜势与二氧化碳当量

多种气体具有温室效应。在有关温室气体的研究文献中，考虑的气体一般包括 CO_2、N_2O 和 CH_4，这也是化石能源的消耗中产生的主要废气。所以在本书中也只考虑这些气体。另外，由于 CO_2 在工业生产排放的温室气体中占主导地位，所以为比较和处理数据的方便，通常都把 N_2O 和 CH_4 的量根据其“增温潜势（global warming potential，GWP）”换算为 CO_2 当量。某种气体的增温潜势可以理解为该种气体的潜在增温效应与 CO_2 的潜在增温效应的比值。政府间气候变化委员会（Intergovernmental Panel on Climate Change，IPCC）提供了 N_2O 和 CH_4 的 GWP 值，见表 5-1。不同的温室气体具有不同的生命周期，在不同的时间跨度的 GWP 值不同。表 5-1 中给出了时间跨度为 20 年和 100 年的 GWP 值。对于矿山应用，可取 20 年的 GWP 值。

表 5-1　温室气体的增温潜势

温室气体	GWP（20 年）	GWP（100 年）
CO_2	1	1
CH_4	84	28
N_2O	264	265

某种气体排放量的 CO_2 当量等于其排放量与其 GWP 值的乘积。在后续的章节中，温室气体排放量均指 CO_2 当量，度量单位为 t。

5.1.2.2 温室气体排放因子

柴油消耗所产生的温室气体排放包括两部分：一是直接排放，即内燃机的尾气，直接排放量主要取决于柴油的热值和内燃机的单位热值排放量；二是间接排放，即从石油开采到加工成柴油的各个生产环节所产生的温室气体排放，在一些文献中也称为携带排放。后者虽然不是由矿山生产直接产生的，但只要矿山消耗柴油，就会连带产生这一排放，所以也应该计算在内。单位重量的柴油消耗所产生的温室气体排放量定义为柴油的温室气体排放因子，记为 η_d，是直接排放因子与间接排放因子之和。综合有关研究成果中的数据，柴油的相关参数和排放因子列于表 5-2。

表 5-2　柴油的温室气体排放因子

单位热值排放量 / $t\cdot(TJ)^{-1}$			热值 / $TJ\cdot t^{-1}$	直接排放因子 / $t\cdot t^{-1}$	间接排放因子 / $t\cdot t^{-1}$	排放因子 η_d / $t\cdot t^{-1}$
CO_2	N_2O	CH_4				
74.100	0.0286	0.00415	0.045575	3.7371	0.7038	4.4409

电力消耗的温室气体排放因子定义为电网提供单位电量所产生的温室气体排放量，用 η_e 表示。生态环境部应对气候变化司提供了我国各个区域电网的电量排放因子在 2013~2015 年的加权平均值，如表 5-3 所示；而根据生态环境部 2022 年最新要求，在核算 2021 及 2022 年度碳排放量时，全国电网排放因子由 0.6101t-CO_2/(MW · h) 调整为最新的 0.5810t-CO_2/(MW · h)。电力消耗的温室气体排放不是在矿山生产过程中直接产生的，而是在发电和输送中产生的。从这个意义上讲，电力消耗的温室气体排放对矿山而言属于间接排放。但矿山只要消耗电能，就会连带产生这一排放，所以必须计算在内。

表 5-3 我国各区域电网的温室气体排放因子 η_e (t/(MW · h))

区域电网名称	华北	东北	华东	华中	西北	南方
排放因子	0.9680	1.1082	0.8046	0.9014	0.9155	0.8367

炸药的温室气体排放包括炸药爆炸产生的直接排放和炸药组分在其生产过程中产生的排放（即间接排放）。单位重量的炸药消耗所产生的温室气体排放量定义为炸药的温室气体排放因子，记为 η_x，是直接排放因子与间接排放因子之和。矿山常用炸药的温室气体排放因子如表 5-4 所示。表中间接排放因子只考虑了炸药的主要成分硝酸铵和柴油在其生产中的温室气体排放量。

表 5-4 一些工业炸药的温室气体排放因子 (t/t)

炸药名称	炸药型号	直接排放因子	间接排放因子	排放因子 η_x
乳化炸药	SB 系列	0.0000	1.4251	1.4251
	岩石型	0.0846	1.5102	1.5948
	WR 系列	0.1008	1.4848	1.5856
铵油炸药	1 号（粉状）	0.1768	1.7244	1.9012
	2 号（粉状）	0.1696	1.7090	1.8786
	3 号（粒状）	0.1729	1.7811	1.9540
	膨化铵油	0.2000	1.7027	1.9027
铵梯炸药	1 号岩石	0.2629	1.5119	1.7748
	2 号岩石	0.2222	1.5672	1.7894
	2 号抗水岩石	0.2335	1.5672	1.8007
	3 号抗水岩石	0.2588	1.5119	1.7707
	1 号露天	0.2276	1.5119	1.7395
	2 号露天	0.2319	1.5857	1.8176
	2 号抗水露天	0.2370	1.5857	1.8227

5.1.2.3 单位作业量的温室气体排放量

有了上述排放因子，就可基于能耗与炸药的消耗数据，计算矿山生产的温室气体排放量。为了便于在开采方案优化中应用，把露天矿生产的各种作业归纳为废石剥离、矿石开采和选矿三大类，分别计算其单位作业量的温室气体排放量。

废石剥离包括穿孔、爆破、采装、运输和排弃等工艺环节，使用的主体设备通常是钻机、单斗挖掘机、卡车、排土机和推土机等；有些设备是柴油驱动，有些是电力驱动。所以剥离中消耗的能源是柴油和电力，爆破消耗炸药。单位剥离量的温室气体排放量为：

$$\varepsilon_w = \frac{d_w\eta_d}{1000} + \frac{e_w\eta_e}{1000} + \frac{x_w\eta_x}{1000\gamma_w} \tag{5-15}$$

式中　ε_w——单位剥离量的温室气体排放量，t/t；

d_w——单位剥离量的柴油消耗，kg/t；

η_d——柴油的温室气体排放因子，t/t；

e_w——单位剥离量的电力消耗，kW·h/t；

η_e——电力的温室气体排放因子，t/(MW·h)；

x_w——废石爆破的炸药单耗，kg/m^3；

η_x——炸药的温室气体排放因子，t/t；

γ_w——废石的原地容重，t/m^3。

矿石开采的工艺环节和使用的设备与废石剥离类似。单位采矿量的温室气体排放量为：

$$\varepsilon_m = \frac{d_m\eta_d}{1000} + \frac{e_m\eta_e}{1000} + \frac{x_m\eta_x}{1000\gamma_o} \tag{5-16}$$

式中　ε_m——单位采矿量的温室气体排放量，t/t；

d_m——单位采矿量的柴油消耗，kg/t；

e_m——单位采矿量的电力消耗，kW·h/t；

x_m——矿石爆破的炸药单耗，kg/m^3；

γ_o——矿石的原地容重，t/m^3。

选矿厂的设备都是电力驱动，单位入选矿量的温室气体排放量为：

$$\varepsilon_p = \frac{e_p\eta_e}{1000} \tag{5-17}$$

式中　ε_p——选矿厂单位入选矿量的温室气体排放量，t/t；

e_p——选矿厂单位入选矿量的电力消耗，kW·h/t。

5.1.2.4　单位作业量的温室气体排放足迹

根据上述建立的单位作业量的温室气体排放量计算模型，可计算矿山生产过程中剥离、采矿、选矿单位作业量的温室气体排放足迹：

$$A_{E,w} = \frac{\varepsilon_w}{Y_C} \tag{5-18}$$

$$A_{E,m} = \frac{\varepsilon_m}{Y_C} \tag{5-19}$$

$$A_{E,p} = \frac{\varepsilon_p}{Y_C} \tag{5-20}$$

式中　$A_{E,w}$，$A_{E,m}$，$A_{E,p}$——矿山单位剥岩、采矿和选矿量所产生的温室气体排放足迹，hm^2/t；

Y_C——矿区林地单位面积二氧化碳吸收能力，t/hm^2。

由于 Y_C 是具有本地生产力的林地的二氧化碳吸收能力，所以计算的 $A_{E,w}$、$A_{E,m}$、$A_{E,p}$ 的单位是“本地公顷”，如要转化为“全球公顷”，需乘以矿区林地的产量系数和林地的等量因子。

对于一个正在优化设计中的新矿山，上述计算模型在应用中的一个难点是确定剥离、采矿和选矿的单位能耗。比较实用的方法是对条件相近的生产矿山进行调研，对其能耗的统计数据进行收集和归纳，估算其剥离、采矿和选矿的单位能耗，再依据调研矿山与所设计矿山之间在某些主要条件上的差异进行调整。

5.1.3 污染足迹

矿山生产所产生的污染足迹是为吸收矿山生产中排放的除温室气体之外的其他空气污染物以及水和土壤污染物所需要的土地面积。

SO_2、NO_x 和粉尘排放的生态足迹可参照式（3-11）~式（3-13）计算，计算难度在于这些污染物排放量的估算。空气污染的生态足迹的土地类型为固碳地。

水和土壤污染物排放的生态足迹还没有合适的计算方法。一种思路是将污染物排放量换算为使当地水体或土壤的相应污染物含量升高一个标准等级或使之超标的水体或土壤面积，这种换算需要知道相应污染物在当地水体和土壤中的背景值、水体的深度、污染物在土壤剖面的分布特征、相关国家标准等，估算比较困难。更直接的估计方法是收集、测算类似矿山的水体和土壤的污染面积。水污染足迹的占地类型为水产地；土壤污染足迹的土地类型可视为林地，因为金属矿山大都地处山区，其植被多为林地。另外，被污染的土壤的生物生产力大幅降低或完全被破坏，所以土壤污染相当于直接破坏。

5.1.4 携带足迹

携带足迹是矿山生产中消耗的辅助材料（钢材、水泥、木材等）和设备在其制造过程中的各种消耗和排放的足迹。例如，对于矿山消耗的钢材，其携带足迹应包括铁矿石开采与加工、钢铁冶炼、钢材加工等各个工序中的直接土地占用、能耗、废弃物排放等的生态足迹。这类足迹虽然发生在矿山以外，但确实是由矿山生产引起的生态压力，是由矿山所消耗材料或设备“携带而来”，故称之为携带足迹。携带足迹的计算需要从辅助材料和产品一直追踪到原料开采，需要大量的相关数据。

从理论上讲，应计算矿山生产的每一项土地占压和破坏、能耗、材料和设备消耗以及各种废弃物排放的生态足迹，以全面揭示矿山生产的生态压力。但在实际计算中往往受到相关数据的可获得性的限制，一些足迹项目无法计算。有关研究表明，土地直接占用足迹和温室气体排放足迹是矿山生态压力的主导部分，而且其计算所需要的数据易于获得，所以一般只计算这两部分足迹。

为了比较不同矿山或开采方案的生态压力，一般把矿山生产的各项生态足迹换算为生产单位产品量的生态足迹（如 5.1.2.4 节中的单位作业量的温室气体排放足迹）。对于没有选矿厂的矿山，产品为原矿，生态足迹不包含选矿流程的生态足迹；对于有选矿厂的矿山，产品为精矿，生态足迹应包含选矿流程的生态足迹。为了消除矿石品位的影响，也可把生态足迹换算为开采单位金属含量的生态足迹。当在不同矿山间进行比较时，应注意参与比较的矿山的生态足迹都计算到同一产品（原矿或精矿）。

在不同矿山间（尤其是不同区域的矿山间）进行生态压力比较时，各项生态足迹应根据其占用的土地类型，正确应用等量因子和产量系数换算为全球公顷（或国家公顷），以便使计算结果具有可比性。

如果计算生态足迹的目的是把它作为生态成本的估算依据，就不一定把计算结果换算为全球公顷（或国家公顷）。不进行换算时（相当于计算公式中的产量系数和等量因子全为1），生态足迹中各类土地都具有当地生产能力，即土地直接占用足迹是占压和破坏的当地土地的实际面积，温室气体排放足迹与空气污染物足迹是吸收 CO_2 等废气需要的当地林地面积（计算中采用具有本地生产力的林地的 CO_2 吸收能力）。这样，生态足迹中各类土地具有当地的价值和复垦条件，更便于生态成本的估算。

5.2 矿区生态系统分类及其生态功能

从生态的角度讲，土地有两大功能：一是提供生存空间；二是提供生态服务。生存空间与本书所研究的问题无关，因为损毁与否，土地不会消失。所以，土地损毁的生态成本的估算需要从土地的生态服务功能着手。土地的生态服务功能可分为两大类：一是为人类提供生活需要的生物质，如粮食、肉、奶、木材等；二是为人类的生活和各种生物的生存提供适宜稳定的生态环境。在矿山生产所损毁的土地上，这两类生态服务功能基本损失殆尽。因此，土地损毁的生态成本可以看作土地的生态服务功能的丧失；从经济的角度看，这一生态成本等于土地能够提供的各种生态服务的价值的损失。这样，就可以通过估算与损毁土地相关的各种生态服务的价值，来量化土地损毁的生态成本。因此，必须首先确定生态系统的分类以及各类生态系统的生态功能。

5.2.1 矿区生态系统分类

我国的金属矿山一般地处山区（包括丘陵），按照我国生态学界对此类地区生态系统的分类，分为森林生态系统、草地生态系统和农耕地生态系统三个大类。这三类生态系统恰好与生态足迹对生态生产性土地分类中的林地、牧草地和农耕地相对应。

森林生态系统又细分为多个亚类：寒温带落叶松林、温带常绿针叶林、温带亚热带落叶阔叶林、温带落叶小叶疏林、亚热带常绿落叶阔叶混交林、亚热带常绿阔叶林、亚热带热带常绿针叶林、亚热带竹林、热带雨林季雨林、红树林等。不同类型的森林生态系统具有不同的生物生产能力（称为“年净初级生产力”，net primary productivity），因此具有不同的经济价值和生态价值。

草地生态系统一般细分为18个亚类：温性草甸草原、温性草原、温性荒漠草原、温性草原化荒漠、温性荒漠、高寒草甸、高寒草甸草原、高寒草原、高寒荒漠草原、高寒荒漠、暖性灌草丛、暖性草丛、热性草丛、热性灌草丛、干热稀树灌草丛、山地草甸、低地草甸、沼泽，外加未划分的零星草地。不同类型的草地的经济价值和生态价值不同。

农耕地是一种特殊的人工生态系统，一般分为旱田和水田两大亚类。不同自然条件的农耕地适合种植的农作物种类不同、产量不同，农产品的市场价格不同，因而具有不同的经济价值和生态价值。

5.2.2 不同生态系统的生态功能

由于生态系统的复杂性，到目前为止人类对各类生态系统的客观功能尚未有一个全面的认识。然而，可以肯定的是生态系统各种功能的正常运行对人类的生存和福祉至关重要。根据国内外生态学界的研究，从为人类提供各种生态服务的角度出发，人类已经认知的森林、草地和农耕地三类生态系统的主要生态功能如下。

森林生态系统的主要生态功能：木材生产、水源涵养、防风固沙、环境净化、气候调节、光合固碳、氧气释放、土壤保持、养分循环、维持生物多样性、景观、旅游、文化等。

草地生态系统的主要生态功能：草料生产（畜牧生产）、光合固碳、释氧、气候调节、水源涵养、侵蚀控制和沉积物保存、土壤形成、营养循环、废物处理、空气污染物吸收和滞尘、授粉、维持生物多样性等。

农耕地生态系统的主要生态功能：这一生态系统的首要功能是为人类提供生活必需的粮食和基于粮食的其他生物质。同时，它提供了一种新的生物生存环境，形成耕地生态系统特有的生物种群结构和食物链。耕地与林地或草地生态系统相比有一个明显的区别，即人类通过耕作不断作用于这一系统。就植被（包括根系）的生态功能而言，耕地与林地和草地生态系统是类似的，具有固定 CO_2、释放 O_2、土壤蓄水、减少土壤流失量、养分循环等功能。但人的不断干预对这一系统的生态功能也有负面影响，为了粮食生产对草地或林地的开垦本身会降低生态系统的外部服务能力。比如，把森林开垦为耕地会引起大量的碳重新回到大气，并增加土壤侵蚀和养分流失；开垦草地会使草地土壤碳库中存储的大量的碳释放到大气，并引起 N_2O 的显著增加，使 CH_4 被土壤吸收量大约减半。

5.3 矿山生态成本构成

概括地讲，矿山生产的生态成本包括：矿山生产对生态系统的破坏和损害所造成的生态功能的价值损失，以及矿山企业为恢复生态功能而支出的各种费用。对生态功能的价值损失的计量，首先需要找到对生态系统性质的表征和对生态功能损失的计量基础。可以以生态足迹中对生态生产性土地的分类作为对生态系统的性质的表征，以生态足迹指标中各类土地的需求面积（即对应于各土地类型的足迹分量）作为生态系统的功能损失的计量。为了体现不同类型土地的当地经济价值和生态价值，各类土地的面积均为生态足迹中同类土地的当地面积，即不换算为全球公顷（或国家公顷）。

本着界限清晰和易于计算的原则，把某类土地的生态成本划分为：直接生态价值损失、复垦成本、环境治理成本、外部生态价值损失、温室气体排放生态成本五大部分。

直接生态价值损失：对于以生物质生产为目的的土地，其直接生态价值是能够提供的生物产品（粮食、肉类、奶类、林产品等）在特定市场条件下的价值。除市场价格外，这一经济价值取决于土地的生物质生产力。矿山对土地的直接占压和挖损造成了土地直接经济价值的损失，因此把它纳入生态成本是完全合理与必要的。地价是土地能够在未来为拥有者或使用者带来的直接经济价值在当时当地市场条件下的一种体现。

复垦成本：复垦成本是把矿山生产所破坏的土地恢复到破坏前或期望的生态状态需要

的费用。由于这部分费用是用于恢复或重建生态功能的支出，自然是生态成本的组成部分。

环境治理成本：环境治理成本是矿山生产过程中复垦以外的与环境治理有关的费用，环境治理的目的是防止对生态系统造成污染和对人体健康造成损害，因此也是生态成本的一部分。环境治理成本主要是污染治理、检测、监测等费用。

外部生态价值损失：外部生态价值是土地可提供的除了带来直接生态价值的生态服务之外的其他生态服务的价值，这些生态服务没有直接进入经济系统或矿山企业的财务核算体系，故称之为“外部生态价值”。不同类型土地的生态服务功能不同，其外部生态价值也不同。土地及其生长的植被被破坏后，可以认为生态系统失去了提供生态服务的功能，也就失去了这部分价值，所以它是生态成本的重要组成部分。

温室气体排放生态成本：矿山生产中向大气排放以 CO_2 为主的温室气体，导致温室效应，要抵消这些气体的生态冲击就需要有足够面积的植物通过光合作用来吸收温室气体，这一需求对应的土地即为生态足迹中的“固碳地”。固碳地面积用吸收温室气体排放需要的林地面积表示。矿山生产中并没有直接破坏此类土地，是生态压力中的间接土地需求。因此，基于固碳地面积计算的生态成本是从生态补偿的角度，而不是从生态价值损失的角度考虑的。也可以从去除排放到大气中的温室气体所需要的成本的角度，计算温室气体排放生态成本。

5.4 矿山生态成本计算

5.4.1 直接生态价值损失

根据所述定义，直接生态价值是给定的生态系统能够提供的生物产品（粮食、肉类、奶类、林产品等）在特定市场条件下的价值，因此又称为生物质生产价值，可用收益法计算。对于任意一个土地破坏单元（独立计价的地块），其价值等于净收益的资本化，即：

$$V_z = \frac{v - c}{r} \tag{5-21}$$

式中 V_z——直接生态价值，元/hm^2；

v——单位面积的年收益，元/(hm^2 · a)；

c——单位面积的年费用，元/(hm^2 · a)；

r——还原年利率。

年收益和费用可以通过实地调查获得，也可根据土地产品和副产品的生产能力、价格及其生产成本计算。

对于森林生态系统、草地生态系统和农耕地生态系统所对应的林地、草地和农耕地，土地价格是被占用土地的直接生态价值的一种综合体现，因此，用土地价格度量这三类生态系统的直接生态价值是合理的。不同地区、不同类型的土地的价格不同，在同一地区，同一类型、不同植物种类（如不同林种的林地、不同作物的农耕地）或不同生态条件的土地的价格也不同。可视具体情况，根据当地同类土地和类似生态条件的土地价格、与土地所有权（或使用权）人的协商价格、政府的征地补偿费指导价格等确定。

5.4.2 复垦成本

复垦成本是把矿山生产所破坏的各类土地，按复垦方案中确定的复垦方向，恢复到具有破坏前或期望的生态生产力所需要的费用，又称为生态恢复成本。单位面积的复垦成本记为 V_{rec}，单位为元/hm^2。复垦工程完成后，需要一段时间（一般为3~5年）的养护，以保障生态恢复质量（如植物成活率、植被覆盖率等）符合要求。所以，复垦成本应包含养护成本。由于在开采方案确定之前，不可能有土地复垦计划和预算，所以在新矿山的开采方案优化中，V_{rec}的取值只能参照条件类似的矿山的复垦成本估算。

5.4.3 环境治理成本

矿山生产中发生的环境治理成本主要是污染治理（如水处理）和检测、监测（如水质检测、尾矿坝变形监测等）费用。复垦过程中为复垦目的进行的污染物治理费用可归到复垦成本之中。

对于生产矿山，该项成本可从企业的财务账目中查得，对新建矿山可参照类似矿山的相应成本估算。某 t 年的环境治理总成本记为 C_{vt}。

5.4.4 外部生态价值损失

根据前述定义，外部生态价值损失是由于土地被破坏而失去其可提供的除了带来直接生态价值的生态服务之外的其他生态服务价值。

人类活动对生态系统服务功能的影响机制、在不同干扰方式与干扰程度下生态系统的结构与生态过程的变化、生态系统服务功能对干扰的响应特征、生态系统在不同的空间单元的不同生态功能、生态调节功能与空间单元的自然环境条件和生态系统结构过程之间的关系等，都尚不明了。生态服务功能评价中的评价方法和相关参数的测定是一个需要长期研究的重要基础课题。

由于生态系统功能的上述复杂性以及人们对生态资产在价值认识上的局限性和不统一，从不同的视角建立的外部生态价值估算模型及其估算结果会存在较大的差异。而且，量化生态价值目前在很大程度上还受到相关数据的可获得性的限制。本书综合和借鉴相关研究成果中作者认为较合理和实用的方法，建立估算外部生态价值的数学模型。所列数据是有关文献中数据的直接引用或根据文献中的数据整理所得。

另外，下面对外部生态价值的估算中所考虑的生态功能没有包括许多人类已经认识到的但不易量化的功能（如景观、旅游、文化等），更没有涵盖人类尚未意识到的功能。在这一意义上，这里的方法和模型估算的结果可能在一定程度上低估了其实际价值。

5.4.4.1 林地的外部生态价值

林地的外部生态价值是林地可提供的除了生产具有直接经济价值的林产品及林副产品的生态服务之外的其他生态服务的价值。根据人类到目前为止对森林系统的生态服务功能的了解，其外部生态价值主要体现在：水源涵养、防风固沙、环境净化、气候调节、光合固碳、氧气释放、土壤保持、养分循环、维持生物多样性等。本节中数据表中的数据，是根据赵同谦等（2004）《中国森林生态系统服务功能及其价值评价》一文中的数据整理而得。

在矿山生态成本计算中，参与该项价值计算的林地是矿山生产直接占压、挖损、塌陷的林地以及土壤被污染的林地。

（1）固碳价值。土地生态系统的固碳作用体现在两方面：一是土地上生长的植物通过光合和呼吸作用吸收大气中的 CO_2 并固定在植物体中，称之为植物固碳；二是土壤碳库中蓄积的碳，称之为土壤固碳。

林地通过光合和呼吸作用与大气进行 CO_2 和 O_2 交换，固定大气中的 CO_2，释放 O_2。林地的年固碳价值可用下式估算：

$$V_{C1} = \frac{Q_{npp}\phi_{CO_2}}{\alpha_c}c_c \tag{5-22}$$

式中　V_{C1}——林地单位面积年固碳价值，元/(hm^2 · a)；

Q_{npp}——林地的净初级生产力（net primary productivity，NPP），t/(hm^2 · a)，我国主要类型森林生态系统的 NPP 如表 5-5 所示；

ϕ_{CO_2}——CO_2 固定系数，即单位净初级生产量能够固定的 CO_2 量，根据光合作用反应式，$\phi_{CO_2}=1.62$；

α_c——碳到二氧化碳的转换系数，取 3.6667；

c_c——碳成本，即去除排放的 1t 碳的成本，元/t。

表 5-5　我国主要类型森林生态系统的年净初级生产力总量及其 NPP

森林类型	寒温带落叶松林	温带常绿针叶林	温带、亚热带落叶阔叶林	温带落叶小叶疏林	亚热带常绿落叶阔叶混交林
面积/hm^2	0.125×10^8	0.043×10^8	0.295×10^8	0.117×10^8	0.238×10^8
净生产量/$t \cdot a^{-1}$	1.04×10^8	0.318×10^8	1.691×10^8	0.901×10^8	0.884×10^8
NPP/$t \cdot (hm^2 \cdot a)^{-1}$	8.320	7.395	5.732	7.701	3.714
森林类型	亚热带常绿阔叶林	亚热带、热带常绿针叶林	亚热带竹林	热带雨林、季雨林	红树林
面积/hm^2	0.108×10^8	0.537×10^8	0.009×10^8	0.09×10^8	0.001×10^8
净生产量/$t \cdot a^{-1}$	1.865×10^8	5.309×10^8	0.255×10^8	1.765×10^8	0.026×10^8
NPP/$t \cdot (hm^2 \cdot a)^{-1}$	17.269	9.886	28.333	19.611	26.000

林地土壤对碳的储蓄功能可以近似看作土壤中一直蕴含着一定量的碳，遭破坏就会释放到大气中；如果没有外界的扰动，土壤的碳蕴含量可以认为在很长时间范围内是没有明显变化的。因此，根据土壤的有机质含量和有机质的含碳比例，可估算土壤的碳蓄积量，进而估算土壤固碳价值：

$$V_{C2} = 10000h_f\gamma_f r_O k_C c_C \tag{5-23}$$

式中　V_{C2}——土地生态系统的土壤固碳价值，元/hm^2；

h_f——估算林地地块的平均土壤厚度，m；

γ_f——估算林地地块的平均土壤容重，t/m^3；

r_O——估算林地地块的土壤有机质含量比例，可以通过测定或参照土壤调查的有机质分布资料选取；

k_C——有机质的含碳比例，0.58。

关于碳成本 c_C，有的研究者取固定每吨碳的造林成本，有的取碳税，有的取碳捕捉与贮存成本；Fankhauger 和 Pearce 研究了温室气体释放的社会成本，也可作为碳成本的取值依据。

需要指出，林木枝叶在腐烂过程中会释放 CO_2、CH_4 等温室气体，其释放量难以估计。但在总体上林地发挥着不可替代的碳汇和缓减温室效应的作用。

（2）释氧价值。森林的释氧价值的估算与固碳价值类似，以净初级生产力及其释氧系数计算释氧量，再用氧气成本计算价值。估算式为：

$$V_{O_2} = Q_{npp}\phi_o c_o \tag{5-24}$$

式中 V_{O_2}——林地的年释氧价值，元/(hm^2·a)；

ϕ_o——释氧系数，即单位净初级生产量能够释放的 O_2 量，根据光合作用反应式，$\phi_{O_2} = 1.20$；

c_o——氧气成本，元/t，可以取氧气的工业成本或者氧气的市场价格。

（3）水源涵养价值。用森林生态系统的蓄水效应来衡量其涵养水分的功能，其价值用其降水贮存量的价值估算：

$$V_{H_2O} = 10J_hK_hR_hc_h \tag{5-25}$$

式中 V_{H_2O}——林地的水源涵养价值，元/(hm^2·a)；

J_h——计算区年平均降雨量，mm；

K_h——计算区产生径流降雨量占降雨总量的比例（北方约为 0.4、南方约为 0.6）；

R_h——林地与裸地（或皆伐迹地）比较，减少径流的系数（如表 5-6 所示）；

c_h——水源单价，元/m^3，可采用替代工程法估价（如取水库蓄水成本）或取用水价格。

表 5-6 我国主要类型森林生态系统的径流减少系数

森林类型	寒温带落叶松林	温带常绿针叶林	温带、亚热带落叶阔叶林	温带落叶小叶疏林	亚热带常绿落叶阔叶混交林
径流减少系数 R_h	0.21	0.24	0.28	0.16	0.34
森林类型	亚热带常绿阔叶林	亚热带、热带常绿针叶林	亚热带竹林	热带雨林、季雨林	
径流减少系数 R_h	0.39	0.36	0.22	0.55	

（4）土壤保持价值。我国自然因素土壤侵蚀类型主要包括水力侵蚀、风力侵蚀、冻融侵蚀和重力侵蚀，其中水力和风力侵蚀所占比例最大。森林生态系统的土壤保持功能主要体现于抵御风力和水力侵蚀。因此，林地的土壤保持量可取其抵御风力与水力侵蚀的土壤保持量之和。林地抵御风力（水力）侵蚀的土壤保持量等于潜在的风力（水力）土壤侵蚀量与林地的现实风力（水力）土壤侵蚀量之差。潜在的土壤侵蚀量取土壤侵蚀等级分类

中的相应强度等级对应的风蚀模数和水蚀模数，现实土壤侵蚀量可参照全国土壤侵蚀普查数据。根据赵同谦等的研究成果，整理得出我国主要类型森林生态系统的土壤保持能力（单位面积土壤保持量）如表 5-7 所示。

土壤保持的经济价值可用机会成本法，即因控制土壤侵蚀而减少土地废弃所产生的经济效益，如把土壤保持量换算为农田面积，再根据农田收益计算其价值。因此，林地的土壤保持价值可用下式估算：

$$V_{Soil} = \frac{r_s}{10000\gamma_s h_s} v_s \tag{5-26}$$

式中 V_{Soil}——林地的土壤保持价值，元/($hm^2 \cdot a$)；

r_s——林地的土壤保持能力，t/($hm^2 \cdot a$)，见表 5-7；

γ_s——土壤容重，t/m^3，农田的土壤容重一般为 1.1~1.4；

h_s——与机会成本计算中虚拟土地用途对应的土壤厚度，m，农田的土壤厚度一般取 0.5m；

v_s——假设把保持的土壤转换为某种生产用地的单位面积收益，元/hm^2。

表 5-7 我国主要类型森林生态系统的土壤保持能力

森林类型	寒温带落叶松林	温带常绿针叶林	温带、亚热带落叶阔叶林	亚热带常绿落叶阔叶混交林
抵御水蚀土壤保持能力/t·($hm^2 \cdot a$)$^{-1}$	25.021	51.982	56.158	61.226
抵御风蚀土壤保持能力/t·($hm^2 \cdot a$)$^{-1}$	0.127	7.186	5.257	0.013
土壤保持能力合计/t·($hm^2 \cdot a$)$^{-1}$	25.148	59.168	61.415	61.239
森林类型	亚热带常绿阔叶林	亚热带、热带常绿针叶林	亚热带竹林	热带雨林、季雨林
抵御水蚀土壤保持能力/t·($hm^2 \cdot a$)$^{-1}$	76.594	61.221	73.913	66.480
抵御风蚀土壤保持能力/t·($hm^2 \cdot a$)$^{-1}$	0.284	0.191	0.000	0.035
土壤保持能力合计/t·($hm^2 \cdot a$)$^{-1}$	76.878	61.412	73.913	66.515

土壤保持的价值还体现在减少泥沙在河流、湖泊、水库等地表水体的淤积，以及随土壤侵蚀而流失的养分。前者的价值可通过估算减少的泥沙淤积量和清淤成本来量化；后者可通过估算减少的主要养分（N、P、K）的流失量和化肥价格量化。

（5）SO_2 净化价值。森林净化 SO_2 的价值可根据净化量和 SO_2 处理成本估算：

$$V_{SO_2} = Y_s c_s \tag{5-27}$$

式中 V_{SO_2}——林地的 SO_2 净化价值，元/($hm^2 \cdot a$)；

Y_s——林地的 SO_2 吸收能力，t/($hm^2 \cdot a$)；

c_s——SO_2 的处理成本，元/t。

据测定，阔叶林的 SO_2 吸收能力为 0.08865t/($hm^2 \cdot a$)；柏类林为 0.4116t/($hm^2 \cdot a$)，杉类林和松林为 0.1176t/($hm^2 \cdot a$)，针叶林（柏、杉、松）平均为 0.2156t/($hm^2 \cdot a$)。

（6）N_xO 净化价值。森林具有一定的 N_xO 净化能力。由于缺乏处理 N_xO 的成本或其他关于净化 N_xO 的数据，这里用 N_xO 的增温潜势把森林净化的 N_xO 量转化为 CO_2 当量，再用碳成本估算其价值：

$$V_{N_xO} = \frac{Y_N T_N}{\alpha_c} c_c \tag{5-28}$$

式中　V_{N_xO}——林地的 N_xO 净化价值，元/(hm^2·a)；

Y_N——林地的 N_xO 吸收能力，t/(hm^2·a)；

T_N——N_xO 的增温潜势，N_2O 的增温潜势为 264；

α_c——碳到二氧化碳的转换系数，取 3.6667；

c_c——碳成本，元/t。

（7）滞尘价值。森林滞尘价值与上述 SO_2 净化价值的估算类似，估算公式为：

$$V_D = Y_D c_D \tag{5-29}$$

式中　V_D——林地的滞尘价值，元/(hm^2·a)；

Y_D——林地的滞尘能力，t/(hm^2·a)；

c_D——除尘成本，元/t。

有关研究表明，松林的滞尘能力为 36t/(hm^2·a)，杉林为 30t/(hm^2·a)，栎类林为 67.5t/(hm^2·a)；针叶林的滞尘能力平均为 33.2t/(hm^2·a)，阔叶林平均为 10.11t/(hm^2·a)。

（8）养分循环价值。森林的养分循环价值可依据其参与循环的营养元素量及其价格估算。根据森林养分循环功能的服务机制，可以认为构成森林净初级生产力的营养元素量即为参与循环的养分量。氮、磷、钾是森林植物体含量较大的营养元素，所以只估算这三种营养元素量，其价值可用化肥价格计算。据此，林地的养分循环价值的估算式为：

$$V_{NPK} = Q_{npp}(k_N p_N + k_P \beta_P p_P + k_K p_K) \tag{5-30}$$

式中　V_{NPK}——林地的养分循环价值，元/(hm^2·a)；

Q_{npp}——林地的净初级生产力（NPP），t/(hm^2·a)；

k_N，k_P，k_K——分别为林地净初级生产量中的氮、磷、钾元素含量比例；

β_P——磷到五氧化二磷的转换系数，取 2.2903；

p_N，p_P，p_K——分别为氮肥、磷肥（P_2O_5）、钾肥的价格，元/t。

我国主要类型森林生态系统的年净初级生产力见前面表 5-5，氮、磷、钾元素含量比例如表 5-8 所示。

表 5-8　我国主要类型森林生态系统植物体的氮、磷、钾元素含量比例

森林类型	寒温带落叶松林	温带常绿针叶林	温带、亚热带落叶阔叶林	亚热带常绿落叶阔叶混交林	亚热带常绿阔叶林
N 含量/%	0.400	0.330	0.531	0.456	0.826
P 含量/%	0.085	0.036	0.042	0.032	0.035
K 含量/%	0.227	0.231	0.201	0.221	0.633

续表 5-8

森林类型	亚热带、热带常绿针叶林	亚热带竹林	热带雨林、季雨林	红树林
N 含量/%	0.420	0.651	1.020	0.750
P 含量/%	0.075	0.079	0.108	0.450
K 含量/%	0.213	0.550	0.538	0.410

需要说明的是，林地一旦被破坏，从破坏到其生态功能完全恢复的时间段里，每年都损失以上所估算的外部生态价值（土壤固碳价值除外）。

5.4.4.2 草地的外部生态价值

草地的外部生态价值是草地可提供的除了生产具有直接经济价值的牧草（及其支撑的畜牧产品）的生态服务之外的其他生态服务的价值。根据人类到目前为止对草地系统的生态服务功能的了解，其外部生态价值主要体现在：固碳、释氧、水源涵养、土壤保持、营养循环、空气净化、废弃物降解及养分归还、维持生物多样性等。本节数据表中数据，是根据赵同谦等（2004）《中国草地生态系统服务功能间接价值评价》一文中的数据整理而得。

如果一个矿山地处草原，其面积也不太可能跨越不同亚类的草地。所以在计算中假设所占用的是某一亚类草地。

（1）固碳价值。草地生态系统的碳素平衡是一个动态过程。如在温带地区，每年的 10 月到次年的 4 月是植物枯死阶段，草地生态系统在碳素循环中只起到碳源的作用；在 5~9 月的生长季内，由于光合作用固定二氧化碳，使草地主要表现为碳汇作用。在总体上就年变化的总体结果而言，草地具有汇碳功能。

草地生态系统中的碳蓄积主要分布在土壤碳库中，其次是在草地的植物群落中，这是草地生态系统与森林生态系统的一个不同之处。草地一旦受到破坏，草地土壤碳库中存储的大量的碳将重新回到大气中。

因此，这里的固碳量只估算土壤的碳积累量，估算思路是根据土壤单位重量的有机质含量计算土壤的有机质总量，再根据有机质的含碳比例，算出碳积累总量。单位固碳价值取碳成本。

基于以上讨论，草地的固碳价值为：

$$V_{gC} = 10000\, h_g\, \rho_g \varphi_g x_g c_c \tag{5-31}$$

式中 V_{gC}——草地的年固碳价值，元/hm²；

h_g——草地的平均土壤厚度，m；

ρ_g——草地的平均土壤容重，t/m³；

φ_g——草地土壤单位重量的有机质含量比例，可以测定或参照土壤调查的有机质分布资料确定；

x_g——草地有机质的含碳比例，取 0.58；

c_c——碳成本，元/t。

（2）释氧价值。草地通过光合和呼吸作用与大气进行 CO_2 和 O_2 交换，释放 O_2。草地的年释氧价值记为 V_{gO_2}，其估算可以采用与林地的释氧价值相同的方法，只是在计算中用草地的破坏面积和草地的净初级生产力（NPP）。我国各类草地的净初级生产力如表5-9所示。

表5-9 我国各类草地生态系统的净初级生产力

草地生态系统类型	单位面积干草产量（地上NPP）$/kg\cdot(hm^2\cdot a)^{-1}$	地下NPP与地上NPP比值
温性草甸草原	1293	2.46
温性草原	831	2.46
温性荒漠草原	482	2.47
温性草原化荒漠	404	2.48
温性荒漠	318	2.46
高寒草甸	1342	2.31
高寒草甸草原	427	2.31
高寒草原	301	2.31
高寒荒漠草原	187	2.31
高寒荒漠	128	2.31
暖性灌草丛	1554	2.46
暖性草丛	1991	2.46
热性草丛	2824	2.46
热性灌草丛	2088	2.46
干热稀树灌草丛	2283	2.52
山地草甸	1643	2.46
低地草甸	2066	2.46
沼泽	2170	2.47
未划分的零星草地	2793	2.45

（3）水源涵养价值。完好的天然草地不仅具有截留降水的功能，而且比裸地有较高的渗透性和保水能力，在调控径流方面发挥重要作用。据测定，相同的气候条件下草地土壤含水量较裸地高出90%以上。

草地的年水源涵养价值记为V_{gH_2O}，其估算可以采用与林地的水源涵养价值相同的方法，只是在计算中用草地的破坏面积和草地的径流减少系数。我国主要类型草地生态系统的径流减少系数如表5-10所示。

表5-10 我国主要类型草地生态系统的径流减少系数

草地类型	温性草原	温性草甸草原	暖性草丛	暖性灌草丛	热性草丛
径流减少系数R_g	0.15	0.18	0.20	0.20	0.35
草地类型	热性灌草丛	山地草甸	低地草甸	沼泽	
径流减少系数R_g	0.35	0.25	0.20	0.40	

（4）土壤保持价值。与森林生态系统类似，草地生态系统的土壤保持功能主要表现在抵御风力和水力侵蚀。草地的年土壤保持价值记为 V_{gSoil}，其估算可以采用与林地的土壤保持价值相同的方法，在计算中用草地的潜在和现实的风蚀和水蚀模数估算草地的土壤保持能力。我国各类草地的土壤保持能力见表 5-11。

（5）养分循环价值。草地植被在土壤表层下面具有稠密的根系，残遗大量的有机质。这些物质在土壤微生物的作用下，促进土壤团粒结构的形成，改良土壤结构，增加土壤肥力。参与生态系统维持养分循环的营养元素很多，其中含量较大的有氮和磷。

表 5-11　我国各类草地生态系统的土壤保持能力

草地生态系统类型	抵御风蚀土壤保持能力 /t·(hm²·a)⁻¹	抵御水蚀土壤保持能力 /t·(hm²·a)⁻¹	土壤保持能力合计 /t·(hm²·a)⁻¹
温性草甸草原	16.654	47.226	63.880
温性草原	40.647	22.547	63.194
温性荒漠草原	42.224	18.586	60.810
温性草原化荒漠	9.095	39.673	48.768
温性荒漠	3.159	22.917	26.076
高寒草甸	1.283	25.443	26.726
高寒草甸草原	0.769	3.251	4.020
高寒草原	3.612	4.901	8.513
高寒荒漠草原	8.749	2.617	11.366
高寒荒漠	0.610	3.819	4.429
暖性灌草丛	0.010	51.765	51.775
暖性草丛	0.027	32.847	32.874
热性草丛	0.016	71.239	71.255
热性灌草丛	0.011	54.270	54.281
干热稀树灌草丛	0.060	2.404	2.464
山地草甸	2.562	53.333	55.895
低地草甸	36.380	39.030	75.410
沼泽	16.231	35.879	52.110

根据营养物质循环功能的服务机制，可以认为构成草地净初级生产量的营养元素量即为参与循环的养分量。草地生态系统净初级生产力包括地上、地下两部分：地上部分为干草的生产力；地下部分为根系的干物质生产力。我国各类草地的净初级生产力见表 5-9，如果有草地净初级生产量的营养成分含量比例数据，其养分循环价值可参照林地的养分循环价值的估算方法进行估算。草地的年养分循环价值记为 V_{gNPK}。

可根据不同草地生态系统植物体的磷、粗蛋白质含量估算磷、氮含量，其中氮含量根据粗蛋白质中氮元素比例计算。我国各类草地的净初级生产量中单位面积的 P、N 含量和含 P、N 百分比如表 5-12 所示。

表 5-12 我国各类草地净初级生产量的 P、N 含量和 P、N 百分比

草地生态系统类型	单位面积 P、N 含量/kg · hm^{-2}		净初级生产量的含 P、N 比例/%	
	P	N	P	N
温性草甸草原	6.713	65.343	0.150	1.461
温性草原	8.329	50.045	0.290	1.742
温性荒漠草原	4.180	31.874	0.250	1.907
温性草原化荒漠	3.382	29.456	0.240	2.093
温性荒漠	1.651	19.691	0.150	1.789
高寒草甸	9.772	90.831	0.220	2.045
高寒草甸草原	4.093	26.916	0.290	1.904
高寒草原	1.792	20.325	0.180	2.040
高寒荒漠草原	0.930	15.210	0.150	2.457
高寒荒漠	0.717	10.614	0.169	2.505
暖性灌草丛	10.219	70.455	0.190	1.310
暖性草丛	8.958	67.396	0.130	0.978
热性草丛	11.709	92.911	0.120	0.952
热性灌草丛	8.660	38.681	0.120	0.536
干热稀树灌草丛	2.433	65.344	0.030	0.813
山地草甸	8.523	96.340	0.150	1.696
低地草甸	9.279	121.519	0.130	1.702
沼泽	15.067	134.492	0.200	1.784
未划分的零星草地	16.398	159.283	0.170	1.651

（6）空气净化价值。草地也具有吸收 SO_2 和滞尘等空气净化功能。据有关测定，每千克干草叶的产量每天可吸收 1g 的 SO_2，牧草生长期若以每年 150d 计，每千克干草叶产量每年可吸收约 150g 的 SO_2；草地每年的滞降尘量约为 1.2t/hm^2。其吸收 SO_2 和滞尘价值可参照前述林地的相应估算方法和公式估算。草地的年空气净化总价值记为 V_{gAP}。

（7）废弃物降解及养分归还价值。草地生态系统通过其淋滤、生物碎裂和微生物分解等作用，能够降解有机废弃物（如牲畜的排泄物），把废弃物中的养分归还草原生态系统，同时净化水源。草地的该项价值记为 V_{gWD}。

有的研究者通过估算草地的载畜量、牲畜个体的粪便排泄量、粪便中的营养物质（主要为 N 和 P_2O_5）量、粪便归田率等，估算散落在草地部分的营养成分总量，然后以化肥价格估算草地废弃物降解及养分归还的价值。这种估算方法对大面积的草地生态系统有其合理性。

对于矿山开采破坏的小范围草地，草地的破坏并不意味着原来所承载的牲畜的排泄物就全部转移到了被破坏的土地，造成环境污染和养分流失；也许被破坏的草地上原来的牧畜转移到了其他草地（排泄物被其他草地降解）；也许变为圈养（排泄物用于有机肥）；也许受影响的农（牧）户干脆放弃牲畜养殖（不再产生牲畜排泄物）。究竟草地被矿山的占用对该项功能如何影响，只有通过实地调查才能弄清楚。因此，这里不给出任何估算公式。

（8）维持生物多样性价值。草地生态系统也是大量动物和微生物的重要栖息地，保存了大量的有价值的物种，是生物多样性的重要载体之一。草地生态系统在生物多样性方面为人类提供的功能主要表现为：为人类提供一个储存大量基因物质的基因库，而且是作物和牲畜的主要起源地。草地的该项价值记为 V_{gWL}。

估算草地维持生物多样性的价值十分困难。有的研究者通过估算草地自然保护区的机会成本、经费投入和全民支付意愿，作为草地生态系统维持生物多样性功能的生态经济价值。这种估计方法显然低估了这一价值。

5.4.4.3 农耕地的外部生态价值

农耕地是一种特殊的人工生态系统，这一系统的首要功能是为人类提供生活必需的粮食和经济作物以及以粮食为饲料的生物产品。破坏这一生产功能的生态成本是其农作物及副产品生产的经济价值，体现在前述直接生态价值之中。

这一生态系统在供给人类稳定的粮食和其他生物产品的同时，提供了一种新的生物生存环境，形成耕地生态系统特有的生物种群结构和食物链。耕地与林地或草地生态系统相比有一个明显的区别，即人类通过耕作不断作用于这一系统。就植被（包括根系）的生态功能而言，耕地与林地和草地生态系统是类似的，具有固定 CO_2、释放 O_2、土壤蓄水、减少土壤流失量、养分循环等功能。但人的不断干预对这一系统的生态功能也有负面影响。为了粮食生产对草地或林地的开垦本身会降低生态系统的外部服务能力，例如把森林开垦为耕地会引起大量的碳重新回到大气，并增加土壤侵蚀和养分流失；开垦草地也会使草地中存储的大量的碳释放到大气，并引起 N_2O 的显著增加，使 CH_4 被土壤的吸收量大约减半。这可能是在 Costanza 等人估算的世界生态系统的生态价值中耕地的生态价值很低的缘故。另外，不良的耕作方式、化学肥料的施用和过度耕种会导致土壤退化和水污染。我国实行的退耕还林、退耕还草政策，就是为了降低耕作对生态功能的负面影响，提高整个生态系统的功能。因此，耕地的外部生态价值的估算方法以及估算中相关参数的选取或测定需要考虑耕作的各种“生态副作用”。

对矿山破坏的耕地而言，植被和土壤的破坏确实损失了其固定 CO_2、释放 O_2、养分循环等功能，也降低了其蓄水能力，使土壤流失加剧，应该把这些功能的价值损失作为农耕地的外部生态价值。可参照上述林地或草地的相应生态功能的价值估算方法估算农耕地的生态价值，这里不给出详细的计算公式。需要注意的是，在估算中相应数据的选取应尽量考虑上述的耕地特殊性。

5.4.5　温室气体排放生态成本

5.4.5.1　林地吸收法

矿山生产中向大气排放以 CO_2 为主的温室气体，导致温室效应，温室气体排放的生态压力用吸收这些气体需要的林地面积表示，称为"固碳地"。矿山生产中并没有直接破坏此类土地，是生态压力中的间接土地需求。既然该类土地不是被破坏的林地，那么就没有造成上述林地的各项外部生态价值的损失，不应把这些外部生态价值计入固碳地的生态成本。虽然温室气体肯定会直接或间接地影响生物的生长（如温室效应引发的气候变化对生物的影响），但这种影响很难直接计量。另外，由于该类土地并没有被破坏，也就不发生复垦成本。

因此，矿山的温室气体排放生态成本可从生态补偿的角度，以用于吸收所排放的温室气体所需要的林地的成本（即虚拟造林成本）估算。如果在年 t，矿山生产所产生的固碳地生态足迹为 EF_{ct}，这并不意味着每一年都需要造面积为 EF_{ct} 的林地来吸收该年排放的温室气体，因为已经成林的林地在以后许多年都将发挥温室气体吸收功能。因此，可以依据各年的固碳地足迹计算一个年平均足迹 EF_{ca}，在矿山项目的基建期虚拟这一面积的造林，其成本可认为发生在矿山项目的开始时间（时间零点）。因此，假设林木的寿命不小于矿山开采寿命，用林地吸收法估算的温室气体排放生态成本为：

$$V_c = \frac{\sum_{t=1}^{L} EF_{ct}}{L} c_f \tag{5-32}$$

式中　V_c——温室气体排放生态成本，元；

EF_{ct}——矿山第 t 年的固碳地面积，即吸收第 t 年排放的温室气体所需的林地面积，hm^2；

c_f——造林成本，元/hm^2；

L——矿山开采寿命，a。

对于一个已经设计好的矿山或开采方案优化中的某一方案，矿山每年的作业量（采矿量、剥岩量和选矿量）是已知的，可根据式（5-18）~式（5-20）计算单位作业量的温室气体排放足迹，进而计算每年的 EF_{ct} 值。

5.4.5.2　碳捕捉与贮存法

解决温室气体排放问题的另一个更直接的途径，是碳捕捉和贮存（carbon capture and storage，CCS）。不少国家已经或正在进行火电厂的 CCS 实验，国际能源署（International Energy Agency，IEA）也在对 CCS 的成本和效率进行评估。所以，温室气体排放生态成本可以依据温室气体排放量和碳捕捉与贮存成本来计算。根据剥离、采矿和选矿的单位作业量的温室气体排放量计算模型（式（5-15）~式（5-17）），对废石剥离、矿石开采和选矿分别计算其单位作业量的温室气体排放生态成本，计算式为：

$$V_{cw} = \frac{\varepsilon_w}{a_c} c_c \tag{5-33}$$

$$V_{cm} = \frac{\varepsilon_m}{a_c} c_c \tag{5-34}$$

$$V_{cp} = \frac{\varepsilon_p}{a_c} c_c \tag{5-35}$$

式中　V_{cw}，V_{cm}，V_{cp}——单位剥离量、单位采矿量和单位选矿量的温室气体排放生态成本，元/t；

ε_w，ε_m，ε_p——单位剥离量、单位采矿量和单位选矿量的温室气体排放量（均为 CO_2 当量），t/t；

c_c——碳成本，元/t；

a_c——碳到二氧化碳的转换系数，取3.6667。

6 生态-经济一体化矿山设计

采矿对生态系统造成巨大的扰动，露天开采尤为严重。传统的露天采矿设计只考虑技术经济因素对开采方案的影响，以经济效益最大化作为设计目标，忽略了生态环境因素对设计方案的影响。然而，矿山开采产生的生态冲击具有时空动态特点，已有的基于既定设计方案开展的环境修复或者土地复垦措施都只是末端治理；而降低矿山生态冲击的另一重要途径是“源头减量”，即把生态冲击作为矿山开采方案的内在影响因素，实现矿山的生态-经济一体化设计，使开采方案在尽量提高经济效益的同时最大限度降低生态冲击。本章论述金属露天矿开采方案的生态-经济一体化设计方法。

6.1 最终境界优化的锥体排除算法

最终境界是露天矿开采方案的要素之一，对矿山整体经济效益有很大影响，也是矿山优化研究的一个重点。近几十年产生了许多有关境界优化的数学算法和计算机辅助试错方法。

锥体排除法是比较实用的露天矿最终境界优化方法，其基本思想就是从矿床块状模型最低水平开始逐一去掉不盈利的锥体中的模块，剩下的模块即构成最佳境界。具体思路为：首先依据最终帮坡角构造一个足够大的锥顶向上的锥体（锥体放在模型的任何位置都能覆盖整个模型水平面），将锥体的顶点置于模型最低水平（$L=1$）某模块中心，计算如果要采出该锥体内的矿石和岩石能获得的利润，如果利润小于零，说明不值得开采，则将该锥体内的所有模块从该模型中删除，否则不做任何处理，将锥体沿同一水平移动到下一个模块，做同样的判断和处理，直到锥体遍历该水平所有的模块；然后向上移动一个步长（根据优化等级，步长可以是一个台阶高度的1~1/4倍），对该水平所有的模块进行同样的锥体移动和判断、处理；如此逐水平上移锥体，直到模型范围的地表最高标高，就完成了一轮锥体扫描和排除；如果在一轮锥体扫描中有至少一个锥体被排除，就进行下一轮锥体扫描和排除，否则剩下的模块就构成了最佳境界。

令：N 为矿床模型中模块柱的数量，H 为当前台阶的台阶高度（即当前模块层的模块高度），J 为优化级别（正整数，一般为1~4；也可以是多个级别，即某几个数字的组合），Z_{max} 为矿床模型范围内的最高地表标高。设置好矿床模型中每一模块柱的开采状态变量 Finished(i)，$i=1$，2，…，N：如果模块柱 i 在当前境界之外，Finished(i) = true；否则，Finished(i) = false。具体算法步骤如下：

第一步：令当前水平标高 Z_L = 矿床模型最低一层模块的中心标高。

第二步：令当前模块柱 $i=1$，即取矿床模型的第一个模块柱。

第三步：如果 Finished(i) = true 或者当前境界在模块柱 i 处的标高大于等于 Z_L，转入第六步；否则，执行下一步。

第四步：把锥体的锥顶置于模块柱 i 中线的标高 Z_L 处，计算该锥体在当前境界内的矿石量、废石量和剥采比，并根据技术经济参数计算锥体盈利。

第五步：如果锥体盈利≤0（以盈利最大优化）或者锥体剥采比≥给定的经济合理剥采比（求经济合理剥采比境界），把锥体排除，即把境界标高小于锥面标高的所有模块柱处的境界标高提升到相应模块柱处的锥面标高，排除锥体后的境界变为当前境界，刷新开采状态变量 Finished(i)；否则，直接执行下一步。

第六步：令 $i=i+1$，即取矿床模型的下一个模块柱。如果 $i \leqslant N$，返回到第三步；如果 $i>N$，即所有模块柱都已考察完毕，当前水平 Z_L 已经被锥体扫描一遍，执行下一步。

第七步：令 $Z_L=Z_L+H/J$，即向上移动一个步长。

第八步：$Z_L \leqslant Z_{max}$，返回到第二步；否则，执行下一步。

第九步：至此，整个模型被锥体从最低到最高水平扫描了一轮。如果在这一轮中，至少有一个锥体被排除，返回到第一步（进行下一轮扫描和锥体排除）；否则，进行下一步。

第十步：如果用户输入了多个优化级别（即 J 有多个取值），就对于 J 的下一个取值，重复第一步至第九步，直到所有 J 值考虑完毕，算法结束。矿床模型未被排除的部分即为最佳境界。

6.2　生态-经济一体化最终境界优化

从上述境界优化算法可以看出，最终境界是通过排除不盈利的锥体得出的。如果在锥体的盈利计算中纳入生态成本，就使生态成本所代表的生态冲击直接作用于优化过程而影响优化结果，也就实现了生态-经济一体化优化。

6.2.1　剥离、采矿和选矿的单位生态成本

上述境界优化算法中锥体的盈利依据锥体中的矿岩量、单位生产成本（废石剥离、矿石开采和选矿的单位成本）以及产品售价格（如精矿售价）等参数计算。为了便于把生态成本纳入锥体盈利的计算，需要把各项生态成本进行归纳和分摊，得出废石剥离、矿石开采和选矿的单位生态成本，分别称之为单位剥离生态成本、单位采矿生态成本和单位选矿生态成本。为此，需要把各个土地损毁单元的面积依据它们与废石剥离、矿石开采和选矿之间的关系，进行归纳和分摊，得出由废石剥离、矿石开采和选矿造成的土地损毁面积。

排土场对土地的损毁完全源于岩石剥离，所以排土场的占地面积全部归入岩石剥离的土地损毁面积。尾矿库对土地的损毁完全源于选矿，所以尾矿库的占地面积全部归入选矿的土地损毁面积。

采场（境界）的土地挖损面积是由岩石剥离和矿石开采造成的，所以按境界内的废石体积和矿石体积分摊到岩石剥离和矿石开采：

$$A_M^w = \frac{\gamma_o W}{\gamma_o W + \gamma_w Q} A_M \tag{6-1}$$

$$A_M^m = A_M - A_M^w = \frac{\gamma_w Q}{\gamma_o W + \gamma_w Q} A_M \tag{6-2}$$

式中　A_M^w，A_M^m——分摊到岩石剥离和矿石开采的境界挖损土地面积，hm^2；

A_M——境界挖损土地总面积，可根据公式（5-2）计算，hm^2；

γ_w，γ_o——废石和矿石的原地容重，t/m^3；

W，Q——考虑了矿石回采率和废石混入率后，境界中的废石总重和矿石总重，10^4t。

地面设施（矿山专用道路和厂房、仓储、办公、供电、排水等设施）中，有的服务于岩石剥离（如采场到排土场的运输道路），有的同时服务于矿石开采和选矿（如采场到选矿厂的运输道路），有的服务于选矿（如选矿厂占地），有的服务于全矿（如办公设施）。在最终开采方案和总图布置确定之前，难以确定每项设施的面积及其服务对象，而且地面设施的占地面积占矿山土地损毁总面积的比例不大，所以不作详细分摊。考虑到选矿专用设施的体量占全部地面设施的比例较小，而废石量一般大于矿石量，可以把地面设施的占地总面积分别按约0.45、0.35和0.20的比例分摊到废石剥离、矿石开采和选矿；为使算式具有普适性，在下面的算式中分别用f_{Bw}、f_{Bm}和f_{Bp}表示这三个比例系数。

表土堆放场对土地的压占源于岩石剥离、矿石开采和选矿，因为表土源于排土场、采场、尾矿库和地面设施的用地。可以假设表土场占地面积与土量成正比，对表土场占地总面积进行分摊。

$$A_S^w = \frac{A_D h_D + A_M^w h_M + f_{Bw} A_B h_B}{A_D h_D + A_M h_M + A_T h_T + A_B h_B} A_S \tag{6-3}$$

$$A_S^m = \frac{A_M^m h_M + f_{Bm} A_B h_B}{A_D h_D + A_M h_M + A_T h_T + A_B h_B} A_S \tag{6-4}$$

$$A_S^p = \frac{A_T h_T + f_{Bp} A_B h_B}{A_D h_D + A_M h_M + A_T h_T + A_B h_B} A_S \tag{6-5}$$

式中　A_S^w，A_S^m，A_S^p——分摊到岩石剥离、矿石开采和选矿的表土场占地面积，hm^2；

A_D，A_T，A_B，A_S——排土场、尾矿库、地面设施和表土场的占地总面积，可根据公式（5-3）~公式（5-14）中相应公式计算，hm^2；

h_M，h_D，h_T，h_B——露天采场、排土场、尾矿库和地面设施区的表土平均剥离厚度，m。

综合上述对各项土地损毁面积的归纳和分摊，得出分别由岩石剥离、矿石开采和选矿造成的土地损毁面积为：

$$A_w = A_D + A_M^w + f_{Bw} A_B + A_S^w \tag{6-6}$$

$$A_m = A_M^m + f_{Bm} A_B + A_S^m \tag{6-7}$$

$$A_p = A_T + f_{Bp} A_B + A_S^p \tag{6-8}$$

式中　A_w，A_m，A_p——由废石剥离、矿石开采和选矿造成的土地损毁面积，hm^2。

由废石剥离造成的生态成本，包括废石剥离的土地损毁生态成本和温室气体排放生态成本。所以，单位剥离生态成本为：

$$c_{ew} = \frac{A_w(V_Z + V_{C2} + V_{rec}) + A_w(V_{C1} + V_{O_2} + V_{SO_2} + V_{N_xO} + V_{Soil} + V_D + V_{H_2O} + V_{NPK})Ff_t}{10000W} + V_{cw} \tag{6-9}$$

式中，c_{ew}为单位剥离生态成本，元/t；V_Z为被毁土地的生物质生产价值（取征地价格），元/hm²；V_{C2}为土地生态系统的土壤固碳价值，元/hm²；V_{rec}为复垦和养护成本，元/hm²；V_{C1}，V_{O_2}，V_{SO_2}，V_{N_xO}，V_{Soil}，V_D，V_{H_2O}，V_{NPK}为被毁土地生态系统的植物固碳、释氧、二氧化硫净化、氮氧化物净化、土壤保持、滞尘、水源涵养、养分循环价值，元/(hm² · a)；F为从开始开采到开采结束并恢复土地生态功能的时间长度，a；f_t为时间系数；V_{cw}为单位剥离量的温室气体排放生态成本，元/t；W为考虑了矿石回采率和废石混入率后，境界中的废石总重，10^4t。

同理，单位采矿生态成本和单位选矿生态成本为：

$$c_{em}=\frac{A_m(V_Z+V_{C2}+V_{rec})+A_m(V_{C1}+V_{O_2}+V_{SO_2}+V_{N_xO}+V_{Soil}+V_D+V_{H_2O}+V_{NPK})Ff_t}{10000Q}+V_{cm} \tag{6-10}$$

$$c_{ep}=\frac{A_p(V_Z+V_{C2}+V_{rec})+A_p(V_{C1}+V_{O_2}+V_{SO_2}+V_{N_xO}+V_{Soil}+V_D+V_{H_2O}+V_{NPK})Ff_t}{10000Q}+V_{cp} \tag{6-11}$$

式中 c_{em}，c_{ep}——单位采矿生态成本和单位选矿生态成本，元/t；

V_{cm}，V_{cp}——单位采矿量和单位选矿量的温室气体排放生态成本，元/t；

Q——考虑了矿石回采率和废石混入率后，境界中的矿石总重10^4t。

需要说明的是，生态成本中，土地生态系统的植物固碳、释氧、二氧化硫净化、氮氧化物净化、土壤保持、滞尘、水源涵养、养分循环价值的损失是持续性的，从土地被损毁开始一直到完成复垦并恢复生态功能的时间跨度内，每年都发生这些价值的损失。比如，对于第1年损毁的土地，这些价值损失持续的时间跨度为1~F年；对于第2年损毁的土地，这些价值损失持续的时间跨度为2~F年；依此类推。所以，式（6-9）~式（6-11）中这几项生态成本各自的总额不仅与土地损毁面积有关，而且与土地处于损毁状态的持续时间有关。由于在境界的最终设计确定之前没有生产计划，无法估算各个土地损毁单元的面积随时间的变化关系，也就无法估算其处于损毁状态的持续时间。土地处于损毁状态的持续时间最长为F年，最短为1年，用一个时间系数f_t估算其平均持续时间（即Ff_t年）。考虑到矿山生产初期损毁的土地面积大于后期，如果假设绝大部分被毁土地是在矿山开采结束后复垦的，时间系数f_t可以取0.75左右。对于F，在没有生产计划的条件下，可按境界中的可采矿量估算一个合理的年矿石生产能力，并据此计算境界的开采寿命；F等于开采寿命加上复垦和养护时间，后者一般为3~5年。

6.2.2 生态-经济一体化境界优化算法

在境界优化中考虑生态成本时，出现一个问题：土地损毁的生态成本与土地损毁面积有关；而在境界确定之前，土地损毁面积是未知的，无法计算生态成本。解决这一问题最简便的方法是迭代法。

令：c_w、c_m、c_p分别表示只考虑生产成本（即不考虑生态成本）的单位剥离、采矿和选矿成本；$c_{w,i}$、$c_{m,i}$和$c_{p,i}$分别表示第i次迭代中加入生态成本后的单位剥离、采矿和选矿成本；i 为迭代序数。

第一步：令 $i=0$；$c_{w,i}=c_w$，$c_{m,i}=c_m$，$c_{p,i}=c_p$，即不考虑生态成本。

第二步：应用锥体排除法优化境界。在锥体的排除过程中，以 $c_{w,i}$、$c_{m,i}$ 和 $c_{p,i}$ 为成本参数计算锥体的利润，排除那些利润为负的锥体。得到的境界为当前境界，记为 V_i。

第三步：如果 $i=0$，转到第五步；如果 $i>0$，执行下一步。

第四步：比较当前境界 V_i 和上一次迭代得到的境界 V_{i-1} 的矿岩总量。如果二者相等或足够接近，算法收敛，迭代结束，当前境界 V_i 即为最佳境界；否则，执行下一步。

第五步：依据境界 V_i 的地表周界和境界中的废石总量和矿石总量，估算对应于境界 V_i 的各项土地损毁总面积，即 A_D、A_M、A_T、A_B、A_S；基于境界中的矿石总量和选定的合理年矿石生产能力，估算该境界的合理开采寿命；进而计算单位剥离生态成本 c_{ew}、单位采矿生态成本 c_{em} 和单位选矿生态成本 c_{ep}。

第六步：令 $i=i+1$；$c_{w,i}=c_w+c_{ew}$，$c_{m,i}=c_m+c_{em}$，$c_{p,i}=c_p+c_{ep}$，返回到第二步。

6.3 露天矿开采计划优化

在最终境界 V 内，优化开采计划就是确定每年的最佳采矿量、剥离量以及最佳采、剥区段，这等同于确定每年末工作帮的最佳推进位置。工作帮推进的候选位置由一系列“地质最优开采体”组成。地质最优开采体的定义为：“在最终境界内，如果在所有采剥量为 P、采矿量为 Q、帮坡角不大于最大工作帮坡角 β 的区段中，某一区段所含有的有用矿物量最大，该区段称为对于 P 和 Q 的地质最优开采体，用 P^* 表示。”由 N 个地质最优开采体由小到大排序组成的序列记为 $\{P^*\}_N$，即 $\{P^*\}_N=\{P_1^*, P_2^*, \cdots, P_N^*\}$，序列中相邻开采体之间的矿石增量为 ΔQ（一般取合理年矿石生产能力的 1/10 左右），最后一个（最大的）开采体 P_N^* 为最终境界 V。地质最优开采体序列的产生算法可参见《采矿学》（第 3 版）中 16. 4. 2 节。

在境界中产生了地质最优开采体序列 $\{P^*\}_N$ 后，境界内开采计划的优化问题就变成了一个确定每年末的工作帮应该推进到序列 $\{P^*\}_N$ 中的哪个开采体的问题，也就是在 $\{P^*\}_N$ 中寻求一个最优子序列 $\{P^*\}_M(M\leqslant N)$，该子序列中的第 t 个开采体是开采到第 t 年末形成的最优采场，该子序列中的开采体数量 M 是最优开采寿命，当然，在最后一年（第 M 年）末必须开采到最终境界（即 $\{P^*\}_N$ 中的最后一个也是最大的开采体 P_N^*，亦即 V）。

把 $\{P^*\}_N$ 置于如图 6-1 所示的动态排序网络中，某年对应的一个开采体是该年末可能开采到的一个采场状态。由于采场是逐年扩大的，所以图中第 t 年的最小采场是 $\{P^*\}_N$ 中的 P_t^*；每一年的采场都一直画到最大者（境界 V）。图 6-1 中每一条从原点 0 开始沿着一定的箭线到达最终境界 V 的路径构成一个计划路径，代表一个可能的开采计划方案，路径上的开采体组成 $\{P^*\}_N$ 的一个子序列。对所有计划路径进行经济评价，计算其净现值（NPV），找出 NPV 最大的那条计划路径，就求得了最佳开采计划。

图 6-1 中的任意一条计划路径记为 L，是从 0 点到某年 n 的最高位置开采体（即境界

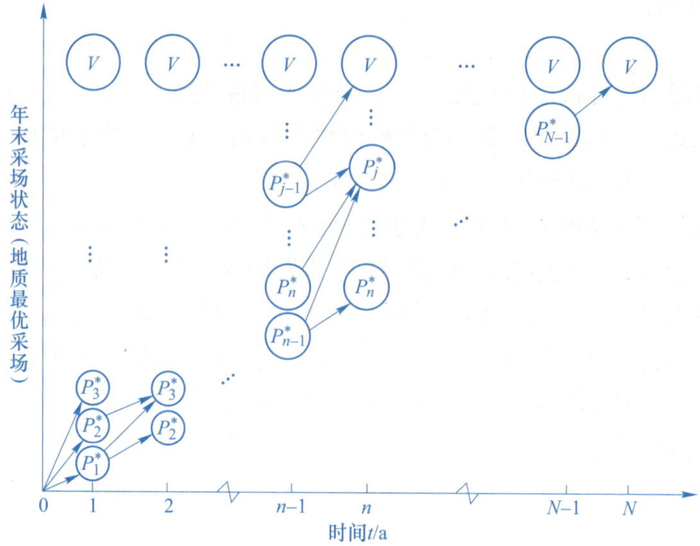

图6-1 地质最优开采体动态排序图

V）的一条路径。路径 L 的时间跨度为0到 n 年（$n \leqslant N$），令 i_t 表示该路径上第 t 年的开采体在序列 $\{P^*\}_N$ 中的序号（$t \leqslant i_t \leqslant N$；$t=1, 2, \cdots, n$；$i_n=N$），也就是说，该路径上第1年的开采体为 $P_{i_1}^*$，第2年的开采体为 $P_{i_2}^*$……最后一年 n 的开采体为 $P_{i_n}^*$（$P_{i_n}^*=P_N^*$=境界 V）。

为叙述方便，定义以下符号：

$Q_i^*=\{P^*\}_N$ 中第 i 个开采体 P_i^* 的矿石量，10^4t，$i=1, 2, \cdots, N$；

$G_i^*=\{P^*\}_N$ 中第 i 个开采体 P_i^* 的矿石平均品位（即 Q_i^* 的平均品位），$i=1, 2, \cdots, N$；

$W_i^*=\{P^*\}_N$ 中第 i 个开采体 P_i^* 的废石量，$10^4 t$，$i=1, 2, \cdots, N$；

$A_i^*=\{P^*\}_N$ 中第 i 个开采体 P_i^* 的地表面积，hm^2，$i=1, 2, \cdots, N$；

q_t=路径 L 上第 t 年的矿石开采量（亦即选厂的入选矿量），10^4t，$t=1, 2, \cdots, n$；

$g_t=q_t$ 的平均品位，$t=1, 2, \cdots, n$；

w_t=路径 L 上第 t 年的废石剥离量，10^4t，$t=1, 2, \cdots, n$；

c_m=单位采矿成本，元/t，可以是时间 t 和年采矿量 q_t 的函数，也可以是常数；

c_w=单位剥岩成本，元/t，可以是时间 t 和年剥离量 w_t 的函数，也可以是常数；

c_p=单位选矿成本，元/t，可以是时间 t 和年入选矿量 q_t 的函数，也可以是常数；

$I(q_{max})$=基建投资在时间0点的现值，看作路径 L 上最大年采矿量 q_{max} 的函数，10^4 元；

Y_t=路径 L 上第 t 年实现的销售收入，10^4 元，$t=1, 2, \cdots, n$；

C_t=路径 L 上第 t 年支出的采、剥、选成本，10^4 元，$t=1, 2, \cdots, n$；

P_t=路径 L 上第 t 年实现的利润，10^4 元，$t=1, 2, \cdots, n$；

NPV_L=按路径 L 开采实现的总净现值，10^4 元；

d=折现率；

r_p=选矿金属回收率；

g_p=精矿品位；

p_t=第 t 年的精矿售价，元/t，可以是时间的函数，也可以是常数。

上述定义中，Q_i^*、G_i^* 和 W_i^* 均为考虑了矿石回采率和废石混入率后的数值，均在地质最优开采体序列的产生过程中计算。

路径 L 上第 t 年的开采体为 $P_{i_t}^*$（序列 $\{P^*\}_N$ 中序号为 i_t 的开采体），其矿石量为 $Q_{i_t}^*$、矿石平均品位为 $G_{i_t}^*$、废石量为 $W_{i_t}^*$；路径 L 上前一年（$t-1$）的开采体为 $P_{i_{t-1}}^*$，其矿石量为 $Q_{i_{t-1}}^*$、矿石平均品位为 $G_{i_{t-1}}^*$、废石量为 $W_{i_{t-1}}^*$。所以，路径 L 上第 t 年的矿石产量为：

$$q_t = Q_{i_t}^* - Q_{i_{t-1}}^* \tag{6-12}$$

q_t 的平均品位 g_t 为：

$$g_t = \frac{Q_{i_t}^* G_{i_t}^* - Q_{i_{t-1}}^* G_{i_{t-1}}^*}{q_t} \tag{6-13}$$

第 t 年的废石剥离量为：

$$w_t = W_{i_t}^* - W_{i_{t-1}}^* \tag{6-14}$$

假设矿山的最终产品为精矿，第 t 年的生产成本 C_t 为：

$$C_t = q_t(c_m + c_p) + w_t c_w \tag{6-15}$$

第 t 年的精矿销售收入 Y_t 为：

$$Y_t = \frac{q_t g_t r_p}{g_p} p_t \tag{6-16}$$

路径 L 上第 t 年实现的利润为：

$$P_t = Y_t - C_t \tag{6-17}$$

路径 L 上的最大年采矿量为：

$$q_{max} = \max_{1 \leqslant t \leqslant n} \{q_t\} \tag{6-18}$$

基建投资 $I(q_{max})$ 一般为线性或负指数函数。具体函数形式需要基于类似条件下不同规模的矿山的投资数据确定。$I(q_{max})$ 发生在时间 0 点（如果基建期大于 1 年，可计算基建期各年投资支出在时间 0 点的终值）。

按路径 L 开采实现的总净现值为：

$$\mathrm{NPV}_L = \sum_{t=1}^{n} \frac{P_t}{(1+d)^t} - I(q_{max}) \tag{6-19}$$

以上计算中，时间 0 点（$t=0$）的初始条件为：$i_0=0$，$Q_0^*=0$，$W_0^*=0$。

6.4 生态-经济一体化开采计划优化

在上述计划路径评价中加入生态成本，即可实现开采计划的生态-经济一体化优化。生产成本发生在开采寿命期 1~n 年，假设每年的生产成本发生在年末，根据公式（6-15）计算的生产成本的现值 PV_{C1} 为：

$$\mathrm{PV}_{\mathrm{C1}} = \sum_{t=1}^{n} \frac{C_t}{(1+d)^t} \tag{6-20}$$

境界损毁土地的总面积 $A_M = A_N^*$（最大开采体 P_N^* 的面积，也就是最终境界 V 的面积），第 t 年末采场损毁土地的累计面积 $A_{M,t} = A_{i_t}^*$（开采体 $P_{i_t}^*$ 的面积）。废石排弃总量 $W = W_N^*$（最大开采体 P_N^* 的废石量，也就是最终境界 V 内的废石总量），应用式（5-3）和式（5-4）估算出排土场的占地总面积 A_D，进而基于第 t 年（$t=0$，1，2，…，n）的废石排弃量 w_t，应用式（5-5）~式（5-8）估算出第 t 年末排土场损毁土地的累计面积 $A_{D,t}$。入选矿石总量 $Q = Q_N^*$（最大开采体 P_N^* 的矿石量，也就是最终境界 V 内的矿石总量），其平均品位 $g_o = G_N^*$（最大开采体 P_N^* 的平均品位，也就是最终境界 V 内的矿石平均品位），应用式（5-9）~式（5-11）估算出尾矿库的占地总面积 A_T；如有可能，估算第 t 年末尾矿库的累计占地面积 $A_{T,t}$；若无法估算，假设尾矿库在基建期全部建成，其土地损毁全部发生在时间 0 点，之后保持不变，即 $A_{T,t} = A_T$。地面设施的占地总面积 A_B 根据条件类似矿山的该项面积估计，并假设全部地面设施在基建期建成，其土地损毁全部发生在时间 0 点，之后保持不变，即 $A_{B,t} = A_B$。基于 A_M、A_D、A_T 和 A_B，应用式（5-12）和式（5-13）估算出表土场的占地总面积 A_S，进而基于 $A_{M,t}$、$A_{D,t}$、$A_{T,t}$ 和 $A_{B,t}$，应用式（5-14）估算出第 t 年末表土场的累计占地面积 $A_{S,t}$。基于这些土地损毁面积，就可计算路径 L 上第 t 年的各项生态成本。

用征地价格度量土地的生物质生产价值，且假设土地是随用随征。那么，第 t 年的征地成本按当年新增土地损毁面积计算。第 t 年的新增土地损毁面积 ΔA_t 为：

$$\Delta A_t = (A_{M,t} + A_{D,t} + A_{T,t} + A_{B,t} + A_{S,t}) - (A_{M,t-1} + A_{D,t-1} + A_{T,t-1} + A_{B,t-1} + A_{S,t-1}) \tag{6-21}$$

第 t 年的征地成本 $C_{y,t}$ 为：

$$C_{y,t} = V_Z \Delta A_t \tag{6-22}$$

假设第 t 年占用的土地（面积为 ΔA_t）在第 t 年初征得（即征地成本的投入发生在年初）。基建期损毁的土地面积归入 ΔA_0，其征地成本在时间 0 点的现值为 $C_{y,0}$。征地成本的现值 $\mathrm{PV}_{\mathrm{C2}}$ 为：

$$\mathrm{PV}_{\mathrm{C2}} = C_{y,0} + \sum_{t=1}^{n} \frac{C_{y,t}}{(1+d)^{t-1}} \tag{6-23}$$

生态成本中，土地生态系统的植物固碳、释氧、二氧化硫净化、氮氧化物净化、土壤保持、滞尘、水源涵养、养分循环价值的损失是持续性的。所以，第 t 年的这 8 项生态成本总额 $C_{8,t}$ 按第 t 年末的累计损毁土地面积计算：

$$C_{8,t} = (V_{\mathrm{Cl}} + V_{\mathrm{O_2}} + V_{\mathrm{SO_2}} + V_{\mathrm{N_xO}} + V_{\mathrm{Soil}} + V_{\mathrm{D}} + V_{\mathrm{H_2O}} + V_{\mathrm{NPK}})(A_{M,t} + A_{D,t} + A_{T,t} + A_{B,t} + A_{S,t}) \tag{6-24}$$

这些生态价值的损失从土地被损毁起一直持续到生态功能被恢复为止。假设矿山所有被损毁的土地均在开采结束时开始复垦，复垦和养护时间为 n_r 年，且每年的这些生态价值损失发生在年末。基建期损毁的土地的这些生态价值损失归入 $C_{8,0}$。这些生态价值损失的现值 $\mathrm{PV}_{\mathrm{C3}}$ 为：

$$PV_{C3} = \sum_{t=0}^{n+n_r} \frac{C_{8,t}}{(1+d)^t} \tag{6-25}$$

对于土地生态系统的土壤固碳价值损失，如果假设被毁土壤碳库中碳的释放与土地的损毁发生在同一年，那么第 t 年的该项生态成本 $C_{C,t}$ 按第 t 年的新增土地损毁面积计算：

$$C_{C,t} = V_{C2}\Delta A_t \tag{6-26}$$

假设每年损毁的土地的土壤固碳价值损失发生在年末。基建期损毁的土地面积归入 ΔA_0，其土壤固碳价值损失归入 $C_{C,0}$。土壤固碳价值损失的现值 PV_{C4} 为：

$$PV_{C4} = \sum_{t=0}^{n} \frac{C_{C,t}}{(1+d)^t} \tag{6-27}$$

假设矿山所有被损毁的土地均在开采结束时开始复垦，那么复垦和养护成本的发生时间为 $(n+1) \sim (n+n_r)$ 年；进而假设复垦和养护总成本在 n_r 年间平均分配，且每年的成本发生在年末。复垦和养护成本的现值 PV_{C5} 为：

$$PV_{C5} = \sum_{t=n+1}^{n+n_r} \frac{V_{rec}(A_M + A_D + A_T + A_B + A_S)}{n_r(1+d)^t} \tag{6-28}$$

第 t 年的温室气体排放生态成本基于当年的剥离量、采矿量以及单位剥离量、单位采矿量和单位选矿量的排放生态成本（V_{cw}、V_{cm} 和 V_{cp}）计算。假设每年的该项成本发生在年末，且忽略基建期和复垦养护期的温室气体排放。该项成本的现值 PV_{C6} 为：

$$PV_{C6} = \sum_{t=1}^{n} \frac{q_t(V_{cm} + V_{cp}) + w_t V_{cw}}{(1+d)^t} \tag{6-29}$$

路径 L 上最大年采矿量为：

$$q_{max} = \max_{1 \leqslant t \leqslant n} \{q_t\} \tag{6-30}$$

基建投资为 $I(q_{max})$。

假设每年的精矿销售收入 Y_t（用式（6-16）计算）发生在年末，销售收入的现值为：

$$PV_{in} = \sum_{t=1}^{n} \frac{Y_t}{(1+d)^t} \tag{6-31}$$

综上，纳入了生态成本后，计划路径 L 的总净现值 NPV_{LE}（万元）为：

$$NPV_{LE} = PV_{in} - \left(PV_{C1} + \frac{PV_{C2} + PV_{C3} + PV_{C4} + PV_{C5}}{10000} + PV_{C6}\right) - I(q_{max}) \tag{6-32}$$

应用以上评价模型，对所有计划路径进行评价，就可得出 NPV_{LE} 最大的最佳计划路径，即最佳开采计划。最佳计划路径上每年的开采体就是每年末的最佳采场；基于这些开采体的矿、岩量就可得出每年的最佳采、剥量；该路径上的开采体数量就是最佳开采寿命。由于评价中纳入了各项生态成本，所以生态成本（亦即生态冲击）像生产成本一样直接作用于最佳开采计划的选择，从而实现了开采计划的生态-经济一体化优化。

6.5 生态-经济一体化境界优化案例

本节基于一个实际露天矿山的地质资料，应用上述生态-经济一体化境界优化算法，对该露天矿的最终境界进行优化，并把优化结果与不考虑生态成本的纯经济优化结果作对比，揭示生态成本对最佳最终境界的影响。

6.5.1 矿床模型

案例矿床为铁矿，已经开采多年，全长3000多米，控制矿床延深达-200m水平，探明储量丰富，累计查明矿产资源储量约9亿吨，全矿床地质平均品位为30%。采场现状等高线如图6-2所示，基于等高线标高数据建立了矿区的地表标高模型，其三维显示如图6-3所示。

图6-2 采场现状等高线图

图6-3 矿区地表标高模型三维示图

矿体由 Fe1、Fe2、Fe3 三层组成，呈单斜产出。含矿层总的走向北 30°~35°西，倾向南西，倾角为 40°~50°，平均为 47°。工业矿体总长约 3000m，3 层矿体累计厚度约 120m，延深到-200m。矿体品位为 25%~40%，28m 水平的矿岩界线如图 6-4 所示。

基于钻孔取样和矿岩界线建立了品位块状模型。模块在水平面上为边长等于 25m 的正方形，模块高度等于台阶高度；台阶高度在 238m 以下为 15m，以上为 12m；模型最低标高为-122m。品位块状模型在图 6-4 所示的剖面线Ⅰ—Ⅰ、Ⅱ—Ⅱ和Ⅲ—Ⅲ处的横剖面如图 6-5 所示。

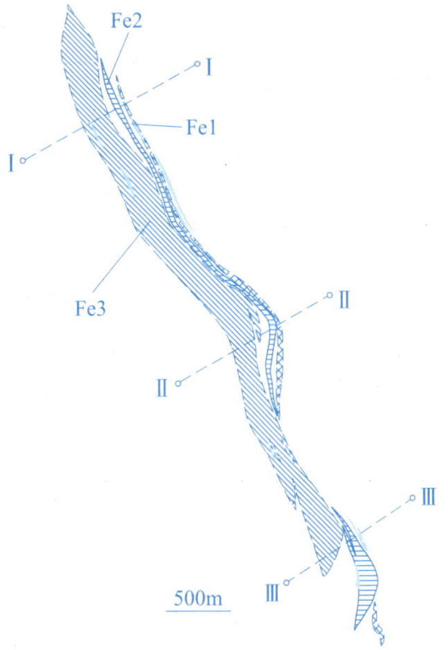

图 6-4 28m 水平矿体分层平面图

6.5.2 技术经济与生态成本相关参数

境界在不同方位的最大允许帮坡角列于表 6-1，方位 0°为正东方向，逆时针旋转为正。

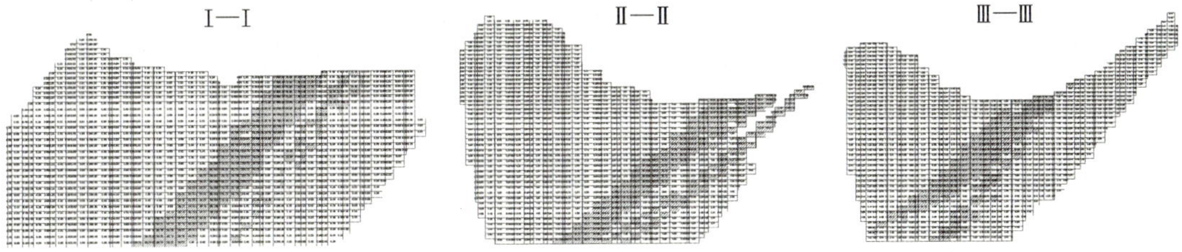

图 6-5 品位块状模型横剖面

表 6-1 不同方位的最大允许帮坡角 (°)

方位	21.0	41.5	119.0	200.5	224.5	291.0	352.5
帮坡角	34.8	34.5	51.0	42.0	48.1	47.5	34.8

矿体和废石的原地容重如表 6-2 所示，Fe1、Fe2、Fe3 为矿体，其他为不同岩性的废石（ROCK 是未划分岩性的废石）。

表 6-2 矿体和废石的原地容重 (t/m^3)

矿岩名	Fe1	Fe2	Fe3	PP	$FeSiO_3$
容重	3.39	3.43	3.33	3.33	3.33
矿岩名	AmL	Am	Am1	Am2	TmQ
容重	2.69	2.87	2.87	2.85	2.63
矿岩名	Qp	Zd	Q	ROCK	
容重	2.69	2.60	1.60	2.63	

优化中用到的相关技术经济参数的取值如表 6-3 所示。表中的成本为生产成本（不包含生态成本），其中选矿成本是每吨入选矿石的选矿费用。

表 6-3　技术经济参数

参数	矿石开采成本/元 · t^{-1}	岩石剥离成本/元 · t^{-1}	选矿成本/元 · t^{-1}	精矿售价/元 · t^{-1}	回采率/%
取值	27	17	125	700	96
参数	选矿金属回收率/%	精矿品位/%	废石混入率/%	混入废石品位/%	边界品位/%
取值	80	66	3	0	25

生态成本计算中用到的相关参数设置如表 6-4 所示。该矿山处于山区，损毁的绝大部分土地类型为林地，林地种类属于温带常绿针叶林和落叶阔叶林混交林，生态价值全部按该类林地计算。复垦和养护时间设为 5 年。

表 6-4　生态成本计算中的相关参数

参数	剥离柴油消耗	剥离电力消耗	采矿柴油消耗	采矿电力消耗	选矿电力消耗
单位	kg/t	kW · h/t	kg/t	kW · h/t	kW · h/t
取值	0. 56636	1. 2	0. 56636	1. 2	28. 5
参数	柴油排放因子	电力排放因子	炸药排放因子	炸药单耗	净初级生产力
单位	t/t	t/(MW · h)	t/t	kg/m^3	t/(hm^2 · a)
取值	4. 4409	1. 1082	1. 8400	1. 201	6. 56
参数	碳捕捉与贮存成本	制氧成本	年均降雨量	产生径流比例	径流减少系数
单位	元/t	元/t	mm		
取值	350	1000	800	0. 4	0. 26
参数	水源单价	土壤保持能力	土壤容重	农田土壤厚度	农田收益
单位	元/m^3	t/(hm^2 · a)	t/m^3	m	元/(hm^2 · a)
取值	6. 7	60. 292	1. 35	0. 5	36000
参数	N 元素含量	P 元素含量	K 元素含量	N 肥价格	P 肥价格
单位	%	%	%	元/t	元/t
取值	0. 33	0. 036	0. 231	2100	900
参数	K 肥价格	SO_2 吸收能力	滞尘能力	SO_2 处理成本	除尘成本
单位	元/t	t/(hm^2 · a)	t/(hm^2 · a)	元/t	元/t
取值	2200	0. 1521	21. 665	2300	275
参数	矿石平均容重	废石平均容重	排土场	排土场高度	排土场形态系数
单位	t/m^3	t/m^3	废石碎胀系数	m	
取值	3. 33	2. 86	1. 30	200	1. 8
参数	尾矿堆置容重	尾矿库高度	尾矿库形态系数	征地价格	复垦成本
单位	t/m^3	m		元/hm^2	元/hm^2
取值	1. 75	100	1. 8	600000	400000
参数	表土剥离厚度	表土堆放高度	表土堆形态系数	表土松散系数	时间系数
单位	m	m			
取值	0. 5	20	2. 5	1. 08	0. 75

6.5.3 优化结果

基于上述数据，应用前述迭代算法对最终境界进行生态-经济一体化优化。根据矿山实际生产情况，该矿的年矿石生产能力设置为 1800 万吨，每次迭代中的开采寿命都以该生产能力计算。地面设施占地面积取 $20hm^2$。迭代 5 次后算法收敛，即第 5 次得到的境界与第 4 次基本相同。算法中首次迭代（迭代序数为 0 时）得到的境界是不考虑生态成本的最佳境界，称之为“纯经济最佳境界”，其总利润称为纯经济利润；迭代收敛后得到的境界是生态-经济一体化最佳境界，其综合利润=其纯经济利润-其生态成本。这两个境界的矿、岩量和利润列于表 6-5，表中的矿石量和废石量都是考虑了矿石回采率和废石混入率后的量。

表 6-5 纯经济最佳境界和生态-经济一体化最佳境界对比

不考虑生态成本的最佳境界			考虑生态成本的最佳境界		
矿石量/t	废石量/t	纯经济利润/元	矿石量/t	废石量/t	综合利润/元
53856×10^4	186594×10^4	2588042×10^4	34181×10^4	66936×10^4	1544622×10^4

可以看出，考虑生态成本的生态-经济一体化最佳境界比不考虑生态成本的纯经济最佳境界明显缩小。采出矿石量下降了 36.5%，排弃废石量下降了 64.1%，二者总和下降了 57.9%。生态-经济一体化最佳境界的综合利润比纯经济最佳境界的纯经济利润下降了 40.3%。可见，如果政策要求矿山经营者以某种方式支付本例中估算的全部生态成本，境界的大小和矿山项目的盈利能力都将明显下降。这有助于保护临界资源，即支付生态成本后不再带来盈利的那部分资源。

纯经济最佳境界和生态-经济一体化最佳境界的三维视图分别如图 6-6 和图 6-7 所示。

图 6-6 纯经济最佳境界

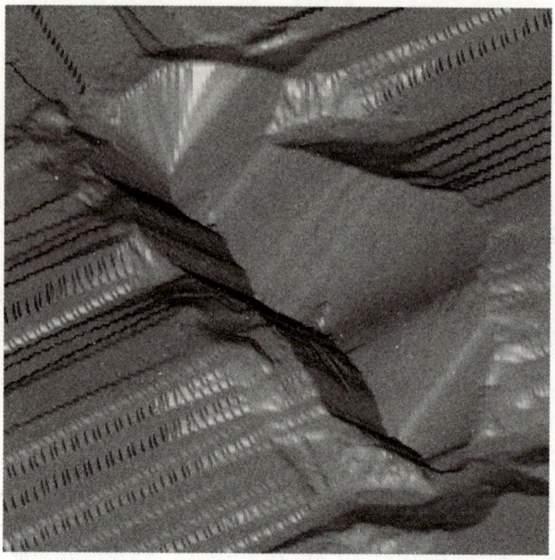

图6-7　生态-经济一体化最佳境界

第3篇 矿山环境监管及监测技术

7 矿山环境监管

为了贯彻资源与环境保护的基本国策及中央有关方针政策，落实中央人口资源环境工作座谈会精神，国家自然资源部围绕矿产资源管理及地质环境管理，积极探索矿山环境保护工作。根据《环境保护法》《矿产资源法》及有关法律、法规规定和可持续发展战略，对矿山环境实行监督管理的基本原则是经济建设与环境保护协调发展；以防为主，防治结合，综合治理；谁开发谁保护，谁污染谁治理及依靠群众保护环境等。矿产资源开发利用过程中的每一个环节都要采取措施防治污染与保护环境。对矿山环境的监督管理主要包括两个方面：第一，是对环境保护的监督；第二，是对矿山土地复垦的监督。包括：矿山环境影响评价报告制度、矿山土地复垦制度、监督检查制度和履约保证金制度等。

7.1 矿产开发的环境监管与制度

人类对矿山资源的开发利用过程中，在获得巨大经济财富的同时，也对生态环境产生较大影响，甚至造成严重的环境破坏。例如：露天采矿场会造成周边的水生态环境污染，产生废气、扬尘，以及噪声污染，大量剥离物和采选固体废弃物还会产生占用土地等问题。因此，要解决采矿与环境保护的矛盾，除了有针对性地治理以外，更重要的是变被动治理为主动的预防，从根源上解决问题。

《环境保护法》第十六条规定，“地方各级人民政府，应当对本辖区的环境质量负责，采取措施改善环境质量。”国务院和地方各级人民政府的环境保护主管部门统一实施对矿产资源开发环境的监督管理。各级人民政府国土资源主管部门依照有关法律规定或人民政府的授权对矿产资源开发与环境保护实施监督管理。主要职责是贯彻执行国家关于矿产资源开发与环境保护的法律法规，在职权范围内拟定矿产资源开发与环境保护法规、规章和有关标准，组织地质环境监测，协助调查、评价开发环境质量状况和趋势，监督检查矿产资源开发与环境保护法律法规的执行情况等。

矿产资源开发环境监督管理制度包括：制定环境标准、组织环境监测、评价环境状况、现场检查监督等。此外，还有采矿权人、探矿权人及其他有关组织或个人实施的环境保护制度，如矿山建设项目环境影响评价、污染防治设施等。其中，国务院环境保护行政主管部门制定国家环境质量标准和污染物排放标准，适用于全国范围。省、自治区、直辖市人民政府对国家环境质量标准中未作具体规定的项目，可制定地方环境质量标准，并报国务院环境保护行政主管部门备案。探矿权人和采矿权人，必须依照国务院环境保护行政主管部门的规定申报登记，获取了许可证，才能排放污染物。探矿权人和采矿权人在实践过程中，排放污染物超过国家或地方规定的排放污染物标准的，依照国家规定缴纳超标准排污费，并负责治理。县级以上人民政府环境保护行政主管部门或者当地依法行使环境监督管理权的部门，有权对管辖范围内开采矿产资源的排污情况进行现场检查。检查人员应当为被检查的单位保守技术和业务秘密。

7.2　矿山建设竣工环境保护验收

环境保护设施的建设和投产前的环境保护验收，是环境影响评价制度的延伸，环境影响评价文件的审批、环境保护设施的设计、建设和施工期的环境保护监督检查以及建设竣工后的环境保护验收，构成了矿山建设项目的全过程环境管理。环境保护设施的建设是防止产生新的污染、保护环境的重要环节，环境保护设施主要是指：污染控制设施、生态保护设施、节约资源和资源回收利用设施、环境监测设施等。除上述环境保护设施外，矿山建设项目还可采取有关的环境保护措施用以减轻污染和对生态的影响。

矿山建设项目的主体工程完工后，其配套建设的环境保护设施必须与主体工程同时投入生产或者运行。需要进行试生产的，其配套建设的环境保护设施必须与主体工程同时投入试运行。正式生产运行前环境管理的重要内容是要完成环境保护检查和竣工环境保护验收。建设项目竣工后，建设单位应向有审批权的环境保护行政主管部门申请该建设项目竣工环境保护验收。环境保护行政主管部门根据《建设项目竣工环境保护验收管理办法》等国家相关管理规定，根据环境保护验收监测或调查结果，通过现场检查等手段，考核该建设项目是否达到环境保护要求。其根本目的是监督落实环境保护设施与建设项目主体工程同时投产或者使用，以及落实其他需配套采取的环境保护措施，防止环境污染和生态破坏。

7.2.1　环境保护验收的范围

（1）与建设项目有关的各项环境保护设施，包括：为防治污染和保护环境所建成或配备的工程、设备、装置和监测手段，各项生态保护设施。

（2）环境影响报告书（表）或者环境影响登记表和有关项目设计文件规定应采取的其他各项环境保护措施。

7.2.2　环境保护验收的条件

（1）建设前期环境保护审查、审批手续完备，技术资料与环境保护档案资料齐全。

（2）环境保护设施及其他措施等已按批准的环境影响报告书（表）或者环境影响登记表和设计文件的要求建成或者落实，环境保护设施经负荷试车检测合格，其防治污染能力适应主体工程的需要。

（3）环境保护设施安装质量符合国家和有关部门颁发的专业工程验收规范、规程和检验评定标准。

（4）具备环境保护设施正常运转的条件，包括经培训合格的操作人员、健全的岗位操作规程及相应的规章制度，原料、动力供应落实，符合交付使用的其他要求。

（5）污染物排放符合环境影响报告书（表）或者环境影响登记表和设计文件中提出的标准及核定的污染物排放总量控制指标的要求。

（6）各项生态保护措施按环境影响报告书（表）规定的要求，落实建设项目建设过程中受到破坏并可恢复的环境已按规定采取了恢复措施。

（7）环境监测项目、点位、机构设置及人员配备，符合环境影响报告书（表）和有关规定的要求。

（8）环境影响报告书（表）提出需对环境保护敏感点进行环境影响验证，对清洁生产进行指标考核，对施工期环境保护措施落实情况进行工程环境监理的已按规定要求完成。

（9）环境影响报告书（表）要求建设单位采取措施削减其他设施污染物排放，或要求建设项目所在地地方政府或者有关部门采取“区域削减”措施满足污染物排放总量控制要求的，其相应措施得到落实。

7.2.3 环境保护验收的分级审批

（1）竣工验收。矿山建设项目竣工后，建设单位应当向有审批权的环境保护行政主管部门申请该建设项目竣工环境保护验收。国务院环境保护行政主管部门负责制定建设项目竣工环境保护验收管理规范，指导并监督地方人民政府（县级以上）环境保护行政主管部门的建设项目竣工环境保护验收工作，并负责对其审批的环境影响报告书（表）或者环境影响登记表的建设项目竣工环境保护验收工作。

（2）试生产。对国务院环境保护行政主管部门审批环境影响报告书（表）或环境影响登记表的非核设施建设项目，由建设项目所在地省、自治区、直辖市人民政府环境保护行政主管部门负责受理其试生产申请，并将其审查决定报送国务院环境保护行政主管部门备案。报送材料经批准后，方可进行试运行。

7.2.4 竣工验收

矿山建设项目单位向有审批权限的环境保护行政主管部门提出建设项目的验收申请后，环境保护行政主管部门根据有关法律、法规的要求，对建设项目是否符合环境保护验收的有关条件进行检查，从而得出是否可以进行环境保护验收的结论。

环境保护验收检查的重点是：环境影响评价文件和环境影响评价批复文件中有关该建设项目环境保护设施建设的要求是否在建设中得到满足并能够正常稳定运行；上述文件中有关环境保护的措施是否落实并发挥了效用；对周围环境的影响，特别是对附近环境敏感目标的影响，以及污染物的排放是否在环境影响评价文件或环境影响评价审查、批复文件规定的范围内。

行业行政主管部门对该建设项目环境影响报告书（表）、环境影响登记表的预审意见和环境保护行政主管部门对上述环境影响评价文件的批复意见，是建设项目竣工环境保护验收的重要依据，建设单位对预审意见和批复意见的落实情况及其效果，是环境保护验收的重要内容；对环境影响评价阶段未能认识到而实际发生的环境污染或生态破坏问题，根据《中华人民共和国环境保护法》及其他法律法规规定，建设单位应当予以消除或减免环境影响的，其措施和效果亦属于环境保护验收的内容。

环境保护行政主管部门应组织建设项目所在地的环境保护行政主管部门和行业主管部门等成立验收组（或验收委员会），对申请验收项目进行现场检查和审议，提出验收意见。通过验收的项目，应当在政府网站公示，将建设项目验收结果公示 15 天后出具正式验收意见，建设单位依此办理验收手续和审批工作。验收合格后，建设单位方可正式投入生产和使用，已建成投入生产或使用的环保设施、确有必要拆除或闲置的，必须征得所在地的环境行政主管部门的同意。

7.3　矿山环境监测

矿山环境监测是指通过各种物理、化学、生物手段，计算机处理等专业技术，以及这些方法的联合使用，以矿区和周边的环境因素为主体对象的综合监测。目前，我国对矿山环境监测处于发展阶段，尚未完全普及，很多地区未开展相关的环境监测工作，已开展的监测工作存在覆盖面积小和监测水平不高等问题，暂时还很难执行相关的制度和任务。很多地区的矿山环境监测部门缺少专业的监测设备和高素质的监测人员，部分地区虽然配备有相应的专业设备，但是使用效率很低，而且监测人员缺少对环境保护工作的积极态度和必要理念，导致环境监测工作发展并不顺利。

7.3.1　矿山环境监测的目的和任务

环境监测的最终目的是提供及时、准确、全面反映环境质量和污染源现状及其发展趋势的信息，为环境规划与管理、环境评价和污染源控制等提供科学的依据。对矿山企业而言，环境监测的主要任务可概括为：（1）评价矿区环境质量，预测矿区环境质量变化趋势；（2）为制定矿区环境法规、标准、环境规划、环境污染综合防治对策提供科学依据；（3）收集环境本底值及其变化趋势数据，积累长期监测资料，为保护人类健康和合理使用自然资源，以及为确切掌握环境容量提供科学依据；（4）揭示矿区新的环境问题，确定新的污染因素，为矿区环境管理与污染控制提供研究方向。

7.3.2　矿山环境监测的内容和方法

环境监测的内容一般应包括两个方面，即污染源监测和环境监测。污染源监测是在矿区内的废气、废水的排放口，设置自动监测仪器，或定期定点采样分析排出物的有害物质浓度。环境监测则是定期定点采集分析环境因素，或在固定点安置自动监测仪器，进行化学、物理或生物学的测定分析，以观测环境被污染的状况。这两方面的监测都是以国家颁布的环境标准和排放标准为依据的，二者相辅相成，对于正确评价环境质量，制定防治措施，都是不可缺少的组成部分。矿区环境监测包括大气、水质、土壤污染监测，固体废弃物监测，噪声污染监测，放射性污染监测等内容；环境监测方法通常有化学监测法、物理监测法和生物监测法三种。

7.3.3 环境监测的组织体系

为适应环境监测工作的需要，必须在全国建立环境监测中心，各地方建立环境监测中心或监测站，形成全国从中央到地方的环境监测网络。其组织体系如图 7-1 所示。各级环境监测站是同级主管部门的监测机构，全面负责本地区的环境监督、检查和监测工作。对矿区而言，应设立矿区环境监测站，矿区环境监测站应是全国环境监测网络中的一个基础分支。

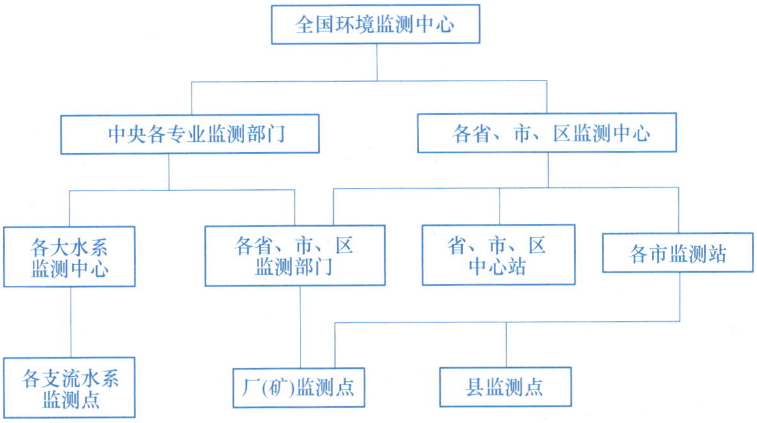

图 7-1 全国环境监测网络组织体系

7.4 闭矿后环境监管

7.4.1 矿山关闭及其环境问题

矿山关闭的原因不仅仅是资源枯竭，也包括经济原因、地质条件、采矿设备限制、采矿技术跟不上、采矿安全、政策调整或社区强烈反对等多种原因，所以矿区关闭有时是暂时性的，一旦矿产品市场供需关系改变或技术革新后，一些关闭的矿山还有可能恢复生产。无论哪种情况，都需要制定矿山关闭保护和维护计划。

矿山生产结束后，开采中形成的环境问题仍会继续影响整个矿区及其周围地区人们的生产和生活环境。例如：矿山在开采过程中造成的地下水抽排和地下水补给变化，以及矿山排污造成的地下水污染问题；矿区关闭后矿区固体废弃物、废渣占用大量土地，老巷道、老采场等设施存在的安全隐患，以及废弃矿井释放的有毒有害气体问题等，都需要在矿山关闭之后进行恢复，避免造成持续的环境问题。

7.4.2 矿山关闭风险管理与闭矿规划

为编制科学合理的矿山关闭计划，需要对矿山关闭风险做出评估，以便在矿山关闭过程中采取有效措施，防止可能产生的不良后果。风险管理是减少矿山关闭后灾难性事件发生的有效工具。矿山关闭的主要风险来自环境、安全、健康、社区、最终的土地利用、法律、经济和技术等方面，Laurence(2006) 将矿山关闭风险用风险因子 C_{RF}表示，即：

$$C_{RF}=\sum(R_E+R_{SH}+R_C+R_{LU}+R_{LF}+R_T) \tag{7-1}$$

式中 R_E——环境风险；

R_{SH}——安全与健康风险；

R_C——社区与社会风险；

R_{LU}——最终的土地利用风险；

R_{LF}——法律与经济风险；

R_T——技术风险。

闭矿规划必须考虑由于采矿和选矿作业遗留在矿区场地内的各种生产废料而引起的物理和化学稳定性等问题。一般来说，闭矿规划是环境管理系统的一个组成部分，由环境管理系统提出矿山工程项目的环境保护任务与目标。

一个完整的关闭规划应该包括矿区水处理规划、废弃物的治理规划、有害气体和粉尘防治规划、矿区土地复垦规划、关闭工作资金保障规划等。关闭规划应与矿山服务生命周期相结合，将关闭工作贯穿于整个矿山服务年限。

矿山关闭规划需要遵循三条基本原则：

（1）因地制宜原则。闭矿后的土地适宜性评价是土地利用总体规划及城镇建设规划中的一项重要基础性工作，结合矿区与矿业城镇发展的特点，既要考虑土地对区域经济发展（包括城镇建设）的适宜性，又要考虑土地对区域社会经济发展的限制性。

（2）主导因素原则。土地利用有多种多样的形式，因而具有多宜性。因而，应在此基础上明确判断出其主导因素，这样可以更充分地利用土地资源，更好地为区域社会经济发展服务。

（3）持续发展原则。该原则为合理利用闭矿后土地提供科学依据，使各土地使用方式与实际条件相吻合，以避免不合理利用而带来的经济损失和环境危害。

闭矿规划是一个复杂的系统工程，涉及范围广，数据量需求大，使用方法多，因此首先需对所要规划的矿区的自然环境、社会、经济基本状况，土地利用、水资源供给、居民生活状况，以及大气、水、土壤、噪声和固体废弃物等的状况进行详细调查，收集相关数据进行分析，并做出恰当评价。然后，在现状调查和评价的基础上进行环境变化、社会发展、经济结构预测和规划，进行资源合理利用和优化配置设计，对矿区大气、水体、噪声等进行污染综合整治规划，制定固体废弃物和工业污染源管理控制规划，以及对矿区的交通运输、能源供给、土地利用和绿地建设等进行科学的设计与规划。

矿山关闭的规划工作包括：

（1）制定闭矿完成标准、效果指标和风险评估方法；

（2）编制战略性闭矿规划、操作性闭矿规划及分步骤的土地恢复计划；

（3）实施拆迁计划和矿区租用土地的恢复；

（4）监测土地恢复状况，确保顺利完成；

（5）提交最终报告，解除矿区租约。

7.4.3 尾矿库的环境监督管理

（1）尾矿的处理方法。

1）对于尾矿固体废弃物的处理，应最大限度地予以回收利用，如果堆放应设置标志。对含有毒性矿物成分尾矿的堆放，必须采取防水、防渗、防流失等危害防止措施。

2）选矿工艺流程的选择，除其工艺本身的技术经济合理外，还应考虑“三废”处理技术的可行性和可靠性。

3）处理细粒含水尾矿的设施，一般由尾矿水力输送、尾矿库和排水三个系统组成。其水力输送系统可根据选矿厂尾矿的排出点和尾矿库的地势高差确定自流或压力输送或两者联合输送，将尾矿用流槽、管道或尾矿首先经厂区的浓缩回水后，再用砂泵、管道送至尾矿库。

4）尾矿还可用作矿井的充填料，充填前先将尾矿用旋流器进行分级，粗粒级尾矿可充入井下采空区。

（2）防治尾矿污染环境的管理规定。

1）产生尾矿的企业必须制定尾矿污染防治计划，建立污染防治责任制度，并采取有效措施防治尾矿对环境的污染和危害。按规定向当地环境保护行政主管部门进行排污申报登记。

2）必须执行防止尾矿污染的设施与主体工程同时设计、同时施工、同时投产使用的规定。

3）选矿企业必须有完善的尾矿处理设施，包括：尾矿的贮存设施（尾矿库、赤泥库、灰渣库等）、浆体输送系统、澄清水回收系统、渗透水截流及回收系统、排洪工程、尾矿综合利用及其他污染防治设施。

4）贮存含有害废物的尾矿，其尾矿库必须采取防渗漏措施。

5）尾矿贮存设施必须有防止尾矿流失和尾矿尘飞扬的措施。

6）如果尾矿库失事会使下游城镇、工矿企业或铁路干线等遭受严重灾害情况的，其设计等级应提高一等。

7）因发生事故或其他突然事件造成或者可能造成尾矿污染事故的企业，必须立即采取应急措施处理，及时通报可能受到危害的单位和居民，并向当地环境保护行政主管部门和企业主管部门报告，接受调查处理。

（3）尾矿库的监督管理。针对尾矿库的检查，主要是检查尾矿库中的物质是否存在危险废物；检查尾矿库选址及尾矿设施防流失、防扬散、防渗漏等措施；检查尾矿库是否存在违法排污现象；检查尾矿库下游拦截坝或拦截沟的建设是否满足实际需求；检查尾矿产生企业是否制定尾矿污染防治计划，是否建立环境保护制度。了解尾矿库是否具有安全生产许可证，尾矿库回水系统、防控系统以及设计储存容量和服务期，是否存在可能导致垮坝、引发突发环境事件发生的风险。针对尾矿库内的污染防治，需要依据《中华人民共和国环境保护法》及相关法律和法规制定环境管理规定，并认真执行，由县级以上人民政府环境保护行政主管部门对本辖区内的尾矿污染防治实施统一监督管理。

8 矿区生态环境监测的遥感技术

遥感技术具有多点位、多波段、多时相、多高度的信息获取优势和多次增强遥感信息的处理能力，能对地面进行立体的多角度观察并获取可见光之外的地物光谱信息，对同一目标进行多次的重复观测，提供目标时空特征信息。矿产资源的开采引起地表挖损、沉陷，废石和尾矿堆置等造成的矿区土地压占，矿区工业场地、运输通道等也需要占用土地，使得矿区地貌和土地利用结构发生很大的变化，此外露天开采规模大，随着开采的推进，土地利用变化也较快，因此基于遥感技术的矿区以及扰动区土地利用/覆盖变化的监测和时空变化规律的研究，是矿区生态重建和恢复的关键，有利于矿区可持续发展，为矿区土地复垦和生态修复提供指导和支持。

8.1 遥感概述

8.1.1 遥感基本概念

遥感（remote sensing）即遥远的感知，是一种远离目标，通过非直接接触而判定、测量并分析目标性质的技术。它是通过遥感器“遥远”地采集目标对象数据，并通过对数据的分析来获取有关地物目标、或地区、或现象的信息的一门科学和技术。对目标进行信息采集主要是利用了从目标反射或辐射的电磁波。此外重力和磁也作为信息采集手段而加以利用，包含在广义的遥感之中。

接收从目标反射或辐射的电磁波的装置叫作遥感器（remote sensor），如照相机及扫描仪等；搭载这些遥感器的移动体叫作遥感平台（platform），如飞机及人造卫星等。利用遥感技术，通过观测电磁波判读和分析地表的目标及现象，是利用了物体的电磁波特性，即“一切物体，由于其种类及环境条件不同，因而具有反射或辐射不同波长的电磁波的特性”。所以遥感也可以说是一种利用物体反射或辐射电磁波的固有特性，通过观测电磁波识别物体及物体所存在的环境条件的技术。图8-1为遥感数据采集示意图。

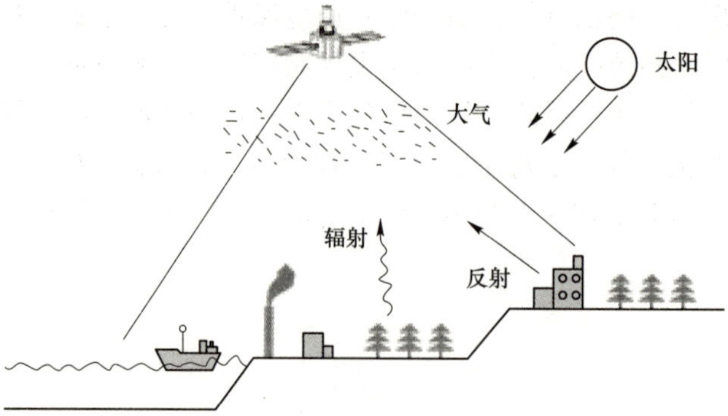

图8-1 遥感数据采集

8.1.2 遥感技术特点

遥感技术的发展、遥感采集手段的多样性、观测条件的可控性，确保了所获得的遥感数据的多源性。遥感数据的特征可以通过不同的分辨率和特性来度量和描述。

（1）空间分辨率（spatial resolution）。空间分辨率是指传感器所能分辨的最小目标的测量值，或是传感器瞬时视场（instantaneous field of view，IFOV）成像的地面面积，或是每个像素所表示的地面的直线尺寸。一般说来，遥感系统的空间分辨率越高，其识别物体的能力越强。但是，实际上每一目标在图像中的可分辨程度不完全决定于空间分辨率的具体值，而是和目标的形状、大小，以及它与周围物体亮度、结构的相对差异有关。空间分辨率的大小仅表明影像细节的可见程度，但真正的识别效果，还要考虑环境背景复杂性等因素的影响。设计成像遥感系统时，选择空间分辨率是必须考虑的重点。

（2）光谱分辨率（spectral resolution）。光谱分辨率指遥感器所选用的波段数量的多少、各波段的波长位置及波段间隔的大小，即选择的通道数、每个通道的中心波长（遥感器最大光谱响应所对应的波长）、带宽（用最大光谱响应的半宽度来表示）这三个因素共同确定光谱分辨率。许多传感器系统在可见光谱段有一个全色波段，在可见光至近红外或热红外光谱段有多个光谱波段。高光谱系统通常有数百个窄波谱波段。

光谱分辨率越高，专题研究的针对性越强，对物体的识别精度越高，遥感应用分析的效果也就可能越好。但是，面对大量多波段信息以及它所提供的微小的差异，人们要直接将它们与地物特征联系起来进行综合解译是比较困难的，而多波段的数据分析，可以改善识别和提取信息特征的概率和精度。

（3）时间分辨率（temporal resolution）。时间分辨率是指传感器重访地球表面相同区域的重复观测周期或频率。这一频率取决于对卫星传感器和卫星运行轨道的设计。根据遥感系统探测周期的长短可将时间分辨率划分为三种类型。

1）超短或短周期时间分辨率。主要指气象卫星系列（极轨和静止气象卫星），以“小时”为单位，可以用来反映一天以内的变化，如探测大气海洋物理现象、突发性灾害监测（地震、火山爆发、森林火灾等）、污染源监测等。

2）中周期时间分辨率。主要指对地观测的资源环境卫星系列（Landsat、SPOT、ERS、JERS、CBERS-1），以“天”为单位，可以用来反映月、旬、年内的变化。例如，探测植物的季相节律，捕捉某地域农时历关键时刻的遥感数据，以获取一定的农学参数，进行作物估产与动态监测、农林牧等再生资源的调查、旱涝灾害监测及气候学、大气、海洋动力学分析等。

3）长周期时间分辨率。主要指较长时间间隔的各类遥感信息，用于反映以“年”为单位的变化，如湖泊消长、河道迁徙、海岸进退、城市扩展、灾情调查、资源变化等。

（4）辐射分辨率（radiant resolution）。辐射分辨率指每一波段传感器接收辐射数据的动态范围，或可输出数值的数量，记录数据的比特位数决定了对辐射数据的量化分级。对于空间分辨率与辐射分辨率而言，一般瞬时视场 IFOV 越大，最小可分像素越大，空间分辨率越低；但是，IFOV 越大，光通量即瞬时获得的入射能量越大，辐射测量越敏感，对微弱能量差异的检测能力越强，则辐射分辨率越高。因此，空间分辨率的增大，将伴之以辐射分辨率的降低。可见，高空间分辨率与高辐射分辨率难以两全，它们之间必须有个折中。

8.1.3　遥感类型

遥感的分类方法较多，一般都是按照其分类标志进行分类。

（1）按遥感工作平台（运载工具）分类，可分为地面遥感（或近地遥感），运载工具包括三脚架、遥感车、遥感塔，高度为一至数十米；航空遥感，运载工具包括飞机、气球、汽艇等，高度为几千米至 10 千米；航天遥感，运载工具包括人造卫星、航天飞机、火箭等，高度为数百至几万千米。

（2）按探测能量的波长和探测方式、应用目的分类，分为可见光-反射红外遥感、热红外遥感、微波遥感等。

1）可见光-反射红外遥感。记录的是地球表面对太阳辐射能的反射辐射能。其关键变量包括大气纯洁度、地物波谱特性、太阳辐射强度、太阳高度角及其他变量。

2）热红外遥感。记录的是地球表面的发射辐射能。地表发射的能量主要来自吸收太阳短波辐射能，并转换为热能，然后再辐射较长波段能量。

3）微波遥感。有主动、被动之分。主动式遥感是指传感器带有能发射讯号（电磁波）的辐射源，工作时向目标物发射，同时接收目标物反射或散射回来的讯号而进行的探测，最有代表性的主动遥感器为成像雷达；被动式遥感则是利用传感器直接接收来自地物反射自然辐射源（如太阳）的电磁辐射或地物自身发出的电磁辐射而进行的探测。

（3）按遥感应用目的分类，分为环境遥感、农业遥感、林业遥感、地质遥感、海洋遥感、土壤遥感等。

（4）按遥感资料的记录方式和传感器工作方式分类，分为成像方式和非成像方式等类型。成像方式就是将所探测到的强弱不同的地物电磁波辐射（反射或发射），转换成由深浅不同的（黑白）色调构成的直观图像的遥感资料形式；非成像方式则是将探测到的电磁辐射（反射或发射）转换成相应的模拟信号（如电压或电流信号）或数字信号输出，或记录在磁带上而构成的遥感资料方式。

（5）按波谱性质分类，分为电磁波遥感、声纳遥感、物理场（如重力和磁力场）遥感等。其中电磁波遥感是利用各种物体-物质反射或发射出不同特性的电磁波进行遥感的。

8.1.4　遥感技术在矿产资源调查中的应用

遥感技术作为一种高科技手段，能够为矿产资源监测提供全面、精确、丰富、可靠的信息源。利用遥感手段进行矿产资源开发调查与监测，已成为快速准确掌握矿产资源开发秩序和矿山地质环境的重要手段。随着高分辨率卫星遥感技术的迅速发展，能够提供多平台、多光谱、大范围、多时相的信息。目前，遥感技术已经成功应用于矿产资源开发利用状况、矿山地质环境、矿山环境恢复治理、矿产资源规划执行情况等本底数据调查，应用成果能够为国家矿政管理、国土空间用途管制、矿山地质环境保护等提供基础数据和技术支撑。

8.2 常用陆地资源卫星

8.2.1 美国 MODIS 卫星

美国国家宇航局（NASA）于1999年和2002年分别发射了TERRA和AQUA两颗对地观测系统卫星。MODIS是Terra（EOS-AM1）和Aqua（EOS-PM1）两颗极地轨道环境遥感卫星搭载的主要传感器，它的英文全称为Moderate Resolution Imaging Spectraionmeter，即中分辨率成像光谱仪，是当前世界新一代“图谱合一”的光学遥感仪器，具有36个光谱通道，分布在0.4~14μm的电磁波谱范围内。

8.2.2 美国 Landsat 卫星

Landsat是美国陆地探测卫星系统，从1972年发射的第一颗卫星Landsat-1到2013年发射的Landsat-8。Landsat-7卫星于1999年发射，装备有ETM+(enhanced thematic mapper plus）设备，ETM+被动感应地表反射的太阳辐射和散发的热辐射，有8个波段的传感器，覆盖从红外到可见光的不同波长范围。ETM+相比于装备在Landsat-4、Landsat-5上的TM(thematic mapper）设备，在红外波段的空间分辨率更高，有更高的准确性。Landsat-8卫星携带两个传感器，分别是有关陆地成像的OLI传感器和热红外传感器TIRS(thermal infrared sensor)。与ETM+传感器相比，OLI传感器对各个波段的探测又进行了进一步优化，增加了第1波段（OLI1）气溶胶波段和第9波段（OLI9）卷云波段，共有11个波段；TIRS传感器可以感知地球热量流失，对监测干旱区域降水量变化及水分消耗情况有很好的效果。

8.2.3 法国 SPOT 卫星

法国SPOT地球观测卫星系统由法国国家空间研究中心（CNES）设计制造。SPOT1于1986年发射。它首次运用了线性阵列传感器和推扫式扫描技术，并首次具有旋转式平面镜，可获得倾斜图像而使它具有倾斜观察能力和立体成像能力。SPOT卫星迄今已发射5颗，SPOT5于2002年发射。SPOT采用与太阳同步的近极地圆形轨道，轨道高度约为832km，轨道倾角为98.7°，每天绕地球14+5/25圈，重复覆盖周期为26天，通过赤道的地方时为10时30分±15分。

8.2.4 国产高分遥感卫星

我国高分一号于2013年4月26日发射，属于光学成像遥感卫星，搭载了两台2m分辨率全色/8m分辨率多光谱相机、四台16m分辨率多光谱相机。高分二号于2014年8月19日发射，属于光学成像遥感卫星，其星下点空间分辨率可达0.8m，标志着我国遥感卫星进入了亚米级高分时代，搭载有两台高分辨率1m全色、4m多光谱相机。高分三号于2016年8月10日发射，为1m分辨率雷达遥感卫星，也是中国首颗分辨率达到1m的C频段多极化合成孔径雷达（SAR）成像卫星。高分四号于2015年12月29日发射，是我国发射的第一颗地球静止轨道高分辨率对地观测卫星，轨道为距地 36000km 的地球静止轨道，采用了我国首个高轨遥感卫星平台和首个高轨高分辨率对地观测光学遥感相机，可见光近红外谱段分辨率为 50m，中波红外谱段分辨率为 400m，观测幅宽大于 400km。高分五号于 2018 年 5 月 9 日发射，是高分辨率对地观测系统重大专项七颗民用卫星中唯一的一颗高光谱卫星，是目前国家高分重大科技专项中搭载载荷最多、光谱分辨率最高的卫星，也是国内探测手段最多的光学遥感卫星。高分六号于 2018 年 6 月 2 日发射，是一颗低轨光学遥感卫星，具有高分辨率、宽覆盖、高质量和高效成像等特点，配置 2m 全色/8m 多光谱高分辨率相机、16m 多光谱中分辨率宽幅相机，前者的观测幅宽为 90km，后者的观测幅宽为 800km。

8.3　多时相遥感图像动态监测方法

8.3.1　矿区土地利用遥感解译标志

矿区土地利用类型及其变化对周围环境、区域生态有着重大影响。利用遥感技术对土地利用类型时空信息进行获取、处理、分析，是目前最主要的研究手段。结合经验，把不同地物类型在图像上的影像特征（颜色、形状、纹理等）信息和其他非遥感信息资料（土地利用现状图、实地勘察等）进行综合研究，对遥感影像进行判读，提取土地利用类型信息，能够为土地利用动态变化监测提供依据。矿区各土地利用类型在遥感影像中的解译标志如表 8-1 所示。

表 8-1　矿区土地利用类型解译标志

地类	特　征	解译标志
排土场	复垦后的排土场呈浅绿色，形成特有的纹理特征，有植被覆盖	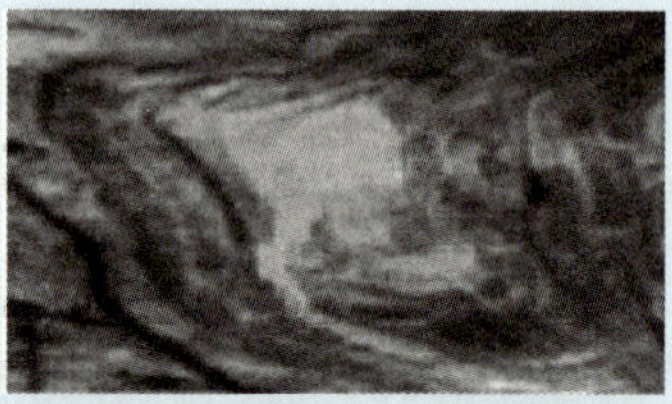
尾库矿	分布在矿山采场附近，尾矿堆积物，图上呈深灰色，占据植被覆盖区，差异明显	
工业广场	呈亮白色或蓝色显示，纹理复杂，周围有裸地和线状道路	

续表 8-1

地类	特　征	解译标志
露天矿	呈灰白色显示，与周围植被覆盖区差异明显，能看到明显的开采痕迹	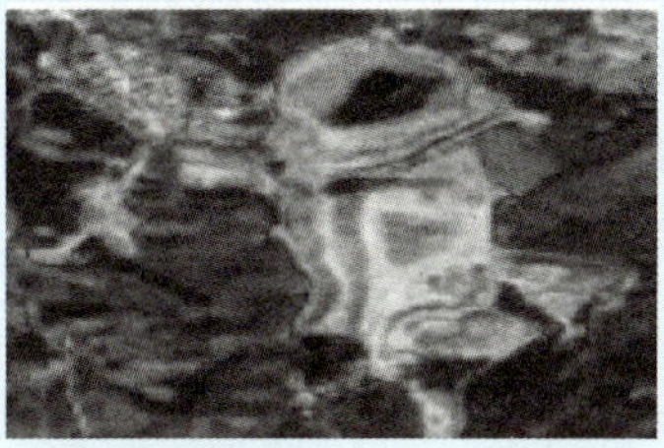
塌陷地	呈暗色斑点，零星或条带状分布	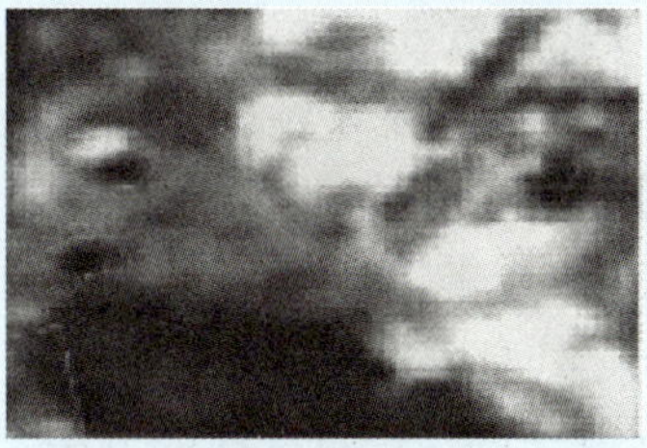
采坑	呈灰蓝色显示，有明显的开采痕迹	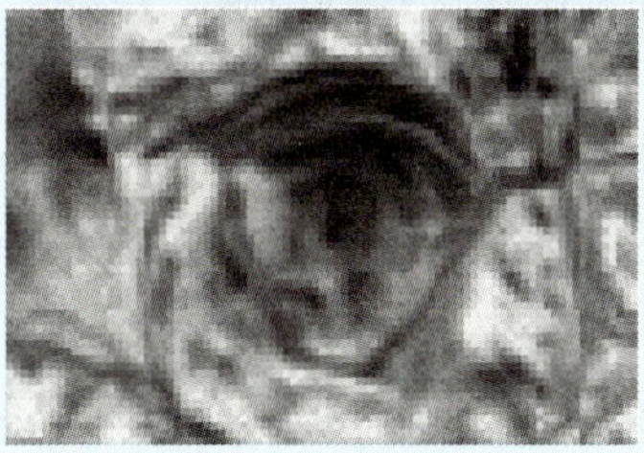

8.3.2 遥感动态监测常用方法

将卫星遥感图像应用于区域土地利用变化动态监测的主要方法有两种：一种是直接比较法，即基于遥感图像、通过多时相图像综合分析评价，也称逐个像元比较法；另一种则是利用所提取的信息、分类结果在 GIS 的支持下，结合空间分析模型进行分析，即分类后比较法。

8.3.2.1 直接比较法

直接比较法利用同区域多期遥感数据，直接对光谱信息进行处理及运算，确定土地利用变化发生的区域，后续再通过目视解译或多种分类方法确定发生了何种变化。目前常用的主要有基于图像信息运算的方法、基于图像信息变换的方法以及基于模型分析的方法。这些方法在避免了全局分类的情况下，能直接获取变化的数量和位置，提高了检测效率，但无法直接获得变化的类型信息（除变化矢量法外），因此通常被用于单一地类的监测工作中。

（1）基于图像信息运算的方法。图像信息运算利用不同时相的、经过相对校正的遥感影像进行代数运算，生成差异影像结果图，然后通过自动阈值选择算法或手动确定阈值，选取变化区域。这类方法计算原理易于理解，容易实现，主要包括：图像差值法、图像比值法和变化向量分析法等。

1）图像差值法：该方法是将前后时相的遥感数据中对应位置的像素灰度值进行求差值处理，再通过阈值筛选并确定变化发生区域的监测方法，是处理过程最直接和简单的土地利用变化监测方法之一。但也存在一定局限性，主要是对于不同时相遥感影像的一致性要求较高，对于影像获取条件、噪声等造成的“假”灰度改变十分敏感。此外，阈值的选取是此方法的关键环节之一，能够直接影响到对变化是否发生的判别。

2）图像比值法：此方法与差值法原理类似，对前后期遥感数据中对应位置的像素灰度值进行比值运算，再通过关键的阈值设定筛选获得变化情况。比值法能有效减少太阳角度及地形等因素的干扰，其缺点和处理关键与差值法相似。

3）变化向量分析法：首先对前后时相的遥感数据在向量空间内进行缨帽变换，取结果的前 2 个分量，基于经验系数进行旋转变换并使结果分别对应前后时相的绿度和亮度值。将计算所得的绿度和亮度值置于建立的绿度（G）、亮度（B）二维坐标系中，分别计算变化矢量的方向和幅度值，再通过阈值筛选确定监测变化情况，该方法与其他直接比较法的不同之处是可以获取变化的类型。

（2）基于图像信息变换的方法。图像信息变换方法能够减少数据间的冗余信息，使变化信息在新图像上得到增强。主要包括主成分分析法、缨帽变换法等。

1）主成分分析法：主成分分析法用于遥感数据，可以压缩各波段之间的相关信息，此类方法认为从遥感数据经过主成分变换后的若干分量中可以提取获得土地利用变化信息。基于主成分分析的变化检测方法还包括：主成分差异法、差异主成分法、多波段主成分变换法等。由于主成分分析过程实现了波段信息压缩，这些基于图像信息变换的方法能有效消除冗余的波段信息，缩减数据量，提高效率；但难点在于分量的选择和变化阈值的提取。

2）缨帽变换法：

缨帽变换是 Kauth 和 Thomas 通过分析陆地卫星 MSS 图像反映农作物和植被生长过程的数据结构后提出的一种正交线性变换，又称 K-T 变换。它是一种经验性多光谱波段的线性变换，且该变换能够消除多光谱图像相对光谱响应的相关性，对图像可视化和自动特征提取有一定作用。K-T 变换的研究主要针对 TM 数据和以前使用过的 MSS 数据，目前应用范围较窄。

8.3.2.2　分类后比较法

分类后比较法是变化监测中最常用的方法。在对遥感影像进行配准后，利用统一的解译及分类体系对各个时相的遥感影像进行分类，得到各期位置对应像素或像素群斑块的分类结果，然后对多期分类结果进行比较，实现土地利用的变化监测。因此，适用于遥感影像的监督分类方法都可作为此方法在分类阶段的工具，如最大似然法、*K* 临近法等。该方法的优点是不需要对研究区的土地覆盖有先验知识，可同时获取变化的位置、类型和数量信息。此外，可以回避因季节不同或传感器不同给多时相图像带来的归一化问题，而且还可以同时进行两个时相以上的遥感影像的变化检测。该方法也存在一些缺点，如无法检测出同一地类内部的细微变化，而且变化检测图的精度大致等于各个时相分类精度的乘积，这样就导致每一时相图像分类结果的误差都会在检测图中被进一步放大。

8.3.3 基于面向对象的变化检测方法

伴随着高空间分辨率卫星遥感技术的不断发展，面向对象影像分析技术（object-based image analysis，OBIA）被引入高分辨率遥感影像分析中，变化检测的基本单元由像素逐渐过渡到对象。基于像素的直接比较法、分类后比较法、栅格 GIS 矢量集成法等较为成熟的方法，也逐渐被引入面向对象的高分辨率遥感影像变化检测中。面向对象的变化检测方法首先根据影像像元的颜色、形状、纹理等特征，把特征相同或是满足一定相似性条件的相邻像素组成与地物形状较为一致的影像块（对象），然后充分挖掘和分析对象的多特征，根据影像对象的各种特征对其进行分类。该方法具有两个相对独立的模块：对象生成和信息提取，即分割与分类。图像分割是采用一定的分割算法将影像分割成若干个影像对象。分类是根据分割得到的影像对象的属性（如光谱、形状、纹理特征等）赋予其语义信息，也就是赋予其对应的地类类别。

与传统的基于像元的变化检测方法相比，面向对象检测方法将图像分割得到的影像对象作为基本处理单元，不仅可以利用遥感影像的光谱信息，而且还可以充分利用影像的形状、纹理、上下文等信息，从而使变化检测的精度更高，速度更快。

8.3.4 基于深度学习算法的变化检测方法

近年来，随着深度学习的兴起，基于深度学习的遥感时间序列变化检测研究引起广泛关注。深度学习可以不依赖人类的先验经验，通过端到端的机制进行自动化的学习。基于深度学习的遥感影像变化检测方法能直接从双时相或多时相甚至时间序列遥感影像中学习到变化特征，通过变化特征对影像进行分割最终得到变化图，而且学习到的特征具有很好的鲁棒性。相比于传统的变化检测方法，深度学习方法能消除检测结果对差异图的依赖影响，能处理多个传感器获取的遥感数据，在大大简化变化检测复杂性的同时提高了检测结果的精度，具有很强的适用性。目前，众多学者提出了许多深度神经网络的变化检测方法，如卷积神经网络、循环神经网络等。

（1）卷积神经网络。卷积神经网络（convolutional neural networks，CNN）是一类包含卷积计算且具有深度结构的前馈神经网络，是深度学习理论中最具有代表性的算法之一。卷积神经网络具有表征学习能力，并保持良好的平移不变性和尺度不变性。一个典型的卷积神经网络结构通常由输入层、卷积层、池化层、全连接层和输出层组成，并且通过卷积层数量、大小以及池化层池化方式、数量等不同的组合，可以得到各种不同类型的卷积神经网络模型，比如：LeNet、AlexNet、VGG、GoogleNet、ResNet 等。卷积神经网络在大型图像处理方面有很好的表现，在语音识别和图像处理等方面的研究与应用中也充分展现了其优于其他机器学习算法的性能。

（2）循环神经网络。循环神经网络（recurrent neural network，RNN）又名时间递归神经网络，是一类能够处理序列数据的神经网络，基本结构由输入层、隐藏层、输出层组成。在循环神经网络结构模型中，网络会对之前时刻的信息进行记忆并且运用到当前的输出计算当中。相比于卷积神经网络，其隐藏层之间的神经元是相互连接的，隐藏层中神经元的输入是由输入层的输出和上一时刻隐藏层神经元的输出共同组成。循环神经网络最早应用于语音识别和手写字识别，并取得了显著效果，但在实际中仍有不足之处，如训练难度大、效率低、准确度低等。随后，科研工作者对其进行了改进，在一定程度上弥补了这些不足，提出了长短时记忆网络（long short-term memory，LSTM）、双向 RNN(bidirectional RNN) 等模型，这些改进的循环神经网络模型逐步在图像分类识别方面表现出良好的效果。

8.4 矿区土地破坏与复垦状况遥感动态监测

通过长周期多源多时相卫星及航空遥感数据，利用人工智能分类方法对采矿前后、不同恢复时期的土地利用/覆盖进行自动化与定量化变化信息监测，有效发现同一图斑单元单一地类变异情况及变化范围，利用建立的知识库中变化图斑的影像纹理特征信息进行自动匹配识别，得出变化图斑的类型、大小、面积信息，通过土地利用/结果功能的变化揭示矿区陆面演变过程。

基于 1984~2016 年共 9 期的 Landsat 多时相遥感影像，以内蒙古伊敏矿区为研究区（如图 8-2 所示），利用面向对象决策树方法得到研究区的土地利用信息，进一步利用土地转移矩阵和景观格局指数分析，基于分类结果进行变化监测。

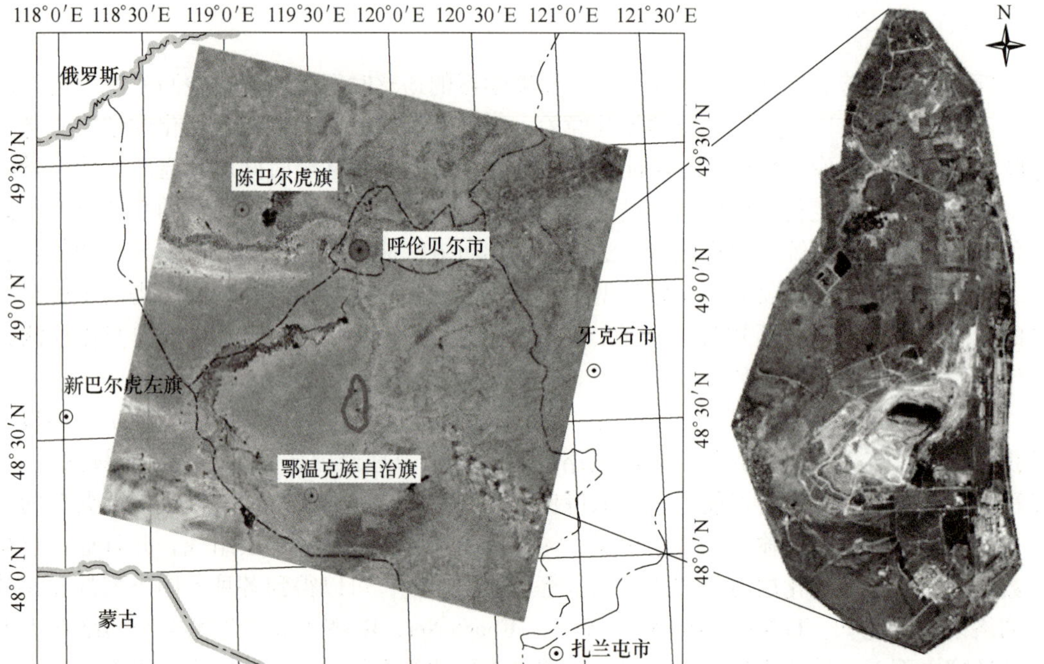

图 8-2 研究区概况

以 2016 年分类结果为基础，结合高分一号 PMS2 传感器影像，选择混淆矩阵进行精度评价。参考影像（高分一号 PMS2 影像）获取的时间为 2016 年 7 月 21 日，多光谱分辨率为 8m。在参考影像上随机选取共 94 个矢量样本点进行精度评价，总体精度为 93.62%，Kappa 系数为 0.926。所有图像分类结果如图 8-3 所示。

图 8-4 是采矿区、复垦排土场的变化面积和变化速率。由图 8-4 可见，1984~2016 年

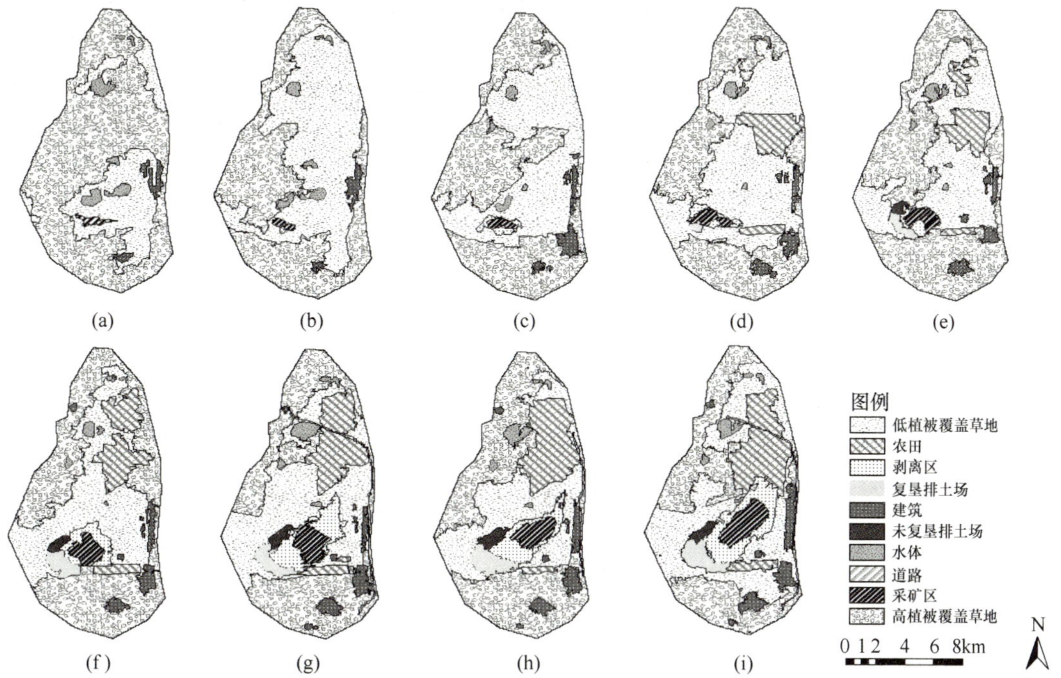

图 8-3　矿区 1984~2016 年土地利用分类图

（a）1984 年；（b）1988 年；（c）1993 年；（d）1999 年；（e）2003 年；（f）2007 年；（g）2011 年；（h）2014 年；（i）2016 年

这 32 年间，随着伊敏矿区的开采，采矿区面积从 1984 年的 1.04km^2 增加至 2016 年的 6.04km^2。采矿区面积变化速率最高是 2014~2016 年之间，其次是 2007~2011 年之间，面积变化速率达到 0.26km^2/a。复垦排土场的面积增长从 1999 年开始，至 2016 年为 4.33km^2，占比高达 2.77%，年增长率达到 13.53%，随着矿区的开采和复垦修复，较多的采矿区排土场变成复垦排土场。

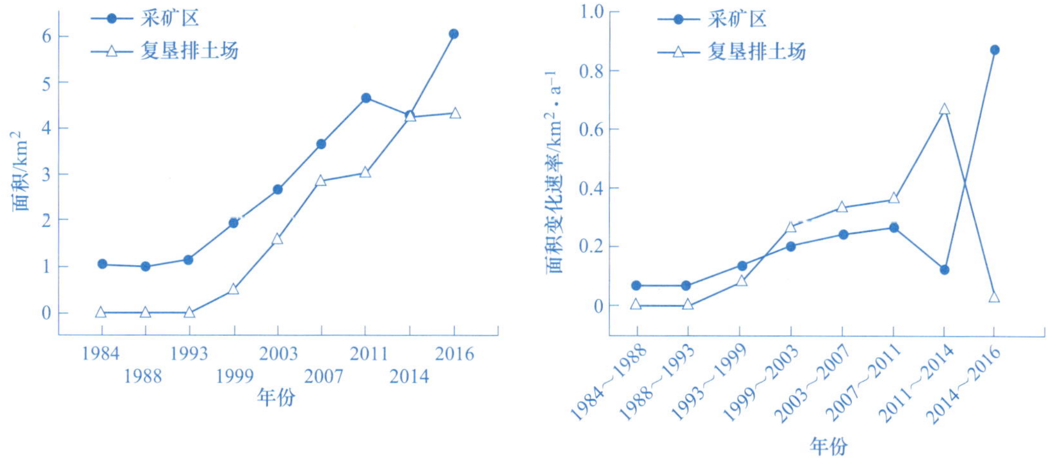

图 8-4　采矿区、复垦排土场的变化面积和变化速率

草地的景观格局指数如图8-5所示，从1984年到2016年，高植被覆盖草地的聚集度指数逐年递减，表明高植被覆盖草地分布相对分散；而低植被覆盖草地在前10年聚集度指数增加，分布相对集中，1999年有所下滑，分布略分散。高植被草地集中分布在距离矿区和生活区的北侧和南侧，一直没有被影响；低植被覆盖草地在矿区和建筑周围距离较近，是受到采矿、开垦等人类活动影响的主要区域（参见图8-3）。

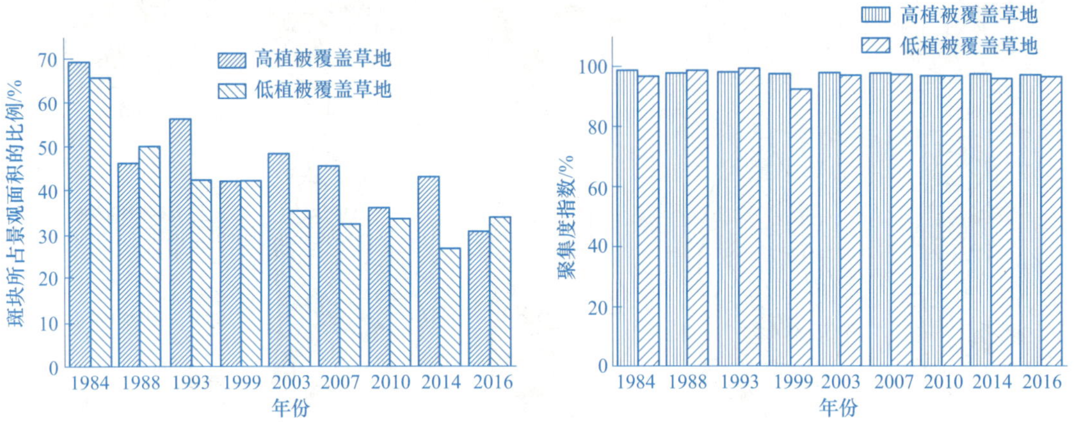

图8-5 伊敏矿区草地斑块所占景观面积比例和草地聚集度指数

如图8-6所示，草地最大斑块指数都出现下降的情况，修建的多条道路和农田、建筑等地物占用草地，减少草地面积。高植被覆盖草地和低植被覆盖草地的景观形状指数均在增加，说明两种草地类型的形状越来越不规则、复杂程度也在逐渐增大。主要是由于新增的道路、建筑和农田分布比较分散，从而加剧草地的破碎程度。

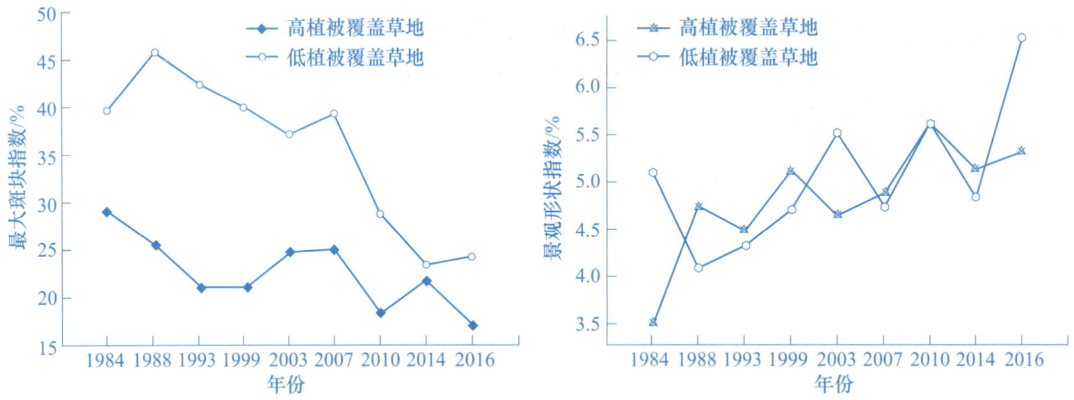

图8-6 伊敏矿区草地最大斑块指数和景观形状指数

9 铁尾矿主成分及含水率监测的高光谱技术

尾矿库引起的环境与灾害问题主要为扬尘和溃坝。当尾砂含水量较低时，尾矿库表面会变得十分干燥，当遇到大风及干燥天气，颗粒微细的尾砂便会随风扬起，使得方圆几百米的范围变成“城市沙漠”，扬尘会对尾矿库附近的绿色植被、地表水及土壤造成不同程度的污染，直接影响人类的身体健康。而当尾矿库的含水量较高，超过一定限度，则可能发生严重的溃坝事故。我国尾矿库事故时有发生，造成了巨大的人员伤亡、经济损失和环境污染。尾矿库中的含水量对尾矿库有重要影响，而尾砂的成分与含量直接决定尾砂的再利用方式。因此，对尾砂主要成分和含水量的定量化监测，可为尾矿库的环境监测与保护提供技术指导。

9.1 尾砂光谱测量方法

9.1.1 尾砂可见光-近红外光谱测量

9.1.1.1 测量仪器

图 9-1 所示是美国 Spectra Vista 公司生产的 SVC HR-1024 便携式可见光-近红外光谱仪，其重量约 3kg，在 350~2500nm 光谱测试范围内有 1024 个通道，光谱精度优于+/-0.5nm，光谱分辨率≤8.5nm，最小积分时间为 3ms，可操作的环境温度为-10~40℃。仪器包括 3 种镜头：4°镜头、14°镜头和 25°光纤镜头。

图 9-1 SVC HR-1024 光谱仪照片

光谱仪内 100%使用线阵探测器技术和冷却 InGaAs 探测器，保证波长和辐射测量的稳定性，仪器手柄通过无线蓝牙技术操作仪器，保证进行光谱测试时仪器的稳固性，同时保证在测试的过程中可以方便地进行操作和控制，例如随时查看光谱曲线，白板校准、文件存储等。SVC 光谱仪的主要技术参数如表 9-1 所示。

表 9-1 SVC 便携式光谱仪主要参数

参数类型	参数数值
光谱范围	350~2500nm
通道数	1024
线阵列探测器	Si；InGaAs；扩展的 InGaAs

续表 9-1

参数类型	参数数值
光谱分辨率与波段区间	<3.2nm(350~1000nm); < 8.5nm(1000~1850nm); <6.5nm(1850~2500nm)
波段数	512 (350~1000nm); 256 (1000~1850nm); 256 (1850~2500nm)
视场 (FOV)	4°镜头标准；14°镜头和 25°光纤可选
标定精度	±5%@400nm；±4%@700nm；±7%@2200nm
操作环境温度	-10~40℃

9.1.1.2　测量方法

(1) 试验环境。为了消除天空背景噪声和大气水汽等外部噪声的影响，试验需在黑暗的室内环境下进行，试验对环境的要求如下：

室内黑暗无光线射入。

采样的最小积分时间设置为 3ms，每个样本重复测试 3 次，取其反射率平均值。

对每组目标观测前后都进行白板定标 (10min 之内)。

试验前，将观测的实验台使用哑光漆喷黑，尽可能减少周围的辐射影响。观测时将样本的观测面保持水平，使光谱仪镜头与观测面保持垂直。

在试验观测过程中，观测人员穿深色服装，面向光谱站立于目标区的后方，其他人员站在观测人员身后，避免在观测区两侧走动，尽可能减少周边辐射干扰。

(2) 测试步骤。试验装置如图 9-2 所示。光谱测试的具体步骤如下：

1) 仪器预热。将光谱仪安装在三脚架上固定后，开机预热 30min，使光谱仪的内部温度和室外温度保持一致。使用手持操作仪 PDA 和光谱仪进行无线连接，设定测试所需要的参数。根据观测目标的大小选择合适的镜头和恰当的观测距离，同时利用激光对准仪器确定观测目标的位置。

2) 暗电流采集。SVC HR-1024 光谱仪内部的热电子设备将产生一定数量电流，在进行地物光谱采集的过程中，所测得的光谱数据将包含这部分电流。这部分电流在 SVC HR-1024 光谱仪中被称为暗电流。试验过程中采用 AUTO 模式进行自动暗电流采集，也可以用 PDA 进行暗电流采集，使得暗电流不包括在所记录的光谱数据中。

3) 白板辐射亮度测定。在进行目标地物光谱测量前要进行白板辐射亮度的测定，也就是获得参考光谱。将镜头垂直于白板，通过 PDA 测量模式的 reference 进行白板光谱的测定，所测的白板数据保存在 PDA 里。SVC HR-1024 光谱仪的白板材质是 $BaSO_4$，在试验过程之前定期对白板进行测定。

4) 辐射亮度测定。白板测定以后进行目标地物的光谱采集。将尾砂样品置于深度为 3~4cm 的黑色培养皿中，平整表面以减小粗糙度，并按照样品编号依次放在载物台上准备测试；用功率为 50W 的卤素灯模拟太阳光对样本进行照射，卤素灯距样本表面 50cm，照

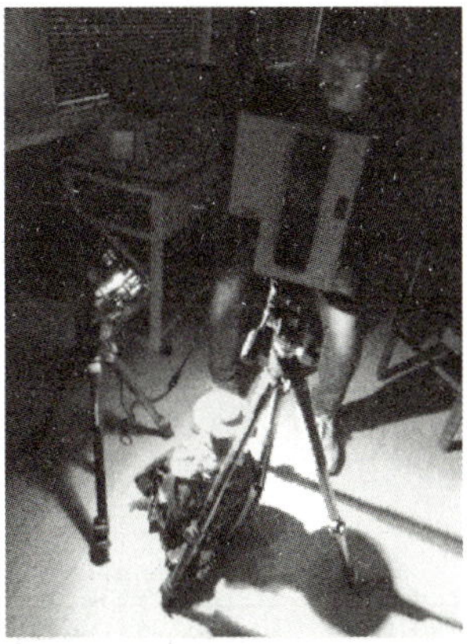

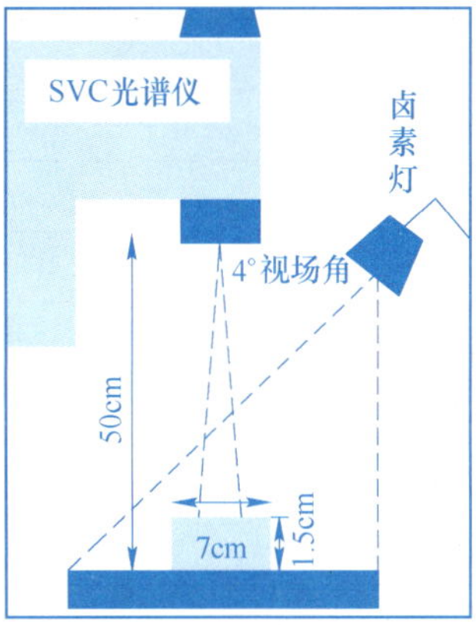

图 9-2 试验装置示意图

射方向与观察平面的夹角为 30°，用视场角为 4°镜头的光谱仪，在距离样本表面 47cm 的高度垂直对准样本进行测试，如图 9-2 所示。每个样品旋转 90°重复观测 4 次，取平均值作为该样本光谱。

（3）注意事项。在仪器固定于三脚架的过程中，确保脚架稳定，并且保证卤素灯、样品、光谱仪相对位置保持不变，保证所有仪器安全。

在夏季，仪器连续工作超过 2h 应暂停工作进行休息，以免仪器过热影响数据质量。

数据采集时，测量人员应穿深色衣服，以减少周围物体反射对光谱的影响；避免阴影落在观测物体上。

在测量白板和物体的过程中，都要使测量目标完全覆盖视场，确保测试的是目标纯净的反射光谱。

在试验前后，应保持白板的清洁，不能用手去触碰白板，定期对白板进行清洗。

试验过程中为了尽量减少光照变化对结果的影响，在白板测试结束后应尽快对目标进行测试。

为了避免观测角度对光谱结果的影响，白板和地物都要垂直观测。

试验中要保证仪器位置不动，使测试环境一致。

9.1.2 尾砂热红外光谱测量

9.1.2.1 测量仪器

图 9-3 所示是美国 Design&Prototypes 公司生产的 Turbo FT 红外光谱辐射计。该仪器光谱测试范围为 2～16μm，光谱分辨率为 $4cm^{-1}$、$8cm^{-1}$ 和 $16cm^{-1}$。仪器包括 2 种镜头：4.8°和 2.4°镜头。该仪器的主要技术参数如表 9-2 所示。

图 9-3 Turbo FT 红外光谱辐射计照片

表 9-2 Turbo FT 红外光谱辐射计主要参数

参数类型	参数数值
光谱范围/μm	2~16
光谱分辨率/cm^{-1}	4/8/16
光谱精度/cm^{-1}	±2
扫描速率/Fps	100
采样频率/MHz	1.1
光谱镜头/in①	1/2
观测视场角/(°)	4.8(1in)/2.4(2in)
观测视场直径/m	0.084h(1in)/0.042h(2in)
焦距/m	1.1(1in)/3.2(2in)

① 1in=2.54cm。

9.1.2.2 测量方法

(1) 试验环境。尾砂热红外光谱测定通常在室外进行，测定时间尽量选择凌晨或者下午，原因是能够避免空气对流导致被测目标温度发生变化，同时能够避免不稳定的大气下行辐射场的变化，减少太阳辐射干扰，从而保证样本和仪器温度的稳定。试验对环境的要求如下：

室外环境：晴朗无云、无风。

环境温度：介于7~38℃之间。

大气相对湿度：不超过45%。

(2) 测试步骤。试验装置如图9-4所示。光谱测试的具体步骤如下：

在测量场地中安置三脚架，取出光谱仪传感器安装到三脚架上，开机预热30~60min。向热红外光谱仪中注入液氮，以保证仪器温度的恒定。进行冷热黑体的标定之后进行测量。

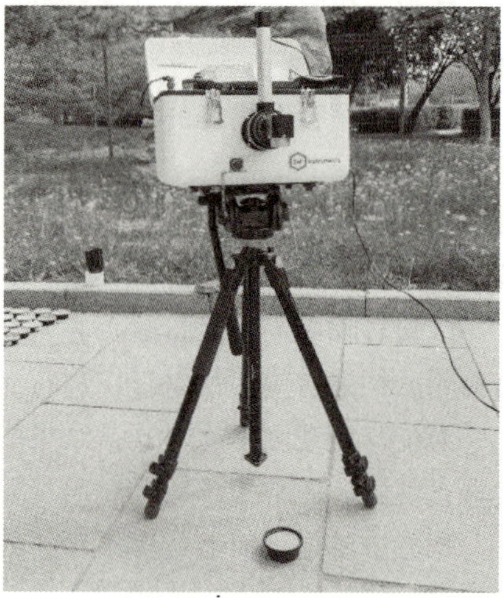

图 9-4 试验装置示意图

将装满尾砂的盛样皿放在探头下10cm高的三脚架基座上，探头视场角为4.8°，探头与样品表面距离设置为50cm，进行垂直观测，同时用红外辐射枪和温度计测量样品、金板温度。为降低尾砂样品光谱各向异性的影响，测量中转动盛样皿2次，每次转动角度约120°，获取尾砂样品3个方向的光谱曲线，每个方向采集3条样本线，每个样品共采集9条样本线，算术平均后得到该样品的反射光谱数据。在测量过程中，需要使用漫反射金板测量大气下行辐射。

(3) 实验注意事项。取出仪器时，需检查辐射计、电脑外部是否有损坏或者灰尘，检查辐射计与电脑之间的连接线、接口以及端口的探针是否有弯曲或者松动。

安装仪器之后，在开机之前需注意液氮罐内的液氮是否足够。

数据采集时，测量人员应穿深色衣服，以减少周围物体反射对光谱的影响。避免阴影落在观测物体上。

在测量过程中，黑体检校温度必须稳定 5min 以上，如果定标之后发现数据存在较大噪声，需要再次定标黑体。

9.2 光谱预处理及特征提取方法

9.2.1 光谱曲线去噪与平滑

由于光谱仪在不同波段位置对能量的响应存在差异，光谱曲线常常存在噪声，且使用光谱仪获取样本光谱时不可避免地包含了背景信息等外部噪声。因此，利用数学方法对光谱数据进行平滑预处理是一项重要工作，可以去除光谱曲线中非吸收特征的噪声，提高光谱数据信噪比。

9.2.1.1 小波变换法

对于给定信号 $f \in L^2(\mathbf{R})$，其积分小波变换的定义如下（L^2 为可积实数空间）：

$$(W_\Psi f)(b,a) = \int_{\mathbf{R}} f(t)\overline{\Psi}_{b,a}(t)\mathrm{d}t = (a)^{\frac{1}{2}}\int_{\mathbf{R}}(t)\overline{\Psi\left(\frac{t-b}{a}\right)}\mathrm{d}t \tag{9-1}$$

式中 a，b，t——连续变量。

实际应用中，一般采用离散小波变换。即对尺度参数 a 和位移参数 b 进行离散化处理。因此上述信号 $f(t)$ 可以表示成级数的形式，即：

$$f(t) = \sum_{j,k=-\infty}^{\infty} c_{j,k}\Psi_{j,k}(t) \tag{9-2}$$

式中 $\Psi_{j,k}(t)$ ——离散小波函数；

$c_{j,k}$——离散小波系数。

基于阈值选取的小波去噪原理是选用一个小波母函数 $\Psi_{j,k}(t)$ 将待处理的信号进行离散小波变换，并选择一个阈值将变换得到的小波系数 $\{c_{j,k}\}_{j,k=1}^{\infty}$ 进行阈值选取，阈值选取方法包括两类：硬阈值法和软阈值法。这两种阈值方法的定义如下。

硬阈值法：

$$s = \begin{cases} x & |x| > x_0 \\ 0 & |x| \leqslant x_0 \end{cases} \tag{9-3}$$

软阈值法：

$$s = \begin{cases} \mathrm{sign}(x)\,|x - x_0| & |x| > x_0 \\ 0 & |x| \leqslant x_0 \end{cases} \tag{9-4}$$

式中 x_0——阈值；

x——小波变换后的小波系数；

s——阈值选取后的小波系数。

硬阈值是把绝对值小于或等于阈值的小波系数看作是噪声引起的，置为 0，大于阈值的看作是信号引起的，对其不做处理（保持不变）；软阈值是把绝对值小于或等于阈值的小波系数看作是噪声引起的，置为 0，大于阈值的完全保留或者适当收缩。根据阈值选取后的系数进行信号重构，得到去噪后的信号。

9.2.1.2　移动平均平滑法

移动平均平滑法是选择一个具有一定宽度的平滑窗口（$2w+1$），每个窗口内有奇数个波长点，用窗口内中心波长点 k 以及前后 w 点处测量值的平均值 $\bar{x}_k$ 代替波长点的测量值，自左向右依次移动 k，完成所有点的平滑。

$$x_{k,\mathrm{smooth}} = \bar{x}_k = \frac{1}{2w+1}\sum_{i=-w}^{+w} x_{k+i} \tag{9-5}$$

采用移动平均平滑法时，平滑窗口宽度是一个重要参数，若窗口宽度太小，平滑去噪效果将不佳；若窗口宽度太大，进行简单求均值运算会在对噪声进行平滑的同时也平滑掉有用信息，造成光谱信号的失真。

9.2.1.3　Savitzky-Golay 卷积平滑法

Savitzky-Golay 卷积平滑又称多项式平滑，波长 k 处经平滑后的平均值为：

$$x_{k,\mathrm{smooth}} = \bar{x}_k = \frac{1}{H}\sum_{i=-w}^{+w} x_{k+i}h_i \tag{9-6}$$

式中　h_i——平滑系数；

H——归一化系数，$H = \sum_{i=-w}^{+w} h_i$。

每一测量值乘以平滑系数 h_i 的目的是尽可能减少平滑对有用信息的影响。h_i 可根据最小二乘原理用多项式拟合求得。

Savitzky-Golay 卷积平滑法与移动平均平滑法的基本思想是类似的，只是该方法没有简单地平均而是通过多项式来对移动窗口内的数据进行多项式最小二乘拟合，其实质是一种加权平均法，更强调中心点的中心作用。

9.2.1.4　中值滤波法

中值滤波的基本原理是把数字图像或数字序列中一点的值用该点的一个邻域中各点值的中值代替。中值的定义为：

一组数 x_1，x_2，…，x_n，把 n 个数按值的大小顺序排列：$x_{i1} \leqslant x_{i2} \leqslant \cdots \leqslant x_{in}$

$$x_{k,\mathrm{smooth}} = \bar{x}_k = \frac{1}{H}\sum_{i=-w}^{+w} x_{k+i}h_i y = \mathrm{Med}(x_1, x_2, \cdots, x_n) \tag{9-7}$$

式中　y——序列的中值；

n——序列的窗口宽度。

9.2.1.5　Gaussian 滤波法

Gaussian 滤波的基本原理是将高斯核函数与原始信号进行卷积得到滤波输出后的信号。设一维 Gaussian 函数为：

$$g(t,\sigma) = \frac{1}{\sqrt{2\pi}\,\sigma}\exp\left(-\frac{t^2}{2\sigma^2}\right) \tag{9-8}$$

其一阶导数为：

$$g^{(1)}(t,\sigma) = \frac{-t}{\sqrt{2\pi}\,\sigma^3}\exp\left(-\frac{t^2}{2\sigma^2}\right) \tag{9-9}$$

式中 $g^{(1)}(t, \sigma)$ 称为 Gaussian 滤波器，原始信号 $f(t)$ 被 $g^{(1)}(t, \sigma)$ 滤波的结果即为 Gaussian 滤波 $S(t, \sigma)=f(t)*g^{(1)}(t, \sigma)$，其中“$*$”是卷积运算符，$\sigma$ 为高斯函数的标准差。高斯滤波的平滑作用可以通过 σ 来控制，即可以通过改变 Gaussian 标准差 σ 来控制信号的平滑程度。

9.2.1.6 低通滤波法

傅里叶低通滤波的思想是：利用傅里叶正变换算法将待加强的图像变换到频率域中，然后将满足低通滤波的频率截去，再采用傅里叶逆变换将其变换成空间域中的图像。

对于大小为 $M \times N$ 的二维离散数字图像 $f(x, y)$，二维离散傅里叶正变换可表示为：

$$F(u,v)=\sum_{x=0}^{M-1}\sum_{y=0}^{N-1} f(x,y)\,\mathrm{e}^{-j2\pi\left(u\frac{x}{M}+v\frac{y}{N}\right)} \tag{9-10}$$

二维离散傅里叶逆变换可表示为：

$$F(x,y)=\sum_{u=0}^{M-1}\sum_{v=0}^{N-1} f(u,v)\,\mathrm{e}^{j2\pi\left(x\frac{u}{M}+y\frac{v}{N}\right)} \tag{9-11}$$

式中 j——虚数单位；

u, v——频域变量。

低通滤波条件为 $D(u, v)=\sqrt{u^2+v^2}>D_0$，其中，$D(u, v)$ 是频率域中坐标原点到 (u, v) 位置的距离，D_0 是一个规定的正值，称为滤波截止频率。

9.2.1.7 光谱去噪效果评价

不同的滤波去噪方法会产生不同的效果，也会对后续的分析结果产生影响。然而，人工目视判读难以对去噪效果进行客观评价，寻求一种定量的评价指标十分必要。目前，对不同去噪方法的效果主要从两个方面作定量评价：一是光谱曲线平滑程度与特征保持能力；二是去噪后的数据在相同处理方法下，对某些尾砂理化参量的预测精度进行比较来衡量各滤噪方法的优劣。好的滤波方法评价标准应该是去噪后的光谱曲线在特征（曲线形状和特征位置）保持的同时，曲线尽量平滑，同时也应满足相关尾砂理化参量的预测精度。

光谱曲线的平滑程度采用平滑指数（SI）来衡量。特征保持能力从光谱特征波段处的反射率偏移量来衡量，包括特征位置的横向偏移量和纵向变化量，依此变化量构建横向特征保持指数（HFRI）和纵向特征保持指数（VFRI）。SI、HFRI 和 VFRI 的值分别由下面的 3 个公式计算。

$$\mathrm{SI}=\sum_{i=350}^{2500}(\lambda'_{i+1}-\lambda'_i)^2 / \sum_{i-350}^{2500}(\lambda_{i+1}-\lambda_i)^2 \tag{9-12}$$

$$\mathrm{HFRI}=\left\{\sum_{n=1}^{m}(|j_n-i_n|)\right\} // \{\mathrm{Search}[j_n, j_n \in (i_n-k, i_n+k) \mid_{\mathrm{satisfy}(\mathrm{Min}(\lambda'_{j_n}, \lambda_{i_n}))}]\} \tag{9-13}$$

$$\mathrm{VFRI}=\sum_{n=1}^{m}\sum_{i=1}^{b}(|\lambda'_{i_n}-\lambda_{i_n}|) \tag{9-14}$$

式中 λ', λ——去噪后和原始光谱反射率数据；

i——波段位置。

式（9-13）表示以原始特征位置 i 为中心，在离中心前后 k 波段内搜索去噪后数据与原始特征位置数据最接近的波段j，计算波段i与j的波段距离，n表示特征波段个数。其中SI是对所有的波段进行计算，而HFRI和VFRI的计算需要选取特征波段的位置。

9.2.2 光谱增强

光谱中包含着与物质组成成分的含量具有强相关性的细节特征，如阶跃、峰、谷等。使用光谱仪测量得到的是样品的相对光谱数据，由于测量时不可避免地受到环境、仪器等因素的影响，有时这些细节在原始光谱中并不明显，不便于特征计算，往往需要采取光谱变换来增强特征。

9.2.2.1 多元散射校正

多元散射校正（multiplicative scatter correction，MSC）是一种多变量散射校正技术，可以有效地消除样品间散射导致的基线偏移效应。该法通过测量光谱与参考光谱之间的回归分析，使用回归拟合的斜率以及截距来校正测得的光谱数据。在固体漫反射和浆状物透（反）射光谱中应用较为广泛。

多元散射校正过程包括以下几个步骤：定义$\boldsymbol{x}$为待标准化光谱的列向量；定义$\boldsymbol{r}$为参考光谱向量，通常为校正集的平均光谱。向量通常都是均值中心化的，根据下式计算：

$$\boldsymbol{x}_c = \boldsymbol{x} - \bar{x}\boldsymbol{l} \tag{9-15}$$

$$\boldsymbol{r}_c = \boldsymbol{r} - \bar{r}\boldsymbol{l} \tag{9-16}$$

式中 $\boldsymbol{x}_c$，$\boldsymbol{r}_c$——均值中心化向量；

$\bar{x}$，$\bar{r}$——相应的平均值；

$\boldsymbol{l}$——其中一个向量。

未知的多元因子b通过以下公式确定：

$$\boldsymbol{r}_c b = \boldsymbol{x}_c \tag{9-17}$$

$$b = (\boldsymbol{r}_c^{\mathrm{T}}\boldsymbol{r}_c)^{-1}\boldsymbol{r}_c^{\mathrm{T}}\boldsymbol{x}_c \tag{9-18}$$

校正后的光谱$\boldsymbol{x}$由下式得出：

$$\hat{\boldsymbol{x}} = \boldsymbol{x}_c / b + \bar{r}\boldsymbol{l} \tag{9-19}$$

9.2.2.2 标准正态变量变换

标准正态变量变换（standard normal variate，SNV）的通用方法是加权平均化。该法主要用来消除固体颗粒大小、表面散射以及光程变化对光谱的影响。对于给定的样本，SNV计算了所有变量的标准差，整个样本再通过该值进行归一化，样本因此产生一个单位的标准差（$S=1$）。SNV与标准化算法的计算公式相同，不同之处在于标准化算法对一组光谱进行处理（基于光谱阵的列），而SNV是对一条光谱进行处理（基于光谱阵的行）。计算公式如下：

$$\overline{x_i} = \frac{\sum_{j=1}^{n} x_{i,j}}{n} \tag{9-20}$$

$$w_i = \sqrt{\frac{\sum_{j=1}^{n} (x_{i,j} - \overline{x_i})^2}{n-1}} + \delta^{-1} \tag{9-21}$$

式中　n——变量的个数；

$x_{i,j}$——第 i 个样本的第 j 个变量的值；

δ——自定义的偏移量。

9.2.3　光谱数据的变换与特征提取

9.2.3.1　光谱微分技术

光谱微分技术（spectral derivative）是在光谱分析过程中应用最广泛的光谱预处理方法之一。光谱微分技术是针对部分反射光谱进行数学模拟和计算不同阶次的微分值（差分），目的是计算光谱梯度，确定光谱弯曲点，以及最大值与最小值波长位置。Cloutis 的研究表明，光谱的低阶微分处理对噪声影响敏感性较低，光谱微分技术可以对不同的背景、噪声有去除作用，特别是比较容易去除那些以“加”的形式混入光谱信号中的噪声，还可有效地消除基线和其他背景的干扰，分辨重叠峰，提高分辨率和灵敏度。一阶微分可以最大地消除一次方项噪声的影响，二阶微分可以消除平方项噪声的影响，因而在实际应用中较有效。光谱微分技术已用于减弱大气散射和吸收对目标光谱特征的影响、水质参数的提取等。一般认为，可用一阶微分处理去除部分线性或接近线性的背景值干扰，即噪声光谱对目标光谱的影响。

在实际计算中，一般用光谱的差分作为微分的有限近似，计算公式如下：

$$R'(\lambda_i) = [R(\lambda_i) - R(\lambda_{i-1})]/2\Delta\lambda \tag{9-22}$$

$$R''(\lambda_i) = [R'(\lambda_i) - R'(\lambda_{i-1})]/2\Delta\lambda = [R(\lambda_i) - 2R(\lambda_{i-1}) + R(\lambda_{i-2})]/(2\Delta\lambda)^2 \tag{9-23}$$

式中　λ_i——每个波段的波长；

$R'(\lambda_i)$，$R''(\lambda_i)$——波长 λ_i 的一阶和二阶微分光谱；

$\Delta\lambda$——波长 λ_{i-1} 到 λ_i 的间隔，视波段波长而定。

9.2.3.2　连续统去除法

连续统去除法也叫去包络线法，作为光谱分析方法，它最早由 Clark 和 Roush 提出。连续统定义为逐点直线连接随波长变化的吸收或反射凸出的“峰”值点，并使折线在“峰”值点上的外角大于180°。它可以有效突出光谱曲线吸收和反射特征，并且将其归一到一个一致的光谱背景上，有利于和其他光谱曲线进行特征数值比较，从而提取出特征波段进行分类识别。

从直观上来看，连续统是一个逐点直线连接光谱上局部光谱反射极值点的凸壳（convex hull），相当于光谱曲线的“外壳”。因为实际的光谱曲线由离散的点所构成，所以光谱曲线的包络线也是用连续的折线段来表示的。在光谱吸收特征的起终点之间，适宜应用直线连续统。连续统去除法处理后的反射率 $R'(\lambda)$ 等于在光谱吸收特征处的每个波段的反射率值 $R(\lambda)$ 除以连续统直线上相对应波段处的反射均值 $R_c(\lambda)$：

$$R'(\lambda) = R(\lambda)/R_c(\lambda) \tag{9-24}$$

因为起点、终点光谱数据值都是在“凸壳”上，所以连续统去除法归一化后的光谱曲线上的起、终点数据值为1，其间的其他部位的值均在（0，1）之间。在连续统去除法归一化后的光谱曲线上，吸收谷被放大，可以和其他光谱特征进行数值比较，进行光谱的匹配分析。

9.2.3.3 光谱特性吸收的相关性分析

相关分析法旨在分析变量之间是否存在统计相关关系，并且对变量间的统计相关程度进行度量。它利用相关系数进行分析、估计和检验，最常用的为正态相关分析（通常简称为相关分析），它的前提条件是有关变量的联合分布是正态分布，即随机变量 X、Y 假定为二元正态分布，其正态分布的概率密度可以用下式表示。

$$f(x,y)=\frac{1}{2\pi\sigma_x\sigma_y\sqrt{1-\rho^2}}\cdot\exp\left\{-\left[\frac{(x-\mu_x)^2}{\sigma_x^2}-\frac{2\rho(x-\mu_x)(y-\mu_y)}{\sigma_x\sigma_y}+\frac{(y-\mu_y)^2}{\sigma_y^2}\right]/2(1-\rho^2)\right\} \tag{9-25}$$

式中 μ_x，μ_y——变量 x 和 y 的平均值；

σ_x^2，σ_y^2——变量 x 和 y 的方差；

ρ——相关系数。

由于实际中许多现象和变量都可以用正态分布来描述，因此正态相关分析有极广泛的应用。与正态相关分析不同，秩相关分析不要求变量服从正态分布，属于非参数方法；秩相关分析所使用的统计量，不是由观测值直接计算的样本相关系数，而是由观测值的等级（秩）计算的样本相关系数。

为了导出相关系数的统计表达式，首先来介绍协方差的概念。协方差表征了两个随机变量相对于它们均值的同时偏差，反映了两个变量共同变化的程度。设有两个随机变量 X 和 Y，其平均值分别为 $\bar{x}$ 和 $\bar{y}$，则协方差为：

$$\mathrm{cov}_{xy}=\frac{\sum_{i=1}^{n}(x_i-\bar{x})(y_i-\bar{y})}{n-1} \tag{9-26}$$

协方差不能直接用来度量两个变量的相关程度，因为它的值与测量单位有关。当两个变量的测量单位不同时，会带来一些问题。因此，需要将协方差标准化以消除测量单位的影响。将协方差除以两个随机变量的标准差的乘积进行标准化，得到相关系数，即：

$$r=\frac{\sum_{i=1}^{n}(x_i-\bar{x})(y_i-\bar{y})}{\sqrt{\sum_{i=1}^{n}(x_i-\bar{x})^2\sum_{i=1}^{n}(y_i-\bar{y})^2}} \tag{9-27}$$

这样，测量单位被消去了，没有了单位的影响，r 仅表征了两个变量之间的相关程度。

相关系数 r 的取值范围为 $[-1,\ 1]$，相关系数取正值或负值完全取决于上式的分子。当 x 和 y 的偏差按同方向变化，即 x 大于均值 $\bar{x}$ 时，y 亦大于其均值 $\bar{y}$，则 $\sum(x_i-\bar{x})(y_i-\bar{y})$ 为正；如果两个偏差按相反方向变化，即当 x 大于均值 $\bar{x}$ 时，y 小于其均值 $\bar{y}$，则 $\sum(x_i-\bar{x})(y_i-\bar{y})$ 为负；如果偏差（$x_i-\bar{x}$）与偏差（$y_i-\bar{y}$）的变化并不始终保持一致，则由于正负号的偶然抵消，可以导致 $r=0$。

当所有的样本点都在一条直线上且斜率为正时，r 取最大值+1，这表明在式（9-27）中（$y_i-\bar{y}$）可以用（$x_i-\bar{x}$）代替，从而得到

$$r=\frac{\sum_{i=1}^{n}(x_i-\bar{x})(x_i-\bar{x})}{\sqrt{\sum_{i=1}^{n}(x_i-\bar{x})^2\sum_{i=1}^{n}(x_i-\bar{x})^2}}=\frac{\sum(x_i-\bar{x})^2}{\sum(x_i-\bar{x})^2}=1 \tag{9-28}$$

当所有的样本点都在一条直线上且斜率为负时，r 取−1，这表明在式（9-27）中（$y_i-\bar{y}$）可以用 $-(x_i-\bar{x})$ 代替，从而得到 $r=-1$。

9.2.3.4 光谱吸收特征峰的提取

反射光谱的吸收特征可以分解成连续统和个别特征两部分。经连续统去除后可以得到以下光谱吸收特征参数：吸收波段波长位置（P）、深度（H）、宽度（W）、斜率（K）、对称度（S）、总面积（A）、左半边面积（$A1$）、右半边面积（$A2$）、吸收宽度左边开始位置（LP）、吸收宽度右边结束位置（RP）等。

“位置”是波段最小值对应的波长；“深度”指由于化学成分在某波长点上吸收光谱特征而比邻接波段有较低的反射率，所形成的吸收谷的深度，而“宽度”指波段深度一半处的宽度。其中，“深度”可由下式计算：

$$H(\lambda)=1-R'(\lambda) \tag{9-29}$$

式中　$R'(\lambda)$——去包络光谱；

　　　$H(\lambda)$——波段深度，λ 为波长。

“斜率”K 为：

$$K=\tan[(R_e-R_s)/(\lambda_e-\lambda_s)] \tag{9-30}$$

式中　R_e，R_s——吸收终点、吸收始点反射率值；

　　　λ_e，λ_s——相应的波长。

“对称度”S 为：

$$S=A1/A \tag{9-31}$$

式中　$A1$——吸收峰左半边的面积；

　　　A——吸收峰的整体面积，为宽度和深度的综合参数。

9.2.3.5 光谱曲线形态比较分析

目前常采用光谱相似系数（spectral correlation）、光谱角度（spectral angle）、光谱信息散度（spectral information divergence）等来比较不同土壤光谱曲线形态的相似度。其中，光谱相似系数 F 和光谱角度 θ 的计算分别见式（9-32）和式（9-33）。

$$F=\frac{\sum_{i=1}^{n}(x_i-\bar{x})(y_i-\bar{y})}{\sqrt{\sum_{i=1}^{n}(x_i-\bar{x})^2\sum_{i=1}^{n}(y_i-\bar{y})^2}} \tag{9-32}$$

式中　x_i，y_i——光谱曲线 x 和光谱曲线 y 在不同波段处的反射率；

　　　$\bar{x}$，$\bar{y}$——光谱曲线 x 和光谱曲线 y 整个光谱反射率的平均值。

F 值越大，说明两条光谱曲线的形态相似程度越高。反之，则说明两条光谱曲线形态差异越大。

$$\theta = \arccos \frac{\sum_{i=1}^{n} x_i y_i}{\sqrt{\sum_{i=1}^{n} x_i^2} \sqrt{\sum_{i=1}^{n} y_i^2}} \qquad \theta \in \left[0, \frac{\pi}{2}\right] \tag{9-33}$$

式中 x_i，y_i——光谱曲线 x 和光谱曲线 y 在不同波段处的反射率；

n——波段数。

θ 值越小，说明两条光谱曲线的形态相似程度越高；反之，则说明两条光谱曲线形态差异越大。

9.3 尾砂光谱测试原理和特征

9.3.1 可见-近红外光谱测试基本原理

9.3.1.1 电磁辐射理论

电磁辐射理论是遥感的理论基础，太阳是遥感中最主要的辐射源，太阳的辐射以电磁波的形式辐射出去。如图9-5所示，电磁波的波长从毫微米级伽马射线一直延伸到米级的无线电波。太阳光谱是一种不同波长组合而成的复合光谱，对土壤的光谱特性研究主要集中在可见光和近红外波段，其中近红外波段又包括短波近红外和长波近红外波段。世界上所有的物质都有反射太阳光的能力，但是由于物质成分、性状、环境条件的不同，不同的物质具有不同的电磁波反射辐射特征，通过记录地物的反射辐射能量，就可以间接测量各种地物的属性特征量（物理、化学、生物等属性）。

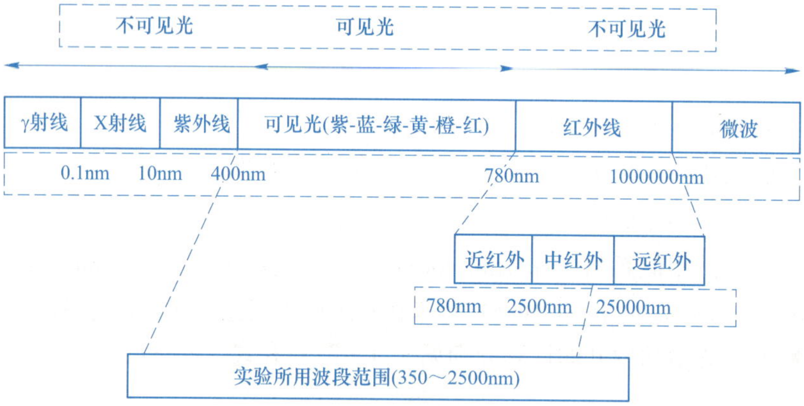

图9-5 电磁波谱图

太阳辐射的大部分能量分布在近紫外-中红外波段（0.31～25μm），其中可见光占43.5%，近红外占36.8%，各波段能量分布见表9-3。当太阳辐射到达大气层时，约30%的能量被云层和其他大气反射回太空，17%被地球大气吸收，22%被散射并形成漫辐射达到地球表面，最后仅剩31%的能量直射到达地球表面。一般情况下，太阳辐射是相对稳定的，总体变化很小。

表 9-3 太阳辐射能各谱段的百分比

波长/μm	波段	百分比/%
<0.20	χ 射线、γ 射线、远紫外	0.02
0.20~0.31	中紫外	1.95
0.31~0.38	近紫外	5.23
0.38~0.72	可见光	43.50
0.72~2.50	近红外	36.80
2.50~25	中红外	12.00
>25	远红外、微波	0.41

太阳辐射照度 E 和太阳天顶角 θ 有关，在忽略大气损失的情况下，可以近似地认为地面辐照度 E 和 $\cos\theta$ 成正比，即：

$$E = \frac{E_0}{D^2}\cos\theta \tag{9-34}$$

式中 E_0——太阳常数，为 $1.36\times10^3\mathrm{W/m^2}$；

D——以日地平均距离为单位（天文单位，1 天文单位≈1.5 亿千米）的日地之间的距离。

太阳辐射到地面以后和地物相互作用，形成反射、透射和吸收三部分，即到达地面的太阳辐射能量等于反射能量、吸收能量和透射能量之和。绝大多数物体在可见光波段都不具备透射能力，随着波长的增加，透射能力越来越强。根据基尔霍夫定律，物体达到局部热平衡后从外界吸收的能量等于向外发射的能量。因此，地物对太阳的反射和自身的发射能量之间有直接关系，即地物对太阳的反射能量越高，自身的发射能量越低；地物对太阳的反射能量越低，自身的发射能量越高。从可见光到热红外波段随着波长的增加，地物自身的发射能量不断增加，对太阳辐射的反射不断降低。在可见光-近红外波段（0.38~2.5μm），地物对太阳辐射以反射为主，地物自身的热辐射几乎等于零，可以忽略不计，可见光-近红外光谱记录的是地球表面对太阳辐射的反射能量；在 3~6μm 的中红外波段，热辐射和地物对太阳辐射的反射部分在同一数量级，两部分需要同时考虑；在 6~18μm 区间，以地物自身的热辐射为主，对太阳辐射的反射可以忽略不计。

9.3.1.2 高光谱遥感特点

目前，国际遥感界的共识是光谱分辨率在 $\lambda/10$ 数量级范围的称为多光谱遥感，多光谱传感器在可见光和近红外光谱区只有几个波段，如美国 LandsatTM/OLI、法国 SPOT 等；而光谱分辨率在 $\lambda/100$ 的遥感信息称为高光谱遥感，如 Hyperion、高分 5 号，高光谱分辨率的光谱仪为每一个像元提供很窄的（一般小于 10nm）波段，并且在某个光谱区间连续分布。高光谱遥感为监测地表的环境变化和环境调查提供了更为广泛的应用，主要体现在以下几个方面：

(1) 地物的分辨识别能力大大提高，并且可以区别属于同一种地物的不同类别。波段变窄，可选择的成像通道变多，使得“异物同谱”与“同谱异物”的现象减少，只要波段的选择与组合恰当，一些地物光谱空间混淆的现象可以得到极大的控制，这为进一步的分析提供了可靠的保证。

（2）通道大大增加，使得在处理不同应用的分析中，光谱的可选择性变得灵活和多样化，这极大地增加了通过遥感分析目标物的数量，使遥感技术应用的范围扩大。

（3）由于光谱空间分辨率的提高，利用高光谱数据可以进行植被、水体、地表物质中一些化学成分含量的反演，由遥感定性分析向定量或半定量的转化成为可能。传统成像遥感技术主要的应用是以定性化的分析为主，部分定量分析结果的精度并不理想，而高光谱分辨率遥感首先突破了光谱分辨率这一限制，在光谱空间很大程度上抑制了其他干扰因素的影响，这对于定量分析结果精度的提高有很大的帮助。

9.3.1.3　可见-近红外光谱的测试原理

可见光-近红外光谱属于反射光谱。地物的反射可以表现为三种形式：镜面反射、漫反射和方向反射。

当入射能量绝大部分或者全部按相反的方向反射，且反射角等于入射角，称为镜面反射。对于不透明的物体，其反射能量等于入射能量减去吸收能量。镜面反射严格满足反射定律，自然界中真正的镜面反射很少，非常平静的水面可以近似认为是镜面反射。

当入射波长保持不变，样本表面的粗糙度逐渐增加至和波长在同一数量级时，整个表面均匀反射入射的电磁波，即入射能量以入射点为中心，在整个半球空间内向四周各向同性地反射能量的现象叫作漫反射。入射到此表面的电磁辐射按照朗伯余弦定律反射。严格来讲，漫反射指当入射辐照度一定时，从任何角度观察反射面，其反射辐射亮度是一个常数，这种反射面又叫作朗伯面。自然界中真正的朗伯面也很少，新鲜的氧化镁（MgO）、硫酸钡（$BaSO_4$）、碳酸镁（$MgCO_3$）表面，在反射天顶角小于45°时，可以近似看作朗伯面。

当地物的粗糙度持续增大时，发生方向反射。方向反射是镜面反射和漫反射的结合。自然界中的大部分地物既不属于光滑的镜面，也不属于粗糙的朗伯面，而是介于二者之间。方向反射基本没有规律可循，从空间对地面进行观测时，若地面平坦且地物均匀分布时，可以将其看成漫反射；若地形起伏较大，地面结构复杂则将其看成方向反射。

任何物质其光谱的产生都有严格的物理机制。在可见光-近红外波段，太阳辐射和地物相互作用后形成稳定的光谱特征，光谱吸收特征的成因主要是在太阳电磁能量的激发下，由地物内部的电子跃迁和分子振动引起的。某些混合物中组分或者环境因子的变化会致使光谱反射率曲线在某些特定波长处的波谷、波峰强度产生变化，这种强度变化与组分含量存在定量关系，这正是遥感定量分析的基础。随着观测角度和太阳入射角的变化，反射情况有明显的差异。因此，Nicodemus 在 1977 年提出了二向性反射率分布函数（BRDF）。即太阳光照射到地物上，其波谱入射反射情况如图 9-6 所示，二向性反射率分布函数为：

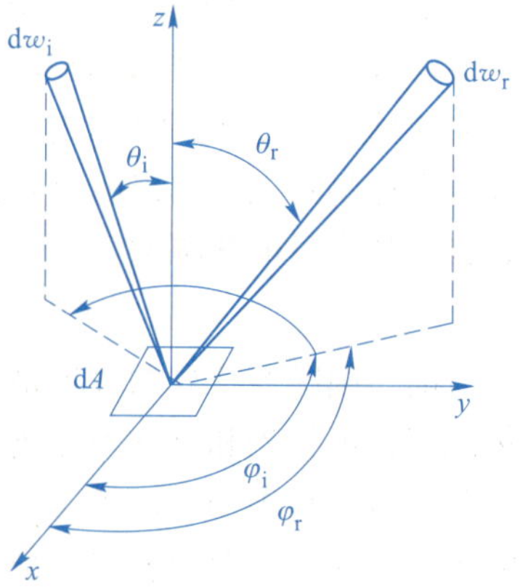

图 9-6　波谱入射与反射关系图

$$f(\theta_i,\varphi_i,\theta_r,\varphi_r)=\frac{dL(\theta_r,\varphi_r)}{dE(\theta_i,\varphi_i)} \tag{9-35}$$

式中　θ_i，φ_i——入射方向；

θ_r，φ_r——某一反射方向。

在实际观测中，二向性反射率函数很难测量，往往是测量目标的二向反射因子（BRF），它是通过测量在相同的照射和观测条件下目标反射的辐射亮度和朗伯体反射的辐射亮度，然后通过下式计算：

$$R(\theta_i,\varphi_i,\theta_r,\varphi_r)=\frac{L_i(\theta_i,\varphi_i,\theta_r,\varphi_r)}{L_{ip}(\theta_i,\varphi_i,\theta_r,\varphi_r)} \tag{9-36}$$

式中 $R(\theta_i,\ \varphi_i,\ \theta_r,\ \varphi_r)$——目标的二向反射因子；

$L_i(\theta_i,\ \varphi_i,\ \theta_r,\ \varphi_r)$——目标的反射辐射亮度；

$L_{ip}(\theta_i,\ \varphi_i,\ \theta_r,\ \varphi_r)$——朗伯体的反射辐射亮度。

从上式可以看出，为了测定目标的二向反射因子，需要测定两类光谱值。一是标准白板（朗伯体）的反射光谱，二是样本的反射光谱。根据反射率的定义：地物的反射率等于地物的反射亮度除以入射亮度；白板的反射率等于白板的反射亮度除以入射亮度。

由于白板和地物的观测时间相隔很近，可以近似地认为白板的入射亮度和地物的入射亮度相等。那么，地物的反射率为地物的反射亮度除以白板的反射亮度，再乘以白板的反射率。由于白板是由硫酸钡制成的朗伯面，在可见光-近红外波段（0.38~2.5μm）反射率近似为1。那么地物的反射率就等于地物的反射亮度除以白板的反射亮度。因此，分别测试地物的反射亮度和白板的反射亮度即可得到地物的反射率。

9.3.2 尾砂的可见-近红外光谱特征

尾砂的光谱反射率曲线在不同波段的特征有所不同，不同尾砂的光谱反射率曲线形态也不同，但存在着一些共同的特点。尾砂光谱曲线特征如下：

（1）尾砂反射光谱曲线整体变化趋势相同，多数尾砂的光谱反射率在可见光部分较低，光谱特征较相似，基本呈平行关系。一般在较短波段反射率高时，较长波段也具有较高的反射率。

（2）以980nm处吸收峰底为界，在350~980nm波段区间的光谱反射率呈上升—下降—上升—下降趋势，在1000~2100nm波段区间反射率呈上升趋势，反射率总体上升较快，在2100~2500nm区间，反射率呈现下降趋势，下降趋势较快。

（3）尾砂的光谱曲线在750nm处存在明显的反射峰，在980nm、1450nm、1950nm、2250nm和2350nm附近存在明显的吸收峰特征。其中，750nm和980nm主要是因为Fe^{3+}引起；1450nm附近的吸收峰可能是由水分子中的H—O—H键的转角振动和O—H键伸缩振动产生的，虽然尾砂经过烘干处理，但是样品内部可能存在少量化学结合水和吸湿水，此部分水分无法通过烘烤蒸发，也可能是由O—H键振动的一级倍频峰引起的；1950nm附近的吸收谷是由于水分分子中H—O—H键的转角振动和O—H键伸缩振动的合频峰产生的；2250nm和2350nm附近吸收特征一般是由Mg—OH和Al—OH产生的。

9.3.3 尾砂热红外光谱测试基本原理

所有物质，只要其温度超过绝对零度（-273.14℃），就会不断地发射热红外辐射。常温的地标物体发射的红外辐射主要是在大于3μm的中远红外区，又称热辐射。热辐射不仅与物质的表面状态有关，也是物质内部组成和温度的函数。热红外遥感就是利用星载或机载传感器收集、记录地物的这种热红外信息，并利用这种热红外信息来识别地物和反演地表参数，如温度、湿度和热惯量等。

9.3.3.1　热辐射基本概念

物质内部带电粒子的变速运动都会发射或吸收电磁辐射，一切物质都处于不停地发射和吸收电磁辐射的过程中。电磁波谱的区域很广，包括了宇宙射线、γ 射线、X 射线、紫外光、可见光、红外辐射、微波以及无线电波等。所有的电磁波都是以横波形式进行传播，遵循同样的反射、折射、干涉、衍射和偏振定律。

在光谱学中，除了用波长和频率来表征电磁波外，还常用波数 v 来描述，v 的单位为 cm^{-1}，表示真空中 1cm 的路程所包含的波长数。在红外光谱研究中常用波数来标识谱带的位置和光谱分辨率。红外辐射包括了可见光红端长 0.76μm 到 1000μm 的范围。为了方便，通常将红外辐射分为四个区：近红外区：0.76～1.5μm；中红外区：1.5～6μm；远红外区：6～15μm；极远红外区：15～1000μm；区的划分规范是不严格的，不同文献中可能是不一样的，了解和掌握热红外理论研究和数据分析中常用的辐射测量单位是非常重要的。辐射的度量单位分为基本辐射量和光谱辐射量两类，辐射量在总辐射能量状态和变化中被描述，忽略光谱维度中的分布特性，并且采用光谱辐射量考虑辐射光谱分布特性的变化。表征辐射特性的量如表 9-4 所示。

表 9-4　表征辐射特性的量及其含义

名称	符号	单位	公式	含　义
辐射能	Q	J		以电磁波的形式发射、传递或接收的能量
辐射通量	ϕ	W	$\phi=Q/t$	单位时间内通过某一表面的辐射能量
辐射通量密度	F	W/m^2	$F=\phi/S$	单位时间内通过单位面积的辐射能量
辐射出射度	M	W/m^2	$M=\phi/S$	单位时间内，从单位面积上辐射出的辐射能量
辐射照度	E	W/m^2	$E=\phi/S$	单位时间内，单位面积上接收的辐射能量
辐射强度	I	W/sr	$I=\phi/\Omega$	辐射源在某一方向上单位立体角内的辐射通量
辐射亮度	L	$W/(m^2\cdot sr)$	$L=\phi/(S\cdot\Omega)$	辐射源在某方向上的单位投影面积在单位立体角内的辐射通量
黑体				对任何波长的辐射都能全部吸收（吸收率 $A_\lambda=1$，A 为物体对辐射吸收的能力），则该物体为绝对黑体
灰体				如果物体的吸收率 $A_\lambda=A$ 不随波长而变，但 $A<1$，则称之为灰体

9.3.3.2　热辐射基本定理

（1）基尔霍夫定律。在一定的温度下，任何物体的辐射出射度 $F_{\lambda,T}$ 与其吸收率 $A_{\lambda,T}$ 的比值是一个普通函数 $E(\lambda, T)$，且只是温度 T 和波长 λ 的函数，与物体的性质无关，即：

$$\frac{F_{\lambda,T}}{A_{\lambda,T}}=E(\lambda,T) \tag{9-37}$$

这就是基尔霍夫定律。

基尔霍夫定律表明：对于任何波长 λ，任何物体的辐射出射度 $F_{\lambda,T}$ 和其吸收率 $A_{\lambda,T}$ 之比都等于同一温度下的黑体的辐射出射度 $E(\lambda, T)$。$E(\lambda, T)$ 与物体的性质无关，吸收率 $A_{\lambda,T}$ 大的，其发射能力就强。黑体的吸收率 $A_{\lambda,T}=1$，其发射能力最大。只要知道物体的吸收光谱，就可以立即确定其辐射光谱。

通常来自物体的辐射与来自黑体在相同温度下的辐射的比率被称为比辐射率，它表征物体的发射本领：

$$\varepsilon(\lambda,T)=\frac{F_{\lambda,T}}{E(\lambda,T)} \tag{9-38}$$

可见 $\varepsilon(\lambda,\ T)=A_{\lambda,\ T}$，即物体的比辐射率等于物体的吸收率。

（2）普朗克定律。绝对黑体的辐射光谱 $E_{\lambda,T}$ 对于研究一切物体的辐射规律具有根本的意义。1900 年普朗克引进量子概念，将辐射当做不连续的量子发射，成功地从理论上得出了与试验精确吻合的绝对黑体辐射出射度随波长分布的函数：

$$E_{\lambda,T}=\frac{2\pi c^2h}{\lambda^5}\left(e^{\frac{ch}{k\lambda T}}-1\right)^{-1}=\frac{c_1}{\lambda^5}\left(e^{\frac{c_2}{\lambda T}}-1\right)^{-1} \tag{9-39}$$

式中 $E_{\lambda,T}$——绝对黑体辐射出射度随波长的分布函数，W/(m^2 · μm)；

c——光速，$c=2.99793\times10^8$m/s；

h——普朗克常量，$h=6.6262\times10^{-34}$J · s；

k——玻耳兹曼常数，$k=1.3806\times9^{-23}$J/K；

$c_1=2\pi c^2h=3.7418\times10^{-6}$W · m^2；

$c_2=\dfrac{ch}{k}=14388$μm · K。

绝对黑体都要服从朗伯定律，其分光辐射亮度为：

$$B_{\lambda,T}=\frac{E_{\lambda,T}}{\pi} \tag{9-40}$$

在热红外遥感计算中，常用波数 v 取代波长来表征物体的辐射出射度：

$$v=\frac{1}{\lambda},\lambda=\frac{1}{v},\mathrm{d}\lambda=-\frac{1}{v^2}\mathrm{d}v \tag{9-41}$$

则：

$$B_{\lambda,\ T}\mathrm{d}\lambda=B_{v,\ T}\mathrm{d}v$$

$$B_{\lambda,T}=2\pi c^2hv^5\left(e^{\frac{chv}{kT}}-1\right)^{-1}\cdot\frac{1}{v^2}=2\pi c^2hv^3\left(e^{\frac{chv}{kT}}-1\right)^{-1}=c_1v^3\left(e^{\frac{c_2v}{T}}\right)^{-1} \tag{9-42}$$

其分光辐射亮度为：

$$B_{\lambda,T}=\frac{E_{v,T}}{\pi}=2\pi c^2hv^3\left(e^{\frac{chv}{kT}}-1\right)^{-1} \tag{9-43}$$

在具体研究中，常常要知道某个传感器的宽通道黑体辐射函数，根据普朗克黑体辐射公式，可用波数间隔 $\Delta v=20\mathrm{cm}^{-1}$ 求和代替积分：

$$B_i(T)=\frac{\Sigma_n f_i(v_n)\cdot B_i(T)\cdot\Delta v}{\Sigma_n f_i(v_n)\cdot\Delta v} \tag{9-44}$$

式中 $f_i(v_n)$——传感器第 i 通道的通道响应函数；

$B_i(T)$——该通道的宽通道黑体辐射函数。

（3）斯蒂芬-玻耳兹曼定律。1879 年斯蒂芬由实验发现，绝对黑体的积分辐射能力 E_T 与其温度的 4 次方成正比，即：

$$E_T=\sigma T^4 \tag{9-45}$$

1884 年，玻耳兹曼由热力学理论得出了这个公式，其中 σ 称为斯蒂芬-玻耳兹曼常数，$\sigma=5.6696\times10^{-8}\mathrm{W/(m^2\cdot K^4)}$。

（4）维恩位移定律。1893 年维恩用热力学理论导出黑体辐射光谱的极大值对应的波长：

$$\lambda_{\max}=\frac{b}{T} \tag{9-46}$$

其中，$b=2897.8\mu\mathrm{m}\cdot\mathrm{K}$，温度越高，$\lambda_{\max}$ 越小。对于 6000K 的黑体，$\lambda_{\max}=0.483\mu\mathrm{m}$（蓝色光）；对于 $T=300\mathrm{K}$ 的黑体，$\lambda_{\max}=9.66\mu\mathrm{m}$。

9.3.3.3　温度和发射率的分离方法

温度和发射率是地面物体的热红外辐射特性的两个主要因素。在热红外遥感反演中，一旦获得温度，就可以获得相应的发射率，反之亦然。在很多应用中，是通过发射率波谱曲线的形状来识别地物的化学构成，这时只要发射率波谱曲线的形状大致正确就可以满足应用需求，因此发展了一批相对独立的反演算法，这类方法目前更适用于地面的热红外高光谱测量。

热红外遥感反演必然要进行温度和发射率的分离（TES），因此广义上理解所有的温度反演方法都是 TES 方法。不过根据习惯，TES 方法一般指利用热红外高光谱或多光谱的一个时相的观测来同时求取温度和发射率波谱，即狭义的 TES 方法。TES 方法的核心问题是：在发射率完全未知的情况下，N 个波段的观测数据有 N 个，但是相应的也有 N 个未知数，再加上目标温度未知，就有了 $N+1$ 个未知数，这是一个欠定方程组。为了求解这个欠定方程组，必须引入额外的条件，这种额外的条件通常是对目标发射率波谱形状的某种先验知识，不同的先验知识约束条件决定了不同的 TES 算法类型。常见的 TES 算法有：包络线法、参考通道法、灰体法、NEM 法、比值法、α 剩余法、MMD 法、光谱平滑迭代法等。

（1）包络线法。包络线法也称为最大发射率法，它利用所有地物发射率理论上都小于或等于 1 这个特性，并假设其光谱曲线上总存在发射率等于 1 的某一波长。地物的辐射亮度曲线始终以同温黑体的辐射亮度曲线为包络，通过求取包络线就可以知道地物的温度，进而得到地物的发射率。包络线法原理和算法都很简单，用于高光谱数据的效果也不错，但是如果目标物所有波段的发射率都小于 1，则不可避免地高估了发射率。

包络线法的计算分为三步，首先计算所有通道测量的辐射亮度值对应的黑体辐射（亮度温度）：

$$T_{\lambda}=\frac{c_2}{\lambda\lg\left(\dfrac{c_1}{\lambda^5\pi(\lambda)}+1\right)} \tag{9-47}$$

然后，找到所有波段中最高的一个黑体温度：

$$T=\max(T_{\lambda}) \tag{9-48}$$

在上述温度就是目标的真实温度的假设下，求解所有通道的发射率：

$$\varepsilon(\lambda)=\frac{L(\lambda)}{B(\lambda,T)} \tag{9-49}$$

（2）参考通道法。参考通道法是 Kahle 等最早提出来的，该方法假定目标物某一光谱

通道 r 的发射率 ε_r 可以由先验知识获得，则目标真实温度就可以通过该通道的辐射亮度观测获得，而其他通道的发射率也就相应求出。

$$T = B^{-1}\frac{L_r - (1-\varepsilon_r)L_{\mathrm{atm}\downarrow}(r)}{\varepsilon_r} = \frac{c_2}{\lambda \lg\left\{\dfrac{c_1\varepsilon_r}{\lambda^5\pi[L_r-(1-\varepsilon_r)L_{\mathrm{atm}\downarrow}(r)]}+1\right\}} \tag{9-50}$$

$$\varepsilon(\lambda) = \frac{L(\lambda,\ T) - L_{\mathrm{atm}\downarrow}(\lambda,\ T)}{B(\lambda,\ T) - L_{\mathrm{atm}\downarrow}(\lambda,\ T)} \tag{9-51}$$

这种方法简单，具有一定的实用价值。因为植被、水、雪、冰等特征在 11~12μm 带发射率非常高，变化相对较小，平均可以取 0.983。Lyon 的研究表明，对于多数含硅的岩石，其最大发射率通常为 0.95，而且在 8~14μm 的大气窗口的长波端。然而参考通道法也存在一些不足之处，此方法需要事先对地物的发射光谱有丰富的认识，并且难以满足具有最大发射率的平均发射率的高精度数据质量的需求。

（3）灰体法。灰体法假定目标地物某两个波段（i 和 j）的发射率相等，即可利用此约束条件求解方程。

$$\frac{\exp[c_2/(\lambda_j T)]-1}{\exp[c_2/(\lambda_i T)]-1} = \frac{L_i}{L_j}\left(\frac{\lambda_i}{\lambda_j}\right)^5 \tag{9-52}$$

灰体法实用性不强，因为：如果这两个波段的波长差距很小，虽然可解，但仍然是个病态问题；而如果这两个波段的波长差距较大，则常见地物的波中没有明显统计规律支持此假设。

（4）发射率归一化法。发射率归一化方法（NEM）是对包络线法和参考通道法的改进，它假设对于高光谱观测总存在某个波段，在此波段上发射率达到已知的最大值 $\varepsilon_{\max}$。于是可用发射率为 $\varepsilon_{\max}$ 的灰体辐射亮度做包络线，公式为：

$$T = B^{-1}\frac{L_\lambda - (1-\varepsilon_{\max})L_{\mathrm{atm}\downarrow}(\lambda,T)}{\varepsilon_{\max}} = \frac{c_2}{\lambda \lg\left\{\dfrac{c_1\varepsilon_{\max}}{\lambda^5\pi[L_r-(1-\varepsilon_{\max})L_{\mathrm{atm}\downarrow}(\lambda,T)]}+1\right\}} \tag{9-53}$$

$$\varepsilon(\lambda) = \frac{L(\lambda,T) - L_{\mathrm{atm}\downarrow}(\lambda,T)}{B(\lambda,T) - L_{\mathrm{atm}\downarrow}(\lambda,T)} \tag{9-54}$$

（5）α 剩余法。α 剩余法（ADE）由 Kealy 和 Gahell 提出，它利用了维恩对普朗克定律的近似，把分母中的减 1 省略掉，使得我们对普朗克公式取对数后得到一个近似线性的表达。对于温度 300K 的黑体，在波长 10μm 处使用维恩的近似大约会导致 1%的误差。但是 α 剩余法只能给出发射率波谱的形状，而不能决定其绝对的数值，为了确定发射率的值，只能依靠使用其他经验公式约束。因为经验公式是由 ASTER 光谱库的 86 个样本中回归出来的，所以 α 剩余法对于多数地物都基本适用，精度也比较高。但是，使用维恩的近似使得 α 剩余谱有倾斜的趋势，而且随着温度的升高，倾斜会加重，误差也逐步增大。

（6）光谱平滑迭代法（ISSTES）。光谱平滑迭代法（iterative spectrally smooth temperature-emissivity separation）可看作对 α 剩余法的改进，它的约束条件基于如下假设：大气下行辐射的光谱曲线为不平滑曲线，相对来讲，地物的光谱曲线基本平滑。在此基础上，通过测量目标辐射亮度和环境辐射，利用迭代优化方法，可获得目标的发射率和温度。

该算法的基本原理是通过研究热红外光谱分辨率测量结果与大气吸收线的关系提出的。虽然表面热辐射包含向下的大气辐射表面反射，但其光谱分布比大气向下辐射更为平滑，通过估计和优化温度，得到最大光滑表面发射率曲线。

很多学者根据自己的研究提出了不同的平滑度指数。Borel 提出了 ISSTES 算法，并定义平滑度指数为：

$$\sigma(\varepsilon_n) = \mathrm{STDEV}\left(\varepsilon_{n,m} - \frac{\varepsilon_{n,m-1} + \varepsilon_{n,m} + \varepsilon_{n,m+1}}{3}\right), m = 2, \cdots, M + 1 \tag{9-55}$$

式中 $\sigma(\varepsilon_n)$——第 n 条发射率曲线的标准差；

STDEV——求标准差；

M——波段数最小标准差的发射率曲线，对应的温度为地表温度的最佳估值。

Bower 提出了利用最小均方导数（meam squared derivative，MSD）衡量发射率曲线平滑程度，并指出计算平滑度指数最佳的光谱区间为 860~900cm^{-1}，因为在这个区间大气吸收线的强度适中，并且比正常地物的发射率高。Bower 的平滑度数定义为：

$$\mathrm{MSD}(T_j) = \frac{1}{N}\sum_i \left[\varepsilon(v_i, T_j) - \varepsilon(v_{i-1}, T_{j-1})\right]^2 \tag{9-56}$$

式中 N——总通道数；

$\varepsilon(v_i, T_j)$——地物温度为 T_j 时第 i 波段的发射率。

Ingram 等在对 ISSTES 算法的模型误差和对噪声的敏感性进行分析后，将平滑度指数定义为：

$$S = \sum_{j=2}^{N-1}\left(\varepsilon_j - \frac{\varepsilon_{j-1} + \varepsilon_j + \varepsilon_{j+1}}{3}\right)^2 \tag{9-57}$$

式中 ε_j——某一地表温度对应的第 j 波段的发射率。

优化的过程就是寻找使得平滑度指数 S 为最小的地物发射率曲线对应的温度。

程洁等对 ISSTES 算法中的这几个平滑度指数进行了分析，并对其反演效果进行评价，结果表明 Bower 定义的平滑度指数反演的精度最高，Ingram 等人定义的平滑度指数次之。

9.3.4 铁尾砂热红外光谱特征

铁尾砂的热红外发射率光谱曲线特征如下：

（1）铁尾砂发射率光谱曲线在 8~13μm 的整体变化趋势相同，光谱特征较为相似；在 8~9.5μm 区间，发射率呈下降—上升—下降—上升的趋势；在 8.6μm 附近两侧存在两个不对称的吸收带（硅酸盐残余辐射带），这是由于 Si—O 键伸缩振动引起的。

（2）在 9.5~12.3μm 区间，发射率呈不断上升趋势，发射率总体上升较快。

（3）在 12.3~13μm 区间存在两个弱发射谷，主要是由于 Si—O—Si 对称伸缩振动产生的。

9.4 基于高光谱技术的定量预测模型

高光谱技术已被广泛地应用到各个领域，尤其在矿物成分的定量研究方面。如何从数据中高效、准确地提取出目标物质的成分和含量，是高光谱技术在应用中的难点。利用光谱数据对铁尾砂属性进行定量分析有多种建模方法，偏最小二乘回归法应用范围较广，尤其在大尺度范围样本估算中适用性较强。近年来，随着计算机的快速发展，机器学习在各个领域都展现出了巨大的优越性，因其能够处理光谱与地物属性之间复杂的非线性关系，已被广泛应用于高光谱的定性分析与定量建模中。

9.4.1 线性模型

9.4.1.1 多元逐步线性回归

在多元回归分析方法的基础上发展起来的多元逐步回归分析方法（stepwise multiple linear regression，SMLR），是一般多元回归方法的优化过程。多元逐步回归分析普遍应用于光谱分析领域，可以通过选择少量光谱反射率的波段建立计算关系解释多种环境变量。多元逐步回归分析方法的思路是将全部变量方差贡献值按大小进行排列，根据其重要性逐步选入回归方程。在这个过程里，已在前面选入的变量，由于新变量的选入而使预测误差增大时，则把它从回归模型里剔除；而先前已被剔除的变量，由于新的变量的引入后又变得相对显著时，则把它重新选入，直至没有变量可剔除或可引入时计算结束。

设 y 为已知因变量，k 个自变量为 x_1，x_2，…，x_k，n 为样本数，构成数据表 $X=[x_1, x_2, \cdots, x_k]_{n\times k}$ 和 $y=[y]_{n\times 1}$。建立回归方程，对自变量 x 进行筛选，选择对 y 影响大的自变量 $x_i(i=1, 2, \cdots, k)$ 参与回归计算，剔除对 y 影响较小的自变量。多元逐步回归分析方法通过统计量 F 来选择和剔除自变量，包括 F_{enter} 值和 F_{remove} 值，这两个值可以查表获得。

9.4.1.2 主成分回归

目前，主成分回归（principal component regression，PCR）被广泛应用于可见-近红外光谱数据的统计分析及建模中。它通过关联光谱与化学观测量，建立两者之间的定标模型并预测对应测量光谱下的化学参量。主成分回归利用了全部光谱信息，将高度相关的波长归于一个独立变量中，提取为数不多的独立变量建立回归方程。该方法压缩了建模所需样品数量并通过内部检验来防止模型过度拟合现象。

主成分回归方法的主要优点在于回归方程的数量可以远远小于自变量的数量。在光谱分析过程中，由于自变量的数目接近或大于样品数量，经常出现多重共线性问题。特别是在高光谱数据分析过程中，波段的数目几百至几千，而样品的数量很少，这种情况下相邻波段光谱测量值之间的关联性很高。主成分回归能够诊断自变量之间的共线性问题，并给出最终回归预测方程。

主成分回归分为两步：首先筛选回归显著的因子，获取一组分布于预测范围内的不存在共线性的向量值；然后用标准化的因变量和主成分进行回归，建立标准化线性方程。

令 $\boldsymbol{X}$ 表示一个 $n\times p$ 的矩阵，代表自变量；令 $\boldsymbol{y}$ 表示一个 $n\times 1$ 的向量，代表一个因变量，其中，n 表示样本数量，p 表示自变量的个数。得分矩阵 $\widehat{\boldsymbol{T}}$ 包含了 $\boldsymbol{X}$ 的 A 个最为重要的主成分，这些主成分解释了 $\boldsymbol{X}$ 的变异性，而相应的载荷矩阵由 $\widehat{\boldsymbol{P}}$ 表示。中心化矩阵 $\boldsymbol{X}$ 表示为：

$$\boldsymbol{X}=\widehat{\boldsymbol{T}}\widehat{\boldsymbol{P}}^{t}+\widehat{\boldsymbol{E}} \tag{9-58}$$

式中 $\widehat{\boldsymbol{E}}$——残差矩阵。

然后将回归等式中的得分矩阵 $\hat{\boldsymbol{T}}$ 取代 $\boldsymbol{X}$ 中的原始变量，回归模型可以表述为：

$$\boldsymbol{y} = \hat{\boldsymbol{T}}\boldsymbol{q} + \boldsymbol{f} \tag{9-59}$$

式中　$\boldsymbol{q}$——回归系数，由常规最小二乘法求得；

$\boldsymbol{f}$——噪声或与 $\boldsymbol{X}$ 和 $\boldsymbol{y}$ 无关的变量。

有两种等同的方法可以用来预测新样本的 y 值。第一个方法是使用公式 $\hat{\boldsymbol{t}}^t = \boldsymbol{x}^t\hat{\boldsymbol{P}}$（中心化的 $\boldsymbol{x}$）计算每个样本的主成分 $\hat{\boldsymbol{t}}$，然后在对应于式（9-59）的预测方程 $\hat{\boldsymbol{y}} = \bar{\boldsymbol{y}} + \hat{\boldsymbol{t}}^t\hat{\boldsymbol{q}}$ 中代入 $\hat{\boldsymbol{t}}$ 求得新样本的预测值。另一个方法是直接使用线性预测值 $\hat{\boldsymbol{y}} = \bar{\boldsymbol{y}} + \boldsymbol{x}^t\hat{\boldsymbol{b}}$，其中回归系数矢量 $\hat{\boldsymbol{b}}$ 可以表述为 $\hat{\boldsymbol{b}} = \hat{\boldsymbol{P}}\hat{\boldsymbol{q}}$。由于 $\boldsymbol{X}$ 矩阵是中心化的，两个方法中的截距都等于 $\bar{\boldsymbol{y}}$。

9.4.1.3　偏最小二乘回归

偏最小二乘回归（partial least squares regression，PLSR）由 Wold 和 Albano 等人于 1983 年提出，借鉴了普通多元回归、主成分分析和典型相关分析的思想，很好地解决了自变量间多重共线性问题。所谓自变量间多重共线性是指分析变量间依存变换关系时，如自变量 X 较多且自变量间存在多重相关性时，矩阵 $X'X$ 为奇异矩阵而无法求逆，进而无法求出回归系数。普通多元回归要求样本数是自变量数的 10~20 倍，当无法再扩大样本数时，PLSR 即可发挥作用。PLSR 与主成分回归密切相关，两者都是在执行回归前先进行数据压缩；与主成分回归不同的是，PLSR 在光谱降维的同时考虑了目标变特量矩阵的作用，使压缩和回归结合起来。另外，偏最小二乘回归较好地解决了样本数少于变量数等问题。

偏最小二乘的算法基础是最小二乘法（LSR），当提取包含更多自变量信息的因子时，保证了提取因子与因变量间的最大相关性。根据因变量个数，PLSR 可分为单因变量和多因变量两种。前者是一个因变量对多个自变量建模，后者是多个因变量对多个自变量建模。这里仅给出多因变量偏最小二乘回归分析步骤。

第 1 步：提取第一对因子，并使之相关性最大。设有 m 个自变量 X_1，X_2，…，X_m，p 个因变量 Y_1，Y_2，…，Y_p，共 $n(i=1, \cdots, n)$ 个观测值的数据集。为叙述方便且不失一般性，将自变量和因变量分别进行了标准化变换。T、U 分别为从自变量与因变量中提取的因子，称为偏最小二乘因子。从原始变量集中提取第一对因子 T_1 和 U_1 的线性组合为：

$$\begin{cases} T_1 = \omega_{1,1}X_1 + \omega_{1,2}X_2 + \cdots + \omega_{1,m}X_m = \omega_1'X \\ U_1 = v_{1,1}Y_1 + v_{1,2}Y_2 + \cdots + v_{1,m}Y_m = v_1'Y \end{cases} \tag{9-60}$$

式中　ω_1'——模型效应权重（model effect weight），$\omega_1' = (\omega_{1,1}, \omega_{1,2}, \cdots, \omega_{1,m})'$；

v_1'——因变量权重（dependent variable weights），$v_1' = (v_{1,1}, v_{1,2}, \cdots, v_{1,m})'$。

为确保 T_1 和 U_1 均尽可能多地提取所在变量组的变异信息，同时保证两者间的相关程度达到最大，因子的协方差可由相应因子的分向量的内积来计算，所以依此性质，上述提取第一对因子就转化为求条件极值的问题。

第 2 步：建立初始变量对 T_1 的方程。

$$\begin{cases} \boldsymbol{X}_0 = T_1\boldsymbol{\alpha}_1' + \boldsymbol{E}_1 \\ \boldsymbol{Y}_0 = T_1\boldsymbol{\beta}_1' + \boldsymbol{F}_1 \end{cases} \tag{9-61}$$

其中，T_1 同前；$\boldsymbol{\alpha}_1' = (\alpha_{1,1}, \cdots, \alpha_{1,m})$、$\boldsymbol{\beta}_1' = (\beta_{1,1}, \cdots, \beta_{1,m})$ 为仅有一个自变量 t_1 时的参数向量，$\boldsymbol{\alpha}_1'$称为模型效应载荷量（model effect loadings）。$\boldsymbol{E}_1$ 和 $\boldsymbol{F}_1$ 分别为 $n \times m$ 和 $n \times p$ 残差矩阵。根据普通最小二乘法（ordinary least square，OLS）可求得参数向量 $\boldsymbol{\alpha}_1$

和$\boldsymbol{\beta}_1$。

第 3 步：建立回归方程。若提取的第一因子不能达到回归模型的精度要求，则利用残差矩阵$\boldsymbol{E}_1$，$\boldsymbol{F}_1$相应取代$\boldsymbol{X}_0$，$\boldsymbol{Y}_0$，重复第 2、3 步继续提取因子，依此类推，直到满足精度要求。假设最终提取了r个因子，$\boldsymbol{X}_0$和$\boldsymbol{Y}_0$对r个因子的回归方程为：

$$\begin{cases}\boldsymbol{X}_0=t_1\boldsymbol{\alpha}_1'+\cdots+t_r\boldsymbol{\alpha}_r'+\boldsymbol{E}_r\\ \boldsymbol{Y}_0=t_1\boldsymbol{\beta}_1'+\cdots+t_r\boldsymbol{\beta}_r'+\boldsymbol{F}_r\end{cases} \tag{9-62}$$

把第 1 步分析所得自变量中提取因子$T_k(k=1,\cdots,r)$的线性组合代入因变量对r个因子建立的回归方程，即把$t_r=\omega_{k,1}X_1+\cdots+\omega_{k,m}X_m$代入$Y_j=t_r\beta_{1,j}+\cdots+t_r\beta_{r,j}(j=1,\cdots,p)$，即得因变量的回归方程：

$$\boldsymbol{Y}_j=\alpha_{j,1}\boldsymbol{X}_1+\cdots+\alpha_{j,m}\boldsymbol{X}_m \tag{9-63}$$

如果建模前因变量经过标准化等处理，还需要将上式中的因变量还原为原始因变量。

从以上 PLSR 的求解过程可以看出，第 1 步采用主成分分析与典型相关分析的思想提取因子，不仅保证了提取的因子尽可能多地保留原始变量的信息同时保持相互独立，而且保证了自变量与因变量间相关性最大；第 2 步采用普通最小二乘法建立回归方程，由于因子间已不存在多重共线性，此时采用普通偏最小二乘估计所得结果的稳定性较好；第 3 步对模型的评价同样包含了这三种统计方法的评价内容。由此可见，偏最小二乘回归的分析原理可表述为：偏最小二乘回归≈主成分分析+典型相关性分析+普通多元线性回归，并且集中了此三种分析方法的优点。

9.4.1.4 回归树

回归树（regression tree，RT）是一种非参数回归技术，用于解决线性关系不成立或选用线性模型不合适的问题。Breimen 等提出了分类与回归树（classification and regression tree，CART）算法，如果样本是连续性变量则建立回归树，如样本为分类型变量则建立分类树。

回归树模型的建立是通过持续的分层将样本不断细分（亦即分枝），而分枝点是使得两分枝的因变量之间变异最大的自变量的某个值，这样各节点内样本的同质性不断增强，最终达到节点内样本同质或由于样本数量过少无法继续分层。

假设有n个自变量x_1，x_2，…，x_n，和连续性的因变量Y，建立回归树的步骤如下。

二元分枝：判别样本点$x\in A$是否成立。若成立，则该样本点属于集合A，反之则为A的补集，集合A及其补集的特征在回归树中可选用样本的算术平均数表示。

分枝优度准则：分枝优度准则最常用的方法是最小离均差平方和。设t代表树的某个节点，即t包括一个子样本$\{(x_n,y_n)\}$，$N(t)$是节点t的样本数量，那么节点因变量的均数为：

$$\bar{y}(t)=\frac{1}{N(t)}\sum_{x\in t}y_n \tag{9-64}$$

节点内的离均差平方和为：

$$\mathrm{SS}(t)=\sum_{x\in t}[y_n-\bar{y}(t)]^2 \tag{9-65}$$

现在假设分枝s将t分为左右两个子节点t_L和t_R，那么使函数

$$f(s,t)=\mathrm{SS}(t)-\mathrm{SS}(t_L)-\mathrm{SS}(t_R) \tag{9-66}$$

达到最大的分枝 s^* 为最佳的分枝，此时各个节点内变异达到最小，表达式为：

$$\varphi(s^* t) = \max_{s \in \Omega} \phi(s, t) \tag{9-67}$$

式中　Ω——所有可能分枝的集合。

树的大小：关于树适宜的大小目前利用剪枝技术得到。Breimen 等提出的回归树模型中剪枝采用的是交叉验证的方法。交叉验证采用随机抽样的原理，将原始数据随机分成 n 组，每次将其中的 $n-1$ 组结合后建立回归树模型，用剩余的一组验证模型，相同的过程按同一模式循环运行，可以用原始数据中分离出来的另一组数据验证回归树的稳定性，并用这种方法指导剪枝。

在上述回归树的基础上发展出 Boosting 回归树方法。Boosting 是一种减少监督学习中偏差的机器学习集成算法。最原始的 Boosting 算法是由 Freund 和 Schapire 提出的，后来他们提出了 AdaBoost 算法，该算法可以在回归中提升一次回归的效果。Friedman 将 Boosting 看作是一种函数梯度最优的方法，提出了基于平方损失的 Boosting 回归树，Boosting 模型可以用通式表述：

$$F(x; \{\beta_m, a_m\}_0^M) = \sum_{m=0}^{M} \beta_m h(x; a_m) \tag{9-68}$$

式中　$h(x;a_m)$——一个简单的分类函数或者含有参数 a 和输入变量 x 的基础学习机；

m——模型的步骤；

β_m——步骤 m 的加权系数。

由于 Freund 和 Schapire 提出的 AdaBoost 算法广为人知，基础学习机继续被应用于再加权校准数据集，这就使得残差越大的观测值在后续迭代中权重比例越大。最终的分类结果以加权投票的方式计算。Freidman 开发了以一种新的方法用于公式（9-68）类型的拟合加权模型，称为梯度提高机（gradient boosting machine）。该法得到一个由学习机循序拟合伪残差的近似解，其中伪残差是通过一个可微梯度和 Huber-M 损失函数计算得到。Freidman 进一步研究发现，将“bagging”算法或随机抽样与 Boosting 结合使用会提高建模精度。

从本质上来讲 Boosting 回归树是在回归树算法的基础上增加了 Boosting。Boosting 回归树模块可以在 R 免费统计软件包得到应用，这也使得这个建模方法可以被广泛使用。Boosting 回归树的主要优势有：能够利用大量微弱相关关系进行建模，善于处理数据集中出现的异常值；无需统一数据转换；对过度拟合的相对免疫。

9.4.2　机器学习模型

9.4.2.1　随机森林

随机森林是 Breiman 提出的一个组合分类器算法，是由许多单棵分类回归树组合而成的，最后由投票法决定分类结果。其基本思想是通过自助法重采样技术，在原始样本集的基础上产生多个自助样本集，每个自助样本集是每棵分类树的全部训练数据，每个自助样本集生长为单棵分类树。用 N 来表示训练例子的个数，M 表示变量的数目。被告知一个数 m，被用来决定当在一个节点上做决定时，会使用到多少个变量。在树的每个节点处，从 M 个特征中随机挑选 m 个特征（$m \ll M$），通常假设 $m=\sqrt{M}$。从 N 个训练案例中以可重复取样的方式，取样 N 次，形成一组训练集（即 Bootstrap 取样）。使用这棵树来对剩余预测其类别，并评估其误差。对于每一个节点，按照节点不纯度最小的原则，从这 m 个特征中选出一个特征进行分支生长。这棵分类树进行充分生长，使每个节点的不纯度达到最小，不进行通常的剪枝操作。将生成的多棵分类树组成随机森林，用随机森林分类器对新的数据进行判别与分类，分类结果按树分类器的投票多少而定。

随机森林通过在每个节点处随机选择特征进行分支，使得各棵分类树之间的相关性最小化，提高了分类精确性。因为生成每棵树的速度很快，所以随机森林的分类速度很快并且很容易实现并行化。影响随机森林分类性能的主要因素有：

（1）森林中单棵树的分类强度（strength）：每棵树的分类强度越大，则随机森林的分类性能越好；

（2）森林中树之间的相关度（correlation）：树之间的相关度越大，则随机森林的分类性能越差。

随机森林的特点有：

（1）两个随机性的引入，使得随机森林不容易陷入过拟合；

（2）两个随机性的引入，使得随机森林具有很好的抗噪声能力；

（3）对数据集的适应能力强：既能处理离散型数据，也能处理连续型数据，数据集无需规范化；

（4）可生成一个 proximities = $(\boldsymbol{p}_{ij})$ 矩阵，用于度量样本之间的相似性：$\boldsymbol{p}_{ij} = a_{ij}/\boldsymbol{N}$；$a_{ij}$ 表示样本 i 和 j 出现在随机森林中同一个叶子结点的次数；N 表示随机森林中树的棵数。

9.4.2.2 支持向量机

支持向量机（support vector machines，SVM）是 Vapnik 在 1995 年提出的。其理论基础是内核统计学理论。SVM 方法是通过一个非线性映射 p，把样本空间映射到一个高维乃至无穷维的特征空间中（Hilbert 空间），使得在原来的样本空间中非线性可分的问题转化为在特征空间中的线性可分的问题。简单地说，就是升维和线性化。升维，就是把样本向高维空间做映射，一般情况下这会增加计算的复杂性，甚至会引起“维数灾难”，因而人们很少问津。但是对于分类、回归等问题来说，很可能在低维样本空间无法线性处理的样本集，在高维特征空间中却可以通过一个线性超平面实现线性划分（或回归）。一般的升维都会带来计算的复杂化，SVM 法巧妙地解决了这个难题：应用核函数的展开定理，就不需要知道非线性映射的显式表达式；由于是在高维特征空间中建立线性学习机，所以与线性模型相比，不但几乎不增加计算的复杂性，而且在某种程度上避免了“维数灾难”。这一切要归功于核函数的展开和计算理论。所以 SVM 的关键在于核函数。只要选用适当的核函数，就可以得到高维空间的分类函数。在 SVM 理论中，采用不同的核函数将导致不同的 SVM 算法，目前常用的核函数有以下 4 种：

（1）线性核函数 $K(x, y) = x \cdot y$；

（2）多项式核函数 $K(x, y) = [(x \cdot y) + 1]^d$；

（3）径向基函数 $K(x, y) = \exp(-|x - y|^2/\sigma^2)$；

（4）Sigmoid 核函数 $K(x, y) = \tan(a(x \cdot y) + b)$。

当使用线性回归函数来模拟数据序列 $(x_i, y_i)(i = 1, 2, \cdots, n, x_i \in \mathbf{R}^n, y_i \in \mathbf{R})$ 时，SVM 引入线性 ε 不敏感损失函数：

$$|f(x)-y|_{\varepsilon}=\begin{cases}0, & |f(x)-y|\leqslant\varepsilon\\ |f(x)-y|-\varepsilon, & \text{其他}\end{cases} \tag{9-69}$$

式中 $f(x)$ ——线性回归函数 $f(x)=<\omega\cdot x>+b$；

y——实测值；

ε——正常数。

式（9-69）的意思是，当拟合值 $f(x)$ 与实测值的绝对值差小于 ε 时，不计入误差；大于 ε 时则计入误差。接着，SVM 又引入松弛因子 $\xi_i\geqslant 0$、$\xi_i^*\geqslant 0$，给出约束条件：

$$\begin{cases}y_i-<\omega\cdot x_i>-b\leqslant\varepsilon+\xi_i\\ <\omega\cdot x_i>+b-y_i\leqslant\varepsilon+\xi^*\end{cases}\quad i=1,2,\cdots,n \tag{9-70}$$

式中 y_i——对应自变量 x_i 的实际观测值。

在上述约束条件下，式（9-69）可以转化为求最小目标函数问题。SVM 给出的最小化目标函数为：

$$\Phi(\boldsymbol{\omega},\xi_i,\xi_i^*)=\frac{1}{2}\boldsymbol{\omega}\cdot\boldsymbol{\omega}+C\sum_{i=1}^{n}(\xi_i+\xi_i^*) \tag{9-71}$$

式中 $\boldsymbol{\omega}$——线性回归方程 $f(x)=<\omega\cdot x>+b$ 中的回归系数向量；

C——大于 0 的常数，它控制对超出误差 e 的样本惩罚程度。

同时，SVM 又给出了约束条件 $\begin{cases}\sum_{i=1}^{n}(a_i-a_i^*)=0\\ 0\leqslant a_i,\ a_i^*\leqslant C\end{cases}$ $i=1, 2, \cdots, n$。其中，a_i，a_i^* 为拉格朗日因子，在此约束条件下，a_i，a_i^* 的最大化目标函数定义为：

$$W(a,a^*)=-\varepsilon\sum_{i=1}^{n}(a_i^*+a_i)+\sum_{i=1}^{n}y_i(a_i^*-a_i)-\frac{1}{2}\sum_{i,j=1}^{n}(a_i^*-a_i)(a_j^*+a_j)(x_i\cdot x_j) \tag{9-72}$$

由此，得到回归函数：

$$f(x)=<\omega\cdot x_i>+b=\sum_{i=1}^{n}(\boldsymbol{a}_i^*-\boldsymbol{a}_i)(x_i\cdot x)+b^* \tag{9-73}$$

其中，$\boldsymbol{a}$、$\boldsymbol{a}^*$ 不为 0 时所对应的样本即为支持向量，一般 $\boldsymbol{a}$、$\boldsymbol{a}^*$ 中只有一小部分不为 0，这些支持向量一般都位于函数变化比较剧烈的位置上。在该回归函数中，若使用核函数 $K(x_i, x)$ 替代内积运算，即可实现非线性函数拟合，拟合函数为：

$$f(x)=<\omega\cdot x_i>+b=\sum_{i=1}^{n}(\boldsymbol{a}_i^*-\boldsymbol{a}_i)K(x_i,x)+b^* \tag{9-74}$$

9.4.2.3 人工神经网络

人工神经网络也称为神经网络或连接模型，是一种模仿动物神经网络，应用类似大脑神经突触链接的结构进行分布式并行信息处理的数学模型。这种模型依靠大量的节点（或称“神经元”“单元”）之间相互链接的关系，构成神经网络进行信息处理。一个节点代表一种特定的输出函数，称为激励函数（activation function）。每两个节点之间的链接代表一个对于通过该链接信号的加权值，称为权重（weight），可以看作人工神经网络的记忆。人工神经网络可以通过“训练”的过程，分析得到两者之间的规律，并根据这些规律，对新输入的数据推算出输出结果。人工神经网络能够用来对输入和输出变量建立线性或非线性关系。人工神经网络的基本结构由三部分组成：输入层、输出层和隐藏层。人工神经网络具有自学习、自组织与自适应能力，很强的容错能力，分布储存与并行处理信息的功能，以及强大的非线性逼近能力，可实现许多常规方法难以达到的求解精度。人工神经网络技术在模式识别、分类预测等方面具有很多优势。

9.4.2.4 基于粒子群优化的极限学习机

极限学习机（extreme learning machine，ELM）又称超限学习机，由 Huang 等学者于2006 年提出，是一种基于单隐含层前馈神经网络（single hidden layer feedforward neural network，SLFN）的机器学习方法。传统的前馈网络所有参数都需要调整，因此不同层的参数（权重与偏差等）之间存在依赖关系。传统神经网络基于梯度下降算法进行训练，但由于梯度下降方法的学习步骤不当，训练过程非常缓慢，或很容易收敛到局部最优解，此类算法通常需要许多迭代学习步骤来获得更好的学习性能（如图 9-7 所示）。与传统的 SLFN 不同，ELM 随机生成或人为给定输入层权重，且不需要更新，学习过程仅计算输出层权重。与其他算法相比，ELM 具有训练参数少、泛化能力强的特点，且能够克服训练速度慢以及局部最优解的问题。

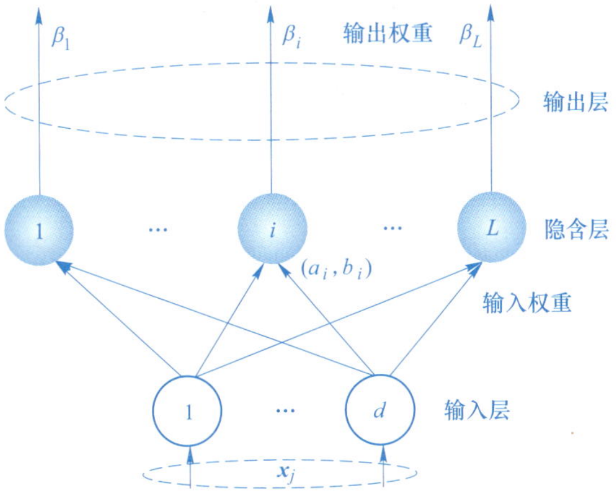

图 9-7 极限学习机原理图

由于随机给定权值与偏差，ELM 通常需要较多隐含层节点才能获得理想精度。ELM 算法的隐含层神经元数目选取对模型泛化能力至关重要，神经元数目过少时模型精度较低，而神经元数目过高则会使模型产生过拟合问题。因此，利用粒子群优化算法（particle swarm optimization，PSO）对 ELM 输入层权值及隐含层偏差进行优化。PSO 是一种进化计算技术，源于对鸟群捕食的行为研究。粒子群优化算法的基本思想是通过群体中个体之间的协作和信息共享来寻找最优解。粒子群算法通过无质量的粒子模拟鸟群中的鸟，每个粒子具有两个属性：位置与速度，速度代表粒子的移动快慢，位置决定粒子移动方向。每个粒子在搜索空间中单独搜索最优解作为个体极值，将个体极值共享至整个粒子群，并且对比整个粒子群的个体极值获得当前全局最优解。其余粒子们追随当前的最优粒子在解空间中搜索（即迭代过程），粒子通过自己找到的个体极值与当前全局最优解调整自己的速度与位置，直至全局最优解满足结束条件。由于实现步骤简单、需要设置的参数少，粒子群优化算法已经被广泛应用于函数优化、神经网络训练等遗传算法领域。利用 PSO 算法对 ELM 输入层权值及隐含层偏差进行优化的流程如图 9-8 所示。相比于 ELM 算法，PSO-ELM 算法能够依靠较少的隐含层节点获得更高的精度。

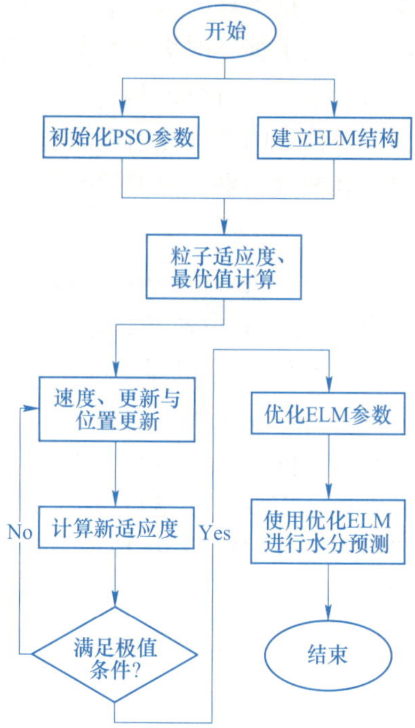

图 9-8 PSO-ELM 流程图

9.4.2.5 卷积神经网络

深度学习是一种数据驱动的方法，能够通过多层神经网络来提取具有多个抽象级别的复杂特征。其中，卷积神经网络（convolutional neural network，CNN）作为深度学习的代表算法之一，近年来在光谱分析中的应用逐渐增多。卷积神经网络是一种包含卷积层的深度神经网络，典型 CNN 模型由输入层、卷积层、池化层、扁平层、全连接层和一个输出层组成。卷积层的作用是自动提取局部特征；激活函数层通过为神经网络添加非线性映射，从而使深度神经网络具备分层的非线性映射学习能力；由于卷积层输出的映射特征量往往非常大，通常需要添加池化层来降低输出向量维数；全连接层则负责建立提取出的特征与输出目标间的映射。利用可见光-近红外光谱作为输入的一维卷积神经网络架构如图 9-9 所示。

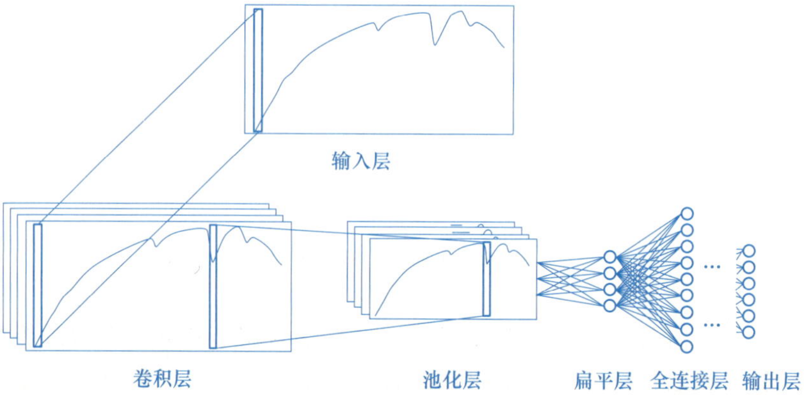

图 9-9 一维卷积神经网络架构

卷积神经网络的详细架构如下：

（1）数据输入。输入层用于接收多维原始数据在网络中进行处理，当输入数据是图像时，输入通道通常为三个颜色通道（红色、绿色和蓝色）。本书的输入数据为一维光谱数据，因此通道数设置为 1。

（2）卷积。卷积层通常用于从输入数据中提取特征，由一个在输入数据上滑动的过滤器构成。在过滤器滑动的每个位置，过滤器计算相应感受野的点积并输出卷积特征。输出的卷积特征图的大小取决于：

1）过滤器大小（filter size）：过滤器是用于特征检测的权重矩阵；

2）深度（depth）：代表神经网络中所使用的过滤器数量；

3）步幅（strides）：指过滤器在输入数据上的位移步长，若步幅为1，则过滤器每次移动1个单位；

4）填充（padding）：是指在输入数据量测填充元素（通常是0元素）使卷积层输出与输入数据具有相同维度。给定维度为（$w_{input} \times h_{input}$）的输入图像，输出特征图大小可以通过式（9-75）和式（9-76）计算。

$$w_{output} = \left(\frac{w_{input} - f_w + 2p}{s_w}\right) + 1 \tag{9-75}$$

$$h_{output} = \left(\frac{h_{input} - f_h + 2p}{s_h}\right) + 1 \tag{9-76}$$

式中 w_{input}——输入数据宽度；

w_{output}——输出特征图宽度；

h_{input}——输入数据高度；

h_{output}——输出特征图高度；

f_w——卷积滤波器宽度；

f_h——卷积滤波器高度；

p——填充大小；

s_w——宽度方向步幅大小；

s_h——高度方向步幅大小。

卷积层的输出特征传递到激活层，激活层的目的是使中间输出多样化，使神经网络能够处理非线性关系等更复杂问题。常用的激活函数包括sigmoid、tanh与ReLU等，三种激活函数的计算公式如下：

$$f_{sigmoid}(x) = (1 + e^{-x})^{-1} \tag{9-77}$$

$$f_{tanh}(x) = \frac{e^{2x} - 1}{e^{2x} + 1} \tag{9-78}$$

$$f_{ReLU}(x) = \max(0,x) = \begin{cases} 0, x < 0 \\ x, x \geq 0 \end{cases} \tag{9-79}$$

（3）池化层。池化也称为下采样，用于降低特征图维数，同时尽可能保留来自特征图的信息。通过池化过程可以降低参数数量、防止过拟合情况出现，并降低网络计算成本，从而提高神经网络的整体性能和准确性。

（4）全连接层。在池化操作之后，通常会将池化层输出的多维数据转换为一维向量，并馈送到全连接层。全连接层对神经网络提取出的特征做加权和，将特征映射到样本标记空间。

（5）输出。输出层的神经元个数相当于目标变量的维数，本书所使用输出层神经元个数设置为1。根据输出结果的类型，输出层会采用不同类型的激活函数，对于本研究的回归问题，选用线性激活函数。

9.4.3 模型精度评价方法

9.4.3.1 评价指数

模型的验证评价指标非常多，根据类别可以分为标准回归（standard regression）、无量纲指数（dimensionless）和误差指数（error index）。

（1）标准回归评价。预测结果的标准回归评价方法主要指实际观测值与模型预测值之间线性回归拟合程度。主要包括线性回归的斜率、截距、皮尔森相关系数和回归决定系数。

1）斜率和截距（slope and intercept）：

$$\hat{y} = a + b \times y \tag{9-80}$$

式中 a，b——线性回归的截距和斜率；

y，$\hat{y}$——样本的观测值和预测值。

2）决定系数（coefficient of determination，R^2）：

$$R^2 = \frac{\sum_{i=1}^{n} (\hat{y}_i - \bar{y}_i)^2}{\sum_{i=1}^{n} (y_i - \bar{y}_i)^2} \tag{9-81}$$

式中 y_i，$\hat{y}_i$——检验样本的观测值和预测值；

$\bar{y}_i$——样本观测值的平均值；

n——预测样本数。

3）皮尔森相关系数（Pearson's correlation coefficient，r）：

$$r = \frac{\sum_{i=1}^{n} (\hat{y}_i - \overline{\hat{y}_i})(y_i - \bar{y}_i)}{\sqrt{\sum_{i=1}^{n} (y_i - \bar{y}_i)^2}\sqrt{\sum_{i=1}^{n} (\hat{y}_i - \overline{\hat{y}_i})^2}} \tag{9-82}$$

式中 y_i，$\hat{y}_i$——检验样本的观测值和预测值；

$\bar{y}_i$，$\overline{\hat{y}_i}$——样本观测值和预测值的平均值；

n——预测样本数。

（2）无量纲评价指数评价。无量纲评价指数是一种相对的模型预测精度评价指数，表示了预测误差的方差值占观测量的相对比例。主要为吻合指数（d）（index of agreement）。

为了克服决定系数对观测值与预测值的均值和方差值之间差异的不敏感性，Willmot 在 1981 年提出了吻合指数来评价模型精度。吻合指数是均方差与潜在误差（potential error）之间的比值，其公式为：

$$d = \frac{\sum_{i=1}^{n} (\hat{y}_i - \bar{y}_i)^2}{\sum_{i=1}^{n} (|\hat{y}_i - \bar{y}_i| + |y_i - \bar{y}_i|)^2} \tag{9-83}$$

式中，d 值范围在 0~1 之间；1 表示最佳预测结果，0 表示结果不太吻合。

（3）误差指数评价。预测结果的误差指数评价主要针对预测参数的方差进行评价，主要包括预测偏差（bias）、平均绝对误差（mean absolute error，MAE）、均方差（mean square error，MSE）、均方根误差（root mean square error，RMSE）、预测偏差标准差（standard deviation of error，SDE）、标准预测误差（standard error of prediction，SEP）、观测值标准偏差（SD）与均方根误差（RMSE）的比值 RPD 等为模型评价参数。

1）预测偏差值（bias or ME）：

$$bias = ME = \sum_{i=1}^{n} \frac{\widehat{y_i} - y_i}{n} \tag{9-84}$$

式中　y_i，$\widehat{y_i}$——检验样本的观测值和预测值；

n——预测样本数。

bias 为所有预测样本的预测值与实测值之间的误差值的平均，bias 值越接近 0 越好。

2）平均绝对误差（MAE）：

$$MAE = \frac{1}{n}\sum_{i=1}^{n} |\widehat{y_i} - y_i| \tag{9-85}$$

式中　y_i，$\widehat{y_i}$——检验样本的观测值和预测值；

n——预测样本数。

3）均方差（MSE）：

$$MSE = \frac{1}{n}\sum_{i=1}^{n} (\widehat{y_i} - y_i)^2 \tag{9-86}$$

式中　y_i，$\widehat{y_i}$——检验样本的观测值和预测值；

n——预测样本数。

4）均方根误差（RMSE）：

$$RMSE = \sqrt{\frac{1}{n}\sum_{i=1}^{n} (\widehat{y_i} - y_i)^2} \tag{9-87}$$

式中　y_i，$\widehat{y_i}$——检验样本的观测值和预测值；

n——预测样本数。

5）预测偏差标准差 SDE：

$$SDE = \sqrt{\frac{1}{n-1}\sum_{i=1}^{n} [(\widehat{y_i} - y_i) - bias]^2} \tag{9-88}$$

式中　y_i，$\widehat{y_i}$——检验样本的观测值和预测值；

bias——预测偏差；

n——预测样本数。

6）RPD(ratio of standard deviation to RMSE)：

$$RPD = \frac{SD}{RMSE} \tag{9-89}$$

式中　SD——样本观测值的方差。

7）RPIQ(ratio of performance to IQ)：

$$RPIQ = \frac{IQ}{RMSE} \tag{9-90}$$

式中　IQ——样本观测值第三四分位数（*Q*3）与第一四分位数（*Q*1）的差。

该指数是 Bellon-Maurel 等在 2010 年提出的，主要是针对土壤大样本光谱库的土壤特性数据往往存在非正态分布、小数据较多、频数分布存在正偏的特点。对于非正态数据，RPD 采用的方差不如 RPIQ 采用的分位数更能全面地反映数据分布特征，所以 RPIQ 指数对非正态土壤特性数据的光谱预测模型的评价更为客观。

以上误差评价指数中，RPD 越大，RMSE、MSE、MAE 等越小，说明预测效果越好。另外，对 RPD 值的评判有不同的标准。有人认为当 RPD>2 时表明模型具有极好的预测能力；当 1. 4<RPD<2 时表明模型可对样品作粗略估测；而 RPD<1. 4 则表明模型无法对样品进行预测。也有人认为当 RPD>3. 0 时模型具有极好的预测能力；当 2. 5<RPD<3. 0 时模型具有很好的预测能力；当 2. 0<RPD<2. 5 时表明模型具有较好的预测能力；当 1. 5<RPD<2 时表明模型只能对样品高含量与低含量进行粗略估测。

9. 4. 3. 2　交叉验证方法

交叉验证（cross validation）是用来验证分类器性能的一种统计分析方法，其基本思想是在某种意义下将原始数据（dataset）进行分组，一部分作为训练集（train set），另一部分作为验证集（validation set），首先用训练集对分类器进行训练，再利用验证集来测试训练得到的模型（model），以此来作为评价分类器的性能指标。常见交叉验证方法如下。

（1）保留样本交叉检验。保留样本交叉检验（hold-out cross validation）是将原始数据随机分为两组：一组作为训练集；一组作为验证集，利用训练集建立预测模型，然后利用验证集来验证模型，并提供最后的模型预测精度。此方法的好处是处理简单，只需随机将原始数据分为两组即可。从严格意义来说保留样本交叉检验法并不能算是交叉验证方法，因为这种方法没有交叉的思想，且由于是随机将原始数据分组，所以最后验证集模型的预测精度高低与原始数据的分组有很大的关系，所以这种方法得到的精度评价存在一定随机性。避免这个缺点必须要在训练和验证数据分组方法上进行很好的设计。

（2）*K* 次交叉检验。*K* 次交叉检验（*K*-fold cross validation）将原始数据分成 *K* 组（一般是均分），将每个子集数据分别做一次验证集，其余的 *K*-1 组子集数据作为训练集，这样会得到 *K* 个模型，用这 *K* 个模型验证集预测精度的平均数作为最后的模型评价精度。通常 $K \geqslant 2$，实际应用中一般从 3 开始取，只有在原始数据集合数据量小的时候才会尝试取 2。*K* 次交叉检验可以有效地避免过学习或欠学习状况的出现，最后得到的结果也比较具有说服力。

（3）留一法交叉检验。留一法交叉检验（leave-one-out cross validation，LOO）是假设原始数据有 *N* 个样本，将每个样本单独作为验证集，其余的 *N*-1 个样本作为训练集，所以会得到 *N* 个模型，用这 *N* 个模型的验证集预测精度的平均数作为最后的模型评价精度。相比于前面的交叉验证方法，留一法交叉检验在每一回合中几乎所有的样本皆用于训练模型，因此最接近原始样本的分布，这样评估所得的结果比较可靠。但留一法交叉检验的缺点是计算时耗大，因为需要建立的模型数量与原始数据样本数量相同。所以当原始数据样本数量相当多时，就会很难跟踪显示每个模型循环计算的结果。

9.5 基于可见光-近红外及热红外融合数据的铁尾砂成分预测

9.5.1 铁尾砂的光谱特征分析

根据铁尾砂样品的 TFe 和 SiO_2 含量将所有样品分为 12 个等级，其可见光-近红外和热红外光谱分别如图 9-10（a）和图 9-10（b）所示。从图 9-10（a）中可以看出，在可见光-近红外范围内，反射率随 TFe 含量的增加而降低，随 SiO_2 含量的增加而升高。在 750nm 和 980nm 附近的吸收特征由矿物中 Fe^{3+}（例如针铁矿和赤铁矿）的电子跃迁所致；在 1000~2100nm 波段范围内反射率逐渐增加；在 1450nm 和 1950nm 附近的吸收特征可能与水分子中 O-H 的拉伸和弯曲振动有关；在 2250nm 和 2350nm 处的吸收特性通常归因于 Al—OH。

从图 9-10（b）中可以看出，在热红外范围内，发射率随 TFe 含量的增加而升高，随 SiO_2 含量的增加而降低。根据发射率曲线特征，将热红外范围内所有发射率光谱分为三个区域。在区域Ⅰ(8~9.5μm）中，光谱吸收特性明显，在 8.6μm 附近的两侧存在两个不对称吸收带，这是由于 Si—O 键伸缩振动引起的，并且发射率波谷吸收深度随着 SiO_2 含量的增加而逐渐加深；在区域Ⅱ(9.5~12.3μm）中，发射率呈逐渐上升趋势且不随 SiO_2 含量的变化而变化；在区域Ⅲ(12.3~13μm）中，存在两个弱吸收峰，这主要是由于 Si—O—Si 键对称伸缩振动所致，并且这一特性不随 SiO_2 含量的变化而变化。

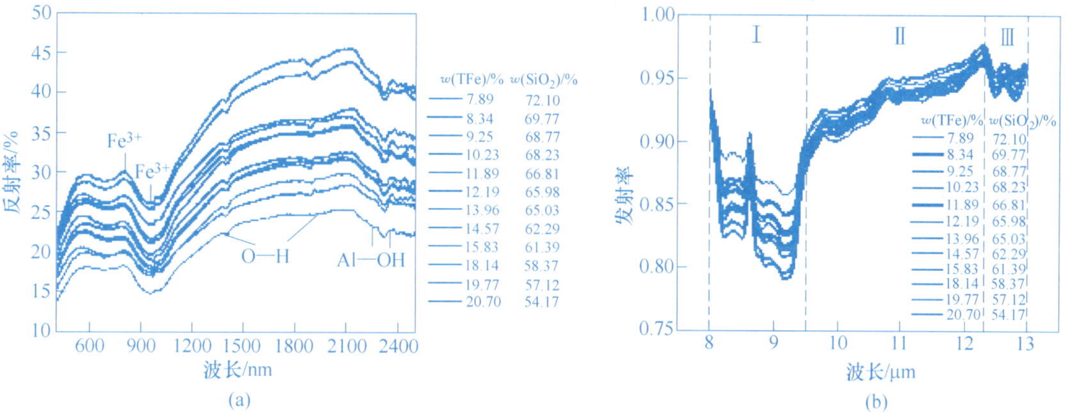

图 9-10 铁尾砂 TFe 和 SiO_2 含量可见光-近红外（a）及热红外（b）光谱

扫码看彩图

9.5.2 基于 OPA 融合的光谱特征分析

9.5.2.1 外部乘积算法（OPA）

外部乘积算法（outer-product analysis，OPA）能够将两种光谱结合起来并且能够通过组合实现光谱的增强作用。两个光谱（向量）的外积矩阵定义为向量变量所有可能的乘积组合，得到的矩阵表示两个域之间所有变量的组合。利用 OPA 融合可见光-近红外和热红外光谱的具体计算过程如图 9-11 所示。

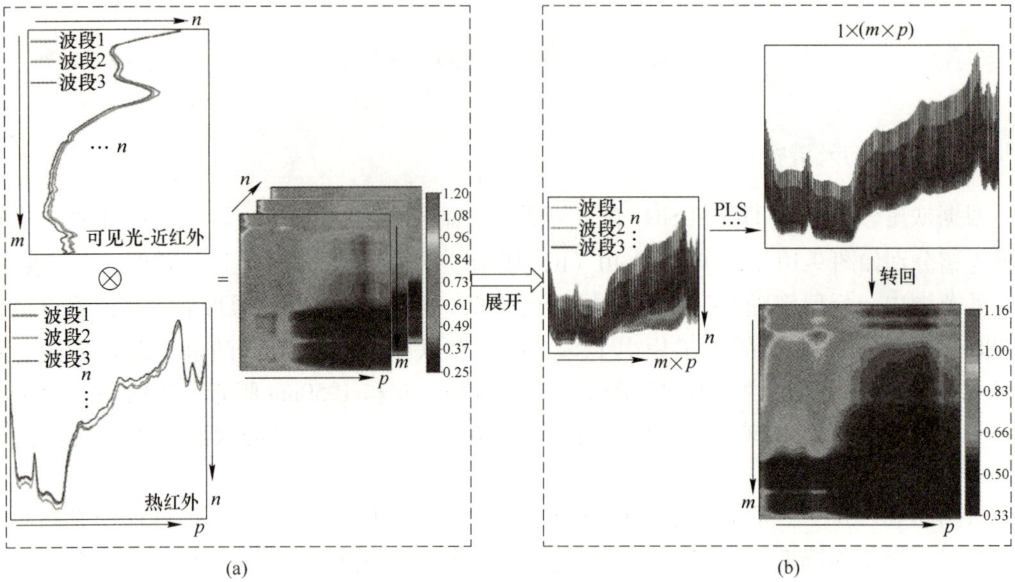

图 9-11 OPA 融合过程（a）及生成的矩阵展开过程和转回外积矩阵的过程（b）

将可见光-近红外和热红外吸光度数据的波段数分别设为 m 和 p，样本数量为 n，则经过 OPA 后会产生 n 个外积矩阵（m 行 p 列），然后将每个 m 行 p 列的外积矩阵展开成一个 $m\times p$ 的向量，最后生成一个 m 行$\times p$ 列的矩阵，利用该矩阵可进行后续的建模分析。可将相关结果，例如吸光度数据的均值（$m\times p$ 的向量），转回外积矩阵（m 行 p 列），用于更清楚地解释两个光谱之间的关系。

9.5.2.2 OPA 融合光谱特征分析

在进行光谱数据融合时，用热红外光谱吸光度数据（168 个波段）乘以可见光-近红外光谱吸光度数据（86 个波段），生成一个具有 14448 个波段（168×86）的矩阵。外积矩阵的均值结果如图 9-12 所示，横轴和纵轴分别代表可见光-近红外和热红外光谱的波长。

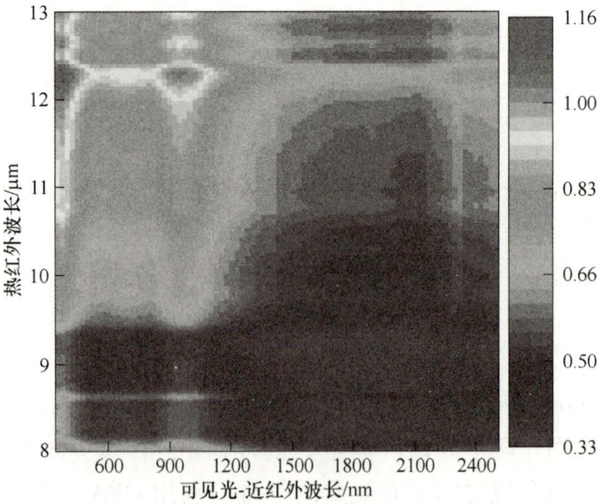

扫码看彩图

图 9-12 外积矩阵均值结果

从图 9-12 中可以看出，融合光谱吸收强度较高的部分分布在可见光-近红外区域的 350～1200nm 和热红外区域的 10. 7～13μm 范围内，在颜色条中表示为红色。

9. 5. 3 光谱数据与铁尾砂 TFe 和 SiO_2 含量的相关性分析

在可见光-近红外区域（如图 9-13（a）所示），吸光度强度与 TFe 含量呈正相关关系，在 1163～2499nm 范围内相关系数绝对值最大值为 0. 83；吸光度强度与 SiO_2 含量呈负相关关系，在 1365～1391nm 和 1410～1623nm 范围内相关系数绝对值最大值为 0. 80。在热红外区域（如图 9-13（b）所示），吸光度强度与 TFe 含量呈正相关关系，相关系数最高为 0. 66，在 0. 05 水平下显著相关的波段范围为 8～9. 4μm 和 10. 7～12μm；吸光度强度与 SiO_2 含量呈负相关关系，相关系数最高为 0. 64，在 0. 05 水平下显著相关的波段范围与 TFe 含量一致。

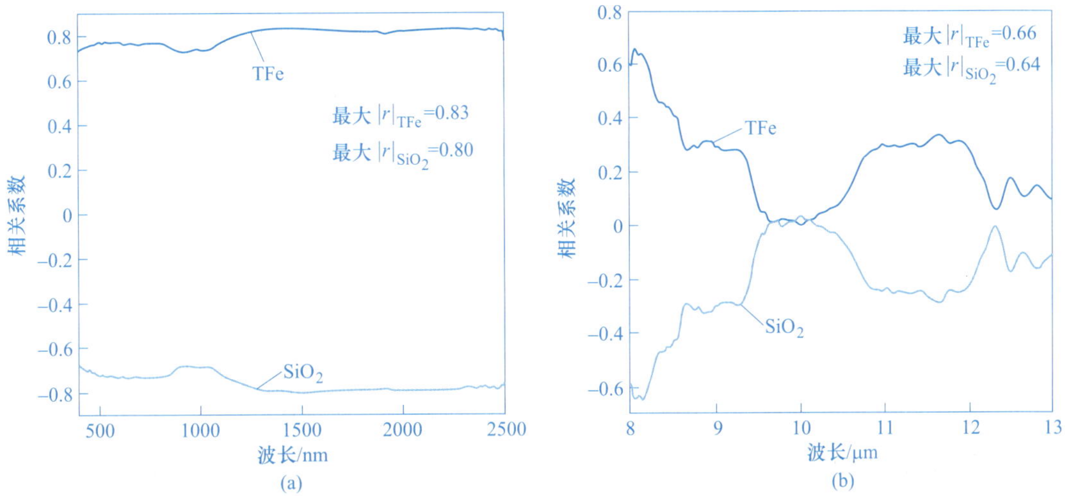

图 9-13 可见光-近红外（a）和热红外（b）吸光度数据与 TFe 和 SiO_2 的相关性（$|r|$为相关系数的绝对值）

OPA 融合吸光度数据与 TFe 和 SiO_2 含量的皮尔森相关系数如图 9-14 所示。在融合光谱中，吸光度强度与 TFe 含量呈正相关关系（如图 9-14（a）所示），与 SiO_2 含量呈负相关关系（如图 9-14（b）所示）。融合光谱区域（可见光-近红外范围为 1181～1409nm 和 2298～2375nm，热红外范围为 8. 17～8. 27μm 和 8. 37～8. 52μm）与 TFe 含量的相关系数最大值为 0. 87。融合光谱区域（可见光-近红外范围为 1257～1714nm，热红外范围为 8. 13～10. 54μm）与 SiO_2 含量的相关系数最大值为 0. 84。融合后光谱能够显著提升热红外吸光度数据与 TFe 和 SiO_2 含量的相关性，其中 TFe 的相关系数由 0. 66 提高到 0. 87，SiO_2 的相关系数由 0. 64 提高到 0. 84，但是对可见光-近红外吸光度数据与 TFe 和 SiO_2 相关性的改善效果并不明显。这一结果表明，与单个光谱相比，融合数据可以有效提高吸光度与 TFe 和 SiO_2 的相关性，这与利用 OPA 融合可见光-近红外和中红外光谱进行土壤有机碳（SOC）估测研究的结果相似。

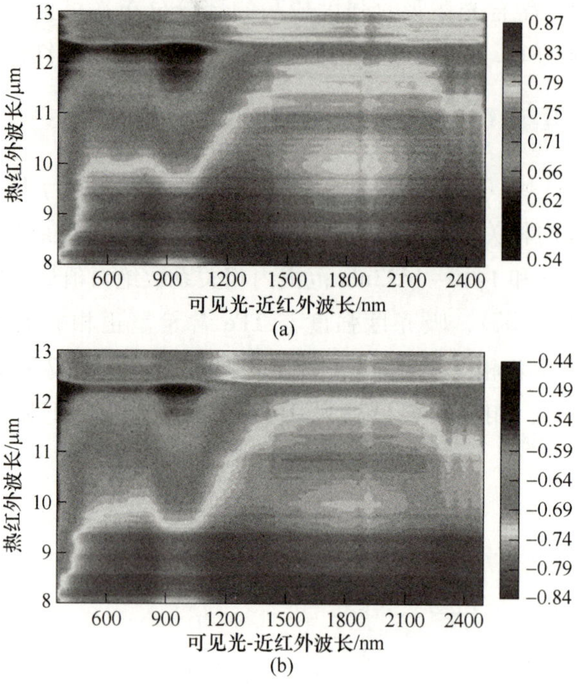

图 9-14 TFe（a）和 SiO_2(b）与 OPA 融合吸光度数据转回为矩阵的相关性

（颜色条为相关系数）

9.5.4 基于特征优选的铁尾砂 TFe 和 SiO_2 含量估测模型对比分析

为了将 OPA 与数据增强（即数据联合）方法进行比较，将可见光-近红外和热红外吸光度数据生成 $n\times(m+p)$ 的矩阵来预测 TFe 和 SiO_2 含量。基于不同输入光谱（可见光-近红外、热红外、数据增强和 OPA 融合），使用偏最小二乘（PLSR）、随机森林（RF）和粒子群优化的极限学习机（PSO-ELM）回归方法的 TFe 和 SiO_2 含量估测的验证精度如表 9-5 所示。本节将所有样本进行随机划分，选择 75%用于训练，25%用于验证。

表 9-5 不同输入光谱的 TFe 和 SiO_2 模型验证精度

光谱区域		铁尾砂属性	模型	R^2	RMSE/%	RPIQ
可见光-近红外	1365～1391nm 1410～1623nm	SiO_2	PLSR	0.75	2.53	2.22
			RF	0.86	1.51	4.15
			PSO-ELM	0.87	1.49	3.91
	1163～2499nm	TFe	PLSR	0.77	1.36	1.48
			RF	0.86	1.08	2.05
			PSO-ELM	0.85	1.03	1.88
热红外	8～9.4μm 10.7～12μm	SiO_2	PLSR	0.55	3.04	1.84
			RF	0.67	2.49	2.52
			PSO-ELM	0.60	2.88	1.99

续表 9-5

光谱区域		铁尾砂属性	模型	R^2	RMSE/%	RPIQ
热红外	8~9.4μm 10.7~12μm	TFe	PLSR	0.70	1.60	1.25
			RF	0.54	1.88	1.18
			PSO-ELM	0.62	1.83	1.14
OPA 融合	相关性大于 0.8 的波段	SiO_2	PLSR	0.74	2.16	2.59
			RF	0.95	0.97	6.49
			PSO-ELM	0.94	1.32	2.33
		TFe	PLSR	0.84	1.22	1.64
			RF	0.91	0.96	2.31
			PSO-ELM	0.89	1.14	1.75
数据增强	1365~1391nm 1410~1623nm 8~9.4μm 10.7~12μm	SiO_2	PLSR	0.74	2.18	1.89
			RF	0.90	1.28	4.90
			PSO-ELM	0.88	1.72	3.40
	1163~2499nm 8~9.4μm 10.7~12μm	TFe	PLSR	0.82	1.17	2.11
			RF	0.87	1.10	2.02
			PSO-ELM	0.86	1.07	1.52

9.5.4.1 基于可见光-近红外吸光度数据的 TFe 和 SiO_2 含量估测模型分析

在可见光-近红外区域，基于相关性分析结果选择 1163~2499nm 为 TFe 含量的输入光谱，1365~1391nm 和 1410~1623nm 为 SiO_2 含量的输入光谱，分别利用 PLSR、RF 和 PSO-ELM 方法建立回归模型，结果如图 9-15 所示。RF 模型对 TFe 含量的预测精度最高（R^2 = 0.86、RMSE = 1.08%、RPIQ = 2.05），PSO-ELM 模型对 SiO_2 含量的预测精度最高（R^2 = 0.87、RMSE = 1.49%、RPIQ = 3.91）。

9.5.4.2 基于热红外吸光度数据的 TFe 和 SiO_2 含量估测模型分析

在热红外区域，选择 8~9.4μm 和 10.7~12μm 作为输入光谱建立 TFe 和 SiO_2 的预测模型，结果如图 9-16 所示。使用 PLSR 模型对 TFe 含量的预测精度最高（R^2 = 0.70、RMSE = 1.60%、RPIQ = 1.25），RF 模型对 SiO_2 含量的预测精度最高（R^2 = 0.67、RMSE = 2.49%、RPIQ = 2.52）。

9.5.4.3 基于数据增强的 TFe 和 SiO_2 含量估测模型分析

在数据增强区域，选择 1163~2499nm、8~9.4μm 和 10.7~12μm 为 TFe 含量的输入光谱，1365~1391nm、1410~1623nm、8~9.4μm 和 10.7~12μm 为 SiO_2 含量的输入光谱来建立预测模型，结果如图 9-17 所示。RF 模型对 TFe 和 SiO_2 预测效果最好，R^2 分别为 0.87 和 0.90，RMSE 分别为 1.10%和 1.28%，RPIQ 分别为 2.02 和 4.90。

9.5.4.4 基于 OPA 融合的 TFe 和 SiO_2 含量估测模型分析

在 OPA 融合区域，选择与 TFe 和 SiO_2 显著相关的吸光度强度（$|r| \geq 0.80$）来建立回归模型，结果如图 9-18 所示。RF 模型对 TFe 和 SiO_2 预测精度最高，R^2 分别为 0.91 和 0.95，RMSE 分别为 0.96%和 0.97%，RPIQ 分别为 2.31 和 6.49。与可见光-近红外、热红

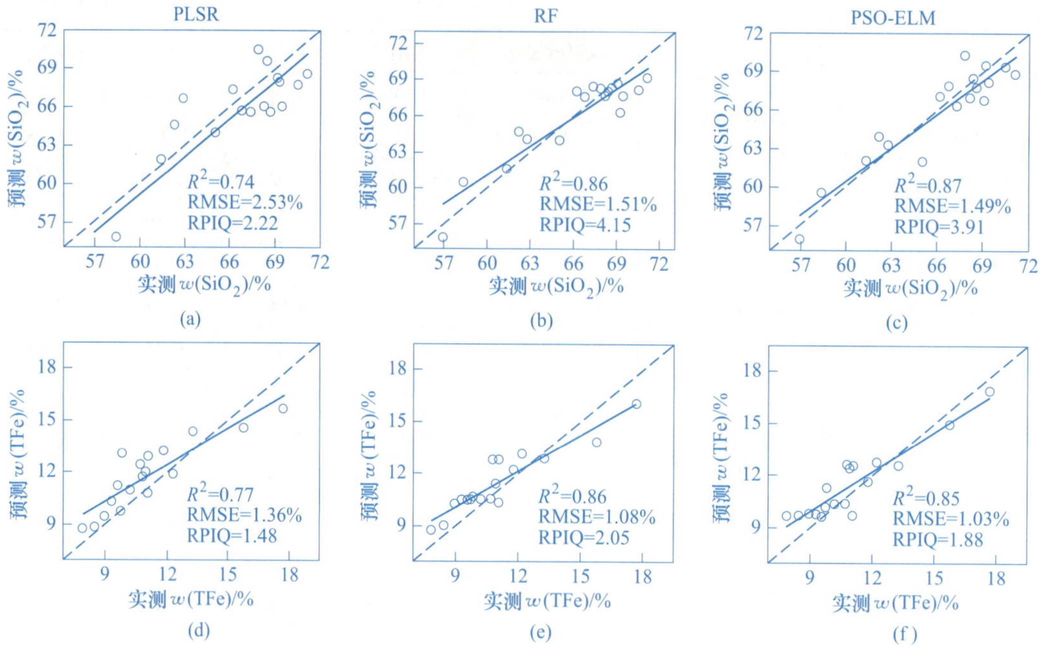

图 9-15 可见光-近红外区域 SiO_2((a)~(c)) 在 1365~1391nm、1410~1623nm 和 TFe((d)~(f)) 在 1163~2499nm 范围内基于 PLSR、RF 和 PSO-ELM 模型的预测值和测量值之间的验证精度（虚线为 1∶1 线，实线为模型趋势）

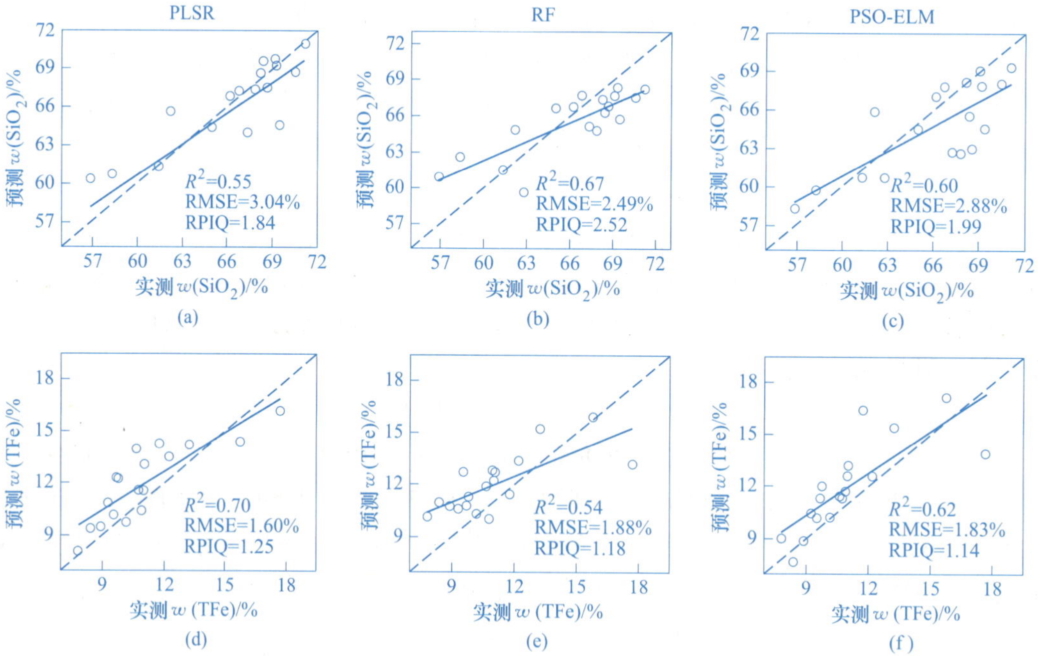

图 9-16 热红外区域 SiO_2((a)~(c)) 和 TFe((d)~(f)) 在 8~9.4μm 和 10.7~12μm 范围内基于 PLSR、RF 和 PSO-ELM 模型的预测值和测量值之间的验证精度（虚线为 1∶1 线，实线为模型趋势）

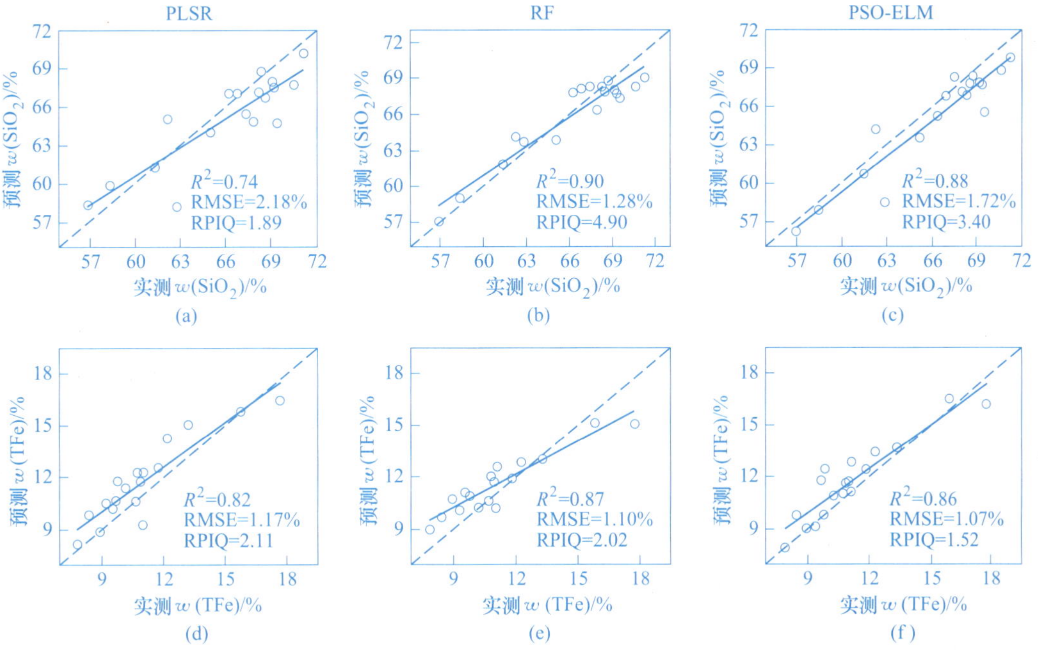

图 9-17 数据增强区域 SiO_2((a)~(c)) 在 1365~1391nm、1410~1623nm、8~9.4μm、10.7~12μm 和 TFe((d)~(f)) 在 1163~2499nm、8~9.4μm、10.7~12μm 范围内基于 PLSR、RF 和 PSO-ELM 模型的预测值和测量值之间的验证精度（虚线为 1∶1 线，实线为模型趋势）

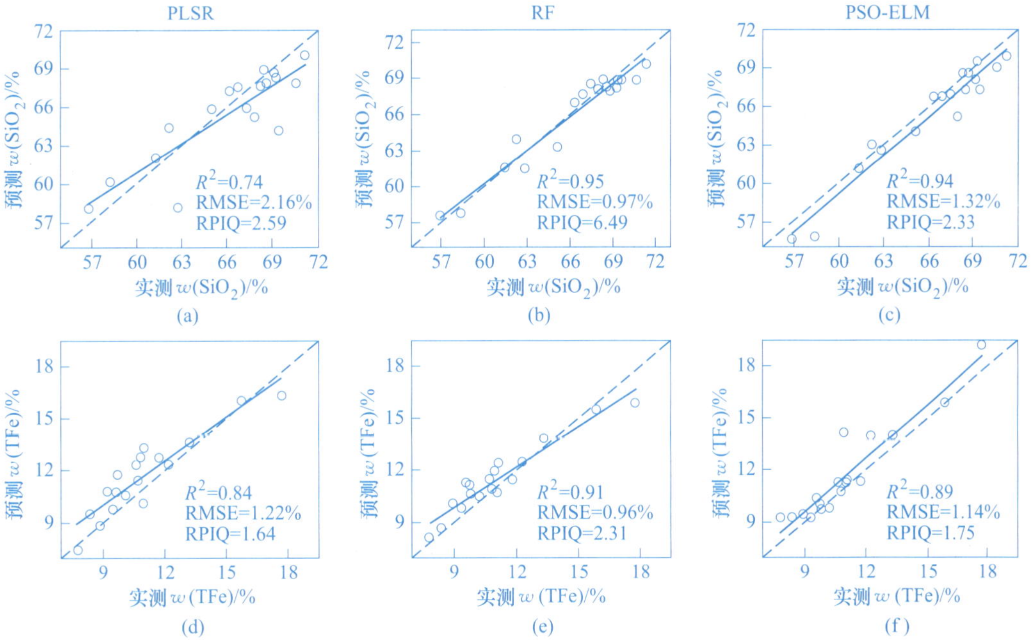

图 9-18 OPA 融合区域 SiO_2((a)~(c)) 和 TFe((d)~(f)) 在 $|r|\geq 0.80$ 范围内基于 PLSR、RF 和 PSO-ELM 模型的预测值和测量值之间的验证精度（虚线为 1∶1 线，实线为模型趋势）

外和数据增强光谱相比，OPA 融合光谱取得了更好的预测结果。TFe 的预测精度由 $R^2=0.70$ 提升至 $R^2=0.91$，RMSE = 1.60%下降至 RMSE = 0.96%，RPIQ = 1.25 提升至 RPIQ = 2.31；SiO_2 的预测精度由 $R^2=0.67$ 提升至 $R^2=0.95$，RMSE = 2.49%下降至 RMSE = 0.97%，RPIQ = 2.52 提升至 RPIQ = 6.49。这意味着基于可见光-近红外和热红外的 OPA 融合光谱是估测 TFe 和 SiO_2 含量的有效方法，能够有效扩展 TFe 和 SiO_2 含量预测的数量级。与单独的可见光-近红外和热红外光谱相比，数据增强光谱保留了可见光-近红外和热红外所有吸收强度信息，提高了 TFe 和 SiO_2 含量的预测精度。与数据增强相比，OPA 融合光谱扩大了探索与 TFe 和 SiO_2 含量更加相关的光谱共同演化的可能性。与以往使用 OPA 融合可见光-近红外和中红外光谱的研究相比，本书的融合可见光-近红外和热红外光谱数据在 TFe 和 SiO_2 含量预测方面取得了显著进步，从而表明 OPA 充分利用了两种光谱的不同特征和互补信息，使用可见光-近红外和热红外作为输入数据的 OPA 融合光谱能够作为 TFe 和 SiO_2 含量预测的稳定且有效的方法。还可以看出，将可见光-近红外、热红外、数据增强和 OPA 融合作为输入数据时，TFe 的 RMSE 值均低于 SiO_2，这与 Desta 等人的研究结果相似，他们发现使用 PLSR 模型结合 MWIR 和 LWIR 串联数据预测 Fe_2O_3 的 RMSE(3.3%) 低于预测 SiO_2 的 RMSE(5.96%)。

9.6　基于国产高分五号卫星遥感光谱的铁尾砂含水量定量反演

9.6.1　不同含水率铁尾砂光谱特征分析

9.6.1.1　不同含水率铁尾砂样品可见光-近红外光谱测量

将采集到的样品进行烘干处理后，缓慢注水至饱和，通过自然蒸发控制含水率，每隔 6h 进行称重计算尾砂含水量，直至含水量达到稳定，即风干状态。室内光谱实验采用美国 SVC-HR-1024 便携式光谱仪，其波段范围为 350~2500nm，共 973 个波段。测试在密闭黑暗环境中进行，将装有样品的黑色容器放在载物台上，使用功率为 1000W 的卤素灯模拟太阳光作为光源，卤素灯距样本表面 70cm，照射方向与水平面的夹角为 60°，光谱仪镜头垂直距离样本 47cm，镜头视场角为 4°，每个含水尾砂样品旋转测试 3 次光谱后取平均值。最终得到不同含水率尾砂光谱曲线 312 条，其中 208 条作为训练集样本，104 条作为验证集样本。

9.6.1.2　不同含水率铁尾砂光谱特征

不同含水量铁尾砂光谱曲线如图 9-19 所示。随着样品含水量的减小，光谱曲线呈现规律性的变化，反射率随含水量的减少而上升；当含水量为饱和状态时，曲线后半段反射率小于前半段；当含水量逐渐减少至 16%时，两波段反射率相等；当含水量从 16%蒸发至干燥时，后半段反射率大于前半段。光谱在 670nm、912nm、1451nm、1921nm、2350nm 处存在吸收谷，其中 912nm、1451nm、1921nm 处吸收谷偏大，912nm 处吸收谷为 Fe^{3+} 的宽吸收带，大小不随含水量的减少而变化，1455nm 和 1930nm 为 O—H 吸收带，大小随着含水量的减少而减小。

光谱曲线反射率随着含水量的增加整体呈下降趋势，且越向近红外波段发展，下降的速度越快。当含水量趋于饱和时（接近 22.0%），反射率下降速度开始变慢，并逐渐达到最低值。当含水量小于14.65%时，2100~2500nm波段的反射率比1100~1850nm波段反射率高，当含水量大于14.65%时，2100~2500nm波段的反射率比1100~1850nm波段的反射率低。

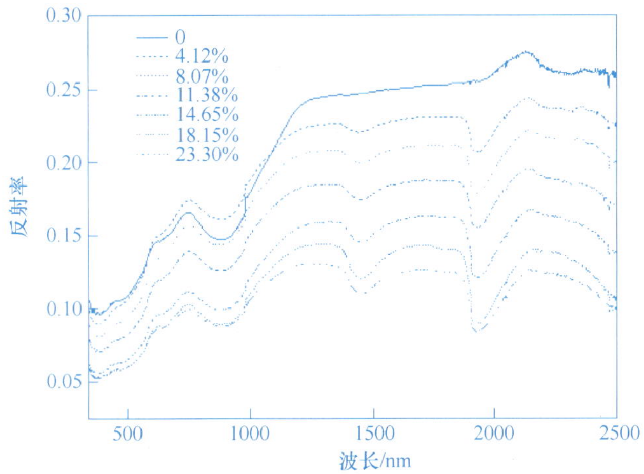

图9-19 不同含水量铁尾砂光谱

9.6.2 基于高分五号卫星波段的铁尾砂含水率指数构建

9.6.2.1 高光谱数据及预处理

高分五号卫星是世界首颗实现对大气和陆地综合观测的全谱段高光谱卫星，于2019年3月21日正式投入使用。在可见光及短波红外波段可以获取330个波段的光谱数据。其中，可见光近红外波段部分覆盖390~1090nm，光谱分辨率优于5nm；短波红外波段光谱覆盖1000~2510nm，分辨率优于10nm；影像空间分辨率为30m，幅宽60km。

本书使用的数据为与采样时间同期的2019年6月25日的高分五号影像，预处理在软件ENVI 5.3中进行。对研究区影像进行辐射定标，并采用FLAASH模型对图像进行大气校正，并剔除无反射率信息的水汽吸收波段B193-B200及B246-B262。

9.6.2.2 光谱指数构建方法

（1）三次样条插值法。为了使实测光谱数据所建模型能够在卫星遥感数据上进行验证，使用三次样条插值法（cubic spline interpolation），根据高分五号卫星传感器波段及无人机成像光谱数据波段对室内试验的光谱数据进行重采样处理。给定$n+1$个数据点，共有n个区间，三次样条方程$s(x)$满足在每个分段区间内都是一个三次多项式，且保证$s(x)$函数在整个区间内的一阶导数与二阶导数都是连续的，即保证该曲线是光滑曲线。因此三次样条插值法在第i个区间的多项式可以写作：

$$S_i(x) = a_i + b_i(x - x_i) + c_i(x - x_i)^2 + d_i(x - x_i)^3 \tag{9-91}$$

通过已知的波段位置及反射率数据点，求出每段样条曲线方程的系数，即可得到每段曲线的具体表达式，再代入待插值的波段位置，即可求出重采样后的光谱反射率。图9-20是三次样条插值方法进行光谱重采样的示意图。

首先利用Savizky-Golay对室内可见光-近红外光谱进行平滑去噪处理，消除光谱信号

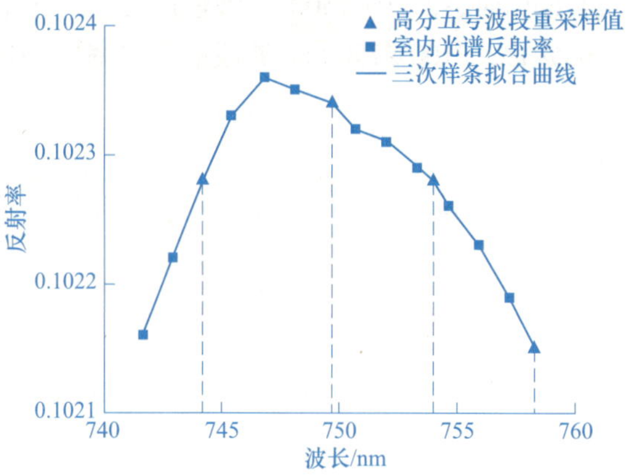

图 9-20 三次样条插值重采样示意图

中的随机噪声，提高样本信号的信噪比。随后利用三次样条插值法对室内可见光-近红外光谱进行重采样，使其波段与高分五号卫星传感器波段相对应。

（2）三维光谱指数建立。通过波段组合运算形成包含多波段信息的新的光谱指数参量，可以消除背景噪声以及大气等因素的影响，提高模型反演地物参数的精度。三维光谱指数将光谱特征从一维扩展到三维尺度，能够更深层次地挖掘尾砂光谱信息与其成分含量间的响应关系。这里利用尾矿光谱建立五种三维光谱指数（TBI1～TBI5），公式如下：

$$\mathrm{TBI1} = R_i/(R_j + R_k) \tag{9-92}$$

$$\mathrm{TBI2} = (R_i - R_j)/(R_j - R_k) \tag{9-93}$$

$$\mathrm{TBI3} = (R_i + R_j)/R_k \tag{9-94}$$

$$\mathrm{TBI4} = (R_i - R_j)/[(R_i - R_j) - (R_j - R_k)] \tag{9-95}$$

$$\mathrm{TBI5} = (R_i - R_j) - (R_j - R_k) \tag{9-96}$$

式中 R_i——第 i 波段反射率值；

R_j——第 j 波段反射率值；

R_k——第 k 波段反射率值。

9.6.2.3 波段筛选方法

高光谱数据波段数据量较大，并且包含大量冗余信息与背景信号。竞争性自适应加权重采样法（competitive adaptive reweighted sampling，CARS）以自然界适者生存法则为基础，能够有效筛选出最优指数组合。CARS 是一种基于蒙特卡洛采样以及偏最小二乘（PLS）回归系数的指数优选方法，它首先通过蒙特卡洛采样选择部分样本建立 PLS 模型，计算各指数回归系数的绝对值权重，通过指数递减函数去除回归系数较小的指数；而后对选定的光谱指数子集进行交叉验证，获得训练集均方根误差最小的模型所对应的子集，即筛选出最佳特征指数集合。

假设所有样本的指数数据矩阵为 $X_{m\times n}$，所有样本目标性质矩阵为 $y_{m\times 1}$；数据矩阵的组合系数为 W；X 的得分矩阵为 T，是 X 与 W 的线性组合；y 与 T 建立 PLS 模型的回归系数为 c；误差向量为 $\boldsymbol{e}$。则有：

$$T = XW \tag{9-97}$$

$$y = Tc + \boldsymbol{e} = XWc + \boldsymbol{e} = Xb + \boldsymbol{e} \tag{9-98}$$

式中 b——组合系数与回归系数的结合。

权重 ω 定义为：

$$\omega_i = \frac{|b_i|}{\sum_{i=1}^{n} |b_i|} \quad i = 1,2,\cdots,n \tag{9-99}$$

作为变量优选的评价标准，$|b_i|$与 ω_i 越大，该波段变量越重要。根据 CARS 筛选出少部分敏感波段，可以有效降低高光谱数据维度，达到提高高光谱数据建模效率的目的，并且便于后续光谱三维变量的组合。

9.6.2.4 铁尾砂含水率指数构建

上述 CARS 方法对变量的特征优选基于达尔文进化论的“适者生存”理论，将通过蒙特卡洛采样筛选出的多个数据集模型中交叉验证标准误差最小的模型对应波长变量作为优选后的特征波长变量。利用 CARS 方法分别对铁尾砂的水分含量与光谱进行敏感波段筛选，共筛选出水分敏感波段 18 个，波段分布位置如图 9-21 所示。

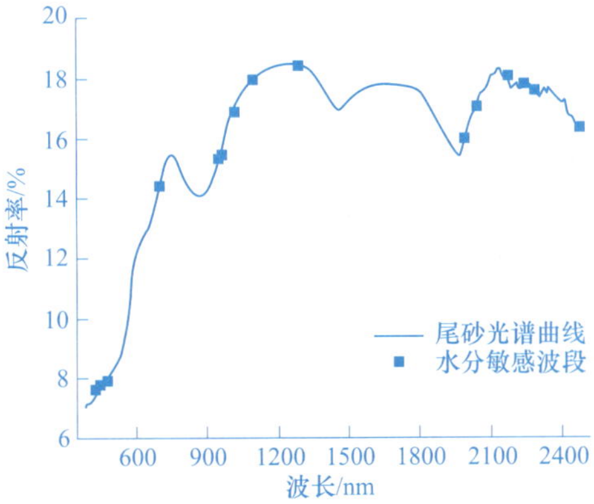

图 9-21 CARS 筛选出的铁尾砂水分敏感波段位置

可以观察到，铁尾砂的水分敏感波段主要分布于可见光波段中的 400~500nm 位置，960nm 吸收谷后的反射率逐渐增长波段位置，以及 2000nm 后的近红外末段波段。

利用筛选后的 18 个敏感波段的反射率逐个组合进行三维指数计算，探索不同波段组合方法与水分含量间的相关性。并引入皮尔森相关系数衡量三维指数与铁尾砂含水量间的相关程度。将最终得到的各波段组合相关系数绘制为图 9-22。图 9-22 展示了不同角度的三维指数相关性分布，以及最佳相关性系数所在位置切片，每个元素的 x、y、z 坐标表示用于计算该指数的三个波段。

每种三维指数相关性最高值及波段组合方式列于表 9-6。可见，5 种三维指数的相关性最大值分布于 0.74 至 0.84 间，均与水分含量间达到强相关或极强相关。其中，由三个波段差值组成的 TBI5 指数表现最佳，约 26%的 TBI5 指数与水分相关性超过 0.6，达到强相关关系。并且 TBI5 指数与水分的相关系数最高达到 0.84，组成该三维指数的三个波段分别位于反射率最低的可见光波段 437.39nm 处、铁离子吸收带附近的 1097.47nm 波段以及处于 O—H 吸收带的 1990.67nm 波段处。通过三个波段相减计算得到的三维指数，能够

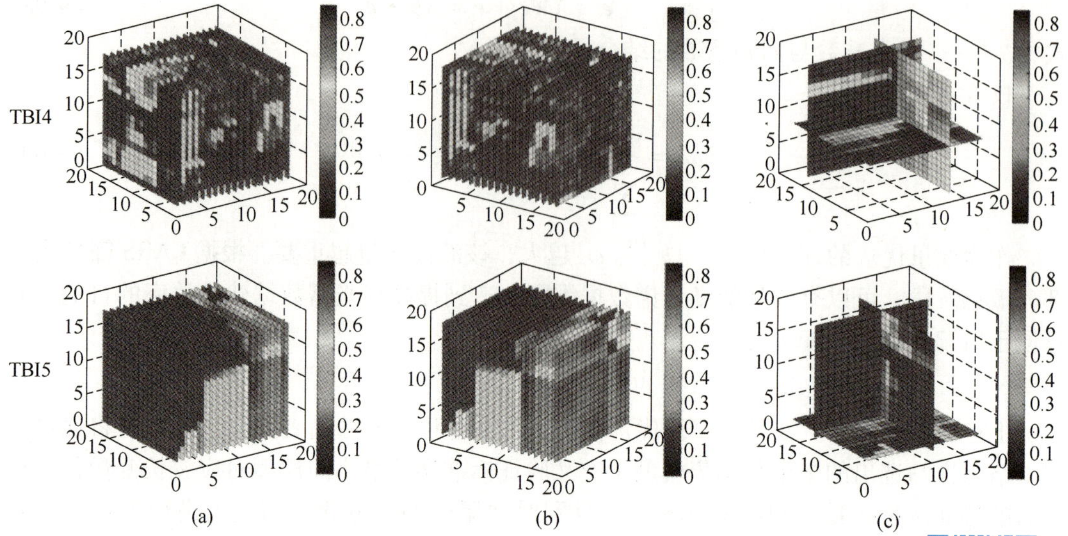

图 9-22 基于 CARS 筛选后敏感波段的三维指数相关性模型

（a）正面视角；（b）背面视角；（c）最佳指数所在位置切片

扫码看彩图

放大铁尾砂光谱中水含量相关波段的反射率变化，更深层地挖掘光谱与水含量的响应关系，从而与水分达成较高的相关性系数。

表 9-6 最佳三维指数波段组合

指数名称	波段组合	最佳相关系数
TBI1	1097. 47nm/(1990. 67nm+1097. 47nm)	0. 7633
TBI2	(1291. 45nm−2041. 18nm)/(2041. 18nm−1990. 67nm)	0. 8135
TBI3	(2285. 71nm+1015. 88nm)/1990. 67nm	0. 7445
TBI4	(1990. 67nm−2176. 16nm)/[(1990. 67nm−2176. 16nm)−(2176. 16nm−963. 55nm)]	0. 8218
TBI5	(1097. 47nm−1990. 67nm)−(1990. 67nm−437. 39nm)	0. 8444

9. 6. 3 基于优选波段和 PSO-ELM 模型的铁尾砂含水率反演

根据前文的相关性分析结果，计算所有样本的 5 种最佳三维指数，并结合 CARS 筛选后的 18 个波段建立新的联合数据集（共 23 维）。分别利用 RF、PSO-ELM 与 CNN 三种机器学习方法，对比 18 波段原始反射率数据集与联合数据集的水分反演验证精度，结果如表 9-7 所示。可以看到，原始反射率数据集与 PSO-ELM 方法联合建立的水分模型验证精度较高，达到 $R^2=0.84$，RMSE = 0. 0275。在三种建模方法下，在原始的敏感波段数据集中加入了三维指数联合数据集后均成功提高了铁尾砂光谱的水分含量预测精度，其中 RF 模型与 CNN 模型精度提升较为显著。RF 模型精度由 $R^2=0.78$ 提升至 $R^2=0.85$；PSO-ELM 模型由 $R^2=0.84$ 提升至 $R^2=0.88$；CNN 方法的精度提升最为显著，基于三维指数联合数据集的 CNN 铁尾砂水分反演模型达到了最高精度 $R^2=0.92$，RMSE = 0. 0199，能够实现铁尾砂水分的高精度预测。

表 9-7 不同成分与数据集验证精度

成分	数据集	验证精度		
		R^2	RMSE	RPD
RF	Raw	0. 78	0. 0318	2. 15
	Raw-TBI	0. 85	0. 0267	2. 56
PSO-ELM	Raw	0. 84	0. 0275	2. 50
	Raw-TBI	0. 88	0. 0239	2. 89
CNN	Raw	0. 82	0. 0300	2. 27
	Raw-TBI	0. 92	0. 0199	3. 43

经过对比实验，基于三维指数联合数据集的 CNN 铁尾砂水分反演模型取得了最佳精度。因此，提取采样同期高分五号遥感影像上的同波段反射率数据并计算得到三维指数数据，利用建立好的 CNN 模型逐像素进行水分反演，将结果制成尾矿库水分分布图，如图 9-23 所示。

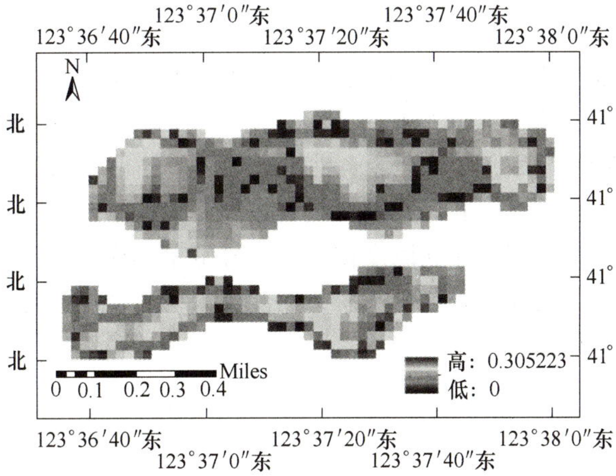

图 9-23 歪头山尾矿库水分分布反演图

扫码看彩图

可以观察到尾矿库表面水分含量呈现明显且规律的变化分布，其中靠近尾矿库边缘区域含水量较高，而南北方向位置靠近中间区域含水率则明显降低，与尾矿库周围排放口位置规律一致。

从采样点中随机挑选 9 个对比采样，实测其水分含量，与影像 CNN 模型反演结果进行精度验证，采样点实测含水率与影像预测含水率间关系如图 9-24 所示。可以观察到影像的预测含水率与实测值间呈现较为一致的变化关系，对比实测值与预测值的验证精度 R^2 达到 0. 79，RMSE 为 0. 0102，RPD 为 2. 20。证明了本书所建立数据集及模型能够实现较高精度的尾矿库表层含水量反演。

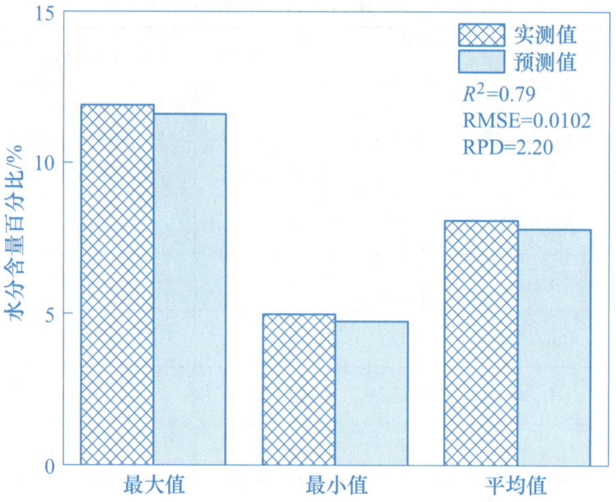

图 9-24　尾矿库水分反演结果实地验证精度

9.7　基于国产高分五号卫星遥感光谱的铁尾砂主要成分反演及制图

9.7.1　基于卫星波段的实验光谱数据重采样

高分五号数据获取了从可见光至短波红外（350~2500nm）光谱范围内的 330 个波段光谱信息。其中，通过剔除不包含反射率的水汽吸收波段及噪声较高的波段后，共剩余 295 个波段。基于 295 个波段的波长信息，利用三次样条插值法对铁尾砂室内光谱进行重采样，从而使铁尾砂室内光谱实验的实测高光谱数据波段位置与高分五号影像波段位置一一对应，便于后续高光谱模型的建立以及在高分五号卫星影像数据上的应用。由于高分五号高光谱遥感卫星提供了较高的光谱分辨率，因此重采样后铁尾砂光谱保留了绝大多数光谱特征，整体光谱特征与重采样前一致。

9.7.2　铁尾砂主要成分光谱特征筛选

9.7.2.1　CARS 敏感波段筛选结果

利用 CARS 方法筛选铁尾砂光谱对 TFe 含量与 SiO_2 含量的敏感波段，共筛选出 TFe 含量敏感波段 15 个、SiO_2 含量敏感波段 13 个。TFe 含量敏感波段分布位置如图 9-25 所示。在可见光波段的 400~450nm 位置分布有 3 个敏感波段，该区域内反射率迅速上升；550~820nm 范围内分布有 7 个敏感波段，主要处于可见光波段 700nm 处吸收谷的两肩及 750nm 处由含有 Fe^{3+}的矿物电子跃迁导致的吸收峰处；于 1000nm 附近分布有 2 个敏感波段，位于 980nm 处的吸收谷右侧，该部分吸收特征也由 Fe^{3+}导致；在 1190~1220nm 波段范围内分布有 3 个敏感波段，位于近红外波段范围反射率迅速上升位置斜率最大区域。

SiO_2 含量敏感波段分布位置如图 9-26 所示。在 400~440nm 范围内共出现 4 个敏感波段，主要位于可见光范围内光谱反射率迅速上升区域；在 1000~1020nm 范围内存在 2 个敏感波段，处于 980nm 处吸收谷底右侧；在 1490~1600nm 范围分布有 6 个敏感波段，位于1450nm吸收峰右侧，该位置吸收特征由水分子中羟基（—OH）的拉伸和弯曲振动导致。

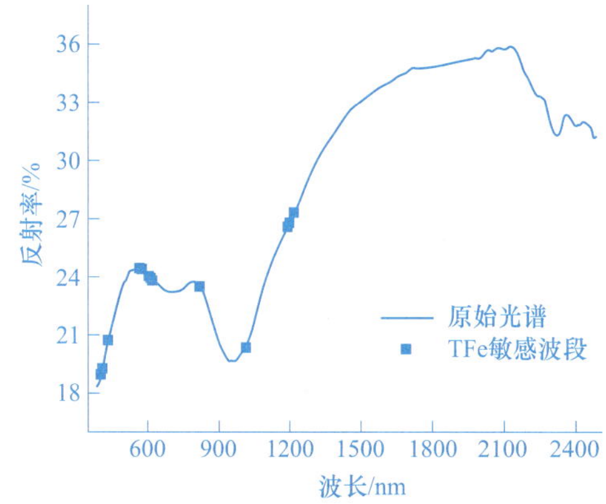

图 9-25　TFe 敏感波段筛选结果

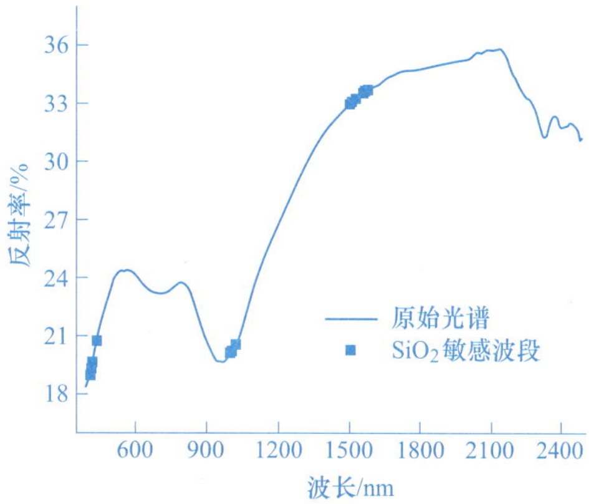

图 9-26　SiO_2 敏感波段筛选结果

9.7.2.2　二维光谱指数构建及筛选

针对CARS筛选后的不同TFe与SiO_2含量光谱逐波段构建差值指数（DI）、比值指数（RI）、归一化指数（NDI），并对每个波段组合逐一分别计算与TFe及SiO_2含量的相关系数。结果表明，由波段差值运算得到的DI指数表现最佳，其中由敏感波段差值运算得到的DI指数与铁尾砂样本TFe含量间的相关性最高达到0.74，且由1100nm后的敏感波段参与构建的DI指数与TFe相关性大多达到0.7以上，与TFe含量达到较强的相关关系。而经过比值运算及归一化运算得到的RI指数及NDI指数与TFe的相关性最高达到0.50。构成三种最佳指数的波段组合如表9-8所示。

在铁尾砂光谱的二维波段组合中，与TFe含量相关性最高的差值指数由$R_{1011.34nm}-R_{1190.17nm}$构成，相关性达到0.74，与TFe含量呈强相关，组成该指数的两个波段分别位于铁尾砂光谱980nm吸收谷右侧的反射率迅速上升波段范围内，经由两个波段的差值运算，可以挖掘光谱反射率的迅速变化情况，从而获取光谱反射率与铁尾砂成分含量间更深层的响应关系。基于敏感波段建立的比值指数和归一化指数与TFe含量相关性最高约为0.50，较差值指数偏低，组成最佳比值及归一化指数的运算方式分别为$R_{621.46nm}/R_{1190.17nm}$及$(R_{621.46nm}-R_{1190.17nm})/(R_{621.46nm}+R_{1190.17nm})$，两个敏感波段分别位于可见光波段700nm处吸收谷左肩及近红外波段范围反射率迅速上升位置斜率最大区域。

与SiO_2含量相关性最高的差值指数由$R_{407.44nm}-R_{433.11nm}$构成，相关性达到0.65，与$SiO_2$含量呈强相关关系，组成该指数的波段位于可见光波段反射率迅速上升区域。基于敏感波段建立的比值指数与归一化指数与SiO_2含量相关性最高约为0.29，较差值指数偏低，组成最佳比值及归一化指数的运算方式分别为$R_{407.44nm}/R_{1020.26nm}$及$(R_{407.44nm}-R_{1020.26nm})/(R_{407.44nm}+R_{1020.26nm})$，两个敏感波段分别位于可见光波段范围内反射率迅速上升的短波区域及近红外波段上升斜率最高位置。SiO_2含量相关二维指数的相关性较TFe整体偏低。已有研究表明，硅酸盐在可见光-近红外波段范围内光谱特征主要体现于某些含水化合物的分子运动，因此利用可见光-近红外光谱进行SiO_2含量定量监测还需要对光谱信息进行进一步的挖掘。

表 9-8　铁尾砂光谱二维指数筛选结果

属性	指数名称	最大相关性	波段组合方式
TFe	DI	0.74	1011.34nm-1190.17nm
	RI	0.50	621.46nm/1190.17nm
	NDI	0.50	(621.46nm-1190.17nm)/(621.46nm+1190.17nm)
SiO_2	DI	0.65	407.44nm-433.11nm
	RI	0.29	407.44nm/1020.26nm
	NDI	0.29	(407.44nm-1020.26nm)/(407.44nm+1020.26nm)

9.7.2.3　三维光谱指数构建及筛选

利用筛选后的 15 个 TFe 敏感波段及 13 个 SiO_2 敏感波段的反射率逐个组合进行三维指数计算，探索不同波段组合方法与不同铁尾砂成分间的相关性，并利用相关系数衡量三维指数与铁尾砂成分含量间的相关程度。将最终得到的各波段组合相关系数绘制为图 9-27 及图 9-28。沿 x 轴方向对三维指数进行切片，通过旋转展示了三维指数分布情况，并将每种指数在由最佳相关性系数筛选出的最佳指数所在位置切片，每个元素的 x、y、z 坐标表示用于计算该指数的三个波段所在位置。

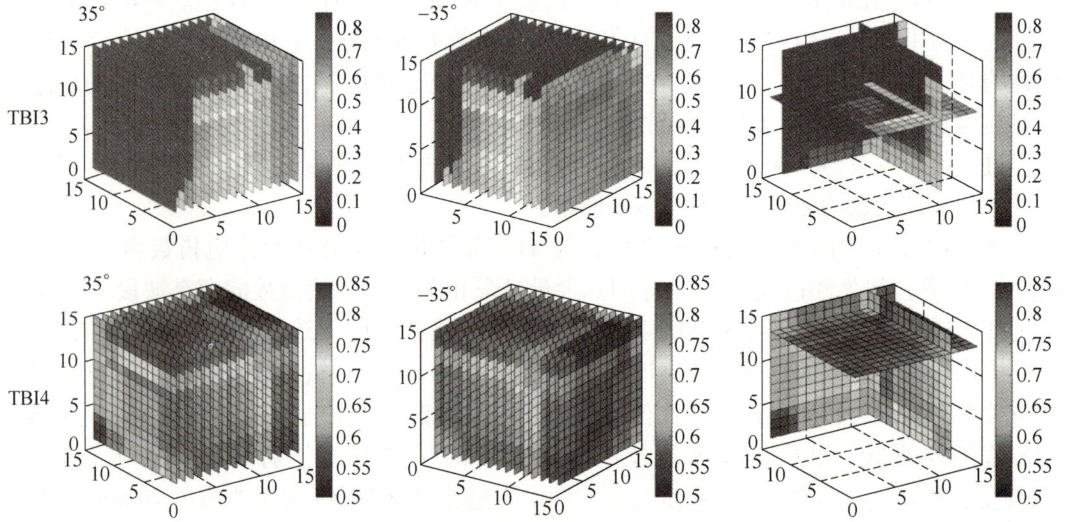

图 9-27　基于 TFe 敏感波段的三维指数相关性分布

扫码看彩图

如图 9-27 所示，经过三个敏感波段的乘除运算得到的 TBI4 指数与 TFe 含量的相关性表现最佳，绝大多数 TBI4 指数呈现橙色至红色，说明该部分 TBI4 指数与 TFe 含量具有强相关性，尤其是在敏感波段中 1190nm 后波段参与组成的 TBI4 指数表现最佳，其中共有 684 种 TBI4 指数与 TFe 含量相关性达到 0.8 以上，与 TFe 含量呈极强相关；由三个敏感波段互相计算差值得到的 TBI3 指数表现次之，由 1190nm 后的敏感波段参与组成的 TBI3 指数相关性较高，共有 259 种 TBI3 指数与 TFe 含量相关性较好，达到 0.7 以上，呈强相关关系；TBI1、TBI2 及 TBI5 指数的相关性表现较为接近，其中与 TFe 含量的相关性最高约达到 0.60。

与 TFe 含量相关性最高的每种指数及其波段组合方式如表 9-9 所示。相关性最佳的 $TBI4=R_{1013.20nm}/(R_{1215.20nm}\times R_{1190.17nm})$ 指数与 TFe 含量相关系数最高达到 0.8449，呈极强相关关系，组成该指数的 3 个波段分布于 980nm 处的 Fe^{3+} 离子吸收谷右侧反射率迅速上升区域；$TBI3=(R_{1011.34nm}-R_{1190.17nm})-(R_{1190.17nm}-R_{621.46nm})$ 与 TFe 含量相关系数达到最高 0.8007，同样达到了极强相关，但相关性较 TBI4 略低，组成该指数的敏感波段分别位于 750nm 的 Fe^{3+} 离子吸收谷左肩及 980nm 处 Fe^{3+} 离子吸收谷右侧。最佳三维指数 $TBI1=(R_{612.89nm}-R_{608.60nm})/(R_{608.60nm}+R_{1215.20nm})$、$TBI2=(R_{818.10nm}+R_{574.32nm})/R_{1190.17nm}$ 及 $TBI5=(R_{1215.20nm}-R_{608.60nm})/[(R_{1215.20nm}-R_{608.60nm})-(R_{1215.20nm}-R_{612.89nm})]$ 分别与 TFe 的相关性达到了 0.6021、0.5398 及 0.6031。从相关性结果来看，相较于二维指数，三维指数明显地提高了光谱指数与铁尾砂 TFe 含量间的相关性。在二维最优波段组合的基础上加入三维最佳波段组合指数作为模型输入参量，能够进一步提高尾砂成分含量模型的预测潜力。

表 9-9　TFe 含量最佳三维指数波段组合

指数名称	波段组合	最佳相关系数
TBI1	(612.89nm-608.60nm)/(608.60nm+1215.20nm)	0.6021
TBI2	(818.10nm+574.32nm)/1190.17nm	0.5398
TBI3	(1011.34nm-1190.17nm)-(1190.17nm-621.46nm)	0.8007
TBI4	1013.20nm/(1215.20nm×1190.17nm)	0.8449
TBI5	(1215.20nm-608.60nm)/[(1215.20nm-608.60nm)-(1215.20nm-612.89nm)]	0.6031

如图 9-28 所示，经过三个敏感波段的乘除运算得到的 TBI4 指数与 SiO_2 含量的相关性表现最佳，几乎所有 TBI4 指数均呈现黄色至红色，说明该部分 TBI4 指数与 SiO_2 含量具有

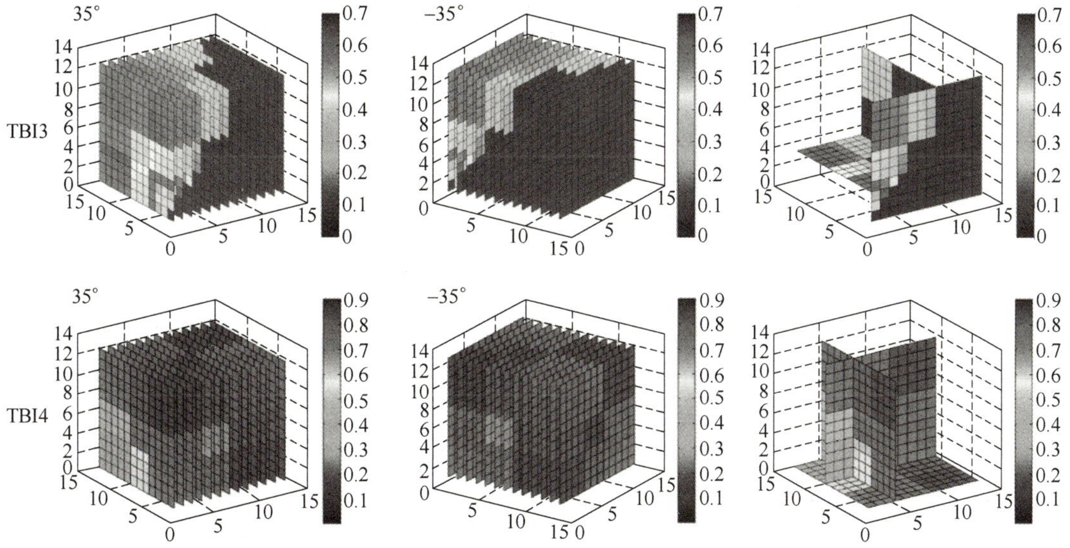

图 9-28　基于 SiO_2 敏感波段的三维指数相关性分布

扫码看彩图

强相关性，其中共有 2197 种 TBI4 指数与 SiO_2 含量相关性达到 0.8 以上，呈极强相关；由三个敏感波段互相计算差值得到的 TBI3 指数表现次之，由 415nm 前的敏感波段参与组成的 TBI3 指数相关性较高，共有 369 种 TBI3 指数与 SiO_2 含量相关性较好，达到 0.6 以上，呈强相关关系；TBI5 指数与 SiO_2 相关性整体较低，最佳相关性元素呈青色，达到 0.4 左右；TBI1、TBI2 指数的相关性表现较差，且两种指数的表现较为接近，与 SiO_2 含量的相关性最高约达到 0.30。

与 SiO_2 含量相关性最高的每种指数及其波段组合方式如表 9-10 所示。其中相关性最佳的 $TBI4=R_{433.11nm}/(R_{1494.2nm}\times R_{407.44nm})$ 指数与 SiO_2 含量相关系数绝对值最高达到 0.8130，呈极强相关关系，组成该指数的 3 个波段分布于可见光紫光波段范围反射率迅速增加区域及水分子中羟基（O—H）的拉伸和弯曲振动所导致的 1450nm 吸收峰右侧，值得关注的是 TBI4 指数均与 SiO_2 含量呈负相关关系；$TBI3=(R_{1494.20nm}-R_{407.44nm})-(R_{407.44nm}-R_{433.11nm})$ 与 SiO_2 含量相关系数达到最高 0.6616，达到了强相关，组成最佳 TBI3 指数的波段组合与最佳 TBI4 指数波段分布近似。最佳三维指数 TBI5 = (1519.54nm − 1502.64nm)/[(1519.54nm−1502.64nm)−(1519.54nm−1494.2nm)]，与 SiO_2 的相关性达到 0.3853；最佳的 TBI1 指数及 TBI2 指数的相关性表现较为近似，$TBI1=(R_{1020.26nm}-R_{433.11nm})/(R_{433.11nm}+R_{411.72nm})$ 和 $TBI2=(R_{1020.26nm}+R_{433.11nm})/R_{407.44nm}$ 与 SiO_2 含量相关性分别达到 0.2825 及 0.2943。从相关性结果看，虽然相较于 TFe 含量的指数结果，SiO_2 的指数相关性较低，但三维指数仍然明显地提高了光谱反射率与铁尾砂 SiO_2 含量间的相关性，其中 TBI4 指数达到了非常良好的相关关系，这为利用可见光-近红外波段的反射率数据进行 SiO_2 含量的成分反演提供了潜力。

表 9-10 SiO_2 含量最佳三维指数波段组合

指数名称	波段组合	最佳相关系数
TBI1	(1020.26nm−433.11nm)/(433.11nm+411.72nm)	0.2825
TBI2	(1020.26nm+433.11nm)/407.44nm	0.2943
TBI3	(1494.20nm−407.44nm)−(407.44nm−433.11nm)	0.6616
TBI4	433.11nm/(1494.20nm×407.44nm)	−0.8130
TBI5	(1519.54nm−1502.64nm)/[(1519.54nm−1502.64nm)−(1519.54nm−1494.2nm)]	0.3853

9.7.3 铁尾砂成分定量反演模型对比分析

为利用铁尾砂特征光谱及光谱指数数据集建立铁尾砂成分反演模型，并保证数据集具有代表性，将 77 个铁尾砂样本按照含量顺序由低到高排列，按照隔二取一的方式分别将数据集划分为用于模型建立的训练集以及用于测试模型精度的测试集。划分后的训练集包含 51 个样本，测试集包含 26 个样本。基于随机森林（RF）、粒子群优化的极限学习机（PSO-ELM）和卷积神经网络（CNN）构建铁尾砂成分含量反演模型，对铁尾砂 TFe 和 SiO_2 含量进行反演预测，对比分析各模型的验证精度。

9.7.3.1 铁尾砂 TFe 和 SiO_2 含量的 RF 模型反演

利用 RF 模型分别对铁尾砂样本的敏感波段数据与指数联合数据集进行建模，并与敏感波段单独建模结果作对比。RF 预测模型的验证精度如表 9-11 所示。对于 TFe 含量预测，基于敏感波段的模型验证集精度 $R^2=0.59$，RPD = 1.51，该模型只具备粗略的预测能力；基于敏感波段与指数联合建立的模型验证集精度 $R^2=0.82$，RPD = 1.83，较仅利用敏感波段的数据集精度有明显提升，能够实现较高精度预测。对于 SiO_2 含量预测，基于敏感波段的模型验证集精度 $R^2=0.67$，RPD = 1.71，该模型初步具备预测能力；基于敏感波段与指数联合建立的模型验证集精度 $R^2=0.76$，RPD = 1.86，较仅利用敏感波段的数据集精度有所提升。

表 9-11　基于不同特征数据集的 RF 模型验证精度

预测属性	数据集	验证集精度		
		R^2	RMSE	RPD
TFe	敏感波段（15 维）	0.59	2.19	1.51
	敏感波段（15 维）+指数数据集（8 维）	0.82	1.81	1.83
SiO_2	敏感波段（13 维）	0.67	2.51	1.71
	敏感波段（13 维）+指数数据集（8 维）	0.76	2.32	1.86

9.7.3.2　铁尾砂 TFe 和 SiO_2 含量的 PSO-ELM 模型反演

利用 PSO-ELM 模型对铁尾砂样本的敏感波段数据与指数联合数据集进行建模，并与敏感波段单独建模结果作对比。PSO-ELM 模型的验证精度如表 9-12 所示。对于 TFe 含量预测，基于敏感波段的模型验证集精度 $R^2=0.83$，RPD = 1.98，已经能够对 TFe 含量实现较高精度的预测；基于敏感波段与指数联合建立的模型验证集精度 $R^2=0.88$，RPD = 2.03，较仅利用敏感波段数据集精度得到了进一步提升，RPD 达到 2 以上，说明基于联合数据集能够对铁尾砂的 TFe 含量实现高精度预测。对于 SiO_2 含量预测，基于敏感波段的模型验证集精度 $R^2=0.64$，RPD = 1.68，模型预测能力较差；基于敏感波段与指数联合建立的模型验证集精度 $R^2=0.74$，RPD = 1.85，较仅利用敏感波段建立的模型精度提升较大。

表 9-12　基于不同特征数据集的 PSO-ELM 模型验证精度

预测属性	数据集	验证集精度		
		R^2	RMSE	RPD
TFe	敏感波段（15 维）	0.83	1.40	1.98
	敏感波段（15 维）+指数数据集（8 维）	0.88	1.27	2.03
SiO_2	敏感波段（13 维）	0.64	2.56	1.68
	敏感波段（13 维）+指数数据集（8 维）	0.74	2.38	1.85

9.7.3.3　铁尾砂 TFe 和 SiO_2 含量的 CNN 模型反演

利用 CNN 模型分别对所有铁尾砂样本的敏感波段数据与指数联合数据集进行建模，并与敏感波段单独建模结果作对比。CNN 模型的验证精度如表 9-13 所示。对于 TFe 含量预测，基于敏感波段的模型验证集精度 $R^2=0.76$，RPD = 1.81，已经能够实现高精度预测；基于敏感波段与指数联合建立的模型验证集精度 $R^2=0.82$，RPD = 2.03，较仅用敏感波段数据集所建模型精度有所提升。对于 SiO_2 含量预测，基于敏感波段的模型验证集精

度 $R^2=0.69$，RPD=1.59，模型具备一定预测能力；基于敏感波段与指数联合建立的模型验证集精度 $R^2=0.81$，RPD=2.09，能够实现高精度预测。

表 9-13　基于不同特征数据集的 CNN 模型验证精度

预测属性	数据集	验证集精度		
		R^2	RMSE	RPD
TFe	敏感波段（15 维）	0.76	1.82	1.81
	敏感波段（15 维）+指数数据集（8 维）	0.82	1.62	2.03
SiO_2	敏感波段（13 维）	0.69	2.71	1.59
	敏感波段（13 维）+指数数据集（8 维）	0.81	2.05	2.09

9.7.3.4　不同反演模型的对比分析

为方便对比，将上述 RF、PSO-ELM、CNN 三种模型的验证精度数据绘制成柱状图，如图 9-29 和图 9-30 所示。在铁尾砂的 TFe 含量及 SiO_2 含量反演模型中，不同建模方法间差异较为明显，但对于所有建模方法，在敏感波段数据集中加入二维与三维指数数据集后，均提高了模型的反演精度。并且基于敏感波段建立的模型的验证精度 RPD 均达到了 1.4 以上，说明通过 CARS 能够筛选出对铁尾砂成分具有预测能力的敏感波段，对铁尾砂 TFe 及 SiO_2 含量实现初步的预估，并且通过波段组合建立特征指数的方式能够有效地提升机器学习模型的预测精度。

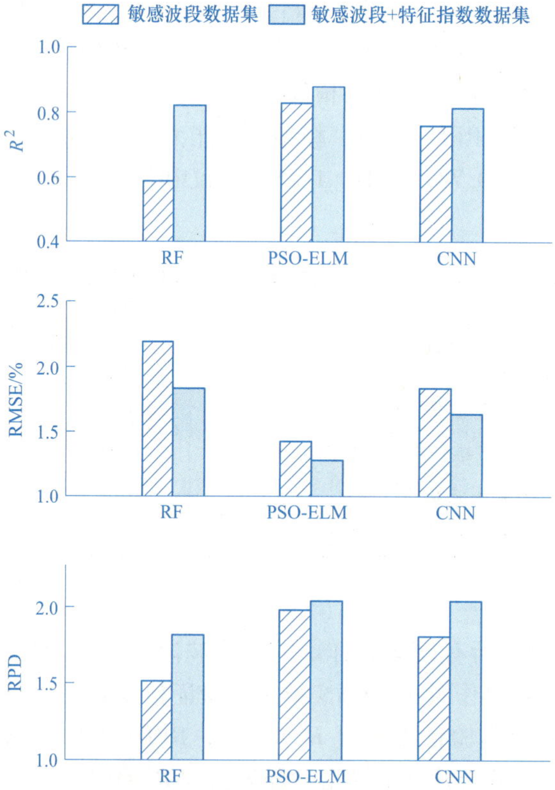

图 9-29　基于不同数据集的机器学习模型验证集精度对比——TFe 预测

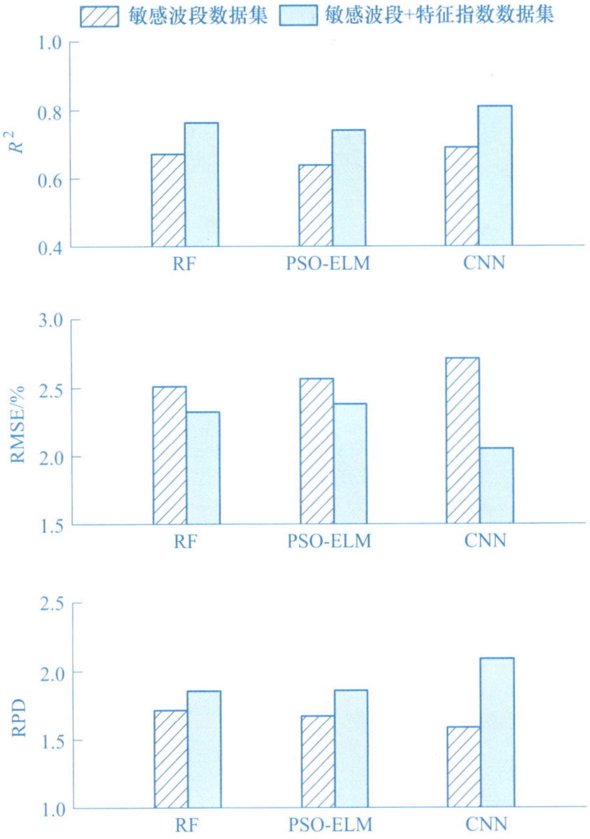

图 9-30 基于不同数据集的机器学习模型验证集精度对比——SiO_2 预测

由图 9-29 所示，在所有模型内部对比中，敏感波段与特征指数联合对于 TFe 的反演预测效果均优于只使用敏感波段所建模型的预测效果。利用敏感波段与特征指数联合所建立的三种模型中，对于 TFe 的反演预测，PSO-ELM 模型的预测效果最佳（验证集的 R^2 = 0.88，RMSE = 1.27%，RPD = 2.03），CNN 次之，RF 表现最差；对于 SiO_2 的反演预测（如图 9-30 所示），CNN 方法预测效果最佳（验证集的 R^2 = 0.81，RMSE = 2.05%，RPD = 2.09），RF 与 PSO-ELM 的表现次之，二者的预测精度较为近似。整体上看，SiO_2 的反演精度略低于 TFe 的反演精度。

以实测 TFe 含量为横坐标，以模型预测的 TFe 含量为纵坐标，绘制出 TFe 模型验证集散点图，如图 9-31 所示。仅利用敏感波段的 RF 模型的 TFe 预测点偏离 1∶1 线较大，在模型中加入特征指数后，RF 模型对 TFe 含量为 11%左右的样本的预测高估情况得到明显改善，但对含量较高样本的估测仍旧偏差较大。PSO-ELM 模型及 CNN 模型的预测点拟合线与 1∶1 线偏离较小，验证点均匀分布在 1∶1 线两侧，且大部分靠近 1∶1 线，并且在加入特征指数后所建立模型的 TFe 预测情况均得到一定改善。对于三种方法所建立的模型，当 TFe 含量大于 12%时，TFe 含量被明显低估；当 TFe 含量小于 12%时，模型对 TFe 的含量大部分呈现高估，尤其是针对含量处于 11%附近的样本，模型预测的高估情况较为明显，不同模型呈现的预测规律较为一致。

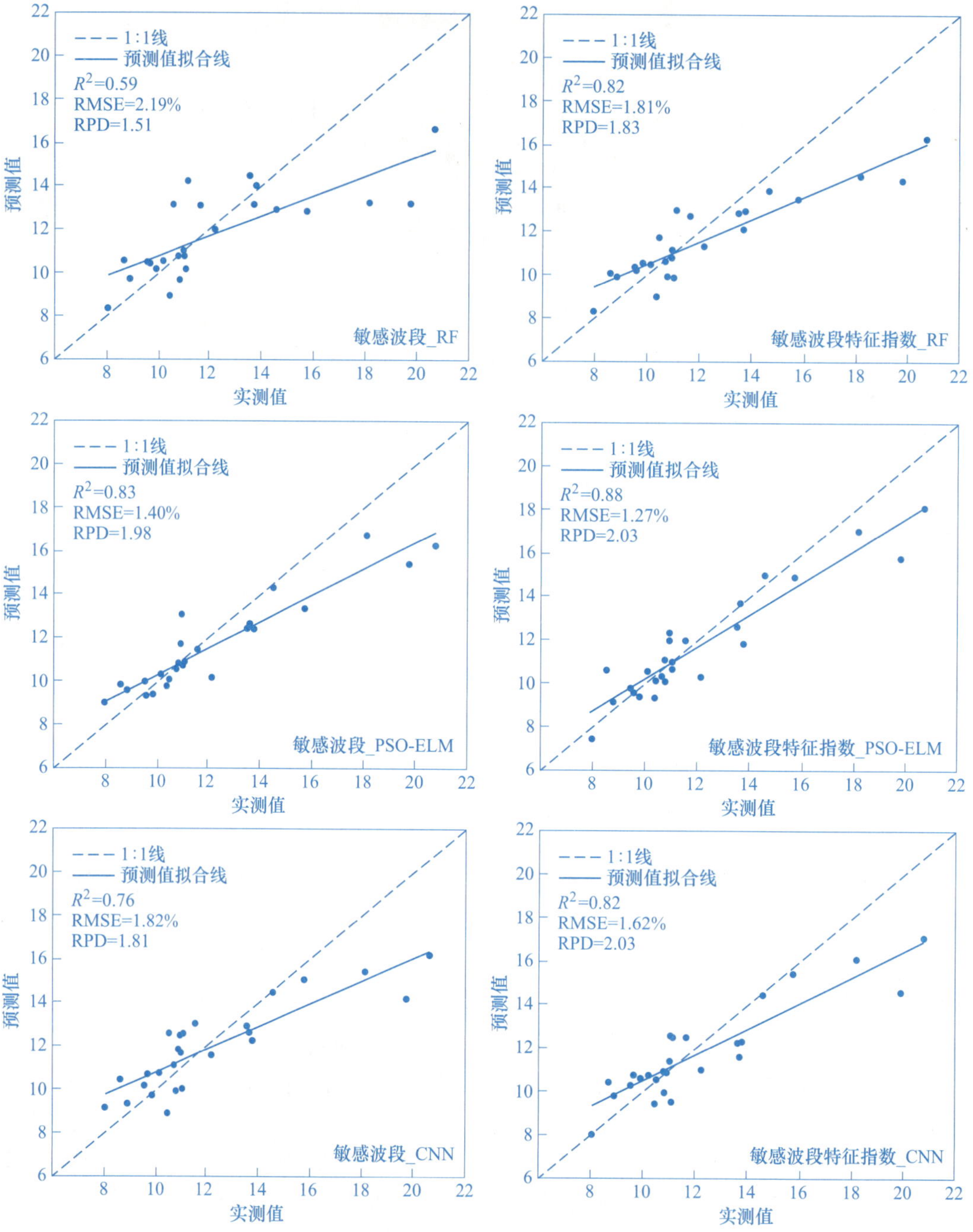

图 9-31 TFe 反演模型验证集预测值与实测值对比图

以实测 SiO_2 含量为横坐标，以模型预测的 SiO_2 含量为纵坐标，绘制出 SiO_2 模型验证集散点图，如图 9-32 所示。相较于 TFe 预测结果，SiO_2 预测模型的预测点偏离 1∶1 线较大，尤其是仅利用敏感波段所建立的三种 SiO_2 预测模型。在模型中加入特征指数后，模型对 SiO_2 含量预测情况得到明显改善，其中 CNN 模型表现最佳。在仅利用敏感波段进行建模时，CNN 模型的预测点拟合线与 1∶1 线偏离虽然较小，验证点均匀分布在 1∶1 线两侧，但大部分远离 1∶1 线；加入特征指数后所建立 CNN 模型的 SiO_2 预测情况得到明显改善。对于三种方法所建立的 SiO_2 预测模型，当 SiO_2 含量大于 68%时，SiO_2 含量被明显低估；当 SiO_2 含量小于 62%时，模型对 SiO_2 的含量大部分呈现高估，不同模型呈现的预测规律较为一致。

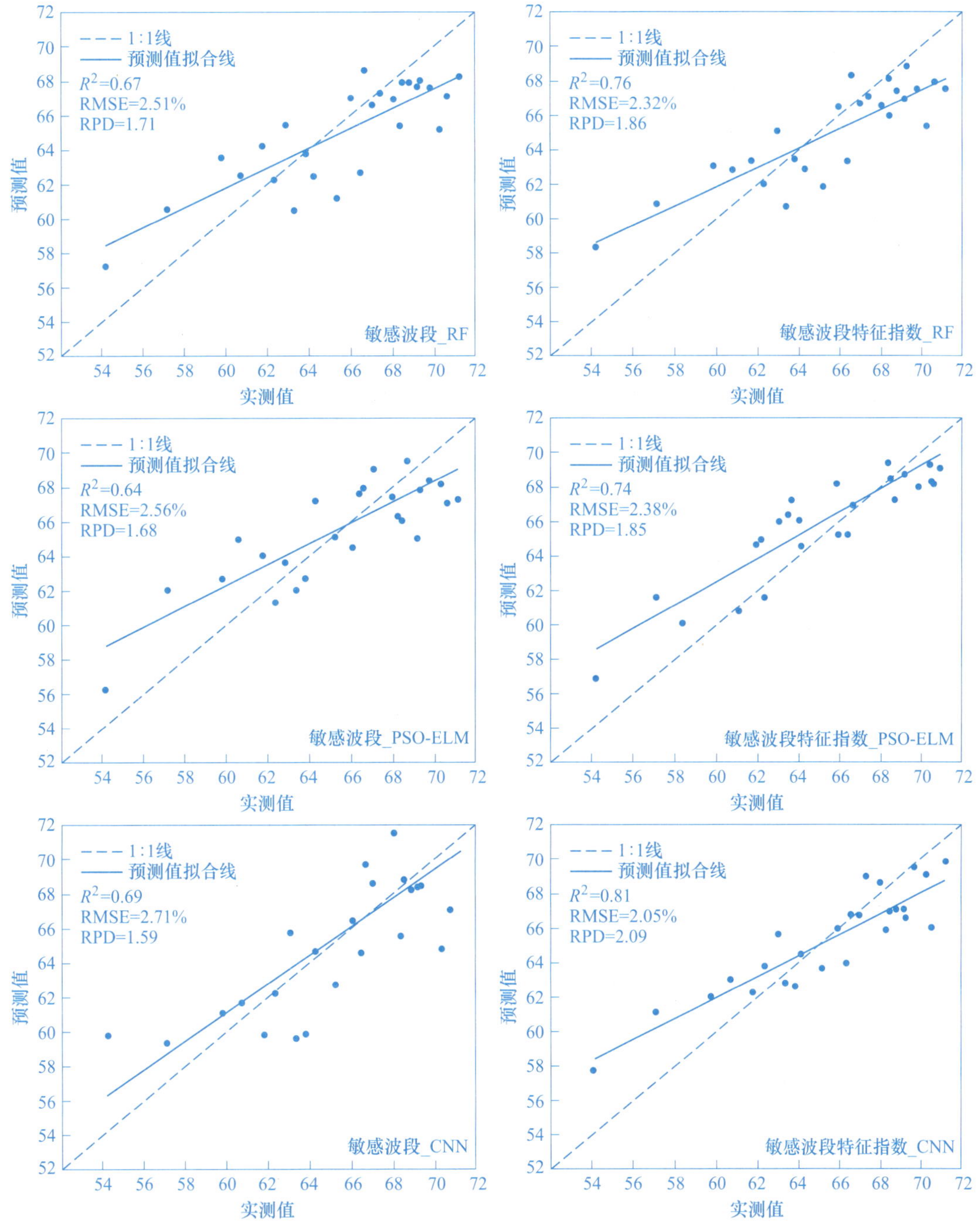

图 9-32 SiO_2 反演模型验证集预测值与实测值对比图

将典型的机器学习模型与人工神经网络模型比较，对于 TFe 预测，以 PSO-ELM 为代表的人工神经网络模型在仅使用敏感波段进行建模时即能达到较好的预测效果，精度 R^2 为 0.83、RPD 为 1.98，而机器学习模型则精度不理想，精度 R^2 为 0.59、RPD 为 1.51，证明了在建模数据维数有限时，人工神经网络模型能够更好地挖掘反射率与 TFe 含量间的关系，更适合 TFe 的预测。在加入特征指数后，机器学习模型的预测精度得到明显提高，同样能够对 TFe 含量实现较高精度预测，说明特征指数算法能够更深层次挖掘光谱反射率与铁尾砂成分含量间响应关系，加入特征指数能使机器学习模型精度得到明显提高，也使人工神经网络模型精度得到进一步改善。

对于 SiO_2 预测，仅基于敏感波段建立的反演模型的表现较为近似，机器学习方法的精度 R^2 为 0.67、RPD 为 1.71，人工神经网络方法精度 R^2 为 0.69、RPD 为 1.59。在加入特征指数后，基于机器学习与人工神经网络所建立预测模型精度均得到了提高，其中，深度学习模型的提升最为显著，精度达到 R^2 为 0.81、RPD 为 2.09，模型具有很好的预测能力。SiO_2 特征指数与 SiO_2 含量间的线性相关性较低，所以加入 SiO_2 特征指数后，深度学习性能得到更为明显地提升。相比传统机器学习方法及单隐层人工神经网络，基于多层神经网络的深度学习方法能够更好地挖掘线性相关性较低的特征指数与成分含量间的关系，相比之下机器学习方法与单隐层神经网络的优势并不明显。

9.7.4　基于卫星影像数据的铁尾砂成分定量反演

9.7.4.1　高分五号卫星光谱校准

为了消除铁尾砂含水量、粒径、气象因素等不可避免的环境因素对高分五号卫星影像现场光谱的影响，利用直接标准化算法（DS）对高分五号影像光谱进行校准。由于 DS 算法是基于计算现场光谱及实验室光谱间传递矩阵实现对现场光谱的校准，因此算法性能可能受到所选取传输样本代表性的影响，为了保证光谱校正效果，将现场采集的尾砂样本按照不同成分含量等间隔梯度划分为 12 个等级进行传输样本选取，并且包含成分含量最高及最低的样本。针对选取出的传输样本，基于其 GPS 坐标提取其对应高分五号影像数据的现场光谱。

图 9-33（a）展示了传输样本对应高分五号影像尾砂光谱的反射率范围及平均光谱。可以观察到，高分五号提取的铁尾砂光谱具备在 750nm 与 980nm 附近含有 Fe^{3+} 矿物（如针铁矿与赤铁矿）吸收特征，及 1450nm 与 1950nm 处的水分子吸收特征，整体符合铁尾砂光谱特征。但高分五号影像光谱反射率在 2100nm 后反常地迅速下降，覆盖了正常铁尾砂光谱 2250nm 及 2350nm 处的铝醇基（Al—OH）吸收特性。此外，高分五号影像的现场光谱还在 1200~1800nm 波段范围内出现部分噪声波动，并在可见光波段与近红外波段连接处出现部分光谱交叉重叠的现象，这些异常的光谱形态会在利用影像光谱进行定量反演工作时引入误差，使利用成像光谱进行大规模铁尾砂成分监测的工作难度大大增加。

图 9-33（b）展示了经过 DS 校正后高分五号影像光谱的反射率范围及平均光谱。可以明显观察到，通过校准的高分五号影像光谱与实验室光谱规律非常吻合，DS 算法可以有效地消除地物含水量与环境指标对现场光谱的影响。通过 DS 算法校准的高分五号 AHSI 影像为连续大规模的铁尾砂成分含量反演工作提供了重要支撑。

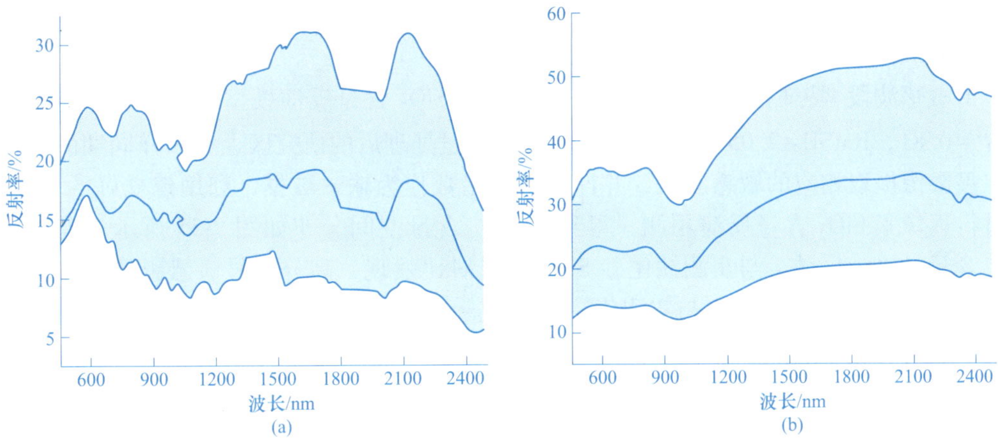

图 9-33 DS 方法校正 GF-5 影像光谱

(a) DS 校正前影像光谱；(b) DS 校正后影像光谱

9.7.4.2 铁尾砂主要成分空间反演

由上述不同反演模型的精度对比分析可知，由敏感波段+特征指数的 PSO-ELM 算法所建立的 TFe 含量反演模型精度最佳，达到验证集 $R^2=0.88$，RMSE = 1.27%，RPD = 2.03。对经过处理后的研究区上空采样同期的高分五号卫星影像提取响应的敏感波段，并计算特征指数作为输入数据，利用建立好的 PSO-ELM 模型进行逐像素 TFe 含量反演预测，得到的 TFe 含量空间分布如图 9-34 所示，深棕色代表 TFe 含量的高值区域。通过与实测尾砂 TFe 含量对比发现，高分五号遥感影像反演预测的尾砂 TFe 含量空间分布与实测值较为吻合。TFe 含量位于 8%~26%之间，高值区域主要位于距离排放口较远的铁尾砂汇集区域，

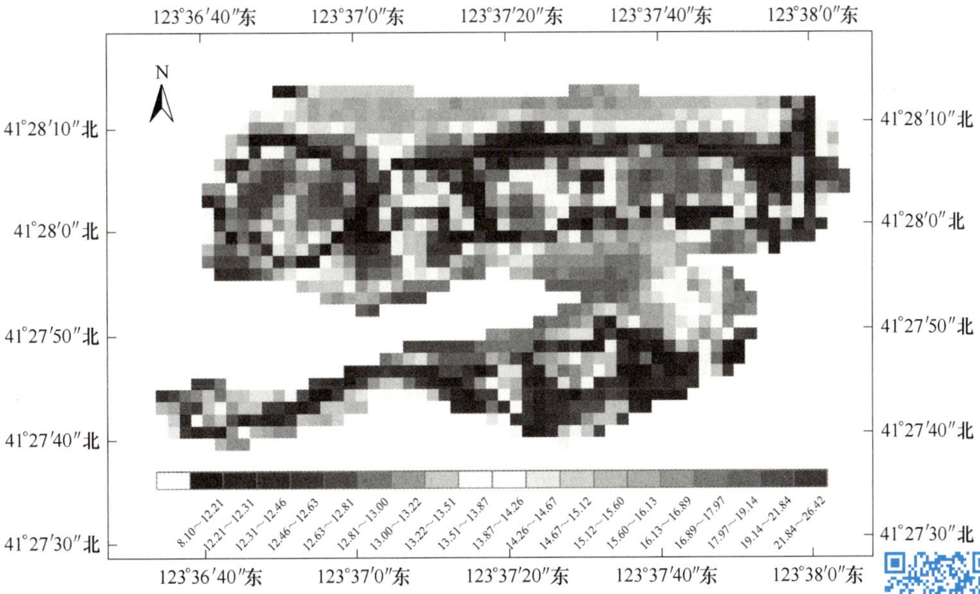

图 9-34 铁尾砂 TFe 成分空间反演图

扫码看彩图

分布较为聚集且面积较小。绝大多数像元呈现蓝色，说明大部分的尾砂 TFe 含量在 8.10%~13.87%之间，均匀分布于整个尾矿库表层。

由敏感波段+特征指数的 CNN 算法所建立的 SiO_2 含量反演模型精度最佳，达到验证集 $R^2=0.81$，RMSE=2.05%，RPD=2.09。对经过处理后的研究区上空采样同期的高分五号卫星影像提取相应的敏感波段，并计算特征指数作为输入数据，利用建立好的 CNN 模型进行逐像素 SiO_2 含量反演预测，得到的 SiO_2 含量空间分布如图 9-35 所示，橙色代表 SiO_2 含量的高值区域。与实测铁尾砂 SiO_2 含量对比发现，高分五号遥感影像反演预测的铁尾砂 SiO_2 含量空间分布也与实测值较为吻合。SiO_2 含量位于 49%~77%之间，SiO_2 含量高值区域均匀分布于尾矿库中央距离排放口较远的铁尾砂汇集区域，分布面积较广。可以观察到，绝大多数像元呈现的铁尾砂 SiO_2 含量在 60%~77%之间，均匀分布于整个尾矿库表层。

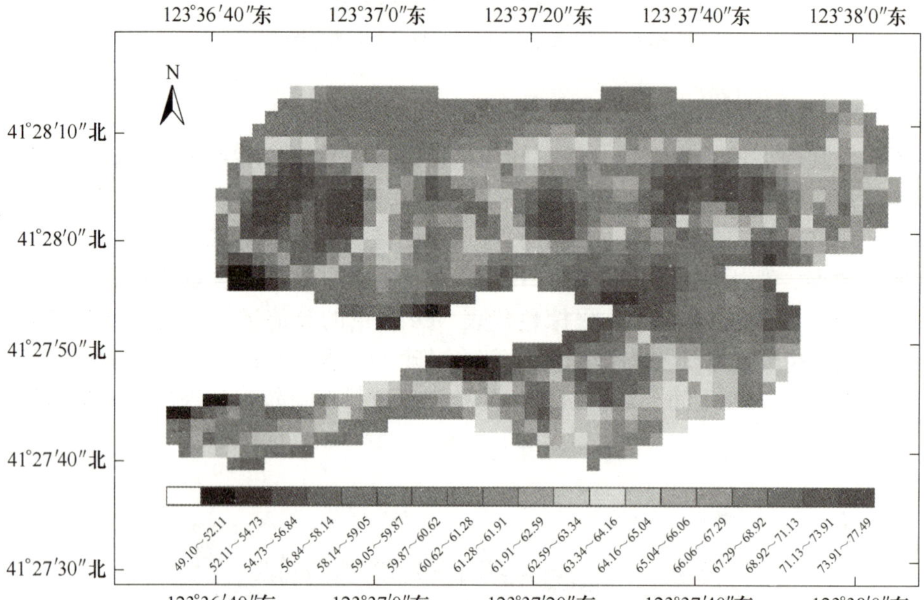

图 9-35　铁尾砂 SiO_2 成分空间反演图

扫码看彩图

9.7.4.3　铁尾砂主要成分空间分布精度验证

为进一步验证基于高分五号卫星数据的铁尾砂成分大规模成像反演精度，根据 77 个采样点位置分布，随机均匀地选取 30 个点，提取对应位置 TFe 空间反演图反演结果，与样本实测值进行对比。TFe 含量预测值与实测值对比差异如图 9-36（a）所示，可以看出，利用敏感波段及特征指数建立的 TFe 含量 PSO-ELM 反演模型在高分五号高光谱影像上能够得到较好的应用，对影像像元的 TFe 预测大部分呈现高估，反演精度 R^2 为 0.79、RMSE 为 1.78%、RPD 为 1.80，能够对铁尾砂表层 TFe 含量分布实现较高精度的预测。

SiO_2 含量预测值与实测值对比差异如图 9-36（b）所示，能够看出，利用敏感波段及特征指数建立的 SiO_2 含量 CNN 反演模型在高分五号高光谱影像上也能够得到较好的应用，

但对影像像元的 SiO_2 预测的低估情况较严重，反演精度 R^2 为 0.81、RMSE 为 2.76%、RPD 为 1.60。SiO_2 含量预测结果误差整体高于 TFe 预测结果，但也达到 RPD>1.4，能够对 SiO_2 含量实现粗略估测。

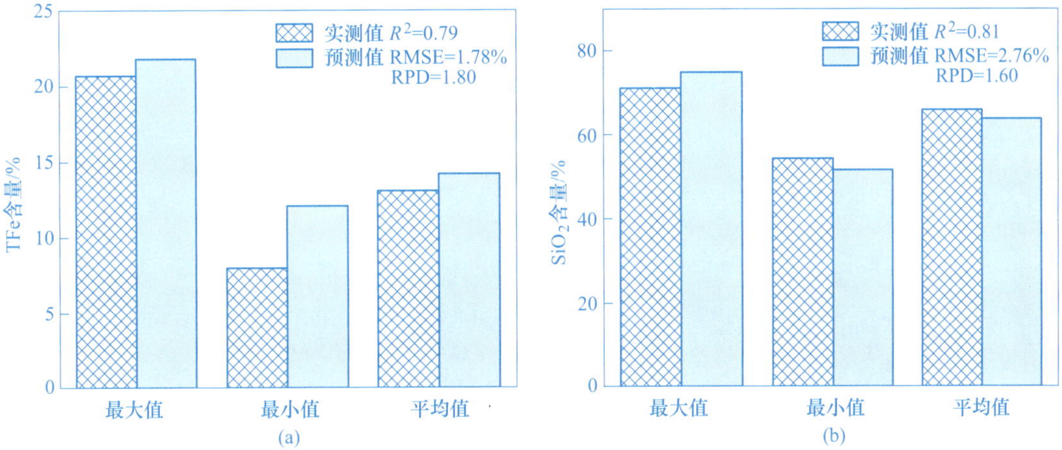

图 9-36 尾矿库表层成分含量反演结果实地精度验证

(a) TFe；(b) SiO_2

第4篇 采空区治理及矿山固废资源化利用技术

10 采空区处理与利用

我国现有资源型城市占城市总数的1/5，2020年废弃矿井数量大约有1.2万处，而未来10年将是我国大中型矿井闭坑的集中期，到2030年废弃矿井数量将达到约1.5万处。出于战略、能源、土地、生态环境和物资储备等方面的需要，国家越来越重视采空区的治理和开发利用问题。

我国的废弃矿井具有体量大、分布广、数量逐年增加的特点。如果遗留下来的采空区不经处理，则存在危及矿区周围人民群众生命安全的隐患，对生态环境造成严重破坏，给国家造成巨大的经济损失。同时，废弃矿井具有较大开发空间和利用价值，可对社会和经济发展以及民生保障和国家安全发挥作用。

10.1 废弃采空区主要危害

一旦有用矿物采出后形成废弃采空区，就容易出现大面积岩体失稳进而产生地质危害，并对周围环境产生较大影响；永久性废弃地下空间的存在，还隐藏着积水、储气等严重危害，给未来相邻区域有用矿物的开发利用以及其他地下工程建设埋下安全隐患。

10.1.1 采空区积水

矿井被废弃后，由于不再维持人为排水，因此废弃矿井中遗留的永久性地下废弃空间将逐渐被地下水淹没，形成一个个巨大的地下积水潭。由于地下巷道系统间是相互联系的，这些个体的积水潭之间、积水潭与地下含水层之间都存在着紧密的水力联系，因此，后续其他地下工程一旦触及这些水体，必将引发巨大的透水灾害。

此外，由于地下采矿往往都处在地表以下几百米甚至上千米的地层深处，废弃地下空间的积水可能有较高的压力。在条件适宜的情况下，当后续工程距离这些水体还有一定距离时，压力水就可能突破水体与工作面之间的隔离岩体，形成突水事故。各类地下矿山的水害事故中，老空区地下突水一直占有很高的比例。

10.1.2　储存有害气体

矿山废弃地下空间中，在其未被地下水完全淹没之前，往往存留有大量的乏风（工作面利用过的被污染的风）。此外，断层中释放出的硫化氢等有害气体，在矿井或某一采区水平报废停止通风后，都将在这些废弃空间中积聚，并且随着地下水的逐步淹没而被挤压到废弃地下空间的某个上隅角之处（巷道或硐室周边的裂隙发育时，气体可能顺着这些裂隙通道排出），形成有一定压力的储气仓。一旦其他工程触及到这里，地下水、有害气体等一并涌出，造成安全事故或财产损失。

10.1.3　地表沉陷与山体滑坡

如果废弃地下空间一直不加以处理，则各类废弃地下空间的围岩会随着时间的推移，在岩石流变以及遇水软化的作用下，强度逐渐降低，继而引发巷道、硐室或采空区的垮塌。特别是废弃采空区的垮塌，由于其影响的岩层范围较大，往往从地下一直波及到地表，在地表形成大面积的沉陷区，对耕地和居民住宅等造成很大的破坏和影响。

当废弃采空区的垮塌所波及的地表为倾斜山地时，地面变形的不均匀性破坏了地表斜坡的原始平衡状态，可能诱发山体滑坡、岩崩及泥石流等地质灾害。

10.2　废弃采空区处理

目前，大部分矿山处理采空区的方法为崩落围岩、充填和封闭采空区三种。而采空区处理的目的是缓和岩体应力集中程度，转移应力集中的部位，或使围岩中的应变能得到释放，改善其应力分布状态，控制地压。

10.2.1　崩落围岩

崩落围岩处理采空区的目的是使围岩中的应变能得到释放，减小应力集中程度。用崩落岩石充填采空区后，在生产地区上部形成岩石保护垫层，以防上部围岩突然大量冒落时，冲击气浪和机械冲击对采准巷道、采掘设备和人员造成危害。

崩落围岩又分自然崩落和强制崩落两种。矿房采完后，矿柱是应力集中的部位。按设计回采矿柱后，围岩中应力重新分布，某部位的应力超过其极限强度时，即发生自然崩落。从理论上讲，任何一种岩石，当它达到极限暴露面积时，均能自然崩落。但由于岩体并非理想的弹性体，往往在远未达到极限暴露面积以前，因为地质构造的原因，围岩某部位就可能发生破坏。

当矿柱崩落后，围岩跟随崩落或逐渐崩落，并能形成所需要的岩层厚度，这是最理想的条件。如果围岩不能很快自然崩落，或者需要将其暴露面积逐渐扩大才能崩落，为保证回采工作安全，则必须在矿房中暂时保留一定厚度的崩落矿石。当暴露面积扩大后，围岩长时间仍不能自然崩落，则需改用强制崩落围岩。

一般地，若围岩无构造破坏、整体性好、非常稳固，则需在其中布置工程，进行强制崩落，处理采空区。爆破的部位根据矿体的厚度和倾角确定：缓倾斜和中厚以下的急倾斜矿体，一般崩落上盘岩石；急倾斜厚矿体，崩落覆岩；倾斜的厚矿体，崩落覆岩和上盘；

急倾斜矿脉群，崩落夹壁岩层；露天坑下部空区，可崩落露天坑边坡。

崩落岩石的厚度，一般应满足缓冲保护垫层的需要，以 15~20m 以上为宜。对于缓倾斜薄和中厚矿体，可以间隔一个阶段放顶，形成崩落岩石的隔离带，以减少放顶工程量。

崩落围岩一般采用深孔爆破或药室爆破（用于崩落极坚硬岩石、露天坑边坡等）。崩落围岩的工程包括巷道、天井、硐室及钻孔等，要在矿房回采的同时完成，以保证工作安全。

在崩落围岩时，为减弱冲击气浪的危害，对于离地表较近的空区或已与地表相通的相邻空区，应提前与地表或上述空区崩透，形成“天窗”。强制放顶工作一般与矿柱回采同段进行，且要求矿柱超前爆破。如不回采矿柱，则必须崩塌所有支撑矿（岩）柱，以保证较好的强制崩落围岩的效果。

10.2.2 充填采空区

在矿房回采之后，可用充填材料（废石、尾矿等）将矿房充满，再回采矿柱。这种方法不但处理了空场法回采的空区，也为回采矿柱创造了良好的条件，且提高了矿石回采率。

用充填材料支撑围岩，因为充填材料可对矿柱施以侧向力，有助于提高其强度，可以减缓或阻止围岩的变形，保持其相对稳定。

充填法处理采空区适用于下列条件：

（1）上覆岩层或地表不允许崩落；

（2）开采贵重矿石或高品位的富矿，要求提高矿柱的回采率；

（3）已有充填系统、充填设备或现成的充填材料可资利用；

（4）深部开采，地压较大，有足够强度的充填体可以缓和相邻未采矿柱的应力集中程度。

充填采空区是在矿房采完后一次充填，要求对一切通向空区的巷道或出口进行坚固的密闭；此外，用水砂充填时，应设滤水构筑物或溢流脱水。

10.2.3 封闭采空区

在通往采空区的巷道中，砌筑一定厚度的隔墙，使空区中围岩崩落所产生的冲击气浪遇到隔墙时得到缓冲。

这种方法适用于空区体积不大，且离主要生产区较远，空区下部不再进行回采工作的条件。对于较大的空区，封闭法只是一种辅助的方法，如密闭与运输巷道相通的矿石溜井和人行天井等。封闭法处理采空区，必须是上部覆岩允许崩落，否则不能采用。

10.3 废弃采空区利用

大量矿山废弃地下空间的存在，一方面给人们的生产、生活带来很大的安全隐患与影响，另一方面，如果对这些空间加以合理地开发和利用，利用它所固有的埋藏深度较大、尺寸与形状多样等特点，又会给人们带来极大的便利与利益。矿山废弃地下空间和土地资源闲置问题及其可开发利用性越来越引起社会和业内学者的关注。

谢和平院士积极从事废弃矿井再利用的研究与探索，在其《关停矿井转型升级战略构想与关键技术》一文中，对废弃矿井地下空间的再利用方式进行了大胆的展望，利用理论和实例论证了废弃矿井地下空间在能源储存、医学疗养、旅游度假、科学实验等方面存在现实的可能性。汪秋菊针对废弃矿井现状提出建议，通过“废弃矿山+旅游产品/业态”的开发路径实现经济转型。王煜琴等提出废弃矿区生态旅游开发空间重构的思路与策略，促进矿区转型和可持续发展。侯思远结合废弃矿井地下空间特征，提出地下空间使用功能重构和体验场景营建的研究线索，以此提升旅游品质。这些学者的思考和建议，为今后在地下空间旅游资源开发上提供了参考价值。

10.3.1　采空区地下空间特性

10.3.1.1　空间系统多变性

一直以来，空间对使用者的趣味不仅来自空间内的精巧装饰、新潮的艺术品，更来自能给人不断带来新奇感的变化有致的空间结构，以生产开发为目的规划建造的矿井，在地下形成了规格各不相同的地下空间，而正是由于井下不同空间在规格与高程上的显著差异，矿井地下空间形成了深浅错落、大小不一、变化有致的空间结构。

10.3.1.2　空间环境原真性

空间环境的原真性是指某一空间在特定历史时期发展形成的、空间形态所表现出的一种特性，也可以理解为空间演化的痕迹。废弃的矿井多因政策或矿产资源枯竭而停止生产活动，随之被闲置、遗弃，也正因如此矿井地下空间的原真性得以保留。

矿井地下空间一开始是单纯的以采矿生产为目的建造的，于是其空间环境的原真性就具有双重的内涵：首先，废弃矿井地下空间的原真性不仅指看得见的空间表象，即逼仄的通道、破碎的墙壁、失修的设备等；另外，其原真性也代表着一段劳动历史，象征着人类改造自然的意志。空间环境原真性的组成要素如图 10-1 所示。

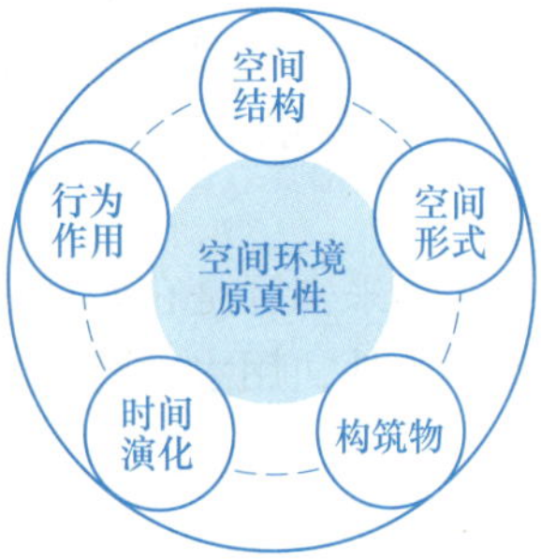

图 10-1　空间环境原真性的组成要素

10.3.2　废弃采空区可利用性

10.3.2.1　采空区利用的优缺点

（1）利用废弃采空区的优点。矿井巷道作为普通地下空间来利用，除具有节约土地、保护环境、改善地上交通、不受风尘噪声污染等一般城市地下空间的基本优点外，还具有以下优点：

1）防护性和安全性优于一般地下空间。通常的地下空间埋深多超过 10m，深达 50m 的并不多见，而矿井巷道深度则比较大，深的有数百米，甚至上千米。这样的深度，对于防御战争的空袭、核冲击、抗御地震破坏等的能力肯定优于一般地下空间。

2）温度、湿度等环境条件比较好。由于埋深大，受外界影响小，一年四季温度变化小。矿井巷道均位于岩石中，矿物岩层会含有各种不同的物理化学成分，它们会放射出某种物质散弥于空气中，对某些疾病会有一定的治疗作用。

3）节省投资。矿井废弃巷道在建设时已进行了资金投入，虽然利用时要加以改造、加固和修缮，但比新建地下工程空间要节省投资。

4）有利于就业安排，具有很好的社会效益。一座矿井生产时的工作人员少则数百人，多则数千人。矿井一旦报废，便有大量富余人员。矿井的二次利用，可解决部分人员的就业问题，减少下岗人员，促进社会稳定。

（2）利用废弃采空区存在的问题。尽管利用废弃矿井具有一系列的优点，但这种矿井毕竟是“超期服役”，在利用时还存在一些需要考虑和解决的问题。

1）地下支护结构的稳定性和可靠性问题。地下巷道在开凿时一般都进行了支护，经过几十年的矿井开采使用，围岩受地应力、采动压力、风化作用等影响，伴生有不同程度的松动和变形，支护结构有的已疲劳过度，产生断裂破坏，在利用时必须投入较大的资金予以修复加固。因此，在利用时要对巷道的围岩、支护结构的稳定性、可靠性做全面的评估，以作投资估算的依据。

2）矿井地质条件与井下环境问题。矿井开采深度大，地层变化大，矿物类型多，使矿井的工程地质与水文地质条件、井下巷道的气候环境条件，如地层的岩性、地质构造、地下水、地压、地热、有害气体、有害物质和有害元素等，对其可利用性影响很大，有些可能会因此而失去利用价值。比如地压大、地层松软破碎、地下水丰富时将给利用后的支护与保养带来麻烦；在一些金属矿井，岩体中含有不同的金属成分、微量元素甚至放射性物质，也有可能对人体或某种物品产生危害等。所以在利用矿井巷道时，要对矿井的自然条件进行详尽的调查分析，针对矿井的具体情况选择最佳的利用方案。

3）出行与能耗问题。矿井的范围、巷道长度和容量比较大，但一般只有 2~3 个出口，显得不足；有的出口也并不一定是二次利用的最佳位置。另外，有些矿井采用的是斜井甚至立井开拓，靠提升机提升，当开采深度较大时，提升运输能力会受到限制。这将使矿井二次利用后出现出行难问题，有的要增加出口，有的要改变出口位置，还有的可能需改变进出方式。

二次利用后的能耗问题也不容忽视，其中主要是电耗，包括通风、进出口提升、巷道运输、积水排除以及照明等，这些都将大大增加利用后的运行费用。

一般说来，平硐开拓的矿井可利用性最佳，其用途也最广泛，浅井或斜井开拓次之，深井、立井最差；金属矿井的可利用性最佳，非金属矿次之，煤矿最差。

10.3.2.2 采空区利用原则

废弃矿井地下空间除了上述几种开发利用外，还可根据具体情况作为工业生产的车间、建筑构件预制场地、变电站、中心控制室、战备指挥所、抢救中心、地下秘密实验室、餐饮店、养殖、会议室、防空掩蔽部等，废弃矿井地下空间的合理利用应该遵循以下原则：

（1）平战结合原则。与普通地下空间的利用原则类似，利用矿井巷道时也要考虑到平时与战时的结合问题。若利用废弃矿井作为战备使用时应适当考虑和平时期的利用问题；同样，作为非战备空间时也应考虑到战备时的要求。

（2）因地制宜原则。废弃矿井再利用是在“既成事实”基础上考虑问题，机动性差、被动性强，利用时必将受到各种条件的约束与限制，并非每座矿井都适合所有的用途，也不是每种用途适用所有矿井，必须根据用途类型结合矿井条件，扬长避短，因地制宜地加以利用。例如，作为冷藏使用时，应选择地下水不丰富、地热不高的矿井；作为油、气、水储库时，则应选择地下水丰富的矿井；作为养殖、种植使用时，井下温度、湿度大时比较有利；离市区较近时宜作为文体娱乐空间，离市区较远时宜作为储藏空间等。

（3）利用与开发并举原则。矿井巷道的特点是数量多、容量大、布置错综复杂，不可因二次利用破坏了原有的稳定性和安全性。因此，在考虑二次利用时，要以利用为主，即尽量利用现有空间，不宜过多地、任意地改造、扩挖现有空间。当然，现有空间确实不够用而地层条件又允许时，也可进行扩挖或者重新挖掘新的空间。对那些环境条件恶劣或修复利用投资太高、在经济上不合理时或局部利用价值不高的巷道、硐室，可予以彻底废除，并加以充填封堵。若仅作为一种用途可能使用不完时也应考虑多种经营，以发挥其最大效益。

废弃矿井在井口附近地面均建有为矿井生产服务的一些建筑物，如浴室、食堂、绞车房、材料库、设备库等，矿井一旦报废、它们也就完成了历史使命，若弃之不用或拆除也不完全合理，在进行地下空间利用的同时，也应结合地下利用内容加以利用。有些建筑物内的设备，在进行地下规划时能利用的也要尽量保留，如供电、通风、运输、排水、提升等系统的设备。

10.3.3　废弃矿井旅游开发

目前，我国废弃矿井旅游开发主要以废弃矿区或废弃矿山为主，密切结合矿井地下空间资源特点的旅游开发则较少见诸报道。以旅游项目为导向的废弃矿井地下空间资源开发，是解决废弃矿井问题的重要途径之一。增强工业旅游发展，推动资源枯竭型城市转型、扩大就业渠道和保护采矿工业遗产，意义重大。

将信息技术加入废弃矿井旅游中，不仅为其旅游开发提供便利的技术支撑，还在一定程度上加速了产业的转型发展。废弃矿井旅游开发离不开技术支撑，更需要结合废弃矿井本身的特征进行最大化开发利用。大多数的废弃矿井遗存年限较长，历史久远，见证了我国的工业历史变迁和文化历史更替，推动了社会经济和文化的发展，矿井本身所蕴含的文化价值和历史价值也是时代的宝贵产物。若能充分结合废弃矿井本身价值并加以信息技术的融合，可让废弃矿井优势显现得淋漓尽致。因此，废弃矿井和工业旅游相辅相成、齐驱并进，二者结合势在必行。

通过充分利用当今科学技术手段，对废弃矿井的地下空间进行现代化功能型改造，可以有效实现为国家安全、社会民生保障及经济发展需求提供积极作用和保障支持。借助工程建设需求动力，对废弃矿井地下空间实施功能改造与开发利用，实现地下空间资源利用最大化，以服务于国家发展建设、社会民生保障及经济发展。

10.3.3.1　废弃矿井旅游开发现状和利用模式

我国在矿井工业旅游方向的研究开展较晚，最先提出工业旅游定义的是裴泽生，而后出现了多位学者对其特征和开发模式进行长期、深入的研究。其中，姚宏提出将“动态性、科学性、易达性、地域性和多效益性”作为工业旅游的特征，何振波却认为工业旅游最显著的特点是“知识性、观赏性和依托性”。这些学者的观点也为后续开发提供了思路和方向。目前，国内废弃矿井旅游发展正在蒸蒸日上，形式更加多元，依据矿井不同特征进行合理化开发利用的理念，被外界广泛应用和赞同。

近年我国工业遗产的保护意识也在不断增强，工业遗产再利用，也得到了国家的大力支持。中国科技会堂在 2018 年 1 月发布第一批工业遗产保护名录，包括 14 处矿区和矿场。国家矿山公园申报和建设工作已于 2014 年开始启动，我国现已批准了 88 处国家矿山公园。从区域位置来看，华东区 34 个，华南区 27 个，东北区 11 个，晋陕蒙宁甘区 13 个，新青区 2 个，海南 1 个，这些改造后的工业遗产得到了大量游客的喜爱，受到了广泛的关注，为工业旅游发展起到了引领示范作用。

当前地下空间旅游资源开发模式主要有：主题博物馆、矿山公园、深坑酒店和矿坑花园等。如图 10-2 所示，中国煤炭博物馆是我国唯一的国家级煤炭行业博物馆，规模大，地下部分设有煤海探秘活动。山西大同晋华宫国家矿山公园内设有工业遗址参观区和井下探险区等，适于不同年龄段人群游览参观。上海余山世茂深坑酒店，是世界上首个建设于采石坑内的五星级自然生态酒店，以独一无二的建筑和景观奇迹被誉为“世界建筑奇迹”。上海辰山植物园矿坑花园基于百年开采历史的采石坑遗迹，结合上海辰山植物园的建设，成为国内首屈一指的园艺花园。

图 10-2　国内废弃矿井旅游开发实例——中国煤炭博物馆

一些发达国家开展废弃矿井相关的研究始于 20 世纪 60 年代，尤其是德国、英国在废弃矿井旅游开发利用上具有一定的实践经验，到 20 世纪 80 年代，国外工业旅游就几乎覆盖了整个工业领域。旅游开发的理论和实践已经十分成熟，主要以“生产场景”“工艺过程场景”“运输系统场景”和“社会文化场景”这四种场景为工业旅游的典型场景。国外废弃矿井地下空间开发利用案例如表 10-1 所示。

国外旅游发展的成功经验对我国废弃矿井开发具有重要借鉴意义。国外废弃矿井旅游开发典型模式如图 10-3 所示。

表 10-1 国外废弃矿井地下空间开发利用案例

国家及位置	废弃矿井类型	开发利用形式
德国波鸿鲁尔区	煤矿	集矿井生产系统、采矿机械设备、工人用品等的矿业博物馆
德国劳西茨县	煤矿	通过地下水系规划将矿区建设为 $70km^2$ 的湖泊群，形成生态和文化工业旅游景点
芬兰奥陶克恩普	煤矿	原位再现采矿过程，演示采矿工具使用方法，开发出矿井乐园和博物馆
德国拉莫斯贝格	有色金属矿	地面、地下一体化开发，升级原有矿山设施，形成采矿历史博物馆

图 10-3 国外废弃矿井旅游开发模式

废弃矿井旅游受到大量游客喜爱。著名的然梅尔斯贝格博物馆建立在德国最大的矿场上，包含地下矿井旅游、矿业文化展览、地上观光旅游等完整的旅游体验设计，展示了独特的矿业历史和矿业文化。被誉为“天然 spa 养生馆”的图尔达盐矿，是全世界首个由废弃矿山改建的景点，在 1992 年对外开放，地下有主题公园和天然 spa 养生馆。五星级“地宫酒店”瑞典萨拉银矿，拥有几百年开采历史的旧矿山，矿山停产后，在矿井深处建造成了集观光和休闲于一体的地宫酒店。“盐矿教堂”维利奇卡盐矿，是欧洲最古老的盐矿之一，矿井下有盐湖、教堂、博物馆、娱乐厅、餐厅、疗养院和众多反映宗教和矿工们劳动场面的雕塑。

10.3.3.2 废弃矿井地下空间可利用等级分类

随着人类社会发展，人类对城市内各类保障功能的需求越来越高，致使城市及其周边土地的可利用空间越来越紧张。废弃矿井留有大量的地下空间，开发潜力巨大，成为人类继续发展的必然选择。若利用废弃矿井地下空间发展旅游，势必更具有吸引力，前景广阔。

废弃矿井的地下空间规模都比较大，并且多巷道交错联通构成完整的空间系统，位于地下几十米到几百米甚至上千米的矿井巷道相比于地面空间具有隔音、隔震、恒温、恒湿、低辐射、抗灾害能力强等优点。

巷道连接着硐室、采空区、井底车场、运输大巷等空间，在地下空间组成部分中扮演着积极重要的角色。巷道空间按用途分类后，再根据其类型可继续划分等级，如表 10-2 所示。

表 10-2　废弃矿井地下空间可利用等级分类

可用等级分类	巷道类型	服务范围	可供开发的旅游项目
Ⅰ类	开拓巷道、硐室	整个矿井或开采水平	密室逃脱、矿井寻宝、养生体验馆、5D 矿工生活体验、矿井运输体验、井下特色旅馆及餐饮
Ⅱ类	采准巷道、硐室	一个采区或盘区	井下漂流、采矿历史展览馆、井下餐厅、矿井运输体验
Ⅲ类	未垮落回采巷道	一个工作面	采矿实践实训、井下原位实验室、采矿工艺进化史、采矿设备展示
Ⅳ类	采空区	所有已开采且封闭的区域	暂不能旅游开发，但可作为地下水库等开发利用

10.3.3.3　废弃矿井旅游开发实例

位于南欧的罗马尼亚素有“岩盐王国”之称，具有两千年历史的萨利纳图尔达盐矿在国内最负盛名，该矿于 1932 年停产，因其悠久的历史和稳固的地下结构，政府尝试对其进行工业旅游开发，并于 1992 起改造为博物馆和地下主题公园向公众开放，其新奇的空间设计和良好的服务体验，吸引了许多游客慕名而来。被改造为主题公园的部分是盐矿的一处锥形深凹腔穴，盐矿中的空气湿度与含盐量对人体呼吸系统有非常好的保养作用，因此开发者以“康体疗养” + “休闲娱乐”为主题，设置了迷你高尔夫场、水疗中心等运动疗养设施，同时还在盐矿公园里打造了地下盐湖赏景和地下摩天轮等极具趣味性的项目。

（1）旅游线路。萨利纳图尔达盐矿公园的游览动线较为简洁，正常完成游览的时间约为 2h，在利用原有井下通行空间的同时，串联起了井下的所有体验项目，有效地保证了旅游体验进程的连贯性。

（2）景点设计。如图 10-4 和图 10-5 所示，萨利纳图尔达盐矿公园以“康体疗养” + “休闲娱乐”为主题，设计了许多动静各异但都非常有吸引力的体验节点。矿井中收集的生产器械、文献等作为文物在公园中的博物馆进行展览，让游客领略历史悠久的采盐文化。

（3）功能转换。萨利纳图尔达盐矿在开采运行期间，根据地质条件采用上行式开采法，最终在井下形成了巨大的锥形腔穴，深度达 112m，井底直径约为 120m。矿井从上至下演化出了三层基面，不同基面上原有支持生产功能的空间场景均被巧妙地改造为具备旅游功能的空间。

10.3.3.4　废弃矿井旅游开发存在的问题

（1）旅游项目设计单一。目前，国内矿井地下空间设计主要借鉴传统的工业旅游，与

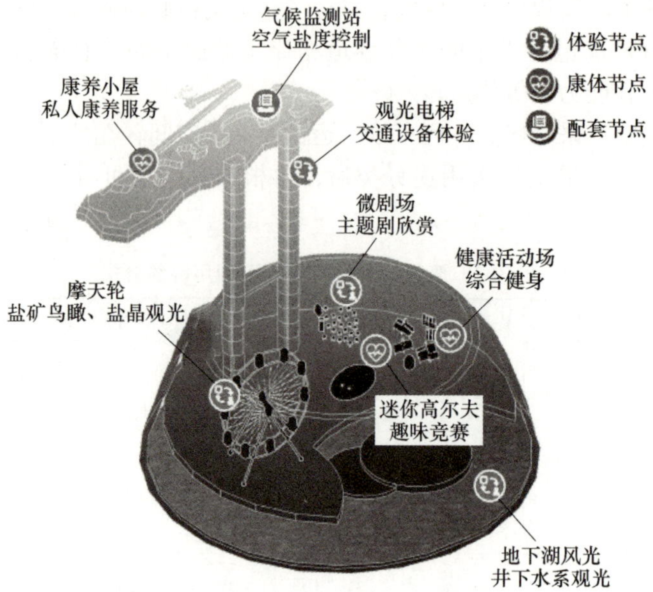

图 10-4 萨利纳图尔达盐矿公园景点设计

图 10-5 萨利纳图尔达盐矿公园

普通旅游项目无异，且形式单一。景点多数以导游讲解和展示为主要形式，创新性不足，吸引力大打折扣。单个体验节点也是如此，未按主题顺序设计，破坏整体体验感；节点间缺少主次之分，内容不够丰富。例如：采矿后留下年久失修的机械设备，仅供观看，不能运转，与地面展厅十分类似。若想解决旅游项目设计单一的问题，单个体验节点设计可按主题顺序，主次分明，内容丰富化，构建一个合理有序的完整设计。

（2）游览路线规划不足。地下空间巷道深而远，长距离巷道即便是乘车也需花费大量时间，耗费精力，降低了游玩体验感，所以游玩路线不宜过长。与地面景点路线常常四通八达、交错有序、光线和安全方面都能得到保障相比较，地下空间巨大，照明不足，景点之间连贯性差，致使游览费时，在路线规划方面还需要加强研究。在设计时可予以足够照明来保障通行，并合理规划游玩路线和时间，提供多种组合的路线方案，有利于提高游客参与性，不至于过度消耗体力和时间而降低了游玩趣味。

（3）空间环境设计简单。地下空间环境光线昏暗，设备简陋，常规照明系统、导视系统不能满足游客安全感和体验感的需求，需要改进并更新基础设施。例如：罗马尼亚的萨利纳图尔达盐矿公园在湖面上空设置星星点点的灯光，与湖光相照应，美轮美奂，其岩壁和硐室均采用多样化的灯光，这些巧妙的设计冲击视觉感官，增加游玩的观赏性、趣味性和娱乐性，可参考借鉴。

10.3.4 废弃采空区用于贮藏

由于不需人在地下长时间或长期驻留，改造费用相对较低，用废旧采空区作贮藏空间最为适宜，也是其最主要的用途之一。废弃矿井的地下空间主要有矿井的开拓巷道、采准巷道以及采场老空区，贮存的物品可有以下几类。

10.3.4.1 贮藏日常生活用品、工业设备类

如日用百货、粮油、食品等。日用百货的储存技术、设备不须复杂，各种商品的物理和化学性质互不干扰，多数物品对贮存期限、环境条件要求不严。矿井地下巷道可用较小的投资即可满足上述条件。实践证明，地下贮粮品质好，虫霉繁殖少，损耗低，管理方便，不必翻仓。矿井巷道埋深大，受地面气候影响小，温度比较稳定，可作为冷藏库使用，储存水果、蔬菜、肉类等。

存放工业设备、材料的库房在各个城市都有，设置在地面时，占地面积大，土地效益低。另外，设备、材料对储存环境条件要求低，又多为短期性存放，故利用废弃巷道存放较为合适。

10.3.4.2 贮藏有毒危险品、垃圾废料类

如炸药、雷管、枪支、农药、化学药品等。这类物品具有较高的防火、防爆、防盗要求，即使建在地面一般也要远离城区。矿业城市的矿井大多数位于城郊，而且又深埋于地下，故贮存此类物品尤为合适。

在矿井临近报废及正式报废后，其地下空间完全可不加任何修缮而直接用于储存地面垃圾、工业废料以及具有放射性污染的核废料（核废料须采取一定的防范措施）等，图10-6所示为废弃地下空间用于储存工业废料的实例。存放垃圾废料后既减少了地面污染，又节约了土地，还减轻了地表的沉降，可谓一举三得。

10.3.4.3 贮藏液体、气体类

石油和天然气是易燃易爆危险品，较适合贮藏在地下。作为地下水库使用时，工程简单、容易实现，并且不占农田，蒸发量小，投资少，社会效益好。图10-7所示为废弃矿井改建的地下储气库。

10.3.5 废弃采空区用作科学实验室

10.3.5.1 可行性分析

粒子物理、天体物理、宇宙学等物理学发展，拓展了人类实践活动的领域。地下科学

图 10-6　废弃地下空间储存工业废料

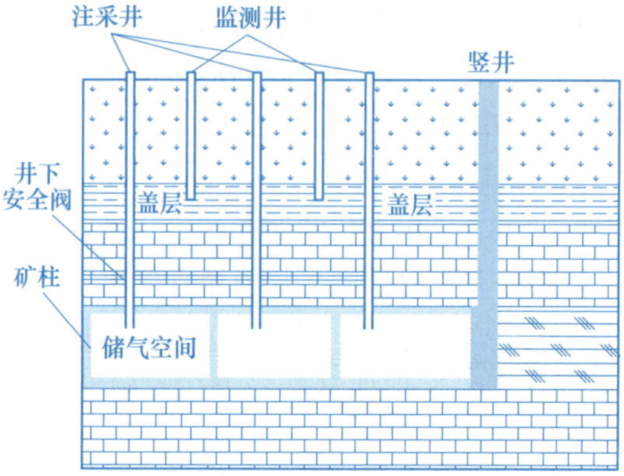

图 10-7　废弃矿井改建地下储气库

实验室尤其是极深地下实验室是一个国家关键性的重大基础科学研究设施，因其具有低宇宙线强度、低辐射本底环境等优点，成为粒子物理与核物理学、天体物理学及宇宙学等领域暗物质探测、中微子物理试验等重大前沿课题研究的场所。建设极深地下实验室具有重要的科学意义和应用价值。

地下科学实验室在选址、规划、建设、功能等方面有比较特殊的要求。由于地质环境勘测难、建设周期长、项目投资大等原因，深地下实验室建设是一个世界难题。虽然各国对地下实验室的需求十分强烈，但是目前全球深地下实验室的数量仍然甚少。而废弃矿井的地质环境资料详细，并且已有的巷道、通风系统、电力系统等均可以利用，因此可以缩短建设周期，节省项目投资。目前，全球极深地下实验室大多建造于废弃矿井既有或扩建的空间中，利用深厚的覆盖层开展低成本实验和测量，如表 10-3 所示。

表 10-3　国内外极深地下实验室

实验室名称	最终深度/m	环境条件
意大利格兰萨索（LNGS）	1400	隧道
美国杜塞尔（DUSEL）	2300	矿井
美国桑福德（SURF）	1478	矿井
加拿大斯诺（SNO）	2000	矿井

续表 10-3

实验室名称	最终深度/m	环境条件
日本神岗（Kamioka）	1000	矿井
法国摩丹（Modane）	1700	隧道
英国伯比（Boulby）	1100	矿井
俄罗斯柏克山（Baksan）	1600	隧道
韩国襄阳（Y2L）	700	隧道
中国锦屏（CJPL）	2400	隧道
芬兰皮海萨尔米（CUPP）	1440	矿井
澳大利亚斯托尔（SUPL）	1000	矿井

更广义地讲，地下研究设施、极深地下实验室/地下科学实验室、深地质处置库等特殊地下构筑物均可在废弃矿山地下空间中建造。

地下研究设施（underground research facility，URF）一直是深地质处置（deep geological disposal）的前沿研发课题。为了考察放射性废物处置的潜在存储地（DGRs）的基岩稳定性，自 20 世纪 80 年代起地下实验室（URL）应运而生。有修建在结晶岩中的，如加拿大的 AECL URL、芬兰的 ONKALO、瑞士的 Grimsel Test Site；也有修建在黏土质沉积物中的，如比利时的 HADES URL、瑞士的 Mont Terri URL、法国的 Bure URL。在地下研究设施中获得的地质、水文、岩石、构造、核素迁移、工程屏障、施工技术等数据将直接服务于可行性研究。因而，地下研究设施是开展地下深部试验的重要平台。中国锦屏地下实验室的落成，标志着我国极深地下实验室正式服务于基础科学的研究。国内大量的深部关停矿井可继续为基础科学的研究搭建更多理想的平台。

10.3.5.2 应用实例

从 20 世纪 60 年代起，国外开始建立地下实验室，至今已有 10 多个极深地下实验室，容积从几百立方米到十几万立方米不等，其中较有代表性的极深地下实验室有：美国南达科他州杜赛尔（DUSEL）、加拿大斯诺（SNO）、日本神岗（Kamioka）、意大利格兰萨索（GranSasso）、法国摩丹（Modane）、英国伯毕（Boulby）和俄罗斯伯克山（Baksan）等。

上述极深地下实验室已经开展过暗物质、双 β 衰变、中微子等物理实验，以及岩土力学、地球科学、生物学等实验研究，涉及了多个研究方向并取得了重要成果（如表 10-4 所示）。在几代科学工作者的努力下，地下实验室建设从进行天体物理实验的简陋矿井（或隧道）发展到可容纳多学科进行前沿科学实验的立体化实验室。

表 10-4 世界主要极深地下实验室信息

名称	国家	建成时间/年	垂直岩石覆盖厚度/m	容积/m^3	主要成果	获诺贝尔奖情况	环境	负责机构
Kamioka	日本	1983	1000	5×10^4	观测到超新星中微子，发现中微子振荡现象	小柴昌俊 2002 年获奖 梶田隆章 2015 年获奖	矿井	东京大学宇宙线研究所

续表 10-4

名称	国家	建成时间/年	垂直岩石覆盖厚度/m	容积/m^3	主要成果	获诺贝尔奖情况	环境	负责机构
Boulby (IUS)	英国	1970	1100	5×10^3	开展具有暗物质粒子方向测量能力的实验	尚未获奖	矿井	STFC
GranSasso (LSC)	意大利	1987	1400	1.8×10^5	验证太阳中微子存在，探测到 τ 中微子，建成超低本底放射性核素测量平台	尚未获奖	隧道	INFN
Dusel	美国	2007	1500	—	验证太阳中微子的存在	戴维斯 2002年获奖	矿井	SDSTA
SNO	加拿大	2007	2000	4.9×10^3	证实太阳中微子转换成其他中微子	麦克唐纳 2015年获奖	矿井	The SNO LAB institute

(1) 美国杜赛尔（DUSEL）深地下实验室。为了进一步提高其在重大基础科学前沿的竞争力，美国决定耗巨资扩建原来位于南达科他州布莱克山的霍姆斯特克（Homestake）废弃矿井中的地下实验室。由于该矿井已被清空并保持干燥达一个多世纪，矿井在基线水文、热条件等方面形成了一个理想的深海微生物科研环境。虽然实验室建设利用原有矿井条件极大地降低了成本，但因地下沉积岩密集、项目施工难度大等原因，美国政府仍投入了大量资金，并安排国家科学基金会（NSF）、国家科学委员会（NSB）等机构专门负责协调该项目建设，准备将 DUSEL 深地下实验室建成一个可以开展粒子物理、天体物理、工程力学试验和生态学试验的综合性国家级地下科学和工程实验室。

(2) 日本神岗（Kamioka）深地下实验室。如图 10-8 所示，日本神岗深地下实验室位于日本神岗附近的一个矿井中，其垂直岩石覆盖厚度达到约 1000m，容积超过 $5\times10^4m^3$，于 1982 年开始建造，1983 年完工。1985 年，探测器开始进行扩建，名为神岗核子衰变实验Ⅱ期（Kamioka NDE-Ⅱ），灵敏度大大提高。

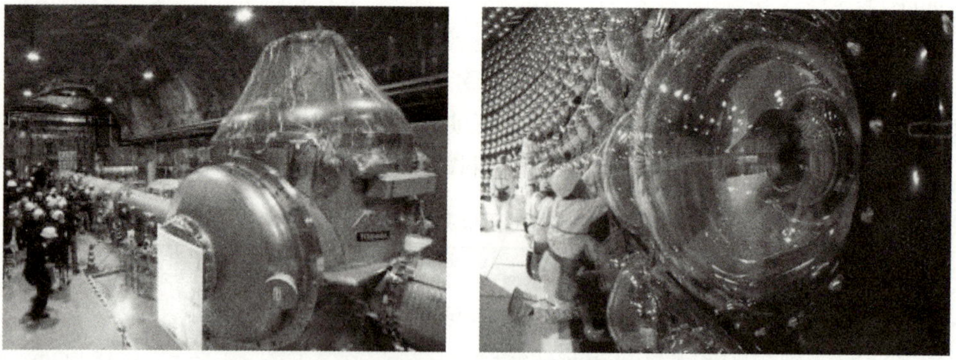

图 10-8 日本神岗深地下实验室

(3) 锦屏地下科学实验室（CJPL）。实验室上方垂直岩石覆盖厚度达 2400m，如

图 10-9 所示。宇宙线通量相当于地面的亿分之一甚至更小，比 LNGS 低约 100 倍。该实验室地下空间包括入口隧道、连接隧道和主实验厅三部分，总容积约 4000m^3，其中主实验厅长 40m、宽 6.5m、高 7.5m。2014 年锦屏实验室二期扩建工程启动，实验室空间从 4000m^3 跃至 $30\times10^4m^3$。

图 10-9　锦屏隧道地下实验室示意图

11 尾矿和废石理化性质及资源化利用概述

尾矿是指将矿石磨细、选取有用组分后所排放的废弃物，即矿石经选别出精矿后剩余的固体废料。尾矿一般是由选矿厂排放的尾矿矿浆经自然脱水后形成的固体废料，其中含有一定数量的有用金属和矿物。

废石是指经采矿后，含有有用组分较少的矿体周围和夹在矿体中的岩石，即围岩和夹石的通称。在露天采矿场内，把剥离的覆土、围岩及不含工业价值的脉石统称为废石。

21世纪，全世界共同面临矿产资源紧张问题，未来的强国应当属于拥有矿产资源、合理利用矿产资源并重视环境保护的国家。中国是矿产资源大国，伴随着矿山生产所长期堆置的尾矿和废石量巨大，不但造成土地占用和环境污染，而且构成极大的安全隐患和严重的资源浪费。因此，尾矿和废石资源化利用意义重大。

11.1 尾矿和废石分类

11.1.1 尾矿分类及特点

11.1.1.1 按照行业划分

尾矿按照行业划分主要包括黑色金属尾矿、有色金属尾矿、稀贵金属尾矿和非金属尾矿四类。

(1) 黑色金属尾矿。该类尾矿主要包括铁尾矿和锰尾矿。大部分铁尾矿、锰尾矿都含有可进一步提取的残余的铁、锰，其余组分主要是硅酸盐类矿物。部分铁尾矿和锰尾矿还含有可提取的有色、稀有或稀土金属（如四川攀枝花的钒钛磁铁矿型尾矿和内蒙古白云鄂博的多稀土金属伴生型铁尾矿及“锰三角”地区的部分锰尾矿）。

(2) 有色金属尾矿。该类尾矿主要包括铜尾矿、铅锌尾矿、镍尾矿、锡尾矿、钼尾矿等。有色金属尾矿一般都含有多种残余的有色金属、硫化物、石英、长石、云母等氧化矿物和硅酸盐类矿物。有色金属尾矿中残余的有色金属大部分对于周边环境来说都是潜在的重金属污染源，尤其是砷、铅污染最为严重。大部分有色金属尾矿由于含有较多的硫化物，也是酸性废水的潜在发生源，对环境构成潜在污染。

(3) 稀贵金属尾矿。该类尾矿主要包括黄金尾矿、银尾矿、钨尾矿、铌钽尾矿等。稀贵金属尾矿除了含有可以再提取的有价稀贵金属外，具有与有色金属尾矿相近的矿物组成，即尾矿的主要成分也是石英、长石、云母等矿物。部分稀贵金属矿物中含有较多的方解石、萤石等矿物，是氟污染的潜在源。

(4) 非金属尾矿。该类尾矿种类繁多，主要包括石灰石尾矿、大理石尾矿、高岭土尾矿、石英岩尾矿、花岗岩尾矿、滑石尾矿、石棉尾矿、硅藻土尾矿、膨润土尾矿、珍珠岩尾矿、蛭石尾矿、云母尾矿、铝矾土尾矿等。非金属尾矿按所含主要成分分为碳酸盐类尾矿和硅酸盐类尾矿。大部分非金属尾矿所含的原目标矿物都不具有再选价值，多采用整体利用或自然堆存，但总量少，堆存分散。由于大部分非金属尾矿不含高浓度的有毒有害物质，又属硅酸盐或碳酸盐类，在堆存过程中易于土壤化，再加上单库容一般较小，所以非金属尾矿堆存带来的环境危害和安全风险相对较小。

11.1.1.2 按照矿物组成划分

按照尾矿中主要组成矿物的组合搭配情况，可将其分为镁铁硅酸盐型尾矿、钙铝硅酸盐型尾矿、长英岩型尾矿、碱性硅酸盐型尾矿、高铝硅酸盐型尾矿、高钙硅酸盐型尾矿、硅质岩型尾矿和碳酸盐型尾矿八大类型。

（1）铁硅酸盐型尾矿。该类尾矿的主要组成矿物为 $Mg_2[SiO_4]$-$Fe_2[SiO_4]$ 系列橄榄石和 $Mg_2[Si_2O_6]$-$Fe_2[Si_2O_6]$ 系列辉石，以及它们的含水蚀变矿物：蛇纹石、硅镁石、滑石、镁铁闪石、绿泥石等。一般产于超基性和一些偏基性岩浆岩、火山岩，镁铁质变质岩、镁砂卡岩中的矿石常形成此类尾矿。在外生矿床中，富镁矿物集中时，可形成蒙脱石、凹凸棒石、海泡石型尾矿。其化学组成特点为：富镁、富铁，贫钙、贫铝，且一般镁大于铁，无石英。

（2）钙铝硅酸盐型尾矿。该类尾矿的主要组成矿物为 $CaMg[Si_2O_6]$-$CaFe[Si_2O_6]$ 系列辉石、$Ca_2Mg_6[Si_4O_{11}](OH)_2$-$Ca_2Fe_5[Si_4O_{11}](OH)_2$ 系列闪石、中基性斜长石，以及它们的蚀变、变质矿物：石榴子石、绿帘石、阳起石、绿泥石、绢云母等。中基性岩浆岩、火山岩、区域变质岩、钙矽卡岩型矿石常产生这类尾矿。与镁铁硅酸盐型尾矿相比，其化学组成特点是：钙、铝进入硅酸盐晶格，含量增高，铁、镁含量降低，石英含量较小。

（3）长英岩型尾矿。该类尾矿主要由钾长石、酸性斜长石、石英及它们的蚀变矿物如白云母、绢云母、绿泥石、高岭石、方解石等构成。花岗岩自变质型矿床，花岗伟晶岩矿床，与酸性侵入岩和次火山岩有关的高、中、低温热液矿床，酸性火山岩和火山凝灰岩自蚀变型矿床，酸性岩和长石砂岩变质岩型矿床，风化残积型矿床，长英砂及硅质页岩型沉积矿床的矿石，常形成此类尾矿。它们在化学组成上具有高硅、中铝、贫钙、富碱的特点。

（4）碱性硅酸盐型尾矿。这类尾矿在矿物成分上以碱性硅酸盐矿物，如碱性长石、似长石、碱性辉石、碱性角闪石、云母以及它们的蚀变、变质矿物，如绢云母、方钠石、方沸石等为主。产于碱性岩中的稀有、稀土元素矿床，可产生这类尾矿。根据尾矿中的 SiO_2 含量，可分为碱性超基性岩型、碱性基性岩型、碱性酸性岩型三个亚类。其中，第三亚类分布较广，建材中多用此类。在化学组成上，这类尾矿以富碱、贫硅、无石英为特征。

（5）高铝硅酸盐型尾矿。这类尾矿的主要组成成分为云母类、黏土类、蜡石类等层状硅酸盐矿物，并常含有石英。常见于某些蚀变火山凝灰岩型、沉积页岩型以及它们的风化、变质型矿床的矿石中，煤系地层中的煤矸石亦多属此类。在化学成分上，表现为富铝、硅，贫钙、镁，有时钾、钠含量较高。

（6）高钙硅酸盐型尾矿。这类尾矿主要矿物成分为透石、透闪石、硅灰石、钙铝榴石、绿帘石、绿泥石、阳起石等无水或含水的硅酸钙岩。多分布于各种钙矽卡岩型矿床和一些区域变质矿床。化学成分上表现为高钙，低碱，SiO_2 一般不饱和，铝含量一般较低。

（7）硅质岩型尾矿。这类尾矿的主要矿物成分为石英及其二氧化硅变体。包括石英岩、脉石英、石英砂岩、硅质页岩、石英砂、硅藻土以及二氧化硅含量较高的其他矿物和岩石。自然界中，这类尾矿广泛分布于伟晶岩型，火山沉积-变质岩型，各种高、中、低温热液型，层控砂（页）岩型以及砂矿床型的矿石中。SiO_2 含量一般在90%以上，其他元素含量一般不足10%。

（8）碳酸盐型尾矿。这类尾矿中，碳酸盐矿物占绝对多数，主要为方解石或白云石。常见于化学或生物-化学沉积岩型矿石中。在一些充填于碳酸盐岩层位中的脉状矿体中，也常将碳酸盐质围岩与矿石一道采出，构成此类尾矿。根据碳酸盐矿物是以方解石为主还是以白云石为主，又可进一步分为钙质碳酸盐型尾矿和镁质碳酸盐型尾矿两个亚类。

根据尾矿中主要组成矿物的组合搭配情况，《尾矿库工程分析与管理》对尾矿按矿石进行了分类，如表11-1所示。

表11-1 尾矿按矿石分类

类别	矿石	一般特性
软岩尾矿	细煤废渣、钾、天然碱不溶物	包含砂和粉砂质矿泥，粉砂质矿泥中黏土的存在可能控制总体性质
硬岩尾矿	铅、锌、铜、金、银、钼、镍（硫化物）	可包含砂和粉砂质矿泥，但粉砂质矿泥常为低塑性或无塑性，砂通常控制总体性质
细尾矿	磷酸盐黏土、铝土矿红泥、铁细尾矿、沥青矿尾矿泥	一般很少或无砂粒级，尾矿的性态，特别是沉淀-固结特性受粉砂级或黏土级颗粒控制，可能需要很大的库容，造成排放容积问题
粗尾矿	沥青砂尾矿、铀尾矿、铁粗尾矿、磷酸盐矿、石膏尾矿	主要为砂或无塑性粉砂级颗粒，显示出似砂性及有利于控制总体性质的特性

11.1.1.3 按照选矿工艺划分

按照选矿工艺流程，尾矿可分为手选尾矿、重选尾矿、磁选尾矿、浮选尾矿、化学选矿尾矿和电选及光电选尾矿六大类。

（1）手选尾矿。因为手选主要适合于结构致密、品位高、与脉石界限明显的金属或非金属矿石，因此，手选尾矿一般是呈大块状的废石。根据对原矿石的加工程度不同，又可进一步分为矿块状尾矿和碎石状尾矿，前者粒度差别较大，但多在100~500mm之间，后者多在20~100mm之间。

（2）重选尾矿。因为重选是利用有用矿物与脉石矿物的密度差和粒度差选别矿石，一般采用多段磨矿工艺，致使尾矿的粒度组成范围比较宽。分别存放时，可得到单粒级尾矿；混合储存时，可得到符合一定级配要求的连续粒级尾矿。按照作用原理及选矿机械的类型不同，可进一步分为跳汰选矿尾矿、重介质选矿尾矿、摇床选矿尾矿、溜槽选矿尾矿等。其中，前两种方法选别的尾矿粒径较粗，一般大于2mm；后两种方法选别的尾矿粒径较细，一般小于2mm。

（3）磁选尾矿。磁选主要用于选别磁性较强的铁锰矿石，尾矿一般为含有一定量铁质的造岩矿物，粒度范围比较宽，一般为0.05~0.55mm。

（4）浮选尾矿。浮选是有色金属矿产的最常用的选矿方法，其尾矿的典型特点是粒径较细，通常小于0.5mm，小于0.075mm的细粒占绝大部分。

（5）化学选矿尾矿。由于化学药液在浸出有用元素的同时，也对尾矿颗粒产生一定程度的腐蚀或改变其表面状态，一般能提高其反应活性。

（6）电选及光电选尾矿。目前这种选矿方法用得较少，通常用于分选砂矿床或尾矿中的贵重矿物，尾矿粒度一般小于 1mm。

11.1.1.4 按照粒径划分

《尾矿设施设计参考资料》给出了选矿学常用的尾矿分类方法，如表 11-2 和表 11-3 所示。

表 11-2 尾矿按平均粒径 d_p 分类

分类	粗		中		细	
	极粗	粗	中粗	中细	细	极细
d_p/mm	>0.25	>0.074	0.074~0.037	0.037~0.03	0.03~0.019	<0.019

表 11-3 尾矿按某粒级所占百分数分类

分类粒级/mm	粗		中		细	
	>0.074	<0.019	>0.074	<0.019	>0.074	<0.019
所占百分比/%	>40	<20	20~40	20~50	<20	>50

1986 年冶金工业部和中国有色金属工业总公司指定的《上游法尾矿堆积坝工程地质勘察规程》中，采用冶金建筑研究总院建议的、以颗粒组成为依据确定尾矿分类体系的办法。该分类体系基本是按砾、砂、土三大类区分的，其分界粒径分别为 2mm、0.1mm，即粒径大于 2mm 者，称为尾矿砾石；粒径小于 2mm 且大于 0.1mm 者，称为尾矿砂；粒径小于 0.1mm 者，称为尾矿土。在尾矿土中又以黏粒组（<0.005mm）的含量分为尾粉砂、尾亚砂、尾轻亚黏、尾重亚黏、尾矿泥五种，如表 11-4 所示。

表 11-4 尾矿按颗粒组成分类

类别	判定标准	名 称
尾矿砂	>2.0mm 的颗粒占比 10%~50%	尾砾砂
	>0.50mm 的颗粒占比>50%	尾粗砂
	>0.25mm 的颗粒占比>50%	尾中砂
	>0.10mm 的颗粒占比>75%	尾细砂
尾矿土	<0.005mm 的颗粒占比>30%	尾矿泥
	<0.005mm 的颗粒占比 15%~30%	尾重亚黏
	<0.005mm 的颗粒占比 10%~15%	尾轻亚黏
	<0.005mm 的颗粒占比 5%~10%	尾亚砂
	<0.005mm 的颗粒占比<5%	尾粉砂

《尾矿设施设计参考资料》给出了土力学常用的分类法，如表 11-5 所示。我国《尾矿堆积坝岩土工程技术规范》（GB 50547—2010）规定，尾矿可根据其粒度组成和塑性指数按表 11-6 确定其类别和名称，尾矿的性状可根据其分类参照国家现行有关标准中相应土类的性状进行描述。

表 11-5 尾矿按塑性指数 I_P 分类

I_P	<1	1~7	7~17			>17
			7~10	10~13	13~17	
土壤名称	砂土	砂壤土	轻壤土	中壤土 壤土	重壤土	黏土

表 11-6 尾矿按粒度组成和塑性指数分类

类别	名称	分类标准
砂性尾砂	尾砾砂	粒径大于 2mm 的颗粒质量占总质量的 25%~50%
	尾粗砂	粒径大于 0.5mm 的颗粒质量超过总质量的 50%
	尾中砂	粒径大于 0.25mm 的颗粒质量超过总质量的 50%
	尾细砂	粒径大于 0.075mm 的颗粒质量超过总质量的 85%
	尾粉砂	粒径大于 0.075mm 的颗粒质量超过总质量的 50%
粉性尾矿	尾粉土	粒径大于 0.075mm 的颗粒质量不超过总质量的 50%，且塑性指数不大于 10
黏性尾矿	尾粉质黏土	塑性指数大于 10，且小于或等于 17
	尾黏土	塑性指数大于 17

注：1. 定名时应根据颗粒粒级配由大到小最先符合者确定；
2. 塑性指数是表示细颗粒土塑性的参数，液限与塑限的差值称为塑性指数。

11.1.2 废石分类及特点

现行的矿山废石或是基于毒物危害的原则，或是根据形成条件，按矿物原料种类进行统计和分类，没有规定和确定废石利用的经济可行性。然而，废石作为生产社会有用产品的原料，应分阶段进行评价。

第一阶段，确定回收或再回收有用组分的技术可能性。

第二阶段，确定废石能否用作建筑工业和国民经济其他部门的原料。

第三阶段，进行技术经济指标的计算，以确定矿山废石加工或土地恢复的可行性。

回收或再回收有用组分的技术可能性首先决定于废石中有用组分的品位和最低可选品位：

$$\alpha_i - \alpha_{io\sigma} \geqslant 0 \tag{11-1}$$

式中 α_i——废石中有用组分的品位，%；

$\alpha_{io\sigma}$——工业工艺可回收的有用组分最低品位，%。

其中 $\alpha_{io\sigma}$ 值要综合考虑矿物原料加工工艺领域中世界各国最新成就来确定。同时，在预测的基础上还要注意其前景。在对废石分类时，从回收或再回收有用组分可能性的角度应分出：

（1）当前可利用的；

（2）在 10~20 年内准备利用，因而应保存的；

（3）无利用价值的。

无利用价值的废石应作为建筑工业的可能原料（生产黏合物、有孔黏土、碎石及其他材料）进行评价。为此，必须研究这些废石的物理、力学及其他性质是否符合国家标准的要求。此外，废石可用作井巷的固体充填料。根据上述原则，可将废石分为可利用的和不可利用的。

11.2 尾矿和废石理化性质

矿山尾矿是矿产资源开发利用中产生的主要固体废料，具有量大、集中、颗粒细小的特点，往往占采出矿石量的40%~99%。依据《土的分类标准》(GBJ 145—90)规定的土颗粒粒径范围划分，尾矿的物理形态和砂土类似。尾矿基本的理化性质有相对密度和最小干密度、孔隙率和孔隙比、化学成分等。

矿山废石是矿床开采过程中排放的主要固体废料源之一，不同矿山的岩石类型存在一定差异，产生的废石性质也会不同。废石基本的理化性质有密度、孔隙率、吸水率，化学和力学特性等。

11.2.1 尾矿物理性质

11.2.1.1 相对密度和最小干密度

尾矿的相对密度（比重）的定义为：尾矿在105~110℃下烘干至恒重时的质量与同体积4℃纯水质量的比值，无量纲。尾矿的最小干密度（容重）是处于松散状态的尾矿单位体积所具有的质量，单位为g/cm^3。

尾矿的相对密度试验参照《土工试验规程—比重试验》(SL237—005—1999)，采用比重瓶法测定，按式(11-2)、式(11-3)计算。

$$d_s = \frac{m_0}{m_0 + m_3 - m_4} \cdot G_{iT} \tag{11-2}$$

$$m_0 = m_1 - m_2 \tag{11-3}$$

式中 d_s——相对密度；

m_0——干尾矿质量，g；

m_1——比重瓶、干尾矿总质量，g；

m_2——比重瓶质量，g；

m_3——比重瓶、水总质量，g；

m_4——比重瓶、水、尾矿总质量，g；

G_{iT}——T℃时，纯水的相对密度。

11.2.1.2 孔隙比和孔隙率

孔隙比是指尾矿中孔隙体积与固体颗粒体积之比，用ε表示。孔隙率是指堆放的松散尾矿总体积中孔隙体积所占的百分率，用ω表示。ε与ω的关系为：

$$\varepsilon = \frac{\omega}{1 - \omega} \times 100\% \tag{11-4}$$

相对密度d_s、最小干密度$\rho_{\alpha\min}$和孔隙率ω之间的关系为：

$$\rho_{\alpha\min} = d_s \times (1 - \omega) \tag{11-5}$$

11.2.1.3 渗透系数

渗透系数主要反映充填尾砂渗透脱水的难易程度，即透水性，用单位时间的渗透距离度量。常水头渗压试验用于测试粗粒土的渗透系数，变水头渗压试验用于测试细粒土的渗透系数。

（1）常水头渗透试验。根据达西定律，渗透系数 K 的计算式为：

$$K_T = \frac{VL}{Aht} \tag{11-6}$$

式中　K_T——水温 T℃时的渗透系数，cm/s；

V——t 时间内的渗透水量，cm^3；

L——二测压孔间的试验长度，cm，通常 $L=10$cm；

A——试样断面积，cm^2；

h——平均水位差，cm；

t——测定时间，s。

工程中一般以 20℃的渗透系数为标准，按下式计算：

$$K_{20} = K_T \cdot \frac{\eta_T}{\eta_{20}} \tag{11-7}$$

式中　η_T，η_{20}——T℃和 20℃时，水的动力黏滞系数，kPa · s/10^6。

（2）变水头渗透试验。变水头渗透试验的渗透系数按下式计算：

$$k_T = 2.3 \frac{aL}{At} \lg \frac{h_1}{h_2} \tag{11-8}$$

式中　a——变水头管截面积，cm^2；

L——渗径，等于试样高度，cm；

h_1——开始时水头，cm；

h_2——终止时水头，cm；

A——试样的断面积，cm^2；

t——时间，s；

2.3——ln 和 lg 之间的换算系数。

国内部分矿山尾矿的基本物理性质如表 11-7 所示。

表 11-7　我国部分矿山尾矿的基本物理性质

矿山名称	相对密度	最小干密度/g · cm^{-3}	孔隙率/%	渗透系数/cm · h^{-1}
安庆铜矿	2.969			
甲玛铜多金属矿	2.88	1.91	33.68	0.35
凡口	3.00	1.73	42.3	
金川	2.75	1.32	44	
冬瓜山	3.21	1.7	47.1	2.65
锡矿山	2.50	1.54	38.4	5.4

11.2.2　尾矿化学成分及矿物组成

尾矿的成分包括化学成分和矿物组成。尾矿的主要组成元素有 O、Si、Ti、Al、Fe、Mn、

Mg、Ca、Na、K、P 等，但在不同类型的尾矿中含量差别很大，且有不同的结晶行为。

11.2.2.1　化学成分

尾矿的化学成分可用全分析结果表示，但一般常以 SO_2、TiO_2、Al_2O_3、Fe_2O_3、FeO、MgO、CaO、Na_2O、K_2O、H_2O、CO_2、SO_3 等主要造岩元素的含量来标度。各种未选净的金属元素含量，都可以从选矿工艺参数中获取。选矿厂一般都有尾矿品位的记录。我国几种典型金属矿床尾矿的化学成分如表 11-8 所示。

表 11-8　我国几种典型金属矿床尾矿的化学成分

尾矿类型	化学成分含量/%											
	SiO_2	Al_2O_3	Fe_2O_3	TiO_2	MgO	CaO	Na_2O	K_2O	SO_3	P_2O_5	MnO	烧失量
鞍山式铁矿	73.27	4.07	11.60	0.16	4.22	3.04	0.41	0.95	0.25	0.19	0.14	2.18
岩浆型铁矿	37.17	10.35	19.16	7.94	8.50	11.11	1.60	0.10	0.56	0.03	0.23	2.74
火山型铁矿	34.86	7.42	29.51	0.64	3.68	8.51	2.15	0.37	12.46	4.58	0.13	5.52
矽卡岩型铁矿	33.07	4.67	12.22	0.16	7.39	23.04	1.44	1.40	1.88	0.09	0.08	13.47
矽卡岩型钼矿	47.51	8.04	8.57	0.55	4.71	19.71	0.55	2.10	1.55	0.10	0.65	6.46
矽卡岩型金矿	47.94	5.78	5.74	0.24	7.97	20.22	0.90	1.78		0.17	6.42	
斑岩型钼矿	65.29	12.13	5.98	0.84	2.34	3.35	0.60	4.62	1.10	0.28	0.17	2.83
斑岩型铜钼矿	72.21	11.19	1.86	0.38	1.14	2.33	2.14	4.65	2.07	0.11	0.03	2.34
斑岩型铜矿	61.99	17.89	4.48	0.74	1.71	1.48	0.13	4.88				5.94
岩浆型镍矿	36.79	3.64	13.83		26.91	4.30			1.65			11.30
细脉型钨锡矿	61.15	8.50	4.38	0.34	2.01	7.85	0.02	1.98	2.88	0.14	0.26	6.87
石英脉型稀有矿	81.13	8.79	1.73	0.12	0.01	0.12	0.21	3.62	0.16	0.02	0.02	
长石石英矿	85.86	6.40	0.80		0.34	1.38	1.01	2.26				
碱性岩型稀土矿	41.39	15.25	13.22	0.94	6.70	13.44	2.98					1.73

11.2.2.2　矿物组成

尾矿的矿物组成一般以各种矿物的质量分数表示，但由于岩矿鉴定多在显微镜下进行，不便于称量，因此，有时也采用镜下统计矿物颗粒数目的办法，间接地推算各矿物的大致含量。我国各类型尾矿化学成分和矿物组成范围列于表 11-9。

表 11-9　尾矿的化学成分和矿物组成范围

尾矿类型	矿物成分	含量(质量分数)/%	主要化学成分含量/%							
			SiO_2	Al_2O_3	Fe_2O_3	FeO	MgO	CaO	Na_2O	K_2O
镁铁硅酸盐型	镁铁橄榄石(蛇纹石)	25~75	30.0~45.0	0.5~4.0	0.5~5.0	0.5~8.0	25.0~45.0	0.3~4.5	0.02~0.5	0.01~0.3
	辉石（绿泥石）	25~75								
	斜长石（绢云母）	≤15								
钙铝硅酸盐型	橄榄石（蛇纹石）	0~10	45.0~60.0	12.0~18.0	2.5~5.0	2.0~9.0	4.0~8.0	8.0~15.0	1.50~3.50	1.0~2.5
	辉石（绿泥石）	25~50								
	斜长石（绢云母）	40~70								
	角闪石（绿帘石）	15~30								

续表 11-9

尾矿类型	矿物成分	含量(质量分数)/%	主要化学成分含量/%							
			SiO_2	Al_2O_3	Fe_2O_3	FeO	MgO	CaO	Na_2O	K_2O
长英岩型	石英	15~35	65.0~80.0	12.0~18.0	0.5~2.5	1.5~2.5	0.5~1.5	0.5~4.5	3.5~5.0	2.5~5.5
	钾长石（绢云母）	15~35								
	碱斜长石（绢云母）	25~40								
	铁镁矿物（绿泥石）	5~15								
碱性硅酸盐型	霞石（沸石）	15~25	50.0~60.0	12.0~23.0	1.5~6.0	0.5~5.0	0.1~3.5	0.5~4.0	5.0~12.0	5.0~1.0
	钾长石（绢云母）	30~60								
	钠长石（方沸石）	15~30								
	碱性暗色矿物	5~10								
高铝硅酸盐型	高岭土石类黏土矿物	≥75	45.0~65.0	30.0~40.0	2.0~8.0	0.1~1.0	0.05~0.5	2.0~5.0	0.2~1.5	0.5~2.0
	石英或方解石等非黏土矿物少量有机质、硫化物	≤25								
高钙硅酸盐型	大理石（硅灰石）	10~30	35.0~55.0	5.0~12.0	3.0~5.0	2.0~15.0	5.0~8.5	20.0~30.0	0.5~1.5	0.5~2.5
	透辉石（绿帘石）	20~45								
	石榴子石（绿帘石、绿泥石等）	30~45								
硅质岩型	石英	≥75	80.0~90.0	2.0~3.0	1.0~4.0	0.2~0.5	0.02~0.2	2.0~5.0	0.01~0.1	0.05~0.5
	非石英矿物	≤25								
钙质碳酸盐型	方解石	≥75	3.0~8.0	2.0~6.0	0.2~2.0	0.1~0.5	1.0~3.5	45.0~52.0	0.01~0.2	0.02~0.5
	石英及黏土矿物	5~25								
	白云石	≤5								
镁质碳酸盐型	白云石	≥75	1.0~5.0	0.5~2.0	0.1~3.0	0~0.5	17.0~24.0	26.0~35.0	微量	微量
	方解石	10~25								
	黏土矿物	3~5								

11.2.3　废石物理性质

11.2.3.1　密度

在测定密度时，需将被测废石物料破碎至 0.25mm 以下，并置于 105~110℃温度下烘干至恒重，取一定量的干试样置于一定容积的容器中进行测试。废石密度的计算式为：

$$\rho = \frac{g_0}{g_0 + g_1 - g_2} \tag{11-9}$$

式中　ρ——废石密度，g/cm^3；

g_0——干试样重，g；

g_1——容器与容器中注满水的合重，g；

g_2——试样在容器中注满水的合重，g。

11.2.3.2 体积密度和实密度

在测定废石的体积密度时，需将烘干的废石装满一定容积的容器，称出总质量，减去容器的质量后，得到废石的净重，净重与容器容积之比为体积密度。实密度是指废石颗粒之间相互嵌布密实的体积密度，这时废石集料的孔隙率最小。在测定废石的实密度时，废石需分 2~3 次装入，并按规定振动，直至装满为止。废石体积密度或实密度的计算式为：

$$\rho_v = \frac{g_1 - g_0}{V} \tag{11-10}$$

式中 ρ_v——废石的体积密度或实密度，g/cm³；

g_0——容器质量，g；

g_1——容器与试样干重，g；

V——容器容积，cm³。

11.2.3.3 孔隙率

废石孔隙率的计算式为：

$$q = \left(1 - \frac{\rho_v}{\rho}\right) \times 100\% \tag{11-11}$$

式中 q——废石料的孔隙率，%；

ρ_v——废石的体积密度，g/cm³；

ρ——废石密度，g/cm³。

11.2.3.4 吸水率

废石吸水率是干废石能够吸收的水的重量与废石干重量之比，其计算式为：

$$K_w = \frac{g_1 - g_0}{g_0} \times 100\% \tag{11-12}$$

式中 K_w——废石吸水率，%；

g_1——试样浸泡 12h 后在空气中的称重，g；

g_0——试样烘干重，g。

以安庆铜矿为例，废石基本物理参数的测试结果如表 11-10 所示。

表 11-10 安庆铜矿废石料基本物理参数

废石料	表观密度 /g·cm⁻³	松散体积密度 /g·cm⁻³	压实体积密度 /g·cm⁻³	孔隙率 /%	吸水率 /%	含泥量 /%
大理岩	2.975	1.887	2.202	36.38	6.07	5.1
闪长岩	2.778	1.543	1.895	44.71	1.41	3.1

11.2.4 废石化学及力学特性

11.2.4.1 化学特性

废石化学特性主要指废石集料碱活性、硫化物及硫酸盐含量，按照《建筑用卵石、碎石》（GB/T 14685—2011）标准试验测试。安庆铜矿废石料的测试结果如表 11-11 所示。

表 11-11　安庆铜矿废石料化学特性

废石料	快速碱-硅酸反应 14d 膨胀率/%	硫化物及硫酸盐含量/%
大理岩	0.083	0.2
闪长岩	0.022	0.36

根据《建筑用卵石、碎石》(GB/T 14685—2011) 的规定，集料碱活性（快速碱-硅酸反应）判定准则如表 11-12 所示。

表 11-12　集料碱活性判定准则

快速碱-硅酸反应 14d 膨胀率/%	潜在碱-硅酸反应危害程度
<0.1	无
0.1~0.2	无法判定
>0.2	有

11.2.4.2　力学特性

废石的力学特性包括抗压强度、抗拉强度、弹性模量、泊松比、内摩擦角、内聚力等。由于岩石成因条件和相关影响因素的不同，因此即使是同种岩石类型，其力学指标仍有较大的变化区间。部分废石的力学特性如表 11-13 所示。

表 11-13　部分废石的力学特性

岩石类型	抗压强度/MPa	抗拉强度/MPa	弹性模量/MPa	泊松比	内摩擦角/(°)	内聚力/MPa
花岗岩	98~245	7~25	$(50\sim100)\times10^3$	0.2~0.3	45~60	15~16
石英岩	150~340	10~30	$(60\sim200)\times10^3$	0.1~0.25	50~60	20~60
大理岩	100~250	10~30	$(10\sim90)\times10^3$	0.2~0.25	35~50	15~30
砂岩	20~200	4~25	$(10\sim100)\times10^3$	0.2~0.3	15~30	3~20
石灰岩	50~200	4~20	$(50\sim100)\times10^3$	0.2~0.35	35~50	20~50
白云岩	80~250	15~25	$(40\sim80)\times10^3$	0.2~0.35	15~30	3~20
页岩	10~100	2~10	$(20\sim76)\times10^3$	0.2~0.4	15~30	3~20

11.3　我国尾矿和废石资源化利用概况

11.3.1　尾矿资源化利用概况

我国的尾矿综合利用研究起步较晚，资源化利用还有很多工作要做。对我国 1845 个重要矿山的调查统计结果表明，综合利用有用组分在 70%以上的矿山仅占 2%，综合利用有用组分在 50%以上的矿山不到 15%，综合利用有用组分低于 25%的矿山占 75%；在 246 个共生、伴生大中型矿山中，有 32.1%的矿山未综合利用有用组分。

随着一系列法律和规定的出台，我国矿产资源综合利用水平得以不断强化和提高，矿山环境治理快速起步并取得了一定的成绩。目前，尾矿资源化利用主要有有价组分提取和建筑材料制备两种途径。具体选择与矿山的生产工艺水平、基础设施条件以及市场需求等因素相关。

11.3.1.1　提取有价组分

尾矿含有一定比例的有价金属。随着提炼技术的提高，从尾矿中提取有价金属逐渐成为尾矿资源化利用的重要方向。以下为尾矿提取有价组分的几个实例。

（1）齐大山铁尾矿铁含量为 12.54%，铁物相以赤铁矿与硅酸铁为主，磁铁矿次之，铁矿物嵌布粒度细，单体解离差。范敦城采用预富集-深度还原技术，以强磁选-磨矿-弱磁-中磁选为预富集流程，可获得铁品位 36.41%、铁回收率 69.86%的预富集粗精矿，然后对预富集粗精矿分别进行随炉升温和高温入炉还原，可得到铁品位≥93.41%、铁回收率≥93.65%的还原铁粉。

（2）江西某铁尾矿含有 38.74%的铁，但 98.49%以褐铁矿的形式存在。王威等以河南平顶山某无烟煤为还原剂，对尾矿进行磁化焙烧—磁选工艺研究。将尾矿-煤粉混合料在 850℃条件下磁化焙烧 1h。经过 1 次粗选弱磁选和 2 次精选弱磁选可获得铁品位为 55.75%、铁回收率为 78.50%的铁精矿；经过 1 次粗选弱磁选和 3 次精选弱磁选可获得铁品位为 56.24%、铁回收率为 74.81%的铁精矿。

（3）乔慧芳等对山东沂南某含金尾矿进行了分级—粗粒磨矿浮选—细粒重选，流程改造后含金铜精矿的金、铜回收率分别从原来的 73.48%、79.64% 提高到 74.73%、85.15%。同时，还可多回收硫品位为 21.23%、产率为 0.49%的硫精矿。

11.3.1.2　制备建筑材料

尾矿的化学成分和建筑材料相似，以碳酸盐、硅酸盐和黏土为主，因此尾矿制备建筑材料具有一定先天优势。尾矿制备建筑材料的具体应用主要分为以下几个方面。

（1）尾矿制备墙体材料。有关尾矿制备墙体材料的研究和应用已经证明其在技术和经济上的可行性。尾矿用于制砖可以避免因传统制砖消耗大量黏土，减少对环境和耕地的破坏，具有很好的经济效益和环境效益。我国已经通过制定法规来限制生产实心黏土砖。尾矿制砖已在实践中取得了良好效果。例如，综合利用齐大山铁尾矿生产烧结空心砖，利废节能，治污排患，符合国家资源综合利用的政策，产品市场前景广阔，为培植非矿产业新的经济增长点开辟了新途径。

（2）尾矿制备混凝土原料。部分尾矿可以不需要加工用作混凝土集料，提高其耐久性和强度。同时，尾矿也可以制备水泥，替代部分用于混凝土的水泥原料。例如，凡口铅锌矿用含方解石、石灰石为主的尾矿生产水泥，年生产水泥 1.5×10^5t，具有明显的经济效益。

（3）尾矿制备陶瓷材料。国内用尾矿制备陶瓷材料的研究很早便已开始。利用尾矿制备出的陶瓷材料可供地面、墙面装饰之用，也可代替天然花岗岩作高级装饰材料。中国地质科学院研究采用尾矿砂烧出工业陶瓷和日用陶瓷，品质优良，符合国家相关质量标准和环保要求，已投入批量生产。

（4）尾矿制备道路工程材料。道路工程材料对化学成分要求较低，对强度和硬度要求高。一方面将尾矿用作道路工程材料无需太多深加工，降低了经济成本，也减轻了环境压力；另一方面，大量使用尾矿，可以减少尾矿堆放的压力。上海梅山铁矿、江苏吉山铁矿、首钢大石河铁矿等矿山将尾矿用作道路工程材料都取得了一定的经济效益和环境效益。

11.3.2　废石资源化利用概况

随着我国国民经济的发展，道路和城市建设等都需要大量高品质的人工砂石。如果能够将矿山生产排出的废石加工成建设急需的砂石料，既能解决矿山废石排放难题，又可以为砂石行业提供廉价原料；除废石本身是可利用的资源外，部分废石还含有丰富的金属资源。目前，废石的资源化利用主要是有用组分提取和砂石骨料制备。

11.3.2.1　提取有价组分

（1）歪头山铁矿采场矿岩混杂严重，年排混矿废石 2×10^6t 左右，造成铁矿石资源的流失和浪费。李彬通过试验，提出了在排土场利用大块干式磁选机从混矿废石中回收铁矿石的工艺方案。该方案实施后，歪头山铁矿每年可多回收品位为 29%左右的入选磁铁矿石约 1.6×10^5t，并可年产用于铺路和建筑的碎石约 7×10^5m^3，其年经济效益近 2500 万元。

（2）江西德兴铜矿是我国最大的露采斑岩铜矿，含铜低于 0.3%的矿石作为废石丢弃，废石中含铜 0.25%～0.3%的矿石约占总量的 20%。德兴铜矿采用堆浸—萃取—电积工艺提取废石中的铜，已建成年产商品铜 1000t 的湿法冶铜厂。该矿 10 多年来已处理含铜品位 0.25%～0.3%的废石 500 多万吨，回收铜 1.47×10^5t、黄金 11.6t，取得了较好的经济效益。

11.3.2.2　制备砂石骨料

铁矿多数围岩具有力学性能稳定、强度高的特点，采出的岩石能够广泛用于道路、厂房、铁路等工程建设，尤其是对于矿区周围是平原、丘陵的地区，由于建筑石材来源缺乏，矿区生产的石材具有广泛的市场前景，因此铁矿废石最直接的利用方法是通过破碎、筛选等工艺制成各种类型砂石骨料。

张以河等将铁矿废石破碎、筛分，分别得到 10～30mm 粒级的粗骨料、5～10mm 粒级的中骨料、1～5mm 粒级的细骨料、小于 1mm 的超细骨料和不大于 0.15mm 的铁矿废石粉末，并利用各型号骨料配级使用，研制出了透水砖、3D 打印建筑材料及石塑板材等产品。这些技术已经在山东、河北等地的矿山企业得到应用，给企业带来了良好的经济效益和环境效益。

12 尾矿再选技术

随着社会、经济的发展，矿山尾矿的处理和处置越来越受到重视。自 20 世纪 80 年代以来，我国相继出台了相关法规及政策推动尾矿综合利用。1986 年，我国将尾矿综合利用写入《中华人民共和国矿产资源法》，首次将尾矿的治理和利用纳入法律范围。从 2010 年开始，中华人民共和国工业和信息化部（工信部）编制发布的《金属尾矿综合利用专项规划（2010~2015）》《大宗工业固体废物综合利用“十二五”规划》《关于推进大宗固体废弃物综合利用产业集聚发展的通知》等相关文件，对尾矿综合利用方向进行了比较详细的论述。随着上述一系列政策和产业措施的落实，我国的尾矿综合利用快速发展。同时，科学技术的进步也为尾矿的回收和利用提供了殷实的基础。尾矿综合利用中，最先考虑的就是将其作为二次资源再选。而选矿方法与工艺是尾矿高效分离与提纯的关键。本章介绍几种应用规模较大的尾矿资源选矿处理方法。

12.1 铁尾矿再选

我国铁矿尾矿具有粒度细、类型多、数量大、性质复杂等特点，尾矿量占所处理矿石总量的 50%~80%。2000 年以来，我国的钢铁产量急速增长，铁尾矿排放量也日益上升，2021 年，我国铁尾矿排放量达到 5.43×10^8t。我国铁尾矿的综合利用率在不断提升，但整体利用率不高，仅 30%左右。2013 年，国务院印发的《循环经济发展战略及近期行动计划》中明确提出，要推进铁尾矿伴生金属的高效提取、富铁老尾矿再选和低铁富硅尾矿高值整体利用，鼓励利用尾矿砂生产建材、进行井下充填和开展生态环境治理等，实施铁尾矿资源综合利用示范工程。因此，铁尾矿再选已引起钢铁企业的广泛重视，重选、磁选、浮选等处理技术也获得了广泛的应用。

重选是处理铁尾矿的有效方法之一，其适用的粒度范围较宽，且具有工艺简单、投资少、见效快等优点，但该方法回收率一般较低。随着尾矿中铁含量越来越低，仅使用重选往往难以达到满意的选矿指标，因而通常作为联合选别流程中的预富集手段。

部分铁尾矿中的铁赋存于磁铁矿以及弱磁性的赤、褐铁矿中，而脉石矿物一般为不具有磁性的石英、方解石等，二者的磁性差异决定可以用磁选回收尾矿中的铁。磁选工艺操作流程简单，且不会造成额外污染，现已被广泛应用于铁尾矿再选。但磁选工艺的铁回收率较低。这是由于尾矿细磨后，部分含铁矿物以细粒或微细粒存在，而当前磁选设备难以回收这部分细粒级矿物，从而造成含铁矿物的严重损失。

浮选是细粒和极细粒物料分选中应用最广泛的一种方法，近年来被逐渐应用于铁尾矿中铁的回收。浮选适用于成分较复杂的含铁矿石的处理，但对入选矿石品位要求较高，故铁尾矿一般需经富集再进入浮选流程，以获得较好的浮选指标。

12.1.1　铁的再选

铁尾矿中主要成分包括弱磁性铁矿物、共伴生金属矿物和非金属矿物。弱磁性铁矿物、共伴生金属矿物的回收，除少数可用重选方法实现外，多数要靠强磁、浮选及重-磁-浮组成的联合流程。其中，对磁铁矿尾矿开展再选的较多，经济效益也较显著，如南芬铁矿选矿厂、梅山铁矿选矿厂、歪头山铁矿选矿厂、太钢峨口铁矿选矿厂、齐大山铁矿选矿厂、攀枝花密地选矿厂、武钢大冶铁矿选矿厂、大石河铁矿选矿厂、包头铁矿选矿厂等均开展了尾矿再选研究或者生产。

冯家峪铁矿属鞍山式沉积变质矿床，年处理矿石 80 万吨。选矿厂尾矿含铁一般在 7%~8%，尾矿中的铁矿物为单一的磁铁矿及其贫连生体，脉石矿物主要为石英、云母、角闪石及斜长石等。为完善工艺流程，充分利用铁矿资源，选矿厂采用 HS-ϕ1600mm×8 型盘式磁选机直接从尾矿中回收粗精矿，再选后的粗精矿给入二段 ϕ2.7m×3.6m 球磨机进行再磨。磨矿、选别及过滤作业均利用原流程的设备。尾矿再选工艺仅增加一台 HS-ϕ1600mm×8 型盘式磁选机及 60m^2 厂房。生产实践表明，尾矿再选可使选厂最终尾矿品位降低 0.81%，每年可从废弃的尾矿中多回收合格精矿约 7200t。

歪头山铁矿亦属鞍山式沉积变质岩，矿石性质与冯家峪铁矿相近，选矿厂年处理原矿 500 万吨，排出的尾矿中主要金属矿物为磁铁矿，脉石矿物主要为石英、阳起石、绿帘石及角闪石。尾矿中的铁矿物主要为细粒单体矿物及贫连生体，全铁品位约为 7%~8%。选厂也选用 HS-ϕ1600mm×8 型盘式磁选机作为尾矿再选的粗选设备，再选后的粗精矿经弱磁选-球磨-磁力脱水槽-双筒弱磁选工艺（如图 12-1 所示），可获得优质铁精矿，其产率为 2.46%、铁品位为 65.76%、回收率为 21.23%。

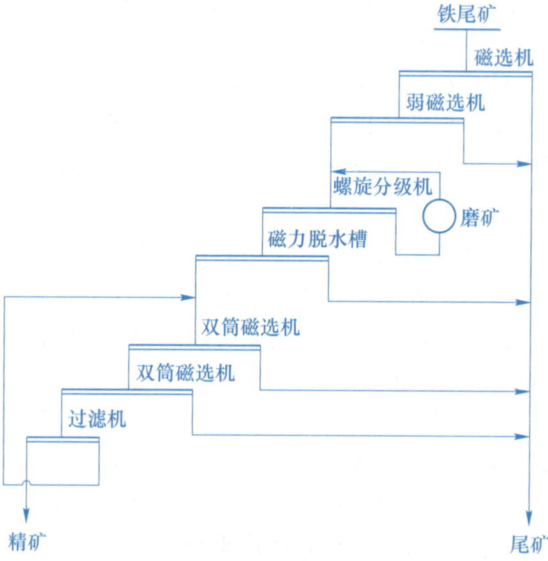

图 12-1　歪头山铁矿尾矿再选流程

齐大山铁矿选矿厂日排放含铁 11.47%~13.75%的综合尾矿约 1.4×10^{4}t，分析表明，其中尚有数量可观的铁矿物处在螺旋溜槽的有效回收粒度范围内。鉴于此，齐大山选厂对该尾矿进行了再选工业试验，其工艺流程为：尾矿矿浆经螺旋溜槽浓缩和脱泥后，经 ϕ1200mm 四节距和五节距的螺旋溜槽进行两段重选，分离出三种产品；精矿和中矿自流到各自的泵池，自然脱水后再运到料场待售；尾矿用 4PNJ 型胶泵强制送入尾矿总管。经过一年多的工业试验，尾矿经再选后可获得含铁 57%~62%的冶金用铁精矿和含铁 35%~45%的建材工业用水泥熔剂，最终获得的尾矿品位为 9.52%~12.47%。

范敦城对铁含量为 2.54%的齐大山磁选铁尾矿进行了回收研究，分析表明，该尾矿中铁物相以赤铁矿与硅酸铁为主，磁铁矿次之，铁矿物嵌布粒度细，单体解离差，使用传统选矿方法很难高效回收。因此，研究者采用预富集-深度还原技术，以强磁选-磨矿-弱磁-中磁为预富集流程，获得了铁品位≥36.41%、铁回收率≥69.86%的预富集粗精矿，然后将该粗精矿高温入炉还原，得到铁品位≥93.41%、铁回收率≥93.65%的还原铁粉。

刘文刚等通过正-反浮选联合流程对取自齐大山选矿厂的反浮选尾矿进行了再选试验研究，结果表明，以 2，4-二羟基苯甲酸为石英抑制剂、油酸钠为捕收剂，在不加 pH 调整剂的条件下，粗精矿中铁的回收率可达 78.85%，品位为 31.86%；对正浮选粗精矿开展反浮选试验，结果表明，当磨矿细度为-0.045mm 占 95.50%时，经过一次粗选、两次精选、一次扫选，可获得精矿铁品位为 66.17%，铁回收率为 27.64%的分选指标。

鞍钢矿山公司小岭子铁矿每小时排放尾矿 300t，工艺矿物学研究表明，尾矿中有用矿物主要为磁铁矿、假象赤铁矿及少量的赤铁矿。其中，磁铁矿具有回收价值；脉石矿物主要是石英、部分长石及少量的黑云母和绿泥石。根据原矿性质及实验室研究结果，设计了以磁选柱为主体设备的五段磁选、一次再磨、高频振网细筛控制分级的尾矿再选流程，如图 12-2 所示。

由于尾矿中铁矿物与脉石矿物结晶粒度很细、磁性率偏低，再选流程中采用带“漂洗”水的中磁机，将尾矿品位控制在 6%以下，并得到品位为 35%以上的粗精矿；一、二段精选采用高选择性的磁选柱，以获得高品位的精矿，并将 60%以上的连生体中矿排入溢流；一段磁选柱的精矿经脱水磁选机浓缩后进入再磨机；再磨后的铁精矿给入二段磁选柱进行精选，可使其品位提高到 50%以上；再磨机采用高频振筛控制分级，筛下精矿采用外磁式脱水槽。生产实践结果表明，采用上述流程，在给矿品位 9.84%的条件下，可获得精矿铁品位为 66.07%、铁回收率为 36.3%的分选指标，尾矿年处理能力达 315 万吨。

12.1.2 其他成分的再选

用浮选法回收铁尾矿中的共伴生金属矿物时，由于这些矿物含量较低，为获得合格精矿并降低药剂消耗，除采用预富集作业外，也要求药剂本身具有较强的捕收能力和较高的选择性。铁尾矿中共伴生组分的回收，多采用重-浮或重-磁-浮联合流程。

铁山河铁矿为白云岩水热交代磁铁矿床，可回收利用的矿物除磁铁矿外，还有含钴黄铁矿。由于建厂时未考虑伴生含钴黄铁矿的回收，导致钴资源的损失。研究表明，磁选尾矿中含硫 3.6%、含钴 0.065%，其中，以类质同象形式赋存于黄铁矿中的钴约占 60%，赋存于其他含铁矿物中的钴约占 15%，而脉石中的钴约占 25%。研究者采用重-磁-重联合选别工艺（如图 12-3 所示）对尾矿中的含钴黄铁矿开展了回收研究。该工艺先采用大处理量的 GL600 螺旋选矿机丢尾，再用磁选除去带磁性的磁铁矿和磁赤铁矿，以利于后续的摇床选别并减少铁钴矿中夹杂的黄铁矿。按年处理 45000t 磁选尾矿计，一年可产含钴大于

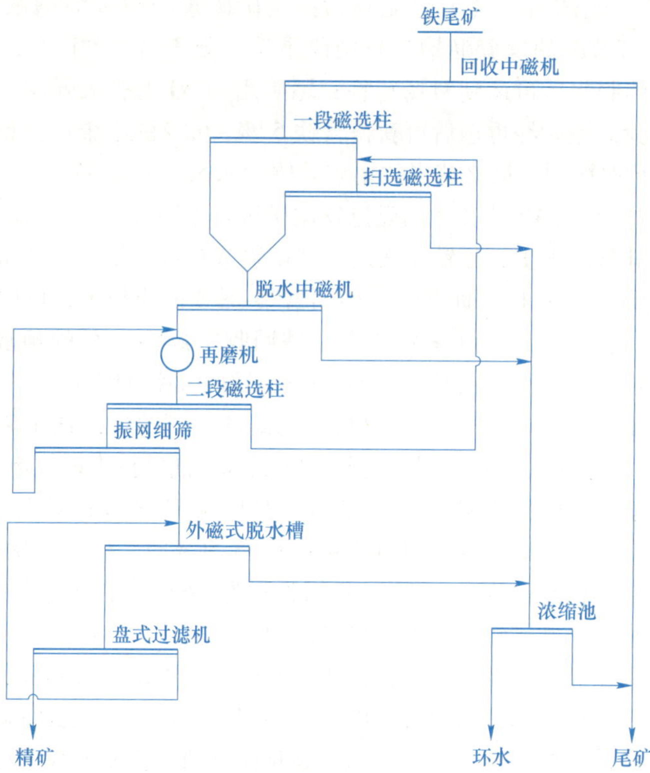

图 12-2 小岭子铁矿尾矿再选流程

0.5%的硫钴精矿 2500t 以上。

万丽等针对有用矿物为黄铁矿、辉钼矿和闪锌矿，主要脉石矿物有石英、方解石、石榴子石的某选铁尾矿进行再选回收试验研究，结果表明，针对锌、钼、硫含量分别为 0.86%、0.023%、10.09%的尾矿，采用一粗三精三扫的锌/钼/硫混浮、一粗四精一扫的抑硫浮锌/钼流程，最终获得了锌、钼品位分别为 41.53%、0.797%，锌、钼回收率分别为 92.87%、67.26%的锌钼混合精矿，以及硫品位为 51.75%、回收率为 91.51%的硫精矿，实现了铁尾矿有用矿物的充分回收。

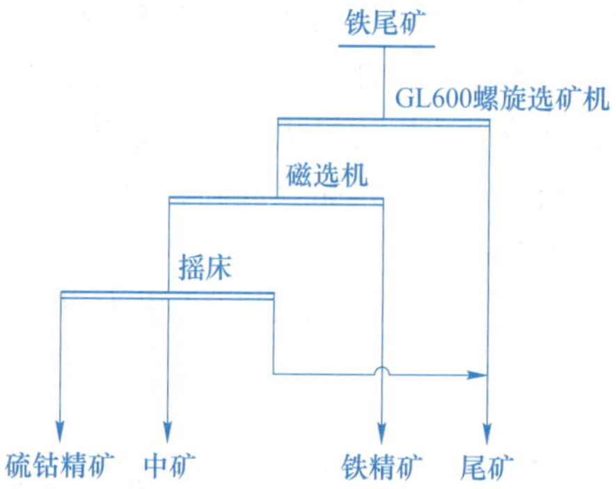

图 12-3 铁山河尾矿再选流程

崔春利等探索了黑山铁矿钒钛磁铁矿尾矿中钛的全粒级单一浮选回收研究，试验结果表明，当以 CMC 为抑制剂、YS-1 与柴油为混合捕收剂时，尾矿脱硫后进行一次粗选五次精选可获得 TiO_2 品位为 36.50%、回收率为 61.01%的钛精矿，从而实现了钒钛磁铁矿中钛的综合回收。刘振辉等研究了新疆某选铁尾矿中钛的回收，在尾矿中 TiO_2 品位为 6.30%、TFe 品位为 10.45%时，采用重-磁-重的联合工艺流程（如图 12-4 所示），最终获得了 TiO_2 品位为 48.27%、回收率为 56.07%的钛精矿和 TFe 品位为 54.60%、回收率为

11.81%的铁精矿。

包头铁矿是世界上罕见的大型多金属共生矿床，富含铁、稀土、铝、萤石等多种有价成分，稀土储量极为丰富。包钢选矿厂自投产以来主要回收该矿石中的铁矿物，其次回收部分稀土矿物，大部分稀土矿物作为尾矿排入尾矿库中。包钢选厂总尾矿中稀土矿物以氟碳铈矿及独居石为主，脉石矿物主要为铁矿物、萤石、重晶石、磷灰石、云母、石英、长石以及碳酸盐等，粒度-0.074mm 占 50%~70%，稀土含量为 4%~7%。经过前期的工艺流程改进，精选车间采用混合浮选和分离浮选工艺实现了尾矿中稀土的回收，工艺流程如图 12-5 所示。尾矿矿浆经浓缩分级后，进入混合浮选作业，以氧化石蜡皂作捕收剂，碳酸钠、水玻璃作调整剂和抑制剂，在 pH 值为 9~10 的碱性条件下进行浮选，使萤石、重晶石、磷灰石等含钙、钡矿物及稀土矿物与铁硅酸盐矿物分离，经过一粗多扫作业获得萤石、稀土混合泡沫产品；泡沫产品经脱泥、脱药后进入稀土粗选作业，以 C5~C6 烷基异羟肟酸作稀土矿物捕收剂、碳酸钠作 pH 调整剂、氟硅酸钠为稀土矿物的活化剂及某些脉石矿物的抑制剂，在 pH 值为 9~9.5 时，可获得稀土品位≥50%的合格稀土精矿，使稀土精矿产率提高 2%~3%、回收率增加 15%~20%。生产实践表明，该流程操作稳定、结构简单紧凑、适应性强、分选效果好、经济效益显著。

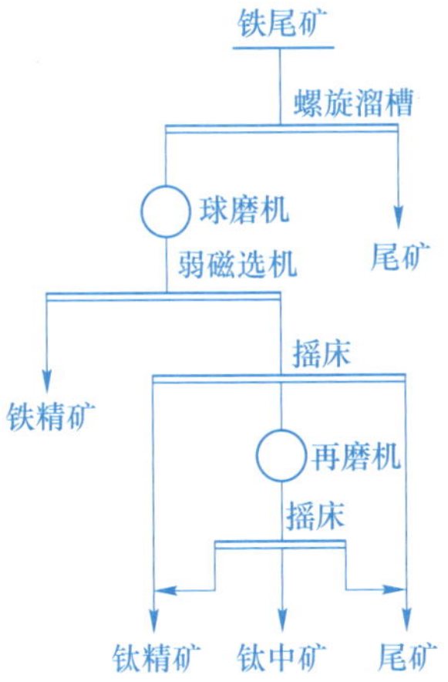

图 12-4 新疆某铁尾矿再选流程

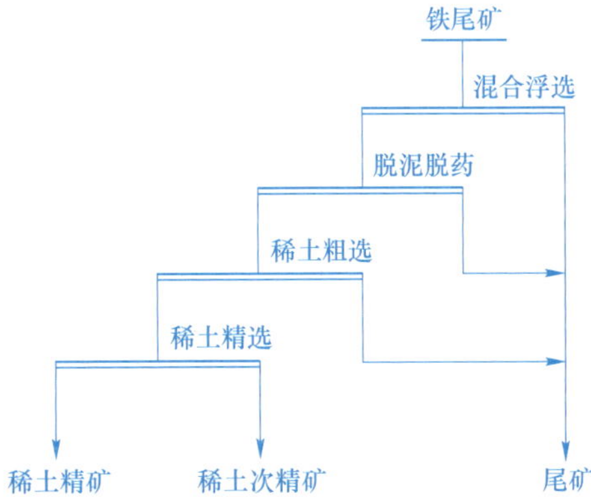

图 12-5 包头铁矿尾矿再选回收稀土流程

12.2 有色金属尾矿再选

12.2.1 铜尾矿再选

我国铜尾矿的现存数量庞大，有上千座规模较大的铜尾矿库，分布范围广，主要集中在江西、云南、湖北、安徽、甘肃等省，但综合利用率低。2019~2021 年间，我国铜尾矿年产量均在 3 亿吨以上，且呈现出逐年增加的趋势。其中，江西、湖北、湖南、安徽、河南、山西等 6 省每年新排放的铜尾矿占全国的 50%以上。我国现存铜尾矿中 Cu 平均品位维持在 0.07%左右，且尾矿结构多样、嵌布粒度细、矿物结构和化学成分复杂、有价组分单体解离率低，严重制约了其综合利用。根据铜尾矿成分，现阶段开展的研究工作主要是从尾矿中分选铜、金、银、铁、硫、萤石、硅灰石、重晶石等有用组分。

德兴铜矿是我国特大型斑岩露天铜矿，矿石中除主金属铜外，还伴生有金、银、钼、硫等多种有用成分，有用矿物主要为黄铜矿、黄铁矿、辉铜矿等，脉石矿物主要为石英、绢云母、绿泥石、黑云母等。矿山日采选处理能力达 10 万吨，尾矿产率为 97%。为回收尾矿中的有用组分，选矿厂将尾矿用砂泵直接扬送到 ϕ350mm 旋流器，黄铁矿因其密度大、粒度偏粗，富集到沉砂成为硫精矿。在入选品位超过 25%的条件下，可获得硫精矿品位 35%~40%、作业回收率 60%的选别指标，年回收硫精矿超过 30 万吨，减少固体排放物 100 万吨以上。同时，德兴铜矿积极开展尾矿铜的分选研究，掌握了世界先进的"微生物堆浸-电萃取-电积"提铜技术，最大限度地利用了"含铜废石"中的铜资源，并投入规模化生产。经过近 10 年的发展，其铜、金、银选矿回收率分别提高了 6.60%、0.31%、5.45%。

铜绿山铜矿系大型矽卡岩型铜铁共生矿床，铜铁品位高、储量大，并伴生金、银。选矿厂采用浮选-弱磁-强磁的工艺流程生产铜精矿和铁精矿，每年产出强磁尾矿约 300 余万吨，其中含铜金属量 2.5 万吨、铁 132 万吨。强磁尾矿中铜矿物有孔雀石、假孔雀石、黄铜矿，少量自然铜、辉铜矿、斑铜矿，极少量蓝铜矿和铜蓝；铁矿物主要有磁铁矿、赤铁矿、褐铁矿和菱铁矿，非金属矿物主要有方解石、玉髓、石英、云母和绢云母，其次有少量石榴子石、绿帘石、透辉石、磷灰石和黄玉。为进一步回收尾矿中的有价组分，选矿厂设计建立了日处理 1000t 的强磁尾矿综合利用工艺，采用常规的浮-重-磁联合工艺回收铜、金、银和铁，再选流程如图 12-6 所示。强磁尾矿经磨矿后，以硫化钠为硫化剂、丁黄药和羟肟酸为捕收剂、2 号油作起泡剂进行硫化浮选，回收铜、金、银；浮选尾矿采用螺旋溜槽选铁（粗选），铁粗精矿用磁选精选得铁精矿。经分选后，最终获得含铜 15.4%、金 18.5g/t、银 109g/t 的精矿，含铁 50.63% 的铁精矿，铜、金、银、铁的回收率分别为 54.30%、62.71%、22.60%、56.65%。按日处理 900t 强磁尾矿、年生产 300 天计算，每年可综合回收含铜 15% 以上铜精矿 8300t，含铁 50% 以上铁精矿 3.9 万吨，以及金 171.26kg、银 1055.92kg。

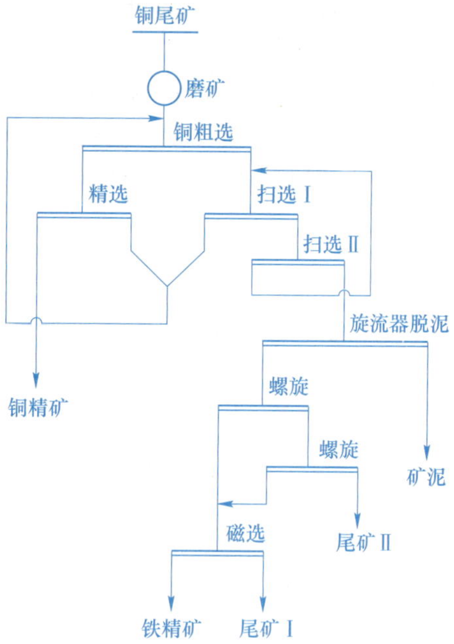

图 12-6　铜绿山铜矿尾矿再选流程

武山铜矿属黄铁矿型高硫矿床，原矿平均含硫 25%以上，选矿厂处理的是次生富集带向原生带过渡的矿石。原矿中含铜矿物以蓝辉铜矿、辉铜矿等次生硫化铜矿物为主（约占 55%~60%），易过磨和氧化产生铜离子，对黄铁矿活化强烈，铜硫分离困难，选别指标不高，尾矿中含硫 22%~26%。鉴于此，现场采用重选回收浮选尾矿中的硫铁矿，流程为：尾矿由 3 号沃曼泵扬至矿浆分配器，均匀给入 20 台螺旋选矿机；重选尾矿自流进入尾矿取样和输送系统，硫精矿经泵扬入取样和脱水系统，中矿返回 3 号沃曼泵。该流程每年可从尾矿中回收 16000~17000t 硫精矿，使硫的总回收率提高 6.23%~12.24%。

永平铜矿为以铜、硫为主，伴生有钨、银及其他元素的多金属矿床，尾矿日排出量约7000t，WO_3 及 S 平均品位为 0.064%和 2.28%。据统计，每年约有 2000t 以上氧化钨损失于尾矿当中。为综合回收尾矿中的白钨，采用重选-磁选-重选-浮选-重选的工艺流程对尾矿进行再选，即首先采用螺旋溜槽作粗选抛尾，抛弃 91.25%的尾矿，进一步采用高效磁选设备脱除磁性矿物和石榴子石，然后尾矿进入摇床重选，获得约 1%的精矿进入精选脱硫作业，最终获得 WO_3 含量为 66.83%、回收率为 18.01%的钨精矿，含硫 42%、回收率为 15%的硫精矿以及石榴子石、重晶石等产品。按日处理 7000t、年生产 330 天计算，每年可产白钨精矿 339.3t、硫精矿 1584t。

12.2.2 铅锌尾矿再选

我国铅锌矿贫矿多、富矿少，铜、银、金、铁、硫及萤石伴生组分复杂，属于难选矿物类型。根据相关资料，银在铅锌矿中的共伴生储量占全国银矿总储量的 60%，从铅锌矿中回收的银产量占全国银产量的 70%~80%。目前，我国大多数铅锌矿山均对尾矿进行了综合利用，但综合利用水平差别很大。铅锌矿中伴生金、银的选矿回收率为 58%~75%，而其他金属和非金属的资源综合利用率很低，或者根本未回收利用。因此，从铅锌尾矿中综合回收多种有价金属和有用矿物，是提高铅锌多金属矿综合利用水平的重要举措。

甘肃某铅锌选矿厂日排尾矿量 2000t，其中含铅 0.2%~0.3%、含锌 1.1%~2%、含硫 3%~5%；铅矿物主要为白铅矿、方铅矿，锌矿物有菱锌矿、闪锌矿。采用混合-优先浮选流程对尾矿中的铅、锌、硫开展了再选回收，如图 12-7 所示。混合粗选采用重选（螺旋

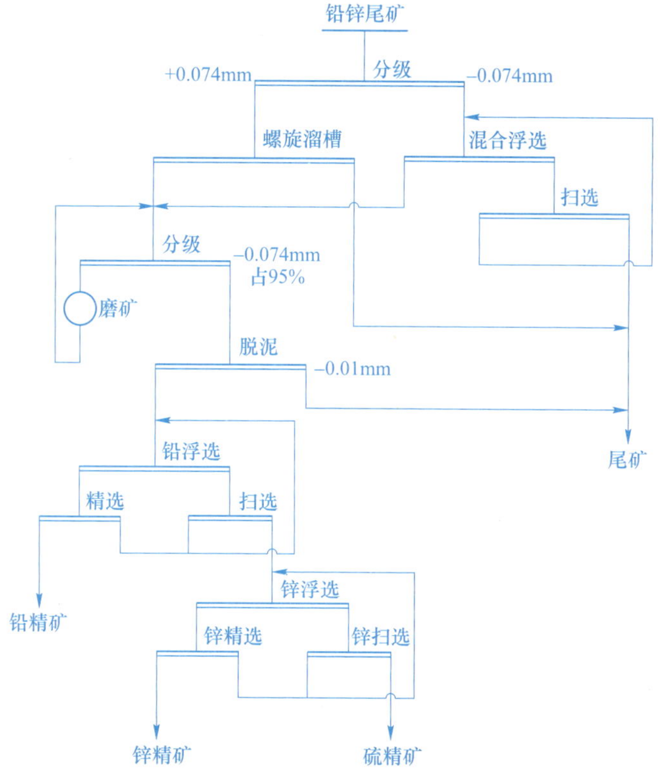

图 12-7 甘肃某铅锌矿尾矿再选流程

溜槽）+浮选（高效射流浮选机）联合工艺回收铅、锌、硫，混合精矿进入球磨机与水力旋流器闭路磨矿，旋流器溢流（-0.074mm 占 90%）经脱泥斗脱泥，底流（浓度 25%）进混合浮选精选，精选尾矿返回混合粗选。精矿分离浮选工艺为一粗二精一扫浮铅、铅尾一粗一精一扫浮锌，尾矿为硫精矿。项目稳定运行后，获得了品位为 35.3%、回收率为 60%的硫精矿，品位为 45%、回收率为 62.5%的锌精矿以及品位为 40%、回收率为 43%的铅精矿，获得了较好的技术指标和经济效益，为此类尾矿的综合利用积累了经验。

12.2.3　钼尾矿再选

我国钼矿的典型特点是储量多但品位低。目前发现的矿床中，平均品位低于 0.1%的占总储量的 65%，而品位超过 0.3%的富矿石储量仅占总储量的 1%。因此，钼矿选矿过程中尾矿产率高，再利用尤为重要。

河南栾川某铜钼矿属斑状花岗岩型，钼浮选后的尾矿含有白钨矿和其他非金属矿，用磁-重流程再选，可获得品位为 71.25%、回收率为 98.47%的钨精矿；再选后的尾矿中含钾长石和石英，分别占尾矿量的 40%和 33%；经脱泥后，在酸性介质中采用优先浮选工艺（如图 12-8 所示）处理，可选出产率为 45%的长石精矿和产率为 33%的石英精矿，采用磁选除铁后可用作玻璃和陶瓷原料。

辽宁某钼尾矿中铁矿物在 0.074~0.038mm 粒级有一定的富集现象。张祥龙等采用一段弱磁选、一段中磁选，中磁选精矿再磨后二段弱磁选，两段弱磁选精矿合并后以磁悬浮精选机进行精选的工艺，对此部分铁矿物开展了回收研究。经试验，最终获得铁品位为 59.12%、铁回收率为 70.05%的铁精矿。

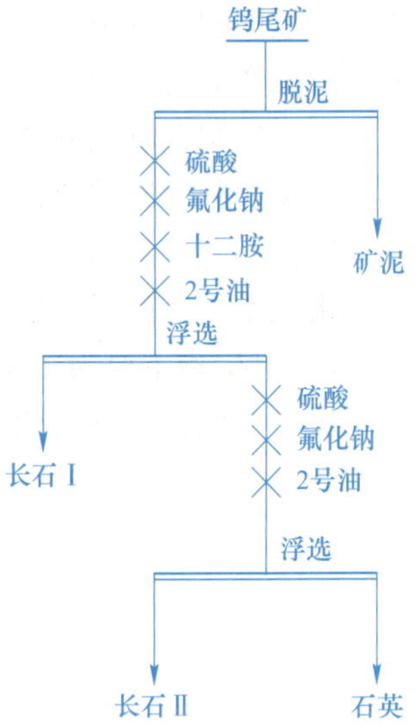

图 12-8　河南栾川某铜钼尾矿再选流程

12.2.4　锡尾矿再选

近年来，研究者对锡尾矿再选领域的关注较少，中国再生锡回收量仅占锡总量的 5%，远落后于发达国家，由此导致每年数十万吨金属锡流入尾矿中。以云锡公司为例，其 2015 年尾矿堆存量已经达到 2.5 亿吨，尾矿平均含锡 0.15%。2016 年，云南个旧矿区锡尾矿堆存量达 2.53 亿吨，成为世界上锡尾矿最大的聚集区，其中含锡达 37 万吨。此外，广西大厂选矿厂堆存的锡尾矿金属量也达 10 万吨以上。

锡尾矿大部分来源于锡细泥。据统计，我国大约有 80%的锡金属由于质脆变为细泥而在初次选别时无法回收流入尾矿中，因此锡细泥的选别是锡尾矿再选的一个重要方面。对锡尾矿的再选，实质上就是锡细泥中微细粒锡石的回收。

广西南丹大厂矿区某选厂处理的原料是尾矿库的老尾矿，属锡石多金属硫化矿，矿石中主要金属矿物有：锡石、黄铁矿、毒砂、铁闪锌矿、脆硫锑铅矿以及少量的白铅矿、铅矾、菱锌矿、异极矿等，其中锡、铅、锌矿物品位分别为 0.24%、0.13%、0.47%。脉石矿物有石英、方解石、矽质页岩、灰岩、风化灰岩等。由于尾矿堆存年限长、矿物氧化程度高（特别是脆硫锑铅矿和部分黄铁矿）、有用矿物粒度较细（主要分布在-0.075mm 以下），选别回收难度很大。经试验研究，确定了分级-脱泥-重选的尾矿中有价组分回收工艺，流程如图 12-9 所示。分级作业选用 ϕ1500mm 螺旋分级机，脱泥、浓缩作业采用 ϕ125mm 水力旋流器，旋流器底流采用云锡式微细泥摇床处理，可获得品位 3%～5%的低品位锡精矿。由于尾矿粒度过细，含泥、含硫高，只经一次摇床选别难以直接产出高品位锡精矿。微细粒锡石回收工艺建成投产后，经多次试验，获得了平均品位 4.17%、对原矿回收率 3.33%的低品位锡精矿，年产锡金属 25t。

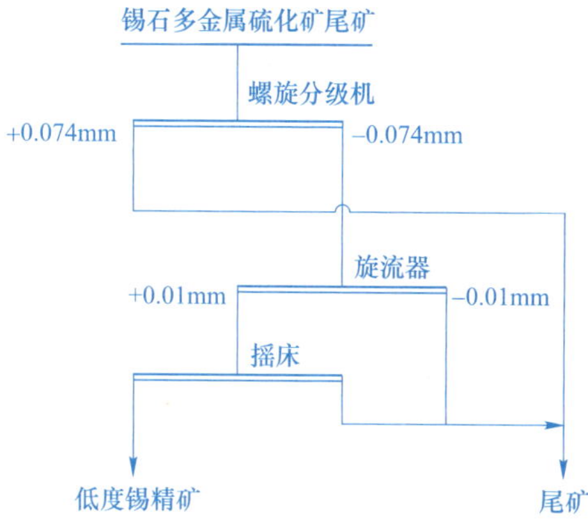

图 12-9 大厂锡石多金属硫化矿尾矿再选流程

聂庆民等开展了四川某含锡 0.44%、含硫 4.32%尾矿中有价组分的回收研究，采用硫酸铜作活化剂、丁基黄药为捕收剂脱硫，再以水玻璃和氟硅酸钠为脉石抑制剂、苯乙烯酸为锡石捕收剂进行锡石浮选，最终获得品位为 36.17%、回收率为 59.48%的锡精矿。广西某多金属硫化矿尾矿锡品位为 0.29%，为进一步回收其中的有价组分，周德炎等以六偏磷酸钠和落叶松栲胶（质量比为 3∶1）为抑制剂、改性淀粉为絮凝剂、GYB 与塔尔油（质量比 1∶1）为微细粒锡石捕收剂，对该尾矿开展了浮选试验研究，获得了回收率为 74.36%、锡品位为 24.17%的微细泥锡精矿。平福先等对云锡尾矿库堆存的含锡尾矿进行了锡石再回收试验研究，通过重选产物强磁脱铁、沉降脱泥、二粗一精一扫正浮选、一粗一精一扫反浮选、中矿顺序返回的闭路流程，可获得锡品位为 4.28%、回收率为 46.71%的锡精矿。

12.2.5 钨尾矿再选

我国钨尾矿中通常含铜、钼、铋等重要金属矿物及石英、萤石、绿柱石和石榴子石等非金属矿物。钨尾矿产率和堆存量巨大，且粒度细、泥化严重，有效回收极为困难。同时，部分钨尾矿中含镉等重金属，若处理不当，会造成土壤及河流污染，危害人体健康。

卢友中等采用浮选-钨粗精矿碱法分解的选冶联合工艺，实现了钨尾矿及细泥中钨的回收，其工艺流程如图 12-10 所示。研究表明，以改性水玻璃和硫酸铝为抑制剂、苯甲羟肟酸为捕收剂，经一粗三精三扫的浮选流程，可获得 WO_3 品位为 18%、WO_3 回收率为 86%的钨粗精矿；以 NaOH 和 Na_3PO_4 为助浸剂，对获得的粗精矿开展了微波浸出研究，可获得 96%左右的浸出率。周晓彤等以高梯度磁选技术开展了白钨矿浮选尾矿中黑钨矿的回收试验，经一次粗选、一次扫选的强磁选后，可获得 WO_3 品位为 0.43%的强磁精矿，钨回收率达到73.26%。

钼、铋是钨矿床重要的伴生矿物，虽然重选作业能回收部分钼、铋，但由于钼、铋的天然可浮性好，部分因自然可浮而损失于摇床尾矿，导致钼、铋的综合回收率很低。傅联海探索了以浮选工艺从钨重选尾矿中回收钼、铋（钼品位为0.024%、铋品位为0.019%）的相关研究，将尾矿浓缩后直接进入浮选工艺回收钼、铋，取得了较好的技术指标，钼和铋精矿品位分别达到了46.85%和23.05%，钼和铋总回收率分别达到41.34%和32.5%。

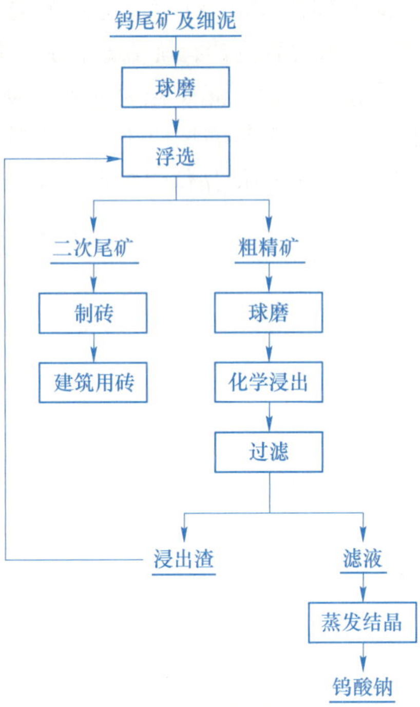

图12-10　选冶联合工艺从钨尾矿及细泥中回收钨的工艺流程

萤石是一种广泛应用于化工、冶金、建材工业的重要非金属矿，我国萤石矿品位一般偏低，而且伴生矿床储量占43%。其中，以白钨矿为代表的伴生萤石资源十分丰富。但受技术的限制，这部分萤石矿尚未得到充分利用。因此，此类萤石资源的高效回收意义重大。周菁等对黄沙坪钨、钼、铋浮选尾矿开展了萤石浮选回收研究，采用一粗二扫浮选-萤石粗精矿再磨-部分中矿再选-中矿顺序返回-精矿强磁选的工艺流程，最终获得CaF_2品位为98.00%，回收率为50.82%萤石精矿。张国范等针对某钨浮选尾矿中萤石被强烈抑制的特点，研发了能有效恢复萤石可浮性的新型活化剂ANF-1，采用“一粗七精”的浮选流程，针对含CaF_2 24.93%的钨尾矿，获得了含CaF_2 95.03%、CaF_2回收率为62.13%的萤石精矿。柿竹园钨钼铋多金属矿是我国重要的资源综合利用基地，其中伴生萤石储量7000多万吨，占全国萤石总储量的47%以上。受钨浮选高碱条件限制，萤石反向富集于浮选尾矿中，CaF_2品位在27%左右。为此，李纪等通过对尾矿进行浓缩和再磨处理，采用一次粗选、两次扫选、五次精选工艺流程，获得了CaF_2品位为94.31%、回收率为70.06%的萤石精矿。

12.3　黄金尾矿再选

黄金矿山的数量、规模及产量日趋增长，然而矿石入选品位却不断降低，开采强度日益增大，随之而来的尾矿数量也在逐年增加。黄金矿山排出的大量尾矿，不仅含有一定数量的金，还含有其他可综合回收的有价金属及矿物，如铜、银、铅、锌、铁、锑、钨、铋、硫以及碳酸盐、硅酸盐等。由于金的特殊作用，从黄金尾矿中实现金的再选越来越受到重视。由于过去的采选冶技术落后，致使相当一部分金、银等有价元素损失在了尾矿当中。针对矿石性质以及所采用的金提取工艺不同，黄金尾矿的综合开发利用方法和手段也不尽相同。

12.3.1 金的再选

尾矿中金的再选回收技术主要包括重选、浮选、氰化等方法，具体工艺方法的选择主要取决于尾矿性质。随着黄金选冶技术水平的不断进步，国内外对低品位含金尾矿的处理取得了显著成效，南非、澳大利亚等国家从尾矿中回收金已形成了较大生产规模，国内湖南湘西金矿、辽宁五龙金矿等企业在尾矿回收金方面也取得了显著效益。

河南金源黄金矿业有限责任公司采用溜槽和摇床组成的重选系统回收浮选尾矿中的金，流程如图 12-11 所示。浮选尾矿经溜槽和摇床两段重选后，可获得品位 16g/t 以上的金精矿。陕西小秦岭某浮选尾矿中的金矿物粒度微细，主要以自然金和硫化物包裹金形式存在。为充分回收该尾矿中的金，刘艳杰等开发了乳化-絮凝浮选工艺，强化了对微细粒金矿物的回收。

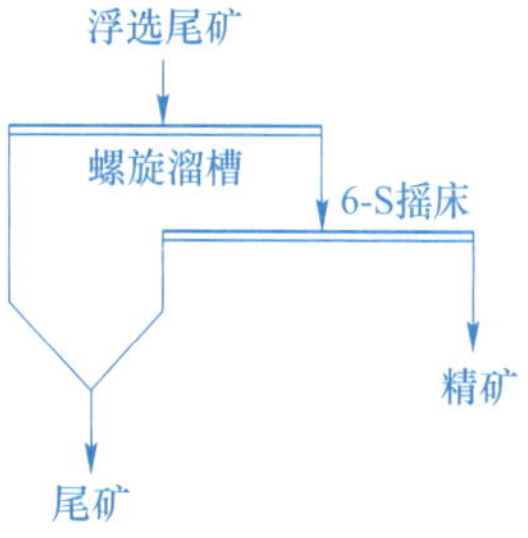

图 12-11 浮选尾矿中金重选工艺流程

尾矿中的金矿物嵌布粒度比较细，多需通过再磨来提高单体解离度，提升回收效果。河南金渠黄金股份有限公司马桥沟尾矿库中平均金品位达 0.87g/t，索明武等对其中的金尾矿开展了再磨-浮选回收研究，在再磨细度−0.074mm 占 78%时，采用一次粗选、二次精选、二次扫选的闭路浮选流程，可获得金品位为 12.49g/t、回收率为 81.36%的金精矿。辽宁二道沟黄金矿业公司 1 号尾矿库金品位在 0.5g/t 左右，公司对部分低硫化物含金石英脉浮选尾矿开展了再磨-浮选回收研究，在磨矿细度为−0.074mm 占 68%的条件下，尾矿经一次粗选、三次精选、二次扫选的闭路浮选流程，可获得金精矿品位 28g/t、金回收率 70%的浮选指标。

12.3.2 伴生元素的再选

黄金矿山尾矿中经常有 Cu、Pb、Zn、Fe、S 等元素。在现有技术经济条件下，尾矿中 $w(\mathrm{Cu})>0.1\%$ 、$w(\mathrm{Pb})>1\%$、$w(\mathrm{Zn})>0.5\%$时，一般就具有综合回收价值。

12.3.2.1 铜、铅、锌的回收

内蒙古喀喇沁旗大水清金矿氰化尾渣中含铜 1.5%~2.2%，常规的一粗二扫三精流程对尾渣适应性弱，精矿指标不稳定。郑晔等人对该流程进行了改造，将二次精选改设为扫精选作业，用于处理一精尾矿和二扫精矿，取得了很好的分选指标，获得了铜品位为 18.9%、回收率为 81.55%的铜精矿。山西某堆存尾矿含金 0.5g/t 左右、锌品位为 0.5%，田树国等采用“全硫混浮-金锌分离”流程对该尾矿开展了综合回收研究，获得了含金 34.28g/t、金回收率为 62.93% 的金精矿，含金 2.18g/t、金回收率为 23.20%、含硫 37.86%、硫回收率为 73.46%的硫精矿，以及含锌 45.62%、锌回收率为 67.47%的锌精矿。山东中矿集团有限公司冶炼厂氰化尾渣为硫精矿，并含有色金属铜、铅、锌，品位分别为 0.45%、0.5%、0.5%。针对氰化物对尾渣中铜、铅、锌矿物抑制作用不同，路明福等采用“优先混合浮选铅锌-硫酸脱氰活化-铜硫分离”流程（如图 12-12 所示），获得了铅品位为 25.00%、锌品位为 27.00%、铅回收率为 65.60%、锌回收率为 70.90%的铅锌混合精矿，以及铜品位为 15.25%、回收率为 75.48%的铜精矿。

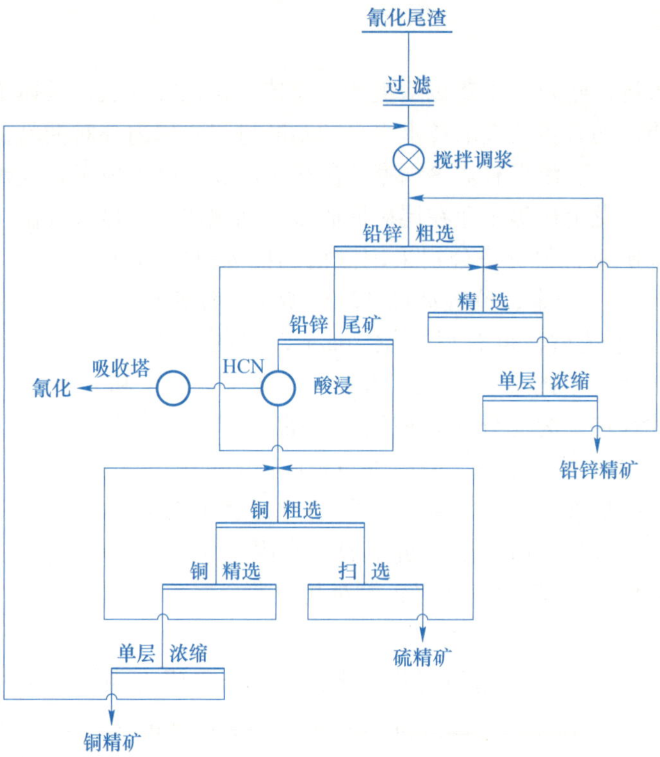

图 12-12 优先混合浮选铅锌-硫酸脱氰活化-铜硫分离工艺流程

12.3.2.2 铁的再选回收

我国具有丰富的砂金矿资源。据统计，我国有砂金矿床点 3200 多处，拥有各种采金船 200 多艘，年挖掘量达 7000 多万立方米，年排放尾矿 25 万吨以上。这些尾矿中含有丰富的磁铁矿、赤铁矿、钛铁矿和石榴子石等资源，有必要进行综合回收。陕南安康金矿采用磁选-重选联合流程对尾矿进行再选，先用两段干式磁选工艺从尾矿中分选出磁铁矿、赤铁矿及钛铁矿与石榴子石连生体，再用摇床分选尾矿中的金。利用该工艺，安康金矿每年可获得铁精矿 1700t，重选金 2. 187kg。而毗邻的汉阴金矿则采用湿式磁选机从尾矿中分选出铁精矿，然后再用焙烧-磁选工艺从尾矿中分选出钛铁矿与石榴子石。

12.3.2.3 硫的再选回收

现阶段，全球约有三分之二以上的金矿属于含硫难处理金矿，含硫化矿物的石英脉金矿在我国分布较广。在氰化过程中，金作为有价元素实现了回收，而含硫 20%以上的氰化尾渣则直接堆存，造成了资源的极大浪费。山东七宝山金矿矿石类型为金铜硫共生矿，金属硫化物以黄铁矿为主，另有少量黄铜矿、斑铜矿。研究人员采用旋流器脱泥-浮选工艺实现了其中硫的有效回收。选别工艺流程采用旋流器浓缩脱泥预处理，沉砂进入搅拌槽调浆后浮选硫，浮选采用一次粗选、一次扫选流程，可获得硫品位达 37. 6%、回收率为 82. 46%的硫精矿，取得了很好的经济效益。

13 尾矿制备建筑材料

随着矿产资源的逐渐减少和人们环保意识的加强，国内外都把尾矿作为二次资源来看待。尾矿中除含少许有价金属外，其主要化学成分、矿物组成和粒度分布都与建筑材料领域所用的原料非常相近，而且尾矿一般都经过破碎和分级处理，颗粒较细，级配良好，有些还因经过一定程度的煅烧或化学处理而具有一定的化学活性，因此非常适合于作为建筑材料的生产原料。尾矿建材即是利用尾矿作为主要原材料所生产出来的一类用作建筑用途的材料或制品。

13.1 尾矿物料特性

尾矿的矿物组成、理化性质及工艺性能是构成尾矿可用性的基础。本节对尾矿的物理性质、化学性质和工艺性能作简单介绍。

13.1.1 物理性质

尾矿用作建材原料时，相关的物理性质包括密度、硬度、熔点、热膨胀系数等。一些常见尾矿组成矿物的物理性质以及一些常见尾矿组成材料的热膨胀系数分别如表 13-1 和表 13-2 所示。

表 13-1 一些常见尾矿组成矿物的物理性质

矿物	密度 /g·cm^{-3}	莫氏硬度	熔融（分解）温度/℃	矿物	密度 /g·cm^{-3}	莫氏硬度	熔融（分解）温度/℃
石英	2.65	7	1713	透辉石	3.25~3.3	6~7	1300~1390
玉髓	2.60	6	1713	钙铁辉石	3.5~3.6	5.5~6	1100~1140
鳞石英	2.31	6.5	1670	角闪石	3.1~3.3	5~6	
方石英	2.33	6~7	1713	蓝闪石	3.1~3.5	5~6.5	
蛋白石	2.0~2.2	6~6.5	100~250	钠闪石	3.3~3.4	5.5~6	
黄铁矿	5.0	6~6.5	600~660	正长石	2.57	6	1185~1250
无水石膏	2.96	3~3.5	1100~1150	微斜长石	2.57	6	1150~1180
方解石	2.72	3	880~910	霞石	2.6	5.5~6	1170~1220
白云石	2.87	3.5~4	750~800	钠长石	2.61	6~6.5	1100~1250
菱镁矿	2.96	4~4.5	600~650	钙长石	2.76	6~6.5	1290~1340
橄榄石	3.2~3.5	6.5~7	1250~1400	钠沸石	2.24	5~5.5	910~950
绿帘石	3.25~3.4	6.5	950~1000	辉沸石	2.16	3.5~4	800~900
紫苏辉石	3.4~3.9	5~6	1180~1370	丝滑光石	2.15	4~5	600~700
顽火辉石	3.2~3.25	5~6	1400~1450	方沸石	2.25	5.5	880~910
硅灰石	2.91	5~6	1540	堇青石	2.6~2.7	7~7.5	1400~1450

表 13-2 一些常见尾矿组成材料的热膨胀系数

材料名称	不同温度条件下的线膨胀系数 α/℃$^{-1}$							
	-40	-20	0	20	50~100	100~200	200~350	20~900
花岗岩	3.8×10^{-6}	4.7×10^{-6}	6.2×10^{-6}	8.3×10^{-6}	$(6\sim11)\times10^{-6}$	$(10\sim15)\times10^{-6}$	$(13\sim18)\times10^{-6}$	
玄武岩					$(4\sim5)\times10^{-6}$	$(4\sim5)\times10^{-6}$	$(4.5\sim5.5)\times10^{-6}$	
辉绿岩	5.3×10^{-6}	6.2×10^{-6}	6.6×10^{-6}	7.1×10^{-6}	$(6\sim7)\times10^{-6}$	$(6\sim7.5)\times10^{-6}$	$(6.5\sim8)\times10^{-6}$	
正长岩					$(6\sim7)\times10^{-6}$	$(6\sim7.5)\times10^{-6}$	$(6.5\sim8)\times10^{-6}$	
闪长岩					$(6\sim7)\times10^{-6}$	$(6\sim7.5)\times10^{-6}$	$(6.5\sim8)\times10^{-6}$	
安山岩	6.3×10^{-6}	6.8×10^{-6}	7.2×10^{-6}	7.6×10^{-6}				
砂岩	8.2×10^{-6}	9.0×10^{-6}	8.7×10^{-6}	10.4×10^{-6}	$(11\sim15)\times10^{-6}$	$(11.5\sim16)\times10^{-6}$	$(11.5\sim16.5)\times10^{-6}$	
石灰岩	3.8×10^{-6}	4.7×10^{-6}	5.7×10^{-6}	6.5×10^{-6}	$(5\sim8)\times10^{-6}$	$(8\sim12)\times10^{-6}$	$(12\sim15)\times10^{-6}$	
白云岩	5.4×10^{-6}	7.4×10^{-6}	5.7×10^{-6}	6.5×10^{-6}	$(4\sim10)\times10^{-6}$	$(8\sim14)\times10^{-6}$	$(10\sim16)\times10^{-6}$	
石英砂	10.3×10^{-6}	10.7×10^{-6}	11.3×10^{-6}	12.1×10^{-6}	12×10^{-6}	12.5×10^{-6}	13.5×10^{-6}	
磁铁矿								$(9\sim15)\times10^{-6}$
铬铁矿								$(8\sim11)\times10^{-6}$
石榴子石								$(12\sim20)\times10^{-6}$
十字石								$(7\sim10)\times10^{-6}$
符山石								$(10\sim12)\times10^{-6}$
辉石								$(7\sim11)\times10^{-6}$
褐铁矿					$(15\sim20)\times10^{-6}$			
铝矾土					$(15\sim20)\times10^{-6}$			
水镁石					20×10^{-6}			
石膏					25×10^{-6}			
蛇纹石					$(12\sim15)\times10^{-6}$			

根据硅酸盐物理化学理论，复合材料的密度和热膨胀系数均符合加和性法则，即：

$$a = a_1x_1 + a_2x_2 + a_3x_3 + \cdots + a_nx_n \tag{13-1}$$

式中 a_i——各矿物的加和性参数；

x_i——各矿物的质量占比。

因此，尾矿的这些性质，可通过各组成矿物的性质计算得到。

13.1.2 化学性质

尾矿的化学性质是指尾矿参与化学反应的能力或在化学介质中抵抗腐蚀的能力。尾矿建材领域中，主要是指其在碱性的 $Ca(OH)_2$ 溶液中表现出的化学反应活性。常见的尾矿组成矿物在不同温度条件下与含 $Ca(OH)_2$ 材料反应硬化时所表现的化学活性如表 13-3 所示。

表 13-3　尾矿与含 $Ca(OH)_2$ 材料的化学反应活性

尾矿类型	主要组成	不同环境条件下的化学活性（pH=12.5~13）		
		标养（20℃）	蒸养（95~100℃）	蒸压（175~185℃）
镁铁硅酸盐	苦橄岩、橄辉岩	-	-	+
	蛇纹岩、水镁石岩	-	-	/
	磁铁、赤铁、褐铁矿	-	+	+
钙铝硅酸盐	玄武岩	++	++	++
	辉绿岩	+	++	++
	斜长岩、辉长岩、闪长岩	-	+	++
长英岩	花岗岩	-	-	+
	流纹岩、凝灰岩	+	++	++
碱铝硅酸盐	正长岩、霞石岩	-	-	+
	粗面岩、响岩	+	++	++
	沸石岩、珍珠岩	+	++	++
高铝硅酸盐	铝矾土	++	++	++
	烧煤矸石	+	++	++
硅质岩	石英岩、石英砂	-	-	+
	硅藻土、蛋白土、海绵岩	++	++	++

注：++表示高活性；+表示具有活性；-表示不显示活性；/表示不详。

13.1.3　工艺性质

尾矿的工艺性质主要是指其可加工性。尾矿虽然在选矿阶段已经经历了破碎和粉磨的过程，但在用于生产某些建筑材料时，基于细度和调整颗粒级配的要求，可能会存在尾矿的可磨性和易筛性问题。

尾矿的可磨性可以根据尾矿的矿物组成或岩石类型进行判断。磨耗功指数是指理论上将无限大的某一物料粒度磨到80%可通过0.1mm筛孔时所做的功（kW·h/t），若把标准砂的磨耗功指数作为1，那么一些常见矿石的磨耗功指数 W_i 如表13-4所示。对于具体的磨细设备和磨细工艺流程，还需要通过一系列调整系数来校正计算所得的功。

表 13-4　一些常见矿石磨矿平均功指数

岩矿	密度/g·cm^{-3}	功指数/kW·h·t^{-1}	岩矿	密度/g·cm^{-3}	功指数/kW·h·t^{-1}
辉长岩	2.83	20.5	钛矿石	4.01	13.6
辉绿岩	2.87	21.4	钼矿石	2.70	13.6
闪长岩	2.82	23.2	锰矿石	3.53	13.5
安山岩	2.84	20.3	铅矿石	3.35	13.1
玄武岩	2.91	19.0	锌矿石	3.64	12.8
花岗岩	2.66	16.8	金矿石	2.81	16.5

续表 13-4

岩矿	密度/g·cm^{-3}	功指数 /kW·h·t^{-1}	岩矿	密度/g·cm^{-3}	功指数 /kW·h·t^{-1}
正长岩	2.73	14.5	铜矿石	3.02	14.1
片麻岩	2.71	22.4	锡矿石	3.95	12.0
砾岩	2.66	17.9	铅锌矿石	3.36	11.9
砂岩	2.65	28.9	磁铁矿	3.88	11.0
页岩	2.63	17.5	磁黄铁矿	4.04	10.5
石英岩	2.68	10.6	赤铁矿	3.53	14.3
石灰岩	2.66	14.0	镜铁矿	3.28	15.2
铁燧岩	3.54	16.1	菱镁矿	3.06	12.3
石英	2.65	15.0	萤石	3.01	9.8
长石	2.59	11.9	石膏	2.69	7.8
白云石	2.74	12.5	重晶石	4.50	5.3
黏土	2.51	7.0	铁矿渣	2.74	11.3
石英砂	2.67	15.5	水泥熟料	2.15	14.8
铝土矿	2.20	9.8	玻璃	2.58	13.3

根据矿石的磨耗功指数，用下式可计算继续磨细所要消耗的功：

$$W = 10W_i \cdot (P^{-\frac{1}{2}} - F^{-\frac{1}{2}}) \tag{13-2}$$

式中 W——将1短吨（907.18kg）的物料从粒度 F 磨到粒度 P 时所消耗的功，kW·h/短吨；

W_i——磨耗功指数；

F——给矿粒度（80%的给矿通过的筛孔宽），μm；

P——产品粒度（80%的产品通过的筛孔宽），μm。

尾矿的易筛性与尾矿的颗粒分布、颗粒形状、湿度等多种因素有关，其影响系数如表13-5所示。根据尾矿的易筛性影响系数，结合筛分机械与筛分方式，可以用累乘的办法计算筛分效率与筛分能力。

表 13-5 尾矿的易筛性影响系数

影响因素	评价指标	影响系数相对值									
细颗粒影响	粒度小于筛孔之半的颗粒质量分数/%	0	10	20	30	40	50	60	70	80	90
	影响系数 K/%	0.2	0.4	0.6	0.8	1.0	1.2	1.4	1.6	1.8	2.0
细颗粒影响	粒度大于筛孔的颗粒质量分数/%	10	20	25	30	40	50	60	70	80	90
	影响系数 L	0.94	0.97	1.00	1.03	1.09	1.18	1.32	1.55	2.00	2.36
颗粒形状影响	颗粒形状	碎石状						圈球状			
	影响系数 N	1.0						1.25			

续表 13-5

影响因素	评价指标	影响系数相对值			
湿度影响	物料含水情况	干燥状态	湿润状态	黏附状态	粗粒
	影响系数 O	1	0.25~0.75	0.2~0.6	0.9~1

13.2 尾矿制备墙体材料

建筑用砖是最普遍的一种建筑墙体材料，随着我国逐渐禁止黏土实心砖的生产，近年来国内开始利用尾矿代替黏土生产建筑用砖。根据生产工艺是否需要烧结来划分，尾矿建筑用砖可分为烧结砖和免烧砖两种。

13.2.1 尾矿制备烧结砖

烧结砖属于烧结类建材，是以热力为形成动力的高温生成材料。烧结砖对尾矿成分的要求较低，只要尾矿的组成范围符合或者接近产品的设计成分，就可以作为烧结砖的主料或者配料使用。烧结砖能够建成有良好通风功能的倾斜屋面结构建筑，同时具有保温、隔热、隔声、防火等优良性能，十分经济、安全且性价比高。用尾矿替代部分黏土，掺入一定量增塑剂，便可以烧结出普通的尾矿烧结砖。尾矿的掺量不同，相应烧结砖的强度等级也会不同。尾矿制备烧结砖的工艺流程如图 13-1 所示。

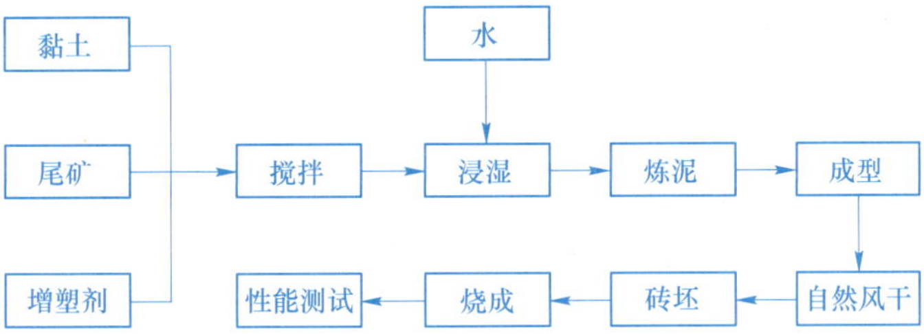

图 13-1 尾矿制备烧结砖的工艺流程

在烧结的过程中，尾矿细颗粒与其他物质通过一系列物理化学反应形成固体，随着温度的升高，部分矿物发生分解、重结晶，形成新相，这些新生成的物相构成了烧结砖的骨架，赋予砖体强度，且烧结过程中产生低共熔物形成液相，将孔隙充塞，使坯体中微孔减少、密度增大、强度提高。冷却后形成的玻璃体将结晶的固体颗粒牢固地胶结在一起，形成致密的砖体。实际生产中可根据尾矿种类和要求，采取不同工艺，制备不同的尾矿烧结砖。以下介绍部分尾矿制备烧结砖的实例。

(1) Guo 以低硅铁尾矿为原料，加入黏土和煤矸石，在铁尾矿掺入量为 35%~50%、烧成温度为 1000℃的条件下，制备了抗压强度、吸水率和容重分别为 21.17~26.14MPa、14.55%~15.47%和 1.648~1.629g/cm^3 的高强度烧结砖。

研究结果表明：铁尾矿中存在的方解石及斜绿泥石在烧结过程中分解，烧结砖的主要晶相为石英、钠长石、角闪石、赤铁矿和少量的白云母，它们构成了烧结砖的主要矿物骨架，对砖的机械强度起作用。当铁尾矿掺量为 35%～50%时，烧结砖微观组织致密，形成了大量的玻璃相并将晶相包裹，使晶相形成坚固的整体，从而提高了砖的强度。

（2）庄孙宁以金矿尾矿为主要原料，黏土为辅助原料制备建筑用烧结砖。最佳的烧制条件为：黏土掺量为 34.09%、烧结温度为 1030℃、保温时间为 105min、成型水分为 24.56%。此条件下，尾矿烧结砖的抗压强度为 22.73MPa，吸水率为 13.52%。

研究结果表明：在烧制过程中，随着温度的升高，坯体中的结合水、结构水及结晶水蒸发；坯料部分矿物发生重结晶，透长石、硫铁矿、蒙脱石和方解石在烧制过程中被分解，形成了新的矿物，即赤铁矿和钙长石。

（3）周伟伦等利用铁尾矿、粉煤灰、废玻璃等为原料制备烧结砖。在最佳烧结温度为 1100℃，铁尾矿、粉煤灰、玻璃配比为 6∶2∶2 的条件下，烧结砖的抗压强度为 12.4MPa，吸水率为 4.6%。

研究结果表明：最佳条件下烧结砖的 Cu、Pb、Zn 重金属浸出浓度均低于标准阈值。当烧结温度从 900℃ 上升到 1200℃，Cu、Pb 和 Zn 的占比均有所上升，孔容积从 $0.019cm^3/g$ 下降到了 $0.001cm^3/g$，平均孔径从 22.1nm 下降到了 9.3nm。在烧结过程中，高岭石相和石英相的特征峰降低，莫来石相的特征峰升高。

13.2.2　尾矿制备免烧砖

尾矿制备免烧砖是以细尾矿为主要原料，配入少量胶凝材料及外加剂，加入适量水进行混合搅拌后模压成型，主要用于工业和民用建筑。此外，也可利用铁尾矿和石灰为主要原料，加入适量外加剂，制成蒸养尾矿砖。尾矿制备免烧砖工艺流程如图 13-2 所示。

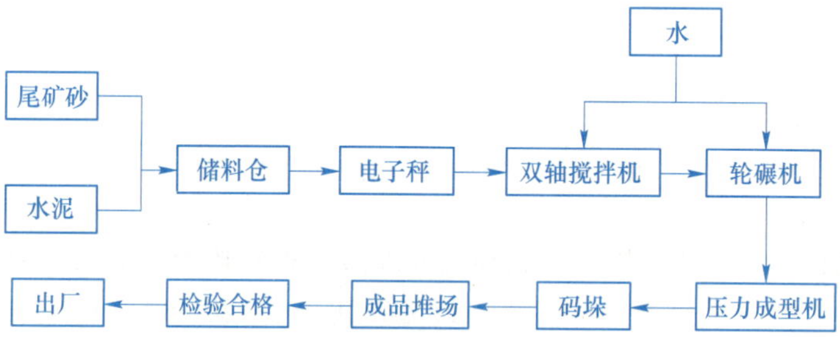

图 13-2　尾矿制备免烧砖的工艺流程

生产过程中，主要使用到搅拌机、轮碾机、压力成型机等设备。一般使用双卧轴强制式搅拌机，水泥和尾矿分别经过计量进入搅拌机。如果尾矿含有水分，可不加水直接搅拌，反之要加入相应量的雾化水，均匀搅拌，达到充分混合、湿润、渗透，形成含水率基本一致的球核，输送到下一级的轮碾机中。混合料经过搅拌之后，颗粒之间彼此亲密接触，再通过轮碾机破坏颗粒表面，使其增加活性，起到活化作用，使这些颗粒新生成的表面发生自由不饱和的化学原子价和结晶格子变形，使颗粒之间易发生固相反应，从而增加物料颗粒的水化深度，提高制品的强度和耐久性。压力成型在所有工序中最为关键，为了保证制品有足够的强度，压制成型的坯体必须密度大、强度高，这种条件下压制的坯体，不用托板直接搬运，之后可进行自然养护、常压蒸汽养护或高压蒸汽养护。

相关研究表明，在用铁尾矿制备免烧砖时，铁尾矿内部存在一种矿物胶体，这种胶体具有比较大的表面能和一定的电性和吸收性，可以在碱性激发剂的作用下通过水化反应生成新的凝聚体，在一定的成型压力下，水泥颗粒可以与矿物得到充分的接触而增强水化反应进而提高试样的强度。而铁尾矿中含有大量的石英，其与水泥的作用效果仅次于石灰石和白云石，可以通过紧密的接触而增加水化反应的程度进而提高强度。目前大多数的研究主要集中在尾矿的掺量、配比、成型工艺、养护制度等因素对砖的抗压强度、耐久性等的影响，基本已经达到了生产的目的和规模化。此外，也有利用铜尾矿和其他尾矿制备免烧砖的研究和应用。以下介绍部分尾矿制备免烧砖的实例。

（1）赵阳以鞍山式高硅铁尾矿为原料制备出孔隙率低、结构致密的耐盐碱建筑用免烧砖。

研究结果表明：随着铁尾矿用量的不断增加，水和强碱溶液条件下，免烧砖的抗压强度和抗折强度不断降低。在铁尾矿的掺入量达到70%时，免烧砖的耐硫酸盐和耐强碱侵蚀性能最好。出现大量相互交织、紧密结合的短柱状钙矾石晶体和网络状 C-S-H 凝胶。物理振动形成免烧砖的强度基础，水泥水化作用是免烧砖强度的主要来源。

（2）冯启明等以铜尾矿为主要原料、水泥和石灰为激发剂、混凝土发泡剂和废弃聚苯泡沫粒为预孔剂制备免烧砖。

研究结果表明：在自然养护条件下，向 500g 原料中加入 0.1g 发泡剂，免烧砖的密度、吸水率和强度均随着水泥的增加与石灰的减少而增大，当尾矿：水泥：石灰为 350：125：25 时，强度最大，为 10.4MPa；而蒸养条件下，密度则会随之减小，强度整体小于自然养护条件；在 525g 原料中加入 EPS 泡沫粒 2g，试样密度随着水泥的增加与石灰用量的减少先增大后减小，吸水率则先减小后增大，但是抗压强度则随着水泥用量的增加而增大，当尾矿用量为原材料总量的 70%与 80%时，制品的密度分别为页岩实心砖的 2/3 和普通混凝土的 1/2，抗压强度分别为 10.4MPa 和 3.6MPa。

13.3 尾矿制备陶瓷材料

陶瓷是利用天然或合成化合物经成型和高温烧结所制成的一类无机非金属材料，具有高熔点、高硬度、高耐磨性、耐氧化等优良性能，可作为结构和功能材料使用。以尾矿为主要原料生产的釉面墙地砖、釉面陶瓷锦砖、无釉铺地红砖、卫生陶瓷制品、陶瓷输水管道等，统称为尾矿建筑陶瓷。

13.3.1 陶瓷分类及性能指标

根据坯体的化学组成，陶瓷可分为钙质陶瓷和镁质陶瓷。对于尾矿建筑陶瓷而言，多数属于钙镁质陶瓷。按照助熔剂的不同，又可分为石灰质陶瓷、长石质陶瓷、滑石质陶瓷、透辉石质陶瓷、硅灰石质陶瓷等。按照坯体的烧结成熟度，还可以分为瓷质、炻质、陶质等类型。各类型陶瓷建材的用途及技术要求如表 13-6 所示。

表 13-6 各类陶瓷建材的用途及性能比较

项目	瓷质			炻质			陶质		
		室外	室内		室外	室内		室外	室内
适合用途	地板	++	++	地板	+	++	地板	−	−
	墙面	++	++	墙面	++	++	墙面	−	++
	冰冻地区	++	++	冰冻地区	+	++	冰冻地区	−	+
莫氏硬度	7~9			6~7			3~7		
弯曲强度/MPa	≥40			≥24.4			≥16		
抗磨性（落砂磨损试验）	微量（0~0.03g）			小量（0.03~0.10g）			轻微减少（≤0.02g）		
抗冲击性（钢球下落冲击试验）	很高			高			低		
吸水率/%	≤0.2			≤10			≤21		
坯釉抗冻性（冰冻试验）	无裂纹、脱落及其他损伤						开始裂		
抗急冷急热性（热稳定试验）	无碎裂崩解及其他损伤						开始裂		
抗化学腐蚀性（5%的HCl、H_2SO_4、KOH溶液浸泡试验）	无变化						开始变化		

13.3.2 陶瓷原料及制备工艺流程

目前，工业上生产建筑陶瓷，一般将原料分为以下三部分：

（1）塑性原料。塑性原料主要是黏土。黏土不仅具有良好的可塑性，便于坯体的成型，而且高温脱水后，可形成一种活性程度很高的不定型物质，温度再升高时，可结晶为一种化学性质和热性质均非常稳定的矿物——莫来石。

对于成型而言，任何具有胶结能力的材料都可以担任提高物料可塑性的角色，而对于烧结而言，不仅仅是莫来石，任何其他相变不严重的矿物或化合物，均可以赋予制品一定的强度、化学及热稳定性。因此，在尾矿制备建筑陶瓷时，塑性原料是指具有可塑性的原料。

（2）瘠性原料。加入瘠性原料的目的主要是降低坯体的干燥收缩和变形，加速干燥，防止制品开裂，工业上常采用石英。除石英外，许多尾矿中的无水硅酸盐矿物以及一些冶金废渣也具有瘠性特点。

（3）熔剂原料。熔剂原料又称助熔剂，加入的目的是提高烧成温度下的液相生成量，以增加制品的密实度和强度，或在保证制品烧成的情况下，降低烧成温度，缩短烧成时间。在陶瓷生产中，降低烧成温度的途径有两种：一是引入低熔点矿物；二是通过固相反应生成低共熔矿物。

在 SiO_2 和 Al_2O_3 的坯料体系中，引入富含 K_2O、Na_2O、CaO、MgO 的矿物，如长石、霞石、沸石、石灰石等，均具有助熔效果。

比较发现，组成尾矿的常见造岩矿物，大都具备作为陶瓷坯体瘠性原料或熔剂原料的基础条件。

尾矿制备建筑陶瓷的工艺流程如图 13-3 所示。

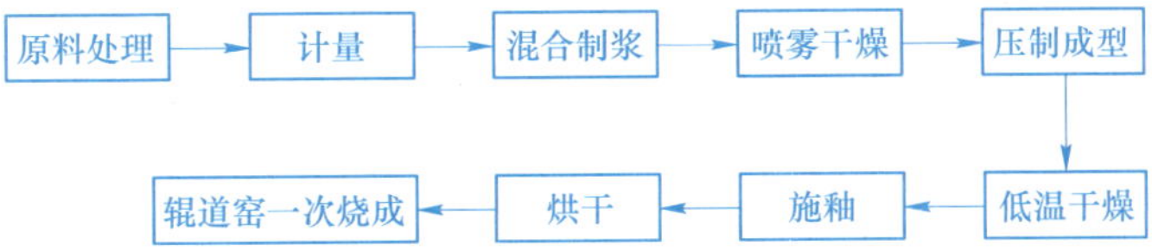

图 13-3　尾矿制备陶瓷材料工艺流程

13.3.3　坯体化学成分

陶瓷对坯体的化学成分和矿物成分范围要求较为宽松，只要满足成型条件，任何组成系统均有形成陶瓷的可能性。一般要求原料系统应具有加工能耗低、坏体强度高、烧成速度快、产品性能符合某一用途要求等基本条件。针对不同类型的陶瓷产品，需要进行合理的成分设计。

通常，陶瓷坯体的化学成分多以坯式表示。坯式是以坯体中各氧化物的分子数，按碱性氧化物（R_2O、RO）、中性氧化物（R_2O_3）、酸性氧化物（RO_2）的顺序排列，并令中性氧化物的分子数为 1，按式（13-3）书写：

$$\left.\begin{matrix} x\ R_2O \\ y\ RO \end{matrix}\right\} 1\ R_2O_3 \quad z\ SiO_2 \tag{13-3}$$

根据坯式，常见建筑陶瓷材料的成分大体变化于如式（13-4）~式（13-6）所示的范围。将坯式中各氧化物的分子数乘以其分子量，即得各氧化物的重量，再分别除以其总重量，即可换算为坯体的化学组成比例。

13.3.3.1　瓷质墙地砖

$$(0.4 \sim 0.5) \left.\begin{matrix} R_2O \\ RO \end{matrix}\right\} 1\ R_2O_3 \quad (5.5 \sim 8.3)SiO_2 \tag{13-4}$$

用于生产瓷质墙地砖或玻化地砖等致密化的材料，仍以 SiO_2-Al_2O_3-R_2O 系统为主，原因是这一系统在烧成过程中，液相生成量大，易于烧结。长英岩型尾矿和碱性硅酸盐型尾矿与高铝硅酸盐型尾矿组合，可构成这一成分系统。但由于该系统烧成收缩率较大，产品易变形，所以目前研发成功的尾矿产品，多为块型较小的锦砖类。

13.3.3.2　炻质墙地砖

$$(0.2 \sim 0.6) \left.\begin{matrix} R_2O \\ RO \end{matrix}\right\} 1\ R_2O_3 \quad (2.0 \sim 5.1)SiO_2 \tag{13-5}$$

对于作外墙及室外铺地用的炻质釉面砖，其化学成分的适用范围更加宽阔。无论是长石质还是石灰质配方，只要适当提高烧成温度，均可制得炻质陶瓷。只是由于这类产品的烧成收缩率比陶质产品高，应特别注意釉的适应性问题。一般情况下，当采用一次烧成炻质陶瓷时，对釉的基本要求有三点：首先，釉的烧成成熟温度应接近坯的烧成温度而略偏低；其次，釉的热膨胀系数应接近于坯的热膨胀系数并略小一些；最后，表面张力也应低于坯-釉之间的界面结合力。

13.3.3.3　精陶质釉面墙地砖

$$(0.2 \sim 1.0) \left.\begin{matrix} R_2O \\ RO \end{matrix}\right\} 1\ R_2O_3 \quad (2.0 \sim 8.5)SiO_2 \tag{13-6}$$

用于建筑物内墙装饰的釉面砖及卫生陶瓷，由于对吸水率要求不是十分严格，因此多采用精陶配方。按照坯体内的助熔氧化物是以碱金属氧化物为主，还是以碱土金属氧化物为主，常将这类陶质建材制品分为两个基本类型，前者统称为长石质精陶，后者统称为石灰质精陶。目前，国内外比较成功的精陶产品多属于石灰质精陶制品。

近几年来，石灰质陶瓷的 CaO 和 MgO 引入倾向于使用硅灰石、透辉石、煅烧滑石、煅烧叶蜡石等无水、无挥发分的高钙、镁矿物。与石灰石和白云石相比，这类矿物的干燥收缩和烧成收缩率小，无气体外逸，热膨胀系数低且随温度的变化呈直线关系，因此，适合于低温快速烧成。

对比上述陶瓷工业原料及坯体配方可知，长英岩型尾矿、碱性硅酸盐型尾矿无论在化学组成上还是矿物组成上，均比较容易满足瓷质、长石质炻质与陶质坯料的要求，可用作这类建筑陶瓷的瘠性和助熔原料；高铝硅酸盐型尾矿比较符合黏土质坏料配方，也可以作为塑性原料，用于配制其他类型的坯料；钙铝硅酸盐型尾矿与石灰质以及长石——石灰质坯料的成分比较近似；高钙、高镁的硅酸盐型尾矿可作为良好的低温快烧陶瓷原料。

由于尾矿中往往存在 Ti、Fe、Cu、Co、Cr 等有色金属元素，用此配制的陶瓷坯体往往不是白色的，而是呈现不同的色彩。当用作生产白色或彩色釉面砖时，须用化装土或乳浊釉遮盖。

13.3.4 尾矿制备陶瓷材料实例

以下介绍部分尾矿制备陶瓷材料的实例。

（1）杨洁等以锂辉石尾矿为主要原料、黏土类矿物为黏结剂，通过湿法注模成型、常压烧结制备了建筑装饰陶瓷材料。

研究结果表明：最佳黏结剂为高岭土，最适宜投加量为15%；烧结温度约为1200℃时可基本实现陶瓷材料的致密化，此时其抗折强度约为 17.51MPa，抗压强度约为49.17MPa，吸水率<3%，体积密度>1.5g/cm^3。高温条件下，颗粒间传质作用增强，玻璃相出现，进而相互黏结并填充大量空隙，这对成型和提高强度有重要作用。

（2）王秀兰等以钼尾矿为主要原料、黏土和石英为辅助原料，制备出了建筑陶瓷砖。

研究结果表明：采用压制成型法，在烧成温度 1165℃、保温时间 120min 条件下，可制备出抗折强度为46.85MPa、吸水率为0.43%、体积密度为2.23g/cm^3 的高性能陶瓷砖。

（3）苏青等以锡矿尾砂为主要原料制备陶瓷砖。

研究结果表明：在成型压力为50kN，保温时间为40min，锡尾砂掺比为40%，烧结温度为1240℃的条件下，可制备出吸水率小于0.5%、破坏强度（根据 GB/T 3810.4—2016可知，陶瓷砖的破坏强度是指破坏荷载乘以两根支撑棒之间的跨距与试样宽度的比值而得出的力，单位为N）达到3000N 的陶瓷砖。通过分析陶瓷砖的形貌，观察到存在莫来石针状和叶状晶体，说明陶瓷砖内部出现了晶相的转变。

13.4 尾矿制备陶粒

陶粒是一种具有一定强度的规则球体或不规则的陶制颗粒，粒径大于或等于5mm 时，称作陶粒；小于5mm 时称作陶砂。陶粒表面有一层坚硬的外壳，内部多孔，具有良好的物理、化学和水力特性，强度高、密度小、比表面积大、孔隙率高、吸附截污能力强、化学和热稳定性好，耐酸耐热，隔水保气，保温隔热。陶粒被广泛应用于建材、园艺、食品饮料、耐火保温材料、化工、石油等部门。

13.4.1 陶粒分类及相关指标

按照粒形，陶粒可分为碎石形、球形、圆柱形；按照用途，陶粒可分为保温用超轻陶粒、一般用途普通陶粒、结构用高强陶粒；按照功能，陶粒可分为隔声吸音陶粒、滤料陶粒、装饰陶粒、绿化工程陶粒；按照原材料，陶粒分为黏土陶粒、页岩陶粒、粉煤灰陶粒。现在工业生产中也采用了大量的工业废弃物作为陶粒的原料，充分利用工业固体废弃物成为发展焙烧陶粒的重要方向。

根据物理化学性质与功能的不同，陶粒可分为人造粗集料、超轻陶粒、高强陶粒、水处理用滤料以及石油压裂支撑剂陶粒。各类陶粒产品的相关指标要求如表 13-7 和表 13-8 所示。人造粗集料要求较小的密度同时兼顾强度与吸水率；超轻陶粒倾向于更低的密度，堆积密度要求≤500kg/m^3；高强陶粒要求更高的强度，强度标号不得小于 25；水处理用滤料要求更高的比表面积与孔隙率；石油压裂支撑剂陶粒要求极高的抗压强度。

表 13-7 主要陶粒产品的相关指标要求

分类			粒径/mm	堆积密度/kg·m^{-3}	1h 吸水率/%	筒压强度/MPa	空隙率/%	其他重要标准	标准编号
水处理陶粒			0.5~0.9			≥8	≥40	破碎率与磨损率之和≤6% 盐酸可溶率≤2% 比表面积≥5000cm^2/g	CJ/T 299—2008 QB/T 4383—2012
超轻陶粒	一等品合格品	200 级	5~10 5~20	≤200	≤30	≥0.2	>43 ≤47	硫酸盐（按 SO_3 计量）<0.5% 含泥量<2.0%	JC 487—92 GB/T 17431.1—2010
		300 级		>200，≤300	≤25	≥0.5			
		400 级		>300，≤400	≤20	≥1.0			
		500 级		>400，≤500	≤15	≥1.5			
	优等品	200 级		≤200	≤30	≥0.3	≤43		
		300 级		>200，≤300	≤25	≥0.7			
		400 级		>300，≤400	≤20	≥1.3			
		500 级		>400，≤500	≤15	≥2.0			
人造陶粒轻集料		600 级	5~25	>500，≤600	≤10	≥2.0		平均粒型系数≤2.0	GB/T 17431.1—2010
		700 级		>600，≤700		≥3.0			
		800 级		>700，≤800		≥4.0			
		900 级		>800，≤900		≥5.0			
高强陶粒粗集料		600 级	5~25	>500，≤600	≤10	≥4.0			
		700 级		>600，≤700		≥5.0			
		800 级		>700，≤800		≥6.0			

表 13-8 陶粒压裂支撑剂抗压强度要求

粒径规格/μm	体积密度/视密度 /g·cm^{-3}	闭合压力/MPa	破碎室受力/kN	破碎率/%
3350~1700（6/12 目） 2360~1180（8/16 目） 1700~1000（12/18 目） 1700~850（12/20 目）		52	105	≤25.0
1180~850（16/20 目） 1180~600（16/30 目）		69	140	≤20.0
850~425（20/40 目） 600~300（30/50 目）	≤1.65/≤3.00	52	105	≤9.0
		69	140	≤10.0
	≤1.80/≤3.35	52	105	≤5.0
		69	140	≤7.0
		86	174	≤10.0
	>1.80/>3.35	69	140	≤5.0
		86	174	≤9.0
425~250（40/60 目） 425~212（40/70 目） 212~106（70/140 目）		86	174	≤10.0

13.4.2 陶粒原料

陶粒制备应当实现以下几点：原料有适当而均匀的成分，足够的细度，符合标准的成球，为生球营造环境以产出成品陶粒。陶粒原料可分为成陶基体与外加剂两部分，如表 13-9 所示。

表 13-9 陶粒的主要原料及功能

类型		主要原料	功能
成陶基体		黏土、页岩、粉煤灰、煤矸石、污泥、赤泥等	陶粒的主要组成部分，形成陶粒主体，是陶粒硬度的主要来源
外加剂	助熔剂	长石、石灰石、铁类氧化物等	参与固相反应，降低液态产生的温度
	发泡物质（免烧陶粒的引气剂）	SiC、煤矸石、石灰石、有机物等	在焙烧或养护过程中持续均匀地产生气体
	黏结剂	黏土、膨润土等	增加颗粒之间的黏结能力，增强柔韧性，使原料更容易成球
	胶凝剂	水泥、菱镁矿等	黏结原料的固体粉末颗粒，并在初始时保持一定的塑形，养护过程逐渐凝固，增加陶粒强度
	激发剂	石灰、石膏等	提高活性原料或者胶凝材料的活性与胶凝性，降低胶凝材料的用量

成陶基体是陶粒原料的主要组成成分，主要成分为 SiO_2 与 Al_2O_3。成陶基体主要由黏土或页岩制得，这会对日益匮乏的黏土资源造成巨大的压力。因此成陶基体便由早期的黏土、页岩等不可再生资源逐渐向固体废弃物方向发展，尾矿与废石便在其列。在生产陶粒、陶砂时，某些可膨胀性黏土质尾矿，如某些煤矸石便可被利用。外加剂由于功能的不同，可分为助熔剂、发泡物质（引气剂）、胶凝剂、激发剂。

对于制作陶粒的黏土质尾矿，须具备如下条件：

（1）物质结构上，要求组成矿物应当颗粒细小、分布均匀。

（2）矿物成分上，以水云母质或水云母-蒙脱石质为最好，石英含量应尽量低。

（3）物理性质上，要求能在 1050～1200℃ 范围内具有良好的膨胀性，膨胀率不小于 200%，熔融温度不高于 1300℃，软化温度范围不小于 70℃，烧炸率较低。

（4）在化学成分上应符合表 13-10 和表 13-11 所示的范围。

表 13-10　陶粒用尾矿的允许化学成分（质量分数）范围

氧化物	SiO_2	Al_2O_3	Fe_2O_3	CaO+MgO	K_2O+Na_2O	烧失
范围/%	50～70	10～20	5～10	3～8	1.5～5	5～10

表 13-11　陶粒用尾矿各氧化物的比值范围

氧化物比	比值范围
Al_2O_3/SiO_2	1∶2～1∶8
$(CaO+MgO)/(Al_2O_3+SiO_2)$	0.04～0.13
$(K_2O+Na_2O)/(Al_2O_3+SiO_2)$	0.02～0.06
$Fe_2O_3/(Al_2O_3+SiO_2)$	0.04～0.12
有机质 C/Fe_2O_3	0.04～0.20
$(Al_2O_3+SiO_2)/Fe_2O_3+RO+R_2O$	3.5～10

13.4.3　制备原理与工艺

13.4.3.1　制备原理

陶粒制备的原理是在不同条件下，陶粒生球会表现出不同的物理与化学行为，使得陶粒形成特殊的结构，达到所需要的功能。根据制备工艺的不同，陶粒可被细分为烧结陶粒、膨胀陶粒、烧结陶粒滤料、免烧陶粒、免烧陶粒滤料五类。

（1）膨胀陶粒的主要特征是膨胀系数高，表面被釉质壳层包裹，密度小、硬度高。制备原理是高温下产生均匀气体，并产生具有一定黏度的液相，液相包裹生成的气体生成气泡，冷却后液相凝固为固体形成蜂窝状多孔结构。

（2）烧结陶粒的主要特征是无膨胀或负膨胀，密度高、硬度高。制备原理是高温下生球发生固相反应，体积收缩，生成玻璃相、莫来石相等，冷却后硬度极高。

（3）烧结陶粒滤料的主要特征是表面粗糙多孔，比表面积大。制备原理是焙烧过程中产生均匀气体，生球内产生少量液相，不足以包裹生成的气体，气体冲击或逸出，料球中形成大量相互贯通的孔隙，使陶粒形成多孔结构，具备吸附性。

(4) 免烧陶粒的主要特征是具有一定的硬度与膨胀性，密度比膨胀陶粒高。制备原理是在养护阶段引气剂产生气体，胶凝基体包裹产生的气体使得陶粒膨胀，胶凝基体凝结和硬化使得陶粒具有一定强度。

(5) 免烧陶粒滤料的主要特征是表面粗糙多孔，比表面积大，但较烧结陶粒滤料低。制备原理是添加膨胀珍珠岩等具有孔状结构的原料，养护后表面形成大量微孔。

13.4.3.2　烧结陶粒工艺

调节陶粒原料成分至设定成分并加入辅料，经破碎→混料→造球→干燥→烧结→冷却，产出陶粒成品。常见烧结陶粒工艺流程如图 13-4 所示。

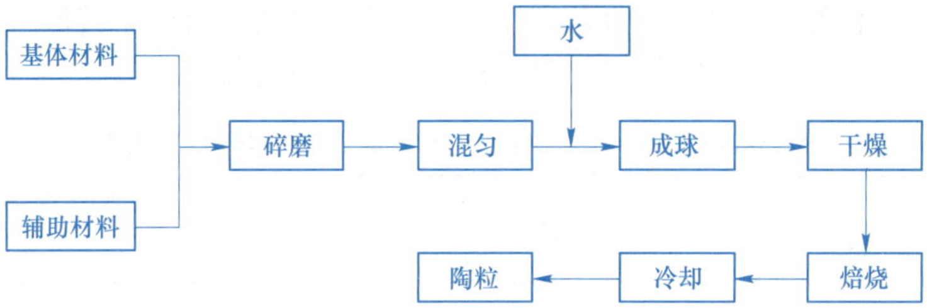

图 13-4　烧结陶粒基本工艺流程

通过烧结陶粒工艺制备陶粒，可以由成分、烧结温度与时间的不同，产出两种性质差异较大的陶粒产品。在焙烧温度较低（一般为 950~1100℃）、焙烧时间较短时产出的陶粒表面粗糙，有很多细微气孔，比表面积大，膨胀系数小，密度偏高，硬度一般，具有很好的吸附性；在焙烧温度较高（一般大于 1100℃）、焙烧时间长时产出的陶粒表面由一层釉质层包裹，具有很高的硬度，内部呈多孔蜂窝状，膨胀系数大，密度小，物理化学性质稳定，具有很好的隔绝性能，是一种极佳的轻质骨料。

13.4.3.3　免烧陶粒工艺

原料、辅料与胶凝材料经破碎、磨矿、混匀后造球成型，再经养护后即可得到成品免烧陶粒。常见免烧陶粒工艺流程如图 13-5 所示。

与烧结陶粒工艺相比，免烧陶粒没有焙烧流程，取而代之的是养护流程，对能源的消耗会大大减少。免烧陶粒在养护的过程中会产生气泡并发生凝结，使免烧陶粒强度增加、体积膨胀。但由于膨胀机制的不同，免烧陶粒的强度与膨胀系数现阶段仍劣于烧结陶粒，并且原料成本相对较高。

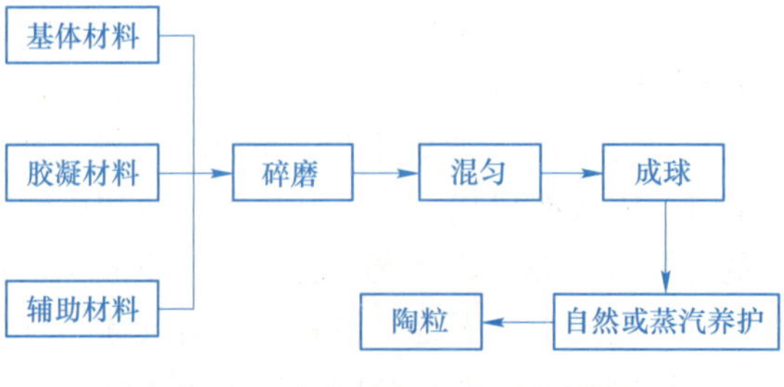

图 13-5　免烧陶粒基本工艺流程

13.4.3.4 尾矿陶粒工艺

尾矿陶粒的生产工艺流程可参照普通陶粒。对于呈团块状的矸石，可直接破碎成0.5~1.2cm 的颗粒，制成料粒，生产普通型陶粒。对于呈粉末状或泥状的尾矿，则应先制成料球，生产圆球型陶粒。对于水分含量少的尾矿，可采用挤压成球机、成球滚筒、成球盘成球。对于泥浆状的尾矿，可采用喷雾法成球。料粒或料球的最佳尺寸应根据设计产品的级配要求与膨胀试验所得到的平均膨胀率，事先推算。

制备好的料粒与料球，被送入干燥器进行干燥，排除裂隙水，控制成型含水率并使料球获得必要的强度。然后将其入炉焙烧。

焙烧过程应采用两个阶段，首先以较慢的速度进行预热，达到 200~300℃，以防止突然进入高温带引起炸裂。然后迅速将其投入高温烧成带进行烧胀，在高温带停留 40~60s 后进入冷却带。焙烧设备可采用回转窑、立波尔窑、压差炉、冲天炉等。但现在多用烧制陶粒的专用设备——喷射炉进行焙烧。

烘干后的料粒或料球入炉以后，被上升的气流携带上扬，碰到炉壁后开始下降，后又被再次扬起，在此过程中被烧胀。大约 40s 后，停止燃料供应，打开中间闸板，卸出陶粒，再进入下一个循环。为了使陶粒的强度继续提高，可在窑后再加一台冷却机。

13.4.4 尾矿制备陶粒实例

以下介绍部分尾矿制备陶粒的实例。

（1）吴俊权等以铁尾矿为原料、粉煤灰为成分校正剂制备高强轻质陶粒。

研究结果表明：在料球中 Al_2O_3 含量为 17%，以 10℃/min 的速度升温至 1000℃，再以 25℃/min 的速度升温至 1210℃，保温 30min，所制备陶粒堆积密度为 888.20kg/m^3，表观密度为 1907.14kg/m^3，筒压强度为 8.34MPa，1h 吸水率为 5.04%，满足国标 GB/T 17431.1—2010 中规定的 900 级轻质高强陶粒性能要求。

（2）徐晶等以赣南足洞离子型稀土尾矿为主要原料制备多孔免烧陶粒。

研究结果表明：用该离子型稀土尾矿制备多孔免烧陶粒的适宜固体原料配方为稀土尾矿占 76%、水泥占 10%、生石灰占 8%、石膏占 4%、铝粉占 2%。按此配方制备的陶粒吸水率为 30.28%、显气孔率为 49.96%、真密度为 1.65g/cm^3、抗压强度为 3.17MPa，且含泥量、盐酸可溶率和孔隙率均符合有关标准要求，可用作水处理滤料。陶粒内部孔隙发达，颗粒表面有水化硅酸钙生成。

13.5 尾矿制备混凝土原料

尾矿制备混凝土已成为实现尾矿资源综合回收利用的一条上佳途径。不同类型尾矿用于制备混凝土粗细骨料、胶凝材料等的研究非常广泛。尾矿部分代替混凝土材料时，其微粉二次水化作用发挥的“火山灰效应”与“微集料效应”是尾矿混凝土强度高于普通混凝土的主要原因。尾矿因颗粒小，作为混凝土细集料应用范围有限，而作为微粉充填材料或替代凝胶材料潜力巨大。尾矿混凝土可发挥细粒尾矿的棱角性及亲水性特征，用于增加混凝土黏性，便于制备合成骨料或隧道喷射混凝土。尾矿制备混凝土可极大缓解建材短缺和尾矿堆放造成的环境问题，为未来尾矿替代天然建筑材料和制备绿色建材发展提供了新思路。

13.5.1 混凝土粗骨料

尾矿混凝土是将细骨料尾矿混凝土中的天然粗骨料替换为尾矿所制备的高性能混凝土。对于合成粗骨料而言，尾矿合成骨料易吸收空隙中的自由水，使水胶比减小，导致添加了尾矿复合骨料的混凝土早期强度与弹性模量比普通混凝土高。水胶比是影响混凝土强度的主要因素。应用合成粗骨料拌制混凝土时，在适合的水胶比条件下，需对骨料进行浸泡处理，减小骨料吸水性对混凝土性能的影响。

尾矿用于替代混凝土粗骨料具有以下特点：

（1）尾矿粗骨料具有风化表面与内部损伤，符合混凝土粗骨料规范要求，但尾矿混凝土抗压强度与骨料界面过渡区硬度低于天然粗骨料混凝土，控制粒径可提升混凝土质量。

（2）尾矿合成骨料与天然卵石相比，整体粒径偏小，级配较为集中，含有较多空隙，强度较低，吸水性强于天然骨料。

（3）水胶比决定了混凝土的强度，当水胶比较小，凝胶材料强度大于尾矿粉球强度时，混凝土破坏方式为骨料断裂。反之，破坏方式为骨料界面剥离。

以下介绍部分尾矿用作混凝土粗骨料的实例。

（1）王威以铁尾矿和废石为主要原料制备了 C80 级高性能混凝土。

通过研究得出，铁尾矿-废石与机制碎石外形相似，岩性一般为中强风化花岗岩，而且在开采过程中会受到机械损伤。因此，其强度低，所配制的混凝土在进行力学测试时，弹性模量较小且易发生骨料劈裂破坏。

由于铁尾矿-废石骨料混凝土的界面过渡区的范围较天然砂石骨料的大，且铁尾矿-废石骨料混凝土界面过渡区显微硬度较天然砂石骨料混凝土的小，使得铁尾矿-废石骨料混凝土强度低于天然砂石混凝土。为防止尾矿混凝土受压发生骨料劈裂破坏，合理选择尾矿粗骨料粒径成为控制尾矿混凝土质量的重要因素。

（2）王宇琨以低活性的尾矿粉人工合成尾矿球并用于混凝土粗骨料，制备新型混凝土。

研究结果表明：与天然骨料相比，尾矿球本身强度较低，为 40MPa 左右，密度略大，吸水率较高，由于采用离心滚动工艺制成，因此多为球形且粒径较集中，空隙率较高。

水胶比是影响混凝土强度的主要因素，尾矿球混凝土的骨料与水泥石的“微观界面过渡区”范围在 30μm 以下，并且随着水胶比降低，结合面处的界面微裂缝消失，过渡区变得不明显，骨料与水泥基体成为一个整体。

13.5.2 混凝土细骨料

尾矿因含有大量的 SiO_2，故其性质与天然砂相似。尾矿颗粒由于表面粗糙、棱角较多，颗粒之间摩擦咬合力大，尾矿掺量越高则混凝土流动性越低。较小的细度模数与较大的比表面积增加了拌合过程中的需水量，细度模数越小坍落度越低。但尾矿颗粒棱角使得颗粒之间的接触点更多，体积稳定性更好，形成的微观骨架作用可以抑制混凝土的干燥收缩。

与普通混凝土相比，尾矿细骨料混凝土具有以下特点：

（1）尾矿混凝土的孔隙结构更为致密，较多的无害孔会吸收更多的水分并延缓水分释放，减小尾矿混凝土的干燥收缩，二次水化与细颗粒充填产生致密的结构，使其吸水率比普通混凝土低。

（2）在合理掺量下的尾矿混凝土，抗压强度与劈裂强度均有显著提高，均高于普通混凝土。合理控制尾矿的掺量可以提高混凝土密实度与强度，与钢筋的黏结力、耐久性、抗渗能力也优于普通混凝土。

（3）尾矿掺入量过多时，其颗粒强度小于石英砂会导致混凝土强度明显下降，颗粒棱角分明增大了颗粒之间的摩擦，导致泵送混凝土困难，但有利于钢筋黏结。

（4）在适当掺量的条件下，尾矿作为细骨料替代天然砂，致密的尾矿混凝土强度、抗冻性、抗碳化能力均高于普通混凝土。但是，尾矿细骨料混凝土的高温性能仍有待深入研究。

以下介绍部分尾矿用作混凝土细骨料的实例。

（1）Salman Siddique 等利用钼尾矿制备水泥砂浆。

研究结果表明：在掺入10%的钼尾矿的条件下，可有效降低水泥砂浆的吸水率和总空隙率，提高水泥砂浆的抗压强度及抗折强度，从而提高水泥砂浆耐久度。采用级配好、颗粒圆的尾矿也可以进一步提高混凝土的性能。同时，细颗粒尾矿粗糙表面纹理与颗粒棱角也提高了水泥-骨料界面黏结强度，使得混凝土强度得到提升。

（2）唐可等以铁尾矿为混凝土细集料，分析了其对水泥混凝土的和易性、力学性能及耐久性的影响。

研究结果表明：当铁尾矿的掺入量为25%~50%时，会对混凝土和易性、力学性能产生有利影响；随着铁尾矿掺入量的进一步增大，混凝土的稠度升高、和易性下降。铁尾矿掺入量为50%的混凝土抗压强度及抗弯强度分别可提高7%和9%。尾矿具有的粗糙表面与较小的粒径使得吸水率增加，因此，新拌尾矿混凝土具有更强的黏结性与保水性，使得集料与水泥浆体之间结合更为紧密，抗拉强度进一步提升。含有铁尾矿的混凝土的质量变化明显小于普通试件；铁尾矿掺入量为75%的混凝土质量变化幅度最小，说明铁尾矿可提高混凝土密实性，减少水分及硫酸盐的侵入，抑制混凝土结构的破坏。

13.5.3 水泥凝胶材料

活性掺合料在制备混凝土过程中能够发挥“活性效应”和“微集料效应”，在提高混凝土密实度、抗渗性和耐久性等方面具有显著作用，可减少水泥凝胶材料用量，降低混凝土生产成本。尾矿一般富含 SiO_2 和 Al_2O_3，并含少量的 CaO，化学成分中含有 Si 与 Al 元素的化合物总量可达70%（质量分数）以上，可以作为活性掺合料或碱激发凝胶材料部分替代硅酸盐水泥。

“火山灰效应”与“微集料充填效应”是尾矿混凝土强度增长的主要因素，使混凝土拥有较高的强度和更为致密的微观结构。

“火山灰效应”是尾矿的活性矿物成分在水化反应过程中与水泥经初次水化产生的大量 $Ca(OH)_2$ 发生二次水化，反应生成大量 C-S-H 或 C-S-A-H 凝胶网络，C-S-H 凝胶形成了絮状胶团密实结构。而凝胶网络分散包覆在骨料周围的结构形式，使得混凝土微观结构更为致密，浆体-骨料界面强度大幅提升。尾矿颗粒本身的水化活性并不强，但其经过二段或三段研磨选矿工艺研磨后，比表面积大幅增加，改善了尾矿粉体颗粒的水化活性，在混凝土中促进水泥水化产物二次水化。

“微集料充填效应”是尾矿中不参与水化反应的细颗粒，在混凝土中充填水泥颗粒与骨料之间的空隙，使颗粒体系分布更加均匀，混凝土的微观结构更为致密，混凝土内部孔隙更小。一般情况下，尾矿粉掺量的质量分数在 30%以下时，混凝土的抗侵蚀渗透能力、抗冻融能力、抗压强度、抗碳化能力等均高于一般混凝土。总体而言，由于尾矿活性效应大于“微集料充填效应”，过多掺入尾矿粉会降低 C-S-H 凝胶生成量，使得凝胶网络分布不均匀，并呈现纤维状形态，从而导致混凝土力学性能、抗渗性能、耐久性下降。

相关研究表明，尾矿替代凝胶材料具有以下特点：

（1）尾矿颗粒表面粗糙的层状结构吸水性强，导致混凝土中自由水包覆在尾矿颗粒表面引起自由水减少，相当于减小了水灰比，提高了混凝土强度。对于活性较小的尾矿掺合料来说，较小的颗粒可以通过微充填作用改善混凝土的性能。

（2）当尾矿粉掺量过多时，“水泥稀释效应”强于颗粒“充填效应”，混凝土抗压强度会呈现一定程度的下降，活性较低的尾矿粉均会导致混凝土的凝结时间增加，但合理掺加尾矿掺合料，利用尾矿的吸水性可以缩短混凝土的初凝时间，加速凝结硬化过程。

（3）尾矿经过多段研磨可以提高水化活性，但单掺尾矿活性不及粉煤灰。尾矿细粉与粉煤灰、矿渣等固体废料混合后制成的“双掺或三掺”复合掺合料效果优于粉煤灰单掺合料，可作为性能稳定的混凝土掺合料。

（4）尾矿碱激发凝胶材料性能可替代低中强度水泥制备混凝土，其凝结速度较快，微观结构更为致密，强度影响因素主要在于硅、铝原料含量与碱激发剂催化效果。

以下介绍部分尾矿替代水泥凝胶的实例。

（1）焦向科等以富含 Si、Al 的尾矿作为硅铝原料（基质），以硅灰和钙质掺和料（矿渣和钢渣）作为辅助材料，在低温煅烧条件下制备水泥粉料。

研究结果表明：钙质掺合料与尾矿的质量比对砂浆试样的抗压强度影响最大；以矿渣和钢渣为钙质掺合料在最优方案下制备的砂浆试样的 7d 抗压强度分别达到 12.5MPa 和 8.5MPa，对它们进行蒸压养护可使其抗压强度有所提升；由钙质掺合料生成的水化硅酸钙（CSH）有利于改善试样的微结构，提高试样的强度性能。

（2）李北星等运用梯级粉磨技术制备铁尾矿——矿渣基凝胶材料（TSBC）。

研究结果表明：合理的梯级粉磨时间组合有利于 TSBC 粉料的颗粒分布宽化和亚微米级铁尾矿颗粒含量的增加，可改善 TSBC 浆体的孔结构和提高强度；材料配比主要通过影响 TSBC 的水化活性而影响浆体早期强度；掺入适量助磨剂使 TSBC 粉料粒径细化，增强组分的胶凝活性和填充效应，利于改善 TSBC 浆体的孔结构和提高强度；TSBC 和原状铁尾矿砂可用于制备活性粉末混凝土。

13.6　尾矿和废石制备道路工程材料

道路工程是指道路建设与运营过程中所涉及的规划、勘测、设计、施工、养护、管理等的实体物及科学技术的统称。主要内容包括道路网规划、道路工程可行性研究、路线勘测设计、路基工程、路面工程、道路排水工程、桥涵工程、隧道工程、附属设施工程、养护工程和管理工程。

道路工程施工需要使用大量的砂、石材料，就地取材远远不足以满足工程需求，采挖河床沙砾、剥采山石又会破坏生态环境，寻找低碳、可持续的施工原材料是未来道路工程发展所面临的重要问题。如果能将各类尾矿应用到道路工程上，用以替代天然砂、石材料，一方面可以大量消耗堆存的尾矿，改善周围生态环境，减少土地征用面积，降低地质灾害发生的风险；另一方面，可以降低道路工程成本，实现尾矿的价值，减少河砂与岩石开采量。有数据表明：每利用 $1000m^3$ 尾矿砂，可减少路基填筑取土（深 1.5m）用地 1 亩，代替石屑作基层可节约石料资源 $920m^3$，降低工程造价 2 万元以上，社会效益和经济效益显著。

目前，尾矿作为道路建筑材料的研究还处于起步阶段，尚没有大规模应用。但尾矿的物理力学性质、颗粒组成、化学成分和天然砂、石材料相近，结合已有的或相近的试验经验，各类尾矿是较为理想的道路建筑材料。

13.6.1 研究现状

13.6.1.1 国外关于尾矿和废石用作道路工程材料的研究

1960 年，在美国明尼苏达州，铁尾矿被应用在某条城市道路的底基层中，同时在高速公路的修建中也有应用，至今服役良好。1962 年，铁尾矿开始用于道路路基填料及沥青道路的基层材料，1970 年左右，铁尾矿被应用于某公路各层结构中，至今这条公路使用状态依然良好。1980 年在修建某道路穿越沼泽不良地质时，选用铁尾矿为其筑路材料。之后的 10 年，将铁尾矿应用在沥青罩面层中的情况尤为普遍，从梅苏比地区到双子星城、大瀑布城至木耳黑的地区以及威尔玛市都铺筑了铁尾矿罩面层且现今仍在使用。埃弗莱斯修筑的某条道路当中，其路面所有的结构层都使用了铁尾矿，而沥青在其中所占的比例还不到 10%，至今该段道路使用已有近半个世纪，没有出现较大的问题。20 世纪 90 年代末，某公路的实验性路段选用铁尾矿和沥青作为其渗水性基层混合料。自 21 世纪初，在明尼苏达州的新建和旧路改造中，铁尾矿的应用都很普遍。在 2003~2006 年间的多项重建工程中，铁尾矿被用作沥青路面的底基层材料或混凝土路面的基层材料。

除了铁尾矿，从金刚石源岩中回收金刚石后遗留下来的金伯利岩尾矿也可用作道路材料，金伯利岩尾矿粒径范围为 75μm~20mm，可被归类为软集料，主要含二氧化硅、氧化铝、氧化铁和氧化镁。室内研究表明，金伯利岩尾矿可用于路面基层，也可用于沥青碎石基层和面层耐磨层。

13.6.1.2 国内关于尾矿和废石用作道路工程材料的研究

20 世纪 90 年代，马鞍山矿山研究院联合东北大学对铁尾矿作为基层材料的可行性展开了研究。试验利用鞍钢周家沟铁尾矿与河砂、碎石、黏土、粉煤灰等材料制备基层骨料，然后将骨料与固化剂混匀，在一定条件下经碾压成型并养护 7d 后，检测其物理性能。试验选定 4 种混合料配比于一级公路上进行现场试验，养护成型后测得路面弯沉值达到 48，满足我国路面基层材料使用标准。

2004 年，连云港市规划市政设计研究院就连云港市新浦区新孔路与盐河路之间的陇海西路新建工程，在 3 个方面做了磷矿尾矿砂应用的试点。第一是用尾矿砂直接代替部分山场碎石土垫层，原设计为 100cm 厚山场碎石土垫层，试点采用 60cm 尾矿砂+40cm 山场碎石土；第二是用二灰砂代替部分二灰碎石基层，原设计为30cm厚二灰碎石基层，工程试点采用15cm二灰砂+15cm二灰碎石；第三是用尾矿砂直接代替石粉用于排水管道沟槽回填。测试发现所有试点应用均满足了工程设计要求。

2009年，大连理工大学针对辽宁朝阳某铁尾矿展开了水泥、石灰固化铁尾矿的试验研究。强度试验结果表明，少量水泥的加入能大大减少石灰的用量并达到预期强度值，具有较好的经济效益；劈裂强度试验结果表明水泥稳定铁尾矿劈裂强度较高，而石灰稳定铁尾矿较低；干湿循环试验结果表明水泥稳定铁尾矿水稳性较差，而石灰和水泥共同稳定铁尾矿较好。试验结果说明水泥和石灰同时稳定铁尾矿具有较好的物理性能，满足低等级公路基层的设计标准。

2011年，河北工业大学就河北省涞源县某铁矿排的铁尾矿展开路用材料可行性研究，结果表明：水泥稳定铁矿尾矿具有较高的强度、刚度、良好的水稳定性和耐冻性，可以作为基层重型交通沥青路面材料和低负荷交通基层材料。水泥稳定铁尾矿集料在试验条件下的性能符合现行规范对公路基层材料的要求，但尚未应用到实际工程中。

2014年，辽宁省交通科学研究院就水泥稳定铁尾矿砂混合料作路面基层的可行性展开研究，将水泥稳定碎石混合料与铁尾矿砂混合后，动模量和静态模量减小，劈裂强度和抗压强度随铁尾矿砂掺入量先增大后减小，水稳定性、抗冻融能力和抗疲劳能力均得到增强，具有良好的机械性能和铺装性能。该混合料可以用于半刚性沥青路面基层，但缺少实际工程的应用。

之后，还有一些研究证明了尾矿和废石材料可在道路基层、桥面板等结构中应用，如：赵黔义利用石灰和粉煤灰对取自辽宁歪头山的铁尾矿进行固化，试验结果表明掺加15%的二灰可使试块强度大于0.5MPa，满足二级及二级以下公路底基层强度标准；掺加15%的二灰和1%的水泥可使试块强度大于0.6MPa，满足一级公路和高速公路底基层强度标准；试验通过XRD和SEM分析，表明二灰水化反应生成的水化硅酸钙能黏结于尾矿颗粒表面并填充铁尾矿颗粒间孔隙，提高固化块的密实性，改善其物理性能。石家庄铁道大学以延崇高速ZT7标的一段路作为试验段，进行铁尾矿路基填筑施工，采用表面沉降法和灌砂法对工程质量进行控制，所得结果均符合设计要求。中交一公局第六工程有限公司在孟州黄河大桥项目全面开展铁尾矿机制砂混凝土施工应用，从混凝土外观、质量等多个方面长期检测验证铁尾矿机制砂混凝土可行性，并对混凝土28天抗压强度进行数据动态统计分析，发现其质量稳定，均符合相关技术标准。

13.6.2 道路工程材料分类与技术性质

13.6.2.1 道路工程材料分类

道路建筑材料可划分为以下几个部分：

（1）砂石材料。道路工程中常用的砂石材料主要有：

1）毛石：符合工程要求的岩石经爆破得到的石块，中部厚度不应小于200mm。毛石处于开采以后的自然状态，形状不规则的称为乱毛石，有两个大致平行面的称为平毛石。

2）片石：符合工程要求的岩石，经爆破开采、直接炸取的不规则石材，边长一般不小于150mm，卵形和薄片形片石不得采用。

3）块石：符合工程要求的岩石，按岩石层理爆破或锲劈而成的石材。要求形状大致方正，上下面大致平整，厚度为200~300mm，宽度约为厚度的1.5~2.0倍，长度为厚度的1.5~3倍。块石一般不修凿加工，但应敲去尖角凸出的部分。

4）料石：按规定要求经凿琢加工而成的形状规则的石块。按表面加工的平整程度分为毛料石、粗料石、半细料石和细料石。

5）碎石：有天然岩石或卵石经机械破碎、筛分制成的粒径大于4.75mm的岩石颗粒。

6）砾石（卵石）：经自然风化、水流搬运和分选、堆积形成的粒径大于4.75mm的岩石颗粒（粒径大于200mm的称为漂石）。

7）石屑：采石场加工碎石时通过最小筛孔的筛下部分。

8）矿粉：由石灰等碱性石料经磨细加工得到的、在沥青混合料中起填料作用的以碳酸钙为主要成分的矿物质粉末。

9）砂：岩石经风化或水流长期搬运作用或轧制而成的粒径小于4.75mm的粒料。

10）砂砾：砂和砾石的混合物。

（2）胶凝材料。道路工程中常用的胶凝材料主要有：石灰、硅酸盐水泥、其他水泥。

（3）水泥混凝土和砂浆。

（4）沥青材料。

1）地沥青：天然存在的或由石油精制加工得到的沥青材料，可分为天然沥青和石油沥青。

2）焦油沥青：利用各种有机物（煤、泥炭、木材等）干馏加工得到的焦油，经再加工而得到的产品。

道路工程中常用的沥青主要是石油沥青和煤沥青。

（5）沥青混合料。道路工程中常用的沥青混合料主要有沥青混凝土、预拌式沥青碎石、透水沥青混凝土、浇注式沥青混凝土、环氧沥青混凝土、其他沥青混合料。

（6）高聚物材料（由不饱和的低分子碳氢化合物经人工合成的分子量很大的物质）。

（7）钢材。

（8）其他材料（如纤维等）。

13.6.2.2 道路工程材料技术性质

用作道路工程的材料应具备一定的技术性质，以适应不同结构的技术要求。本节主要介绍几类可用尾矿替代的道路工程材料技术性质要求。

（1）砂石材料技术性质。

1）岩石材料技术性质：直接用于道路工程中的岩石材料，主要包括毛石、片石、块石和料石，技术性质包括岩石的物理性质和力学性质，物理性质包括物理常数（真实密度、毛体积密度、孔隙率）、吸水性（吸收率、饱和吸水率）、软化性、耐候性（抗冻性、坚固性），力学性质主要为抗压强度、抗拉强度、抗弯强度及弹性模量。

2）集料技术性质：集料是指在混合料中起骨架和填充作用的粒料，包括碎石、砾石（卵石）、机制砂、石屑、砂等。一般分为粗集料和细集料，在混凝土中，粗集料指粒径大于4.75mm的碎石、砾石等，粒径小于4.75mm的天然砂、人工砂称为细集料；在沥青混合料中，粗集料是指粒径大于2.36mm的碎石、破碎砾石、矿渣等，粒径小于2.36mm的天然砂、人工砂和石屑称为细集料。粗集料的技术性质包括密度（真实密度、毛体积密度、表干密度、表观密度、堆积密度）、含水率与吸水率、颗粒级配与粗细程度、有害物质含量（泥和泥块、针片状颗粒、有机物、软弱颗粒等）、坚固性、碱活性、粗糙度（破碎砾石含量）、压碎指标、抗磨耗性（磨耗损伤、磨耗值）、抗冲击性、抗磨光性、集料与沥青的黏附性等。细集料的技术性质包括密度（真实密度、毛体积密度、表面干密度、表观密度、堆积密度、紧装密度）、吸水率与含水率、颗粒级配与粗细程度、有害物质含量（泥和泥块、有机质、云母、轻物质、硫化物和硫酸盐等）、坚固性、棱角性、压碎指标。

（2）胶凝材料技术性质。

1）通用硅酸盐水泥技术性质：通用硅酸盐水泥一般由三部分组成，即硅酸盐水泥熟料、石膏缓凝剂和混合材料。硅酸盐水泥熟料的化学组分主要为氧化钙（CaO）、二氧化硅（SiO_2）、三氧化二铝（Al_2O_3）和三氧化二铁（Fe_2O_3），其水化后生成的产物主要含四种矿物，即硅酸三钙（C_3S）、硅酸二钙（C_2S）、铝酸三钙（C_3A）和铁铝酸四钙（C_4AF）。用于调凝剂的石膏可以是二水石膏（$CaSO_4 \cdot 2H_2O$）或无水石膏（$CaSO_4$）或两者混合石膏。混合材料可分为活性混合料与非活性混合料，活性混合料本身并不具有或具有极低的胶凝性，但常温下与石灰、石膏或硅酸盐水泥一起加水拌合能发生水化反应，主要包括天然类材料（火山灰、凝灰岩、硅藻土、蛋白石质黏土、硅质页岩、钙性黏土及黏土页岩）、人工类材料（煅烧页岩或黏土）以及工业废料（粉煤灰、水淬高炉矿渣、硅灰等）；非活性混合料在常温下与石灰、石膏或硅酸盐水泥一起，加水拌合后不能发生水化反应或反应甚微，常见的有活性指标较低的粒化高炉矿渣、粒化高炉矿渣粉、粉煤灰、火山灰质混合料、石灰石、砂岩等，尾矿中粒径小于0.075mm、活性指标较低的超细尾矿可用于非活性混合料。

通用硅酸盐水泥的技术性质应完全符合现行《通用硅酸盐水泥》（GB 175—2020）标准。主要技术性质包括水泥的密度（堆积密度）、细度、需水性、凝结时间、体积安定性、强度等级、水化热及其他化学性质（不溶物含量、烧失量、碱含量、氯离子含量）。

2）其他水泥技术性质：其他水泥包括铝酸盐水泥、硫酸盐水泥、特性水泥（如快硬早强水泥等）和专用水泥（道路硅酸盐水泥、砌筑水泥等）。这里仅列出道路硅酸盐水泥技术性质：道路水泥或熟料中化学组成要求氧化镁含量不得超过5.0%，三氧化硫含量不得超过3.5%，烧失量不得大于3.0%，熟料中游离氧化钙含量旋窑生产不得大于1.0%、立窑生产不得大于1.8%，水泥中碱含量不得大于0.6%。矿物组成要求熟料中铝酸三钙含量不得大于5.0%，铁铝酸四钙含量不得小于16.0%。物理力学性质要求水泥比表面积为300~450m^2/kg，凝结时间初凝不得早于1.5h、终凝不得迟于10h，安定性沸煮法必须合格，干缩率不得大于0.10%，水泥胶砂耐磨性不得大于3.00kg/m^2，强度应满足规定的数值。

（3）水泥混凝土和砂浆技术性质。

1）水泥混凝土技术性质：包括混凝土拌合物技术性质和混凝土强度性质。混凝土拌合物性质包括密度、工作性能（流动性、黏聚性和保水性）；混凝土强度性质包括结构特征和受力破坏过程、强度与强度等级（抗压强度、抗拉强度）、变形性能（收缩、温度变形、弹性模量、徐变）、耐久性（抗冻性、抗渗性、碳化、碱骨料反应）。

2）砂浆技术性质：包括新拌砂浆和易性和砂浆强度性质。新拌砂浆和易性包括流动性和保水性；砂浆的强度性质一般指砂浆抗压强度，一般情况下，砂浆的抗压强度越大，其黏结力、耐久性越好。

（4）沥青混合料技术性质。沥青混合料可包括沥青玛蹄脂碎石（SMA）、热压式沥青混凝土（HRA）、传统密级配沥青混凝土（HAM）、多孔隙沥青混凝土（PA）及其他新型沥青混凝土。其技术性质主要包括：高温稳定性（马歇尔稳定度试验、车辙试验）、低温抗裂性、耐久性、抗滑性、施工和易性等。

13.6.3　尾矿和废石用作道路工程材料

13.6.3.1　尾矿和废石用作路基工程材料

路基也称土基，是路面的基础，用于承受来自路面传递下来的车轮荷载以及路面自重。典型的路基断面有三种：路堑、路堤和半填半挖。路堤是由水稳性、压缩性小、易于压实的土、砂、石材料填筑而成的，如图 13-6（a）所示；路堑以挖方为主，如图 13-6（b）所示；半填半挖介于二者之间，如图 13-6（c）所示。

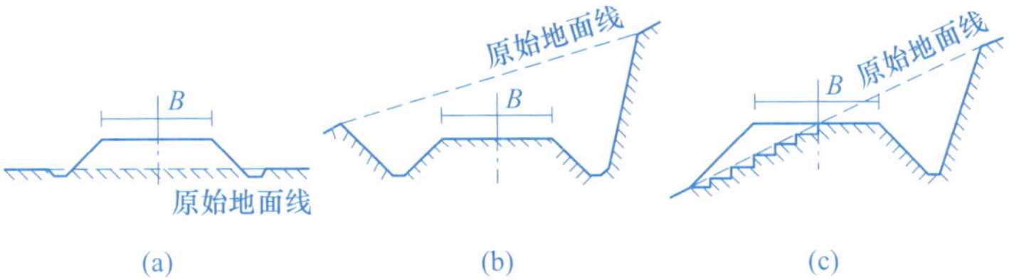

图 13-6　路基断面形式
（a）路堤；（b）路堑；（c）半填半挖

用于填筑路堤或半填半挖的材料主要为土、砂石材料，如碎石、砾石、砂性土、不易风化的石块等。

路堤的填筑与所用填筑材料的物理力学性质及当地自然条件密切相关，较为理想的填筑材料为强度高、水稳性好、压缩性小、便于施工压实、运距短的砂、石材料。路堤填筑工艺如图 13-7 所示。

尾矿和废石可以用作路堤填料，当尾矿颗粒级配与强度等指标满足填料要求时，可直接用于路基填料，当尾矿级配不良时，可与废石制成的砂、石材料组合形成复合路基填料。经压实后的尾矿填料可满足工程要求，但由于尾矿性质存在较大的差异性，其耐久性还需要大量的验证。

13.6.3.2　尾矿和废石用作路面工程材料

路面是用各种材料分层铺筑而成的，按照路面等级可分为二层结构（如图 13-8（a）所示）、三层结构（如图 13-8（b）所示）和五层结构（如图 13-8（c）所示）。

面层是直接承受自然影响和行车荷载作用的部分，应具有足够的抵抗竖向、水平向荷载以及冲击力作用的能力，表面应具备抗滑、平整、耐磨、不透水、水稳定、温度稳定等特点。基层为路面结构组成中非常关键的层位，其作用是承担面层传导下来的车辆、行人等垂直荷载及路面自重荷载，并将它们扩散至下面的层次。基层材料的强度必须要保证在一定的荷载垂直力下不会产生剪切破坏、弯拉破坏以及残余变形。

在路面设计中，根据路面结构的力学特性，可将路面分为以下三种类型：

（1）柔性路面面层（基层），整体结构刚度较小，在车辆荷载作用下产生较大的弯沉

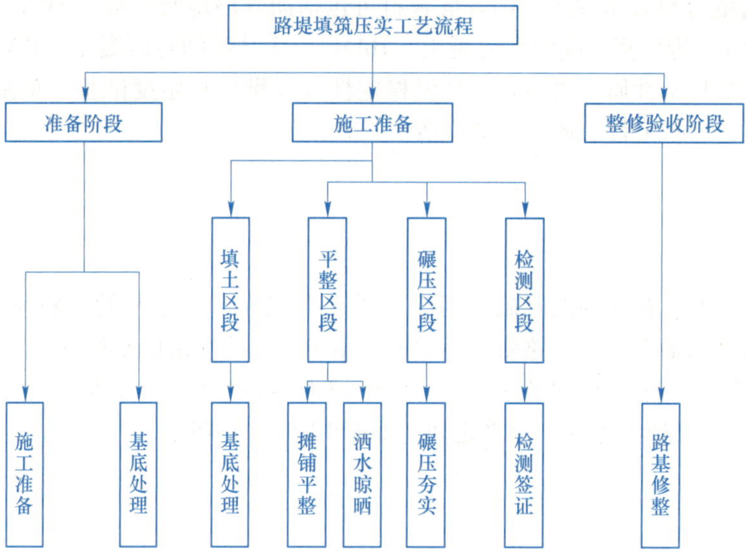

图 13-7 路堤填筑工艺流程图

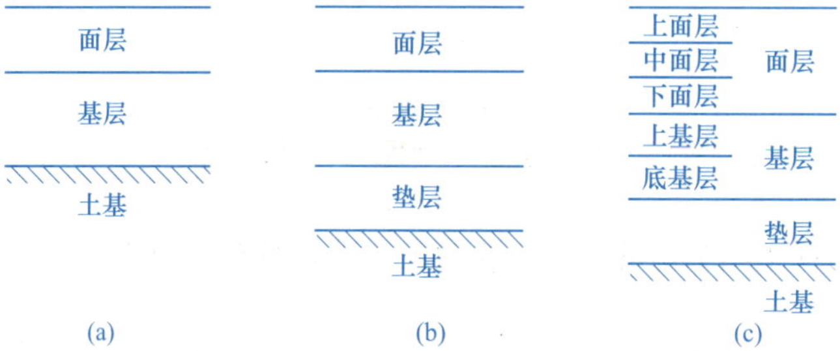

图 13-8 路面结构层次

（a）二层结构；（b）三层结构；（c）五层结构

变形，自身抗弯拉强度较低，通过各结构层将荷载传递给路基，使路基承受较大的单位压力。柔性路面主要靠抗压、抗剪强度来承受车辆荷载。柔性路面包含了各类沥青面层、块石面层、砂石路面中的级配碎（砾）石、泥结碎石、水结碎石、填隙碎石及其他粒料路面面层和各种未经处理的粒料基层（如天然砂砾）。

（2）刚性路面面层（基层），主要指用水泥混凝土作面层、基层的路面结构，水泥混凝土的强度高、刚性大，在车辆荷载作用下，水泥混凝土结构层类似于板体，竖向弯沉小，并能将荷载扩散分布，传递给路基的压力较柔性路面小很多。

（3）半刚性路面面层（基层），一般指用水泥、石灰等无机结合料处置的土、碎（砾）石及含有水硬性结合料的工业废渣修筑而成的基层，前期具有柔性路面的力学特性，后期的强度和刚度均有较大幅度的增长，但最终强度和刚度仍远小于水泥混凝土。一般将在半刚性基层上铺筑的沥青路面面层也统称为半刚性路面。

垫层是设置在基层或底基层与土基（路基）之间的、起稳定加强路基和改善基层或底基层工作条件作用的结构层，往往是为隔水、排水、隔热、防冻等目的而铺设。

修筑路面面层的材料主要为沥青、水泥、碎（砾）石、块石、砂、石屑、矿粉、石灰、黏土及其他粒料等。

修筑路面基层的材料主要为各种无机结合料（如石灰、水泥等）、稳定土（包括细粒土和中、粗粒的碎砾石等）、无机结合料稳定的各种工业废渣（如煤渣、矿渣、石灰渣及粉煤灰等）、贫水混凝土、天然砂砾、各种碎石或砾石等。

修筑路面垫层的材料主要由松散粒料（包括砂、砾石等粗粒料）组成的透水性垫层和整体性材料（包括石灰和水泥稳定粒料等）组成。垫层所用的材料不一定要求具备较高的强度，但是水稳定性和隔热性能要好。

（1）用作路面面层沥青混凝土矿料。目前，我国在沥青路面中采用最多的是以石油沥青作为结合料、连续级配的砂和石作为矿料热拌而成的沥青混凝土，是沥青、矿料和空隙组成的三相体，其使用性能取决于沥青品质与用量、矿料品质及级配。油石比和沥青品质是影响混合料低温抗裂性能的重要因素；矿料级配是沥青混合料的骨架，同时也是容纳和附着沥青的基础，影响着油石比以及沥青在混合料中的作用。不同矿料级配所形成的沥青混合料的收缩性质和应力松弛能力大不相同。道路路面沥青混凝土施工工艺流程如图 13-9 所示。

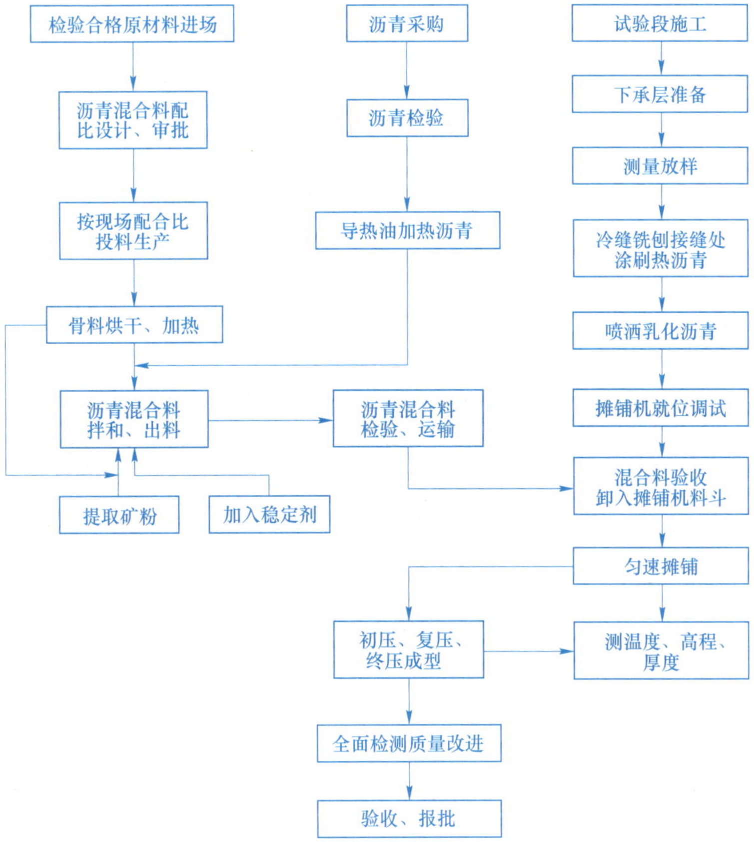

图 13-9　路面面层沥青混凝土施工工艺流程图

尾矿可以用作沥青混凝土矿料，但一定要保证其与沥青的黏结能力以及多种条件下的稳定性。沥青混凝土具有温度敏感性，其强度和抗变形能力随着温度升降而发生变化，温度升高时黏滞度降低，矿料之间的黏结力减弱，导致强度降低；温度降低时情况正好相反。在高温季节，要求在车辆荷载长期作用下路面不产生车辙和波浪等病害。在气候寒冷地区，气温下降（特别是急剧下降）时，沥青混合料发生收缩，如果收缩受阻就会产生拉应力，该应力超过沥青混合料的抗拉强度就会发生路面开裂现象。另外，水损害亦是沥青混凝土路面常见的病害之一，其主要发生在连续降雨后的高温持续时期，在水分存在的条件下，经受交通荷载及温度胀缩的反复作用，一方面水分逐步侵入到沥青与矿料的界面上，同时由于水动力的作用，沥青膜渐渐地从矿料表面剥离，并导致矿料之间的黏结力丧失而发生路面破坏。在应用尾矿材料时，一定要充分考虑尾矿材料的自身特性和与沥青的黏结特性，使用前需进行充分的试验验证。

（2）用作路面基层稳定类结合料。路面基层稳定类结合料一般包括：水泥稳定类、石灰稳定类、石灰工业废渣稳定类。集料一般为细粒土、中粒土和粗粒土，这类材料可以用尾矿替代，形成各类稳定类尾矿或废石基层。路面基层稳定类结合料一般采用路拌法施工，工艺流程如图 13-10 所示。

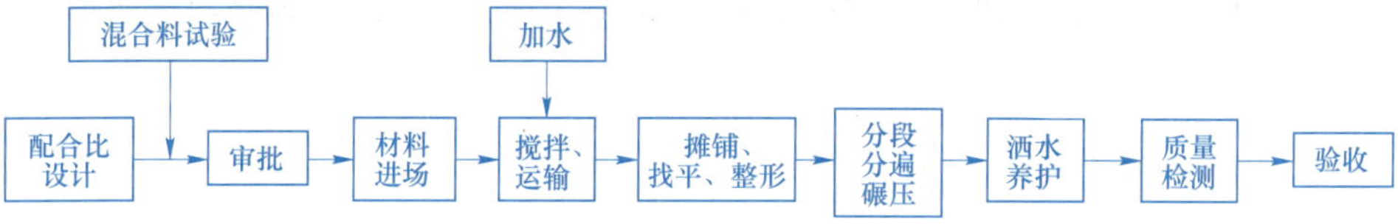

图 13-10　路面基层稳定类结合料施工流程图

13.6.3.3　尾矿和废石用作隧道工程材料

隧道是埋置于地层内的工程建筑物，主体建筑物由洞身和洞门组成，附属设备包括避车洞、消防设施、应急通信和防排水设施，长隧道还设有专门的通风和照明设备。图 13-11 所示为秦岭终南山隧道。

图 13-11　秦岭终南山隧道

按照施工方法与支护结构形式，隧道可分为明挖隧道、矿山法隧道、盾构法隧道和沉管法隧道。

明挖隧道多属浅埋式地下结构，一般采用矩形框架结构（包括单跨、双跨矩形闭合框架）。矿山法隧道一般采用初期支护与二次支护联合的复合式支护，初期支护一般是锚杆支护和喷射混凝土支护（喷锚支护）；二次支护一般在围岩变形趋于基本稳定后施作，结构基本类型有喷射混凝土衬砌和混凝土衬砌。盾构法隧道采用盾构机进行施工，衬砌结构主要为预制管片（包括钢筋混凝土预制管片、铸铁管片、钢管片、复合管片），衬砌结构在施工阶段作为隧道施工的支护结构，保护开挖面以防止土体变形、土体坍塌及泥水渗入，并承受盾构推进时千斤顶顶力及其他施工荷载；隧道竣工后衬砌结构作为永久性支撑结构，并防止泥水渗入，同时支承衬砌周围的水、土压力以及使用阶段的某些特殊荷载。沉管隧道多用于水下隧道施工，将隧道管段分段预制，每段两端设置临时止水头部，然后浮运至隧道轴线处，沉放在预先挖好的地槽（基槽）内，完成管段间的水下连接，移去临时止水头部，回填基槽保护沉管，铺设隧道内部设施，从而形成一个完整的水下通道。沉管隧道有两种基本类型：钢壳沉管和钢筋混凝土沉管。

修筑隧道工程的材料主要为水泥混凝土、钢材、保温材料、防水材料、其他新型材料等。

（1）用作矿山法隧道初期支护喷射混凝土细集料。喷射混凝土采用喷浆机将混凝土拌合物直接喷射到工作面，具有原材料广、施工便利且速度快、对施工现场适应性强等优点。喷射混凝土喷射方式可分为干喷、潮喷和混合式喷射等，其工艺流程如图 13-12 所示。

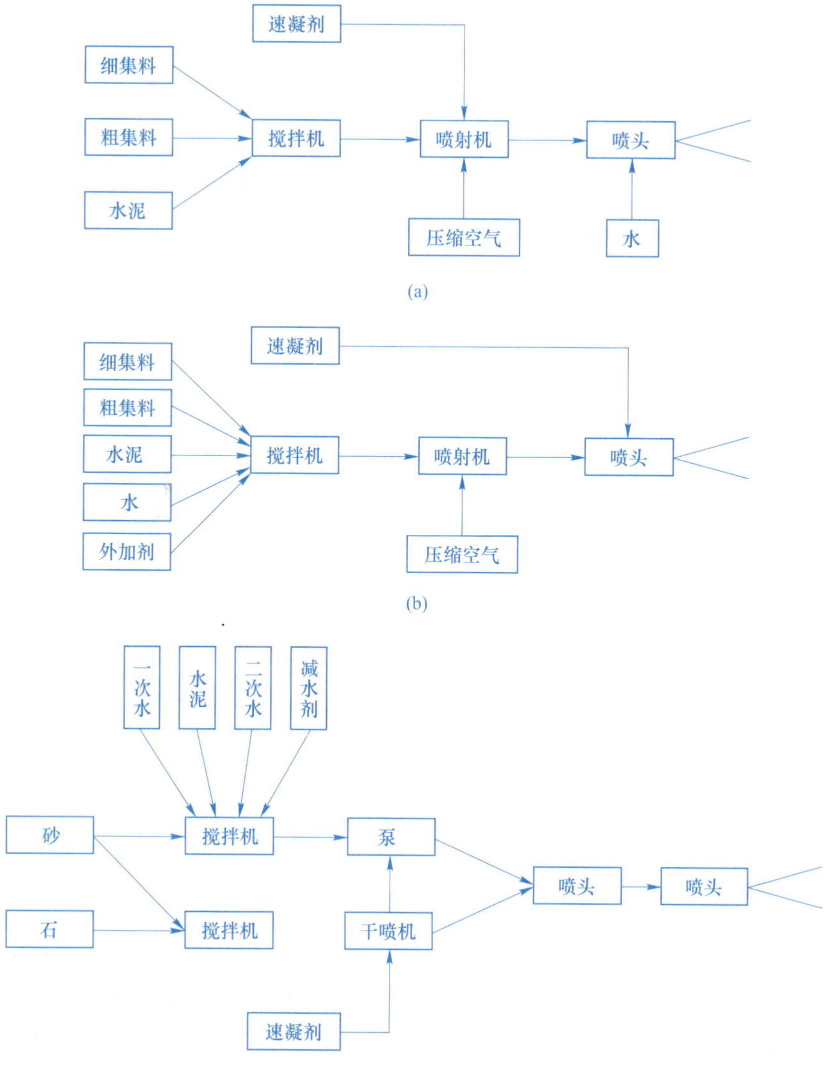

图 13-12 喷射混凝土工艺流程

（a）干喷或潮喷；（b）湿喷；（c）混合喷射

喷射混凝土细集料一般为砂，宜选用坚硬耐久的中砂（平均粒径 0.35~0.5mm）或粗砂（平均粒径>0.5mm），细度模数应大于 2.5，含水率应控制在 5%~7%，砂中粒径小于 0.075mm 的颗粒含量不应超过 20%。粗集料一般为石子，宜选用坚硬耐久的卵石或碎石，粒径不大于 15mm，以卵石为佳，使用前应筛洗干净，含水率控制在 2%左右。

尾矿（如铁尾矿）砂可以用作喷射混凝土细集料，代替一部分天然砂，不仅能够降低天然砂使用量，还可以改善喷射混凝土在应用中存在的回弹率高、粉尘大、强度低等问题。尾矿砂的颗粒一般较天然砂细，这些细颗粒相当于粉体填充料填充于混凝土骨料间的空隙，使混凝土浆体量增加，提高了混凝土的黏聚性，从而有效降低喷射混凝土的回弹率和粉尘浓度，提升喷射混凝土的强度。

（2）用作盾构隧道预制钢筋混凝土衬砌管片的粗、细骨料。盾构隧道预制钢筋混凝土衬砌管片是盾构施工的主要装配构件，是承担着抵抗土层压力、地下水压力以及一些特殊荷载的永久性结构，其制备工艺流程如图 13-13 所示。管片的质量直接关系到隧道的整体质量和安全，影响隧道的防水性能及耐久性能。废石材料可通过机械破碎或粉磨的方式制成机制砂、石骨料，用于替代钢筋混凝土管片中的天然砂、石骨料，也可以用部分超细尾矿粉替代少量水泥，但由于管片对抗裂性能有一定要求，一般不会掺入大量的非活性材料作为掺合料（会增大混凝土的脆性）。将尾矿用作粗、细骨料时，必须要经过大量的试验验证，确保各项指标均能满足要求。

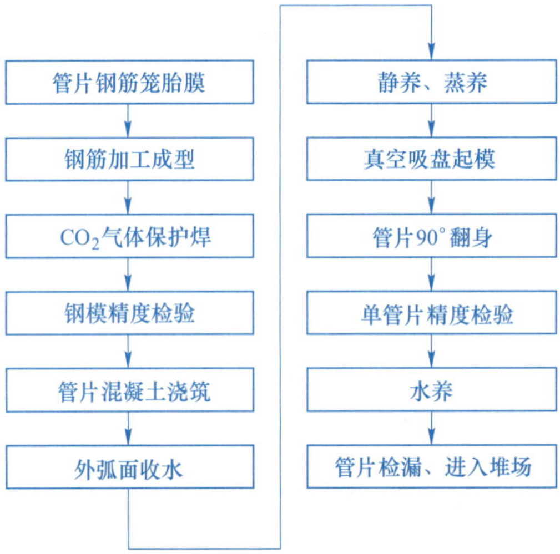

图 13-13 盾构隧道预制钢筋混凝土衬砌管片工艺流程

13.6.3.4 尾矿和废石用作桥涵工程材料

在道路工程中，为了跨越各种障碍（如河流、沟谷或其他既有路线等），必须要修建各种类型的桥梁与涵洞。桥梁是为跨越山涧、不良地质或满足其他交通需要而架设的使通行更加便捷的建筑物，一般由上部构造、下部结构、支座和附属构造物组成，上部结构又称桥跨结构，是跨越障碍的主要结构；下部结构包括桥台、桥墩和基础；支座为桥跨结构与桥墩或桥台的支承处所设置的传力装置；附属构造物则指桥头搭板、锥形护坡、护岸、导流工程等。涵洞用于跨越天然沟谷洼地排泄洪水，或横跨大小道路作为人、畜和车辆的立交通道，或农田灌溉作为水渠。涵洞主要由洞身、基础、端和翼墙等组成。图 13-14 所示为桥梁与涵洞外景。

(a)

(b)

图 13-14　桥梁与涵洞
（a）港珠澳大桥；（b）涵洞

修筑桥涵的材料主要为水泥混凝土、砂石材料（如片石、块石、粗料石等）、钢材、砖（如护坡砖、生态砖等）、木材、其他新型材料（如纤维等）。

我国很大一部分桥梁和几乎所有的涵洞为钢筋混凝土结构，在桥梁中，以桥跨结构、桥墩和桥台结构为主；在涵洞工程中，洞身和洞口材料均为钢筋混凝土。桥涵工程使用的混凝土数量巨大，如果能将尾矿用作桥涵混凝土粗、细骨料可大幅降低造价。但是，与盾构隧道预制钢筋混凝土衬砌管片类似，桥涵工程尤其是桥梁工程部分，对混凝土的质量要求较高，应尽可能选用力学性能、耐久性好的尾矿材料。

13.6.3.5　尾矿和废石用作道路附属设施工程材料

道路附属设施是指为保护、养护道路和保障道路安全畅通所设置的防护、排水、养护、管理、服务、交通安全、渡运、监控、通信、收费等设施、设备以及专用建筑物、构筑物等。

修筑道路附属设施工程的材料主要为水泥混凝土、砂石材料、砖、钢材、木材、各类涂料和其他新型材料等。

（1）用作新型混凝土路缘石骨料。路缘石是设在路面与其他构造物之间的标石。在城市道路的分隔带与路面之间、人行道与路面之间一般都需设路缘石，在公路的中央分隔带边缘、行车道右侧边缘或路肩外侧边缘常需设路缘石。现有路缘石通常有两种形式，一种为普通混凝土预制，一种为石材加工，均为不透水材料。现阶段，为了降低天然石材的使用量，一些新型路缘石向着水泥混凝土材料发展，即多孔透水混凝土和普通混凝土相结合的路缘石。一些不会产生二次污染的矿山固废材料（如检测合格的铁尾矿、废石等）可用于制备新型路缘石的骨料。

（2）用作混凝土护坡砖或铺地砖细骨料。道路用混凝土护坡砖或铺地砖一般由水泥、细骨料和水经搅拌、成型、养护后制成，用砂量十分庞大，尾矿（如铁尾矿）或废石机制砂作为细骨料生产的混凝土砖的物理和机械性能优于传统道路用砖材，并能够实现较大的尾矿掺量（约 80%），且均符合常规交通的要求。图 13-15 所示为大掺量铁尾矿细骨料混凝土铺地砖外观。

图 13-15　大掺量铁尾矿细骨料混凝土铺地砖

14　尾矿和废石高附加值利用

近年来，尾矿和废石的利用逐步由粗放型、低级别利用向高技术、高附加值利用的方向发展。大多数尾矿和废石作为别具特色的新型原料可以生产出高附加值产品，例如发泡陶瓷、泡沫微晶玻璃、混凝土预制构件等。

14.1　尾矿和废石制备发泡陶瓷

发泡陶瓷是利用矿山尾矿、工业固废中的长石、石英、黏土等非金属矿物为主要原料，添加特殊的发泡剂，经高温焙烧而成的高气孔率硅酸盐陶瓷材料。发泡陶瓷具有轻质高强、防火阻燃、保温隔热、防水防潮、隔音降噪等优良性能，兼具施工快速整洁和可循环利用的特点，是建筑物保温、墙体、内外墙装饰领域的一种新型绿色环保建筑材料，也是我国建筑陶瓷产业近年来产业结构调整和转型升级的一项标志性产品。

14.1.1　发泡陶瓷原料及制备工艺

发泡陶瓷原料主要由瘠性原料、塑性原料、助熔剂构成。瘠性原料以富含 SiO_2 矿物为主，塑性原料以富含 Al_2O_3 的矿物为主，助熔剂以富含 CaO、MgO、Na_2O、K_2O 等碱金属氧化物的长石、滑石、白云石等矿物为主。根据陶瓷产品的 SiO_2-Al_2O_3-熔剂氧化物三元系统，发泡陶瓷合适的化学组成范围为，SiO_2：53%～79%，Al_2O_3：12%～16%，熔剂碱金属氧化物：8%～24%。可用于生产发泡陶瓷的固体废弃物包括尾矿、煤矸石、粉煤灰、冶炼渣等工业固废，以及陶瓷行业抛光渣、石材行业花岗岩固废、建筑垃圾、江河湖泥、焚烧飞灰等。

发泡陶瓷主要采用的是高温烧结法，高温烧结工艺流程的优点是配方物料容易混合均匀，粉料水分和颗粒细度比较容易控制，生产的陶瓷发泡均匀，孔径大小比较好控制，因此被广泛研究应用，发泡陶瓷的主要工艺流程如图 14-1 所示。

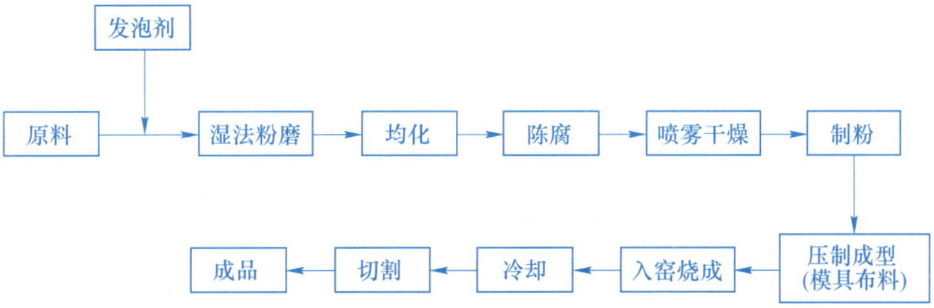

图 14-1　发泡陶瓷的制备工艺流程

14.1.2　尾矿和废石制备发泡陶瓷

目前关于发泡陶瓷研究主要集中在原料来源和配方体系对产品性能指标的影响、化学组成特征及作用规律，其次为发泡剂种类及用量、烧成温度及温控曲线、微量成分影响、耐火极限强化等。

14.1.2.1　原料及产品性能

可用于生产发泡陶瓷的尾矿有铁尾矿、钼尾矿、铜尾矿、钒尾矿、铅锌尾矿、金尾矿、稀土尾砂、珍珠岩尾矿、蛇纹石尾矿等，已投入产业化应用的工业固废以抛光渣、煤炭固废、花岗岩固废、珍珠岩尾矿等为主。根据不同的原料化学成分和烧结性能，不同配方体系固废掺量为 50%~95%不等，其余为黏土性矿物或溶剂性矿物。

发泡陶瓷的产品性能指标根据保温材料、隔墙等用途定位不同，可通过配方体系和温控制度设计调整，主要性能参数指标范围如表 14-1 所示。

表 14-1　发泡陶瓷的主要性能参数指标

主要性能参数指标	范围
体积密度/$t \cdot m^{-3}$	0.15~0.19
抗压强度/MPa	0.5~7.5
导热系数/$W \cdot (m \cdot K)^{-1}$	0.053~0.09
吸水率/%	1.2~2.0
气孔直径/mm	0.5~2
气孔率/%	70~75

14.1.2.2　化学成分及作用

大多数用于制备发泡陶瓷的尾矿和废石的化学组成呈“高硅、高铝、富碱”的特征，主要成分及范围如表 14-2 所示。一般调整发泡陶瓷原料化学组成范围为，SiO_2：53%~79%，Al_2O_3：12%~16%，熔剂碱金属氧化物：8%~24%。

表 14-2　发泡陶瓷原料主要成分（质量分数）及范围　（%）

主要成分	范围
SiO_2	35~72
Al_2O_3	6~22
CaO	0.5~7
MgO	0.5~4
K_2O	0.1~6.5
Na_2O	0.1~5.0
Fe_2O_3	0.5~8.0
TiO_2	0.01~1.0
烧失	0.5~10

SiO_2 具有提高烧成温度增加表观密度的作用；Al_2O_3 会显著提高发泡陶瓷生成液相的

温度，增大液相的黏度及表面张力，可以起到稳定气孔结构、增大抗压强度的作用；CaO和 MgO 的引入能形成较低膨胀系数和高黏度玻璃相，从而改善陶瓷产品的机械性能，也可使产品在烧成中具有更低的始熔温度和更宽的熔融温度范围；要求控制 K_2O/Na_2O 的比例，同时引入部分 Li_2O，利用多碱效应来降低烧成温度从而降低变形度；引入 K_2CO_3 和 Na_2CO_3 均会在高温分解生成其对应氧化物，是强烈的助熔剂，可以大幅度降低发泡陶瓷的烧成温度，降低液相的黏度和表面张力；适量地添加 Fe_2O_3 可以在低温液相表面张力和黏度较高时，促进发泡剂氧化反应，具有稳泡作用，但添加量过多会导致局部出现熔洞，破坏发泡陶瓷的气孔结构。

14.1.2.3　发泡剂种类及作用

常用发泡剂主要包括碳化硅、炭黑、萤石、碳酸钙、抛光砖废料、氧化铁等。目前常用的发泡方法中，发泡剂基本以碳化硅为主，且多为单一使用，用量为 0.3%~1.5%。碳化硅在高温下与坯体粉料中各种碱性物质发生化学反应产生分解，生成大量的 CO 或 CO_2 气体，持续反应生成的气体不能迅速扩散出去而被封闭在烧结体中，形成大量均匀分布的微孔，生成发泡陶瓷。

随着技术及工艺的不断进步，一些新材料被不断引进，与碳化硅复合使用，开始熔点也在降低，共熔点大概 900℃就开始出现液相且发泡，1050℃发泡基本完成。复合发泡法可有效拓宽发泡温度范围，调控发泡剂持续反应放气的速度，使坯体软化和发泡成孔相适应，避免单一发泡剂集中发气导致孔缺陷等问题，从而形成均匀的闭孔结构。

14.1.2.4　烧成制度及温度控制

发泡陶瓷的烧成温度一般为 1150~1200℃，温控曲线多采用中低温区高配速升温、高温区低配速升温的温控制度。在生产中，烧成温度越高，烧成时间越长，能耗就越高。依据热平衡计算，若烧成温度降低 100℃，单位产品热耗可降低 10%以上；烧成时间缩短10%，则产量增加 10%，热耗降低 4%。烧成温度和保温时间均对发泡陶瓷孔结构和抗压强度影响显著，对吸水率影响较小。升高烧成温度或延长保温时间，在促使气泡充分长大的同时，可提高气泡孔径的一致性，使表观密度和吸水率降低，但烧成温度过高或保温时间过长，会破坏孔结构，导致连通孔的产生，从而提高表观密度和吸水率。

14.1.3　尾矿和废石制备发泡陶瓷实例

（1）孙晓刚等以黄金尾砂和煤矸石为主要原料，以微硅粉、方解石、钠长石和滑石为辅助原料，以碳化硅为发泡剂，通过高温熔融法制备发泡陶瓷。

研究结果表明：在一定范围内随着微硅粉掺量的增加，发泡陶瓷气孔均匀度变差，气孔孔径范围由 1.3~1.7mm 扩大至 0.7~2mm；发泡剂掺量的增加使发泡陶瓷气孔均匀度变差的同时使发泡陶瓷气孔的平均孔径由 1.2mm 增加至 3mm。发泡陶瓷体积密度和抗压强度随着微硅粉掺量的增加均先减小后增大，随着发泡剂掺量的增加均明显降低。

（2）吴浩等以铝矾土尾矿、低品位长石为主要原料，以轻烧镁粉、碳化硅分别作为稳泡剂及发泡剂，制备微孔发泡陶瓷。

研究结果表明：以 18%铝尾矿、76.5%低品位长石、5.5%轻烧镁粉，外掺 0.4%碳化硅为发泡剂，球磨 3h 后在 1190℃、80min 的保温时间下可制备体积密度为 0.407g/cm^3、平均孔径低至0.402mm且孔结构良好的发泡陶瓷。随着铝尾矿含量的增加，发泡陶瓷的体积密度和孔径呈先增加后降低的趋势，石英相含量降低，镁铝尖晶石相含量增加。

14.1.4 固废制备发泡陶瓷发展趋势

（1）配方体系建立。传统的发泡陶瓷配方设计是以原料为对象，进行原料配比，通过试验进行优化，研发周期长，成本高。原料配方基于矿物组成或化学组成的设计理念，根据发泡陶瓷 SiO_2-Al_2O_3-RO 体系中化学组成与产品体积密度、抗压强度、导热系数等性能指标之间的关系，在测定原料成分的基础上，根据化学组成计算确定原料的配比。通过大数据和化学成分配方设计计算筛选合适的原料，将可简化发泡陶瓷原料的筛选。

（2）主要原料优选。利用固废制备发泡陶瓷，首先其安全性及环保性必需满足《建筑材料放射性核素限量》的要求；其次要考虑原料的均匀性、稳定性、多样性，满足瘠性原料、塑性原料及溶剂性原料的功能需求，最后优选细粒尾矿，便于除杂均化，降低原料加工成本。另外，综合考虑固废来源、经济运输、可加工性等因素，原料筛选应按就近原则优选可靠经济的原料。

（3）着色成分优化。铁矿物含量高的固废原料，成品颜色白度低，只能做隔墙、底板，价格低廉。通过分离提纯，降低暗色矿物含量，可以改善产品颜色，提高产品的商品性，拓展产品应用领域。高白度产品可以用于表面装饰材料，加上雕刻、饰面，附加值显著提升。除杂工序可以在产废企业生产线末端工序实施，也可以在原料配方磨矿均化陈腐后实施。另外，也可以通过添加不同金属氧化物烧制不同颜色的产品。

（4）低温快烧研发。高投入、高成本、低产量即“两高一低”是发泡陶瓷行业急需解决的共性难题。降低烧成温度与缩短烧成周期是降低能耗成本的根本途径。根据低温陶瓷原料及低温溶剂原料试验效果，设计多元体成分体系，探索多源固废协同利用，降低最低共熔温度区间。另外，采用低温发泡剂或复合发泡法拓宽发泡温度范围，调控发泡剂持续反应放气的速度，也是研究低温快烧节能降耗技术的一个重要方向。

14.2 尾矿和废石制备泡沫微晶玻璃

泡沫微晶玻璃是一种性能优越的绝热、吸声、防潮、防火的轻质高强建筑材料和装饰材料。泡沫微晶玻璃的使用温度为-196~600℃，A级不燃，与建筑物同寿命，热导率为0.058W/(m·K)，透湿系数几乎为0。生产泡沫微晶玻璃的主要原料为来源广泛、成本低的尾砂、炉渣等固体废物。因此，泡沫微晶玻璃是一种附加值高、具有广阔应用前景的节能材料。

泡沫微晶玻璃与泡沫玻璃均是典型的多孔材料，由玻璃相与被其包裹着的气相组成，在高温烧结时，形成封闭的多孔结构。与泡沫玻璃的不同之处在于，泡沫微晶玻璃是部分玻璃化而产生的，即熔点较低的组分在高温下形成玻璃相，而熔点较高的组分则形成新的微晶相，趋于致密。泡沫微晶玻璃的玻璃相包裹着气相形成多孔结构，而其微晶相作为主体骨架大大增强了其力学性能。

14.2.1 泡沫微晶玻璃分类及性能

14.2.1.1 泡沫微晶玻璃分类

泡沫微晶玻璃的分类如图 14-2 所示。根据用途不同可以分为隔热、吸声、屏蔽、清洁泡沫微晶玻璃；根据基础玻璃的不同可以分为硅酸盐、铝硅酸盐、硼硅酸盐和磷硅酸盐泡沫微晶玻璃；根据气泡孔型结构可以分为开孔、闭孔型泡沫微晶玻璃；根据外形可分为板块状、颗粒状泡沫微晶玻璃；根据发泡温度范围可以分为高温发泡型、低温发泡型泡沫微晶玻璃。

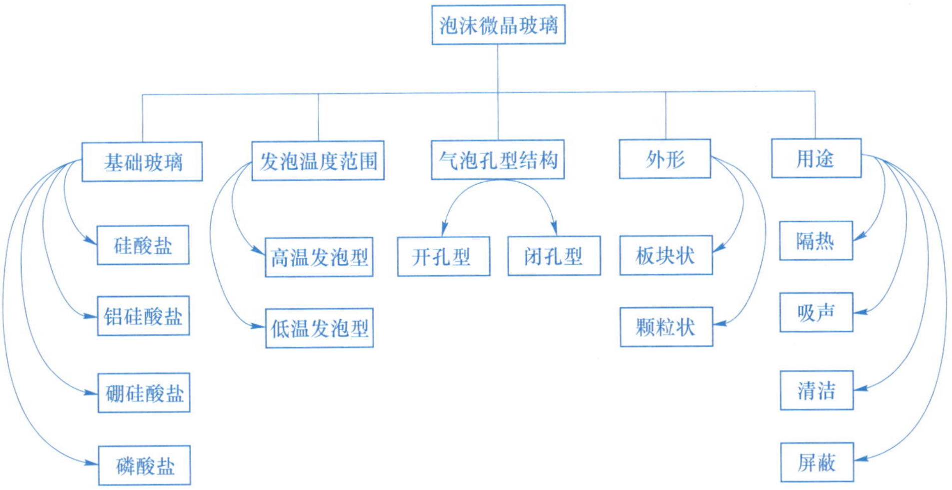

图 14-2 泡沫微晶玻璃的分类

14.2.1.2 泡沫微晶玻璃性能

泡沫微晶玻璃中含有大量的气孔，占总体积的 50%左右，玻璃相内部生成基体均匀的大量微小的针状、手发状晶体，使玻璃体跟晶体网络连接在一起，形成交织的结构，很大程度上增加了材料的机械强度，因此具有质轻、高强、耐高温的性能。

泡沫微晶玻璃中的孔型结构有开孔型与闭孔型，结构不同，性能也不同。开孔型泡沫微晶玻璃存在很多微小间隙和连通孔，当声波入射到泡沫玻璃的表面时，激发孔隙内的空气震动，会受到黏滞阻力，同时也由于声波与孔壁表面发生摩擦，一部分声能转化为热能，从而使声波衰弱，达到吸声作用。由于泡孔之间的连通性，气孔间隙可以储存水分，开孔越多，吸声性能越优，吸水率越高。闭孔型泡沫微晶玻璃在连续玻璃相中均匀分布有无数独立的小气泡，气密性很高。传热的过程主要是孔壁间的固相传热和气孔的对流和辐射传热，但气体被孔壁单独隔离，不能相互运动产生对流，所以传热效率很低，具有良好的保温隔热防潮的性能。此外，泡沫微晶玻璃还有不风化、不老化、无放射性、化学稳定性好等性能。

14.2.2 泡沫微晶玻璃制备原理与工艺

泡沫微晶玻璃的制备主要有粉末烧结法、有机浆料浸渍法、气凝胶法等。从工业和经济的角度，粉末烧结法是制备泡沫微晶玻璃的最常用方法。

14.2.2.1　制备原理

粉末烧结法中发泡和微晶化是 2 个重要环节。发泡过程可分为气泡成核、泡孔长大和泡体固化定型 3 个阶段。当温度达到混合料的软化温度或者低共熔点时，玻璃由固相变为液相，同时在化学势较低的稀薄区析出新的气相，形成气泡核；随着保温时间的延长，玻璃黏度降低，气泡核周围的气体因为气体浓度梯度差进入气泡核，促使气泡核长大形成泡孔；当泡孔长大至合适情况后，急剧降温，玻璃黏度增加使得泡体固化定型，得到泡沫玻璃。泡沫玻璃再进行微晶化处理即得到泡沫微晶玻璃。

泡沫玻璃的微晶化包括成核和晶体生长 2 个步骤。成核过程中需在玻璃组成中引入晶核剂，创造非均匀成核条件，使玻璃相中有大量的晶核均匀生成，一般来说，成核剂和初晶相之间的表面张力越小，或者它们之间的晶格常数越接近，成核就越容易。当形成稳定的晶核后，在适当的过冷度和过饱和度的条件下，熔体中的原子（或原子团）不断向晶核所在的表面迁移，达到适当的位置后，不断堆砌，然后生长。

14.2.2.2　工艺流程

泡沫微晶玻璃的生产工艺有“一步法”和“二步法”2 种。由于“二步法”便于工艺调节，并能及时观察泡沫玻璃的发泡质量状况，因此，目前大多数厂家都采用“二步法”。“二步法”泡沫微晶玻璃的工艺流程如图 14-3 所示。

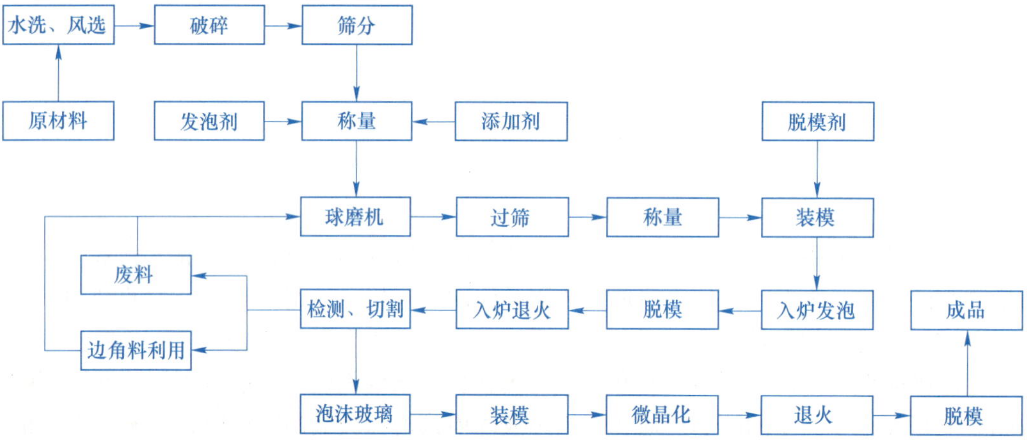

图 14-3　“二步法”泡沫微晶玻璃制备工艺流程

“二步法”有 2 个阶段，第一阶段，通过将玻璃原料预热、烧结、发泡、退火等，得到泡沫玻璃；第二阶段，将泡沫玻璃送入退火炉进行核化、晶化，得到成品。预热过程实现配合料的均匀受热，排除其中的自由水和结合水，升温速率一般保持在 5~8℃/min，升至 400℃左右再保温 20~30min；烧结阶段升温速率比预热快，一般为 8~10℃/min，快速升温是为了让配合料快速熔化，包裹住发泡剂，避免气体外溢；达到发泡温度后，需要保温 20~50min，可以使制品内外温度均匀，使之充分发泡，让泡孔长大；之后还需经稳泡、退火过程。在泡沫玻璃成核时要严格控制升温速度和成核温度，升温速度过快，晶体的形成会使玻璃黏度增大，阻碍原子迁移，会使表面开裂；而速率太慢，则会使晶体吞噬晶核，减少晶体数量。成核温度一般在 700~900℃之间，成核完成后，便以 3~5℃/min 的速率升温至800~1000℃，该温度适合晶体长大，晶化温度一般高于成核温度150~200℃。

14.2.3 尾矿和废石制备泡沫微晶玻璃实例

（1）魏述燕以北京地区泥状细颗粒铁尾矿为主要原料，选取碳酸钙、磷酸三钠和硼砂分别作为发泡剂、稳泡剂和助熔剂，采用烧结法和高温发泡工艺制备了铁尾矿泡沫微晶玻璃。

研究结果表明：当发泡剂含量为3%、发泡温度为875℃、发泡时间为30min时，所制备的泡沫微晶玻璃综合性能最好。所制得产品的体积密度为0.76g/cm^3、总气孔率为71.31%、抗压强度为13.46MPa、吸水率为7.85%。微晶玻璃开始析晶温度为800℃，主要晶相为普通辉石和透辉石，随着晶化温度的升高，晶粒数量增多并趋向规则化，同时晶粒成团聚集的趋势明显。

（2）孙强强等利用商洛市大西沟低硅铁尾矿为主要原料，以废玻璃为增硅剂，碳酸钙为发泡剂，二氧化钛和氟化钙作为复合晶核剂，采用粉末法二次烧结工艺制备微晶泡沫玻璃。

研究结果表明：当铁尾矿掺入量为45%、发泡剂碳酸钙加入量为2.0%时，在900℃发泡25min、1150℃微晶化处理2h后，制得了孔径为1.6~2.0mm、表观密度为1.335g/cm^3、抗压强度为19.78MPa、热导率为0.095W/(m·K)的微晶泡沫玻璃。

（3）范佳乐以钨尾矿为主要原料制备了泡沫微晶玻璃材料。

第一部分：以钨尾矿为原料制备泡沫微晶玻璃。

研究结果表明：钨尾矿最优加入量为50%；添加剂掺量分别为：发泡剂碳酸钙3%（质量分数）、稳泡剂磷酸三钠4%、助溶剂硼砂10%；热处理制度为：发泡温度800℃、析晶温度950℃。用分段式烧结法制备的泡沫微晶玻璃样品的性能更优，试样体积密度为0.768g/cm^3、孔隙率为68.43%、抗压强度为6.67MPa。

第二部分：在第一部分的钨尾矿泡沫微晶玻璃的基础上进行稀土氧化钇掺入和优化热处理工艺参数研究。

研究结果表明，最佳热处理制度为：发泡时间为30min、发泡温度为880℃、析晶温度为950℃、析晶时间为30min。经过分段式热处理工艺掺入不同氧化钇含量制备了泡沫微晶玻璃试样。其中，2%氧化钇含量（质量分数）的泡沫微晶玻璃试样性能表现最佳，其体积密度约为0.5~0.6g/cm^3、孔隙率为77.27%、吸水率约7.5%、平均孔径约1.02~1.44mm、抗压强度达10MPa。

14.2.4 固废制备泡沫微晶玻璃发展趋势

近年来，节能环保越来越受到国家重视，为泡沫微晶玻璃创造了巨大的发展与应用空间。虽然泡沫微晶玻璃在生产与研究上已取得了一定进展，但要实现大规模的工业化生产，给企业带来显著的经济效益，仍然存在一些问题需要解决。

（1）泡沫微晶玻璃是在制备泡沫玻璃的基础上发展起来的，在保证完整多孔结构的情况下，如何利用析晶增强泡沫微晶玻璃的性能，同时又降低析晶对发泡效果的不利影响，是一个亟待解决的问题。然而目前对于在发泡与析晶过程中有较大影响力的黏度与表面张力的研究仍存在不足，即对于随着温度与析晶程度的变化，影响泡沫微晶玻璃发泡效果的黏度与表面张力的变化规律，尚缺乏系统的理论研究。

（2）烧结法制备泡沫微晶玻璃生产工艺尚需改进。传统的一步法与二步法制备工艺均存在烧结温度高或耗时长的缺点，在研究新工艺和新方法的同时应注重降低烧结温度，缩短工艺流程，减少能耗，探究低温烧结制备泡沫微晶玻璃的方法。

（3）泡沫微晶玻璃生产中尾矿的掺入量均不高于 60%，且多使用废玻璃作为辅助原料。应多利用尾矿等工业废料的原有成分，结合现有的硅酸盐组分相图，建立更加完善的成分体系，为后续利用更多种类工业废料制备泡沫微晶玻璃奠定基础。

（4）目前对于泡沫微晶玻璃的固有特性，尤其是吸音、多孔、耐腐蚀等性能的利用不足。如果能实现泡沫微晶玻璃的多元化应用研究，例如，生物活性材料、隔音材料、净化材料等多功能材料的制备与使用，将有利于金属尾矿等工业废料的大规模高价值利用，促进泡沫微晶玻璃产业的发展。

能否有效地解决上述问题关乎金属尾矿泡沫微晶玻璃的研究和发展前景。应对金属尾矿成分进行精确计算与调控，提高金属尾矿的综合利用率与附加值，并结合泡沫微晶玻璃的最新成果，开发泡沫微晶玻璃的多元化应用，增强市场竞争力，逐步推进金属尾矿泡沫微晶玻璃的市场化。不断深入研究，优化和革新泡沫微晶玻璃的生产工艺，将使得尾矿泡沫微晶玻璃的应用前景更加广阔。

14.3　尾矿和废石制备装配式混凝土预制构件

发展和推广装配式建筑，是党和国家对建筑业转型升级的重要战略部署。国务院已明确提出，要根据促进供给侧结构性改革和新型城镇化发展的需要，通过大力发展钢结构、混凝土等装配式建筑，实现促进节能环保新型业态发展、提升建筑安全管理水平、化解企业过剩产能等目标。

装配式建筑的特点是标准化产品设计、工厂化产品生产、装配化施工建设、一体化装修安装、信息化建设管理，同时在工程技术上实现“设计、生产、施工一体化”和“建筑、结构、机电、装修一体化”。系统化是装配式建筑区别于传统建筑方法的内在特点和主要特征，而工厂化产品生产则是装配式建筑的高效率、高品质的保障，也是中国建造的核心新动能，是建筑业 4.0 最重要的技术革新方向。

天然砂石是配制装配式混凝土建筑构件必不可缺的材料之一。近年来，随着我国各地基础设施建设力度的不断加大和基础设施互联互通水平的不断提升，建筑行业对混凝土及其制品的需求量不断增长。由于天然砂石骨料的不可再生性及多年来的过量、过度利用，导致天然砂石资源的短缺，并出现了生态资源破坏、河岸桥梁坍塌、损毁航道等一系列问题与隐患。因此，选择合适的材料替代天然砂石解决原材料短缺的问题迫在眉睫。尾矿和废石的化学成分和建筑材料相近，都是由碳酸盐、硅酸盐矿物及黏土等成分组成，同时尾矿及废石的硬度较高，因此尾矿和废石应用于建筑材料有其先天的优势；此外，得益于装配式预制构件的精细化生产流程，可消除由于尾矿和废石种类复杂多样引起的限制，实现尾矿和废石的规模化利用。2014 年，《铁尾矿骨料混凝土应用技术规程》开始施行，促进了尾矿、废石在混凝土行业中的批量使用。将尾矿、废石大掺量应用于装配式混凝土预制构件中，不但能够解决装配式混凝土预制构件的原料来源问题，同时可把工业固废转变为再生资源，并促进尾矿、废石的多渠道规模消纳，减轻环境压力，促进建筑业的深度绿色发展，实现建筑产业和固废资源化产业的融合。

14.3.1 装配式混凝土预制构件分类及优点

14.3.1.1 装配式混凝土预制构件分类

装配式混凝土预制构件按照组成建筑的构件特征和性能可分为：

（1）预制楼板（预制空心板、预制实心板、预制叠合板、预制阳台等）；

（2）预制梁（预制实心梁、预制叠合梁、预制 U 型梁）；

（3）预制墙（预制实心剪力墙、预制空心墙、预制叠合式剪力墙、预制非承重墙）；

（4）预制柱（预制实心柱、预制空心柱）；

（5）预制楼梯（预制楼梯段、预制休息平台）；

（6）其他复杂异形构件（预制飘窗、预制转角外墙、预制整体厨房卫生间等）。

图 14-4 和图 14-5 分别为预制混凝土叠合板和预制混凝土楼梯。

图 14-4　预制混凝土叠合板

图 14-5　预制混凝土楼梯

装配式混凝土预制构件按照是否为承重结构可分为：

（1）装配式混凝土预制结构构件；

（2）装配式混凝土预制非结构构件。

装配式混凝土预制构件按照混凝土表观密度分为：

（1）装配式普通混凝土预制构件，即混凝土的干表观密度为 1950~2600kg/m^3；

（2）装配式轻质混凝土预制构件，即混凝土的干表观密度不大于 1950kg/m^3。

装配式轻质混凝土预制构件包括：装配式轻骨料混凝土预制构件、装配式多孔混凝土预制构件和装配式大孔混凝土预制构件。与普通混凝土预制构件相比，此类构件具有容重轻、弹性模量低、抗震性能好、保温性能良好、耐火性能较好等特点。按照容重大小、粗细骨料种类，装配式轻质预制构件的分类如表 14-3 所示。

表 14-3　装配式轻质预制构件分类

分类方法	种类	备　注
容重大小	预制轻质非结构构件	容重 500~1400kg/m^3，主要用作有保温墙体、屋面或各种热工构筑物的保温层
	预制轻质结构构件	容重 1400~1950kg/m^3、抗压强度 15~50MPa，主要用作工业与民用建筑，特别是高层建筑和桥梁工程的承重结构
粗骨料种类	预制工业废料轻骨料混凝土构件	工业废料轻骨料如粉煤灰、陶粒、自燃煤矸石等
	预制天然轻骨料混凝土构件	天然轻骨料如浮石、火山渣等
	预制人造轻骨料混凝土构件	人工轻骨料如黏土陶粒、页岩陶粒等
细骨料种类	预制全轻混凝土构件	粗细骨料均为轻骨料
	预制砂轻混凝土构件	粗骨料为轻骨料，细骨料全部或部分采用普通砂

14.3.1.2　装配式混凝土预制构件优点

装配式混凝土预制构件的主要优点有：

（1）构件的规格符合模数，构件较规范，有较大的适应性，能够把保温、隔热、水电管线布置等多种特点结合起来，产生良好的效益。

（2）预制构件施工时间短，资金收回较快。由于大大减少了现浇结构支模、拆模和混凝土养护，因此省去了现场浇筑和基础抹灰等环节，浇筑速度大为提高，也大大减少了材料投入回收环节，从而降低了整体成本，经济效益显著。

（3）施工简单。模板和现浇砼工程作业量很少，预先准备的楼板无须支护，叠合楼板模板较少；采取全预制或半预制的形式，现场湿作业大大减少，利于环境保护，同时降低了材料质量和能耗的损失。

（4）施工速度快，对施工周边的工作生活环境等影响很小。

（5）提高机械化程度，降低现场人力配置，促进安全生产等。

14.3.2　废石制备装配式混凝土预制结构构件

在建筑物结构施工图上的承重结构中，支承荷载起骨架作用的构件或由它们构成的整体，都称作结构构件。结构构件因其具有支撑荷载的功能，对整座建筑物来说十分关键。混凝土预制结构构件通常可概括为梁、板、柱三种形式，按使用功能可分为民用建筑结构构件、工业建筑结构构件及市政公路桥梁及配件。

下面以尾矿/废石大掺量制备装配式叠合板为例，阐述结构构件制备及工艺流程。叠合板是较为常见的装配式混凝土预制结构构件，主要用作公共建筑的楼面，为典型的预制-现浇相结合的构件，具有施工速度快、质量好、成本低的优点。利用废石制备装配式预制叠合板，是将废石通过破碎、筛分等工艺生产出具有良好级配和性能的机制砂石，作为混凝土构件的粗细骨料，通过合理的配合比调配和适当的外加剂，制备出工作性能、力学性能和耐久性能良好、满足施工质量要求和国家标准的叠合板产品。

14.3.2.1 原材料

制备装配式叠合板的原料包括：

（1）水泥：宜采用 42.5 普通硅酸盐水泥；

（2）废石粗骨料：粒径 5~20mm，含泥量不大于 1%；

（3）废石机制砂：细度模数为 2.2~2.8，含泥量不大于 3%；

（4）钢筋与钢型：规格形状应符合图纸要求，并有钢材出厂合格证；

（5）掺合料：一般选用 F 类一级粉煤灰、磨细尾矿等作为掺合料；

（6）外加剂：主要用聚羧酸高性能减水剂，也可加入其他辅助外加剂。

14.3.2.2 生产工艺流程

如图 14-6 所示，制备装配式叠合板的生产工艺流程为：模具清理—涂刷脱模剂—组装叠合板模板—涂刷界面剂—绑扎叠合板钢笼—构件埋件安装—混凝土浇筑振捣—构件静停养护—构件拆模—构件脱模—构件清洗—构件打号和修补—构件存放—构件运输。

（1）模具清理。每个模具的组拼处均采用刮板清理干净，确保无残留混凝土，以保证在组模时无尺寸偏差。需涂刷界面剂的模具表面要求无混凝土残渣。

（2）涂刷脱模剂。需涂刷脱模剂的模板须在绑扎钢筋笼之前进行涂刷，严禁脱模剂直接涂刷到钢筋笼上。涂刷完的边模，要求涂刷面水平向上放置。待 30min 后，脱模剂自然表干后方可组装模版。

（3）组装叠合板模板。按照对应构件的图纸尺寸在底模上拼装构件的侧模，侧模间通过螺栓、销子、磁盒等紧固装置连接，保证构件模具的整体性。

（4）涂刷界面剂。需涂刷界面剂的模板须在绑扎钢筋笼之前涂刷，严禁界面剂直接涂刷到钢筋笼上。涂刷完的边模，要求涂刷面水平向上放置。待 30min 后，界面剂自然表干后方可组装模版。

（5）绑扎叠合板钢筋笼。绑扎钢筋骨架前应先仔细核对钢筋料规格后再绑扎。

（6）构件埋件安装。埋件数量、规格位置均须满足图纸设计要求，确保埋件的锚固深度与垂直度，且埋件上口须封堵严密，以免进浆。

（7）混凝土浇筑振捣。混凝土浇筑时，全程应采用均匀连续浇筑，投料高度不得超过 500mm；混凝土从出机到浇筑时间及间歇时间不得超过 40min。夏季天气炎热施工时，混凝土拌合物入模温度控制在 35℃以下；冬期施工时，混凝土拌合物入模温度控制在 5℃以上。混凝土宜采用机械振捣方式，振捣棒插入间距不应比其振动作用半径大一倍。振捣时间宜根据拌合物稠度和振捣部位等不同情况，控制在 10~30s 内，当混凝土拌合物表面出现泛浆、基本无气泡溢出时，可视为捣实。混凝土拌合物在运输和浇筑成型过程中严禁加水。

（8）构件静停养护。混凝土养护可选择覆盖浇水和塑膜包裹覆盖的自然养护、化学环保膜养护。楼板、墙面板等较薄预制混凝土结构构件或在冬期生产预制混凝土构件，采用

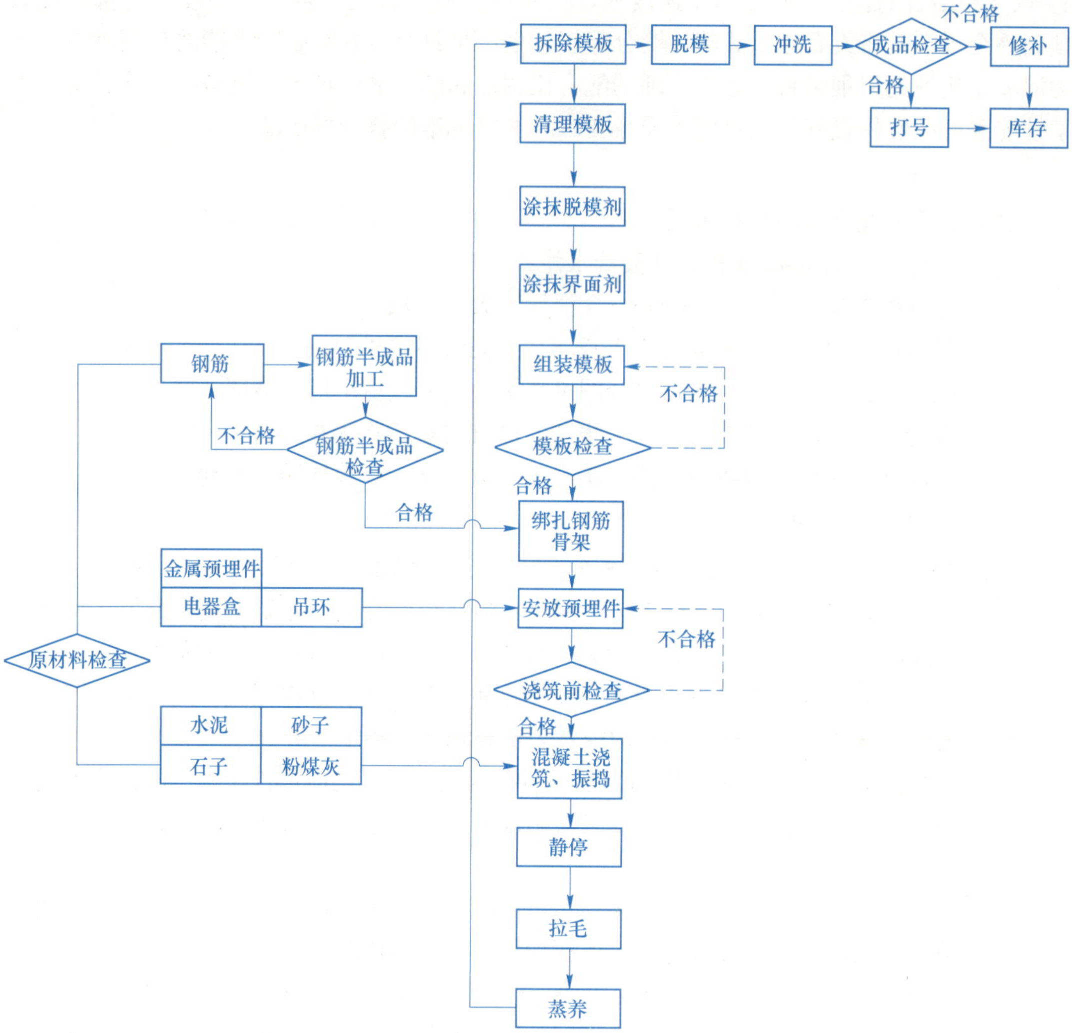

图 14-6 叠合板工艺流程图

蒸汽养护方式。构件蒸汽养护过程应严格控制升降温速率及最高工作温度，养护过程一般包括静停、升温、恒温和降温四个主要养护阶段，养护过程应遵循以下规定：

1）静停时间宜为 3h，并采用薄膜覆盖或加湿等措施以避免构件干燥；

2）升温速率应为 10~20℃/h，降温速率不宜超过 10℃/h；

3）叠合楼板构件冬期生产时，养护最高温度为 60℃，持续养护时间不应小于 4h；

4）构件脱模后，当混凝土表面温度和周围环境温差较大时，应立即采用覆膜养护。

（9）构件拆模。同条件试块的回弹强度均须满足混凝土强度不低于 20MPa，方可撤出养护措施并拆模。冬期施工的混凝土，拆模时需满足混凝土表面温度与周围环境温度不超过 20℃。

（10）构件脱模。预制混凝土构件脱模起吊时，应根据设计要求或具体生产条件确定所需的混凝土标准立方体抗压强度，并满足下列要求：

1）楼板等较薄预制混凝土构件起吊时，混凝土强度应不低于 20MPa；

2）构件脱模时应仔细检查以确认构件与模具之间的连接部分完全拆除后方能起吊；

3）构件起吊应满足吊点数量，保证各吊点同时受力、平稳起吊，特殊构件应采用专门的吊具进行起吊。

（11）构件清洗。构件完成后，清洗构件表面，保证叠合楼板的表面形成粗糙面厚约为 4mm 的效果。

（12）构件打号和修补。根据构件的类型和构件拆分、组装的位置对构件打号；同时对构件的受损部位，采用加胶砂浆或抗裂砂浆进行修补，修补后应加强养护。

（13）构件存放。构件的存放场地宜为混凝土硬化地面或经人工处理的自然地坪，以符合平整度和地基承载能力的规定，并有良好的排水措施。

（14）构件运输。构件出厂日混凝土强度实测值不应小于 30MPa；构件运输宜选用低平板车，并采用专用托架，构件与托架绑扎牢固。

14.3.3 尾矿制备装配式混凝土预制非结构构件

预制非结构构件一般专指用于连接整个建筑主体结构的各种预制构件，包括连接建筑主体构件、机电设备部件以及其附属系统。非结构构件一般具有以下几个特点：（1）预制非结构件绝大部分可以起到建筑隔音、隔热或者室内装饰等作用，不需要承受较大荷载；（2）非结构构件截面尺寸较小、角度较多；（3）非结构构件的种类、数量较多。常见的装配式预制非结构构件主要有飘窗、阳台、设备平台等。下面以尾矿大掺量制备蒸压加气混凝土为例阐述非结构构件制备方法及工艺流程。

蒸压加气混凝土是预制非结构构件的一种，属于特殊混凝土，与普通混凝土的不同之处在于其中不含粗骨料。蒸压加气混凝土主要原料包括硅质材料（主要提供 SiO_2）、钙质材料（主要提供 CaO）、胶凝材料（如水泥、石灰等）以及调节剂（如石膏）、发泡剂（如铝粉）等。以上原材料经过一系列工艺过程制成内部存在独立微小气孔的硅酸盐制品即为蒸压加气混凝土。其最大的特性在于加入发泡剂后可使其在碱性环境下发气，形成大量的封闭性孔洞，在密度以及保温隔音性能方面较其他建筑材料具有优越性。根据结构应用位置、受力条件等特点经过布筋后形成的板材制品称为蒸压轻质混凝土板，简称 ALC（autoclaved lightweight concrete）板。这种板材主要应用于外墙、内墙、屋面板。多种金属矿石选矿后产生的尾矿砂多以 SiO_2 为主，如多数高硅型铁尾矿的 SiO_2 含量≥70%，在化学成分组成上与硅砂类似。研究发现，尾矿可以在一定程度上替代硅砂制备蒸压加气轻质混凝土。

蒸压加气混凝土生产过程中有 2 个重要阶段，一是发气膨胀阶段，二是稠化硬化阶段。发气膨胀阶段是从加入发泡剂后开始的，主要原材料混合搅拌后，其中的胶凝材料（水泥、石灰）开始发生水化反应并逐渐析出氢氧化钙，导致料浆整体呈碱性（pH 值为 12 左右），铝粉与碱性溶液相互作用，发生如下反应：

$$2Al + 3O_2 = 2Al_2O_3 \tag{14-1}$$

$$2Al + 6H_2O = 2Al(OH)_3 + 3H_2\uparrow \tag{14-2}$$

$$Al_2O_3 + 2OH^- = 2AlO_2^- + H_2O \tag{14-3}$$

$$Al(OH)_3 + OH^- = AlO_2^- + 2H_2O \tag{14-4}$$

$$2Al + 3Ca(OH)_2 + 6H_2O = 3CaO \cdot Al_2O_3 \cdot 6H_2O + 3H_2\uparrow \tag{14-5}$$

可见，铝粉与碱性料浆发生反应生成氢气，由于这些氢气在水中的溶解度很小，并且随着温度的上升（石灰消解及外部环境温度），氢气体积增大，所以导致混凝土料浆很快发生体积膨胀。

蒸压加气混凝土料浆流动性逐渐减小的过程称为稠化过程。如上所述，主要原材料混合搅拌后，胶凝材料（水泥、石灰）便开始发生水化反应，水泥中的 C_2S、C_3S、C_3A、C_4AF 与水发生水化作用。水化过程持续的时间较发气膨胀过程长，并且反应消耗体系中大量的自由水，液相中的水化产物不断增加，累积到一定量后以晶体形式析出。这一过程的不断进行使得晶体逐渐生长，加气混凝土料浆便开始具有能支承自重的结构强度，达到初凝状态；在其后的蒸压过程中，加气混凝土发生进一步的硬化反应。$Ca(OH)_2$ 与 SiO_2 在 1.2MPa、180℃的蒸压条件下会发生如下化学反应：

$$\equiv \text{Si—O—Si} \equiv + OH^- + Ca^{2+} + H_2O \rightarrow \text{C-S-H} \xrightarrow{\text{蒸压养护}} C_5S_6H_5 \quad (14\text{-}6)$$

当反应开始时，温度较低，$Ca(OH)_2$ 与 SiO_2 的反应是通过吸附、扩散方式进行的，在蒸压加气混凝土坯体内部形成高碱性水化硅酸钙晶体。随着温度的升高及反应的继续进行，高碱性水化硅酸钙不断遭到破坏，开始转变为低碱性水化硅酸钙晶体，最终产物为托贝莫来石（$C_5S_6H_5$）。

掺有水泥的蒸压加气混凝土，在蒸压过程中，SiO_2 不仅与 C_2S 和 C_3S 反应，而且还与 C_3A 和 C_4AF 发生作用生成水石榴子石、半结晶性水化硅酸钙 CSH(B) 等，并析出 $Ca(OH)_2$；这些半结晶性 CSH(B)和 $Ca(OH)_2$ 又与 SiO_2 反应生成托贝莫来石。

装配式建筑用蒸压加气混凝土外墙板的主要工艺流程如图 14-7 所示。

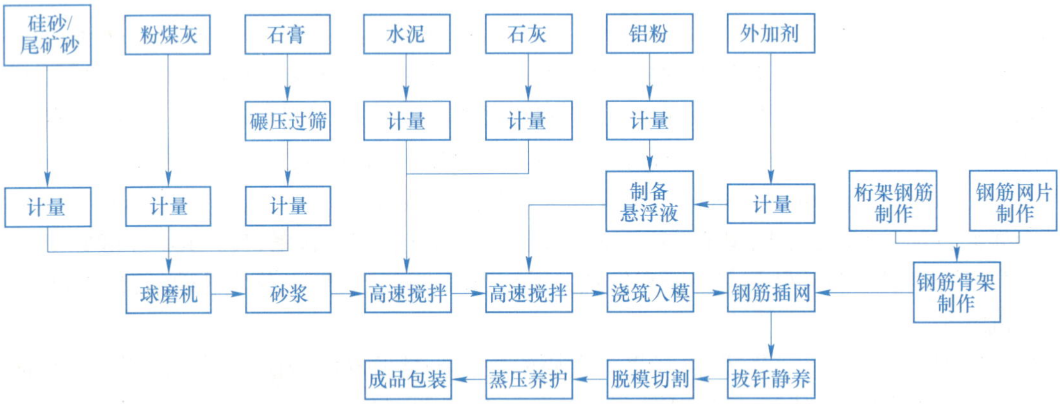

图 14-7　蒸压加气轻质混凝土板制备工艺流程

ALC 板产业化制备过程与实验室制备过程类似，各类原材料在经过准确计量并且在模具已就位的前提下进行混合搅拌，料浆在浇注过程中对温度控制有一定要求（约 45℃），如发现浇注工艺温度不够，可在浇注过程中向搅拌罐通蒸汽进行外补热，发泡剂和外加剂需要另配置成溶液或悬浮液才可加入料浆中，目的是更好与料浆混合，应在装模前 0.5～1min 加入。

浇注后模具即可进入恒温恒湿养护室进行发气初凝，室温为80℃左右，过程持续时间为3~4h，经过此阶段后胚体具有一定的热固化强度，便于进行后续的脱模处理以及胚体切割两个关键步骤；在ALC板工业化生产过程中，先前切割胚体产生的边角废料也可作为生产原材料的一部分，其与发泡剂与外加剂一样，不可直接以固体形式加入，需加水制成废料浆，待配料时使用。

蒸压加气混凝土产生强度的关键影响因素在于蒸压养护制度。相关研究表明，托贝莫来石等各种存在于蒸压加气混凝土中的水化产物只有在175℃以上时才有可能大量析出，因此，蒸压温度必须保持在175℃及以上并且能够连续保持一定的工作时间，才能使制品具有良好的综合物理性能。工业化生产蒸压加气混凝土的蒸压时间一般为10h左右。

14.3.4 尾矿和废石制备装配式轻质混凝土预制构件

轻质混凝土预制构件在降低建筑物自重，提升其保温、隔声、防火等性能方面优势明显。该种材料还具有美观性和经济性的特点，有利于建筑施工成本的控制以及建筑安全性与创新性的提高。因此，轻质混凝土预制构件的应用已经成为装配式建筑行业发展的必然趋势。

尾矿和废石主要是由硅氧化物、铝氧化物、硅酸盐、碳酸盐及黏土矿物等组成的复合矿物原料。与一些建筑材料的原料较为接近，可以根据尾矿和废石的矿物组成特性制备轻质混凝土预制构件的生产原材料，实现尾矿和废石的资源化综合利用。因此，如何大宗、高效利用尾矿和废石制备轻质混凝土预制构件成为建筑材料领域研究的热点。

利用尾矿制备装配式混凝土预制轻质构件，首先是利用尾矿制备轻质陶粒集料，通过集料大幅度降低预制构件的容重；然后是以轻质陶粒集料为原料，通过预制构件生产工艺流程制备轻质预制构件。

采用轻质陶粒集料配制容重不大于1950kg/m^{3}的陶粒混凝土，在此基础上采用流动方式和固定方式生产工艺制备轻质混凝土预制构件。流动方式生产工艺是生产模具在构件生产线上移动，包括受控生产线、半自动生产线和全自动流生产线。固定方式生产工艺是生产模具处于构件生产线固定位置，包括立模、固定模台和预应力生产流程。立模生产流程、设备、场地配制等与固定模台流程相似。因此，主要对固定模台生产流程进行介绍。

固定模台工艺流程如图14-8所示。主要包括原材料采购（主要指矿山固废轻质陶粒混凝土）、模台与侧模固定。首先将模具按照设计图进行组装，随后将加工好的钢筋龙骨按照规定放入模具中，在龙骨放置过程中将所需预埋件（支撑件、脱模件、反转件等）安装到位，然后将轻质混凝土注入模具中，完成浇筑后覆盖混凝土表面，最后采用蒸汽养护加速构件强度发展使其达到脱模要求，脱模后对构件进行检查，将合格产品以及修补后符合产品质量要求的产品按要求储存，构件强度达到设计强度75%后可安排构件装运。

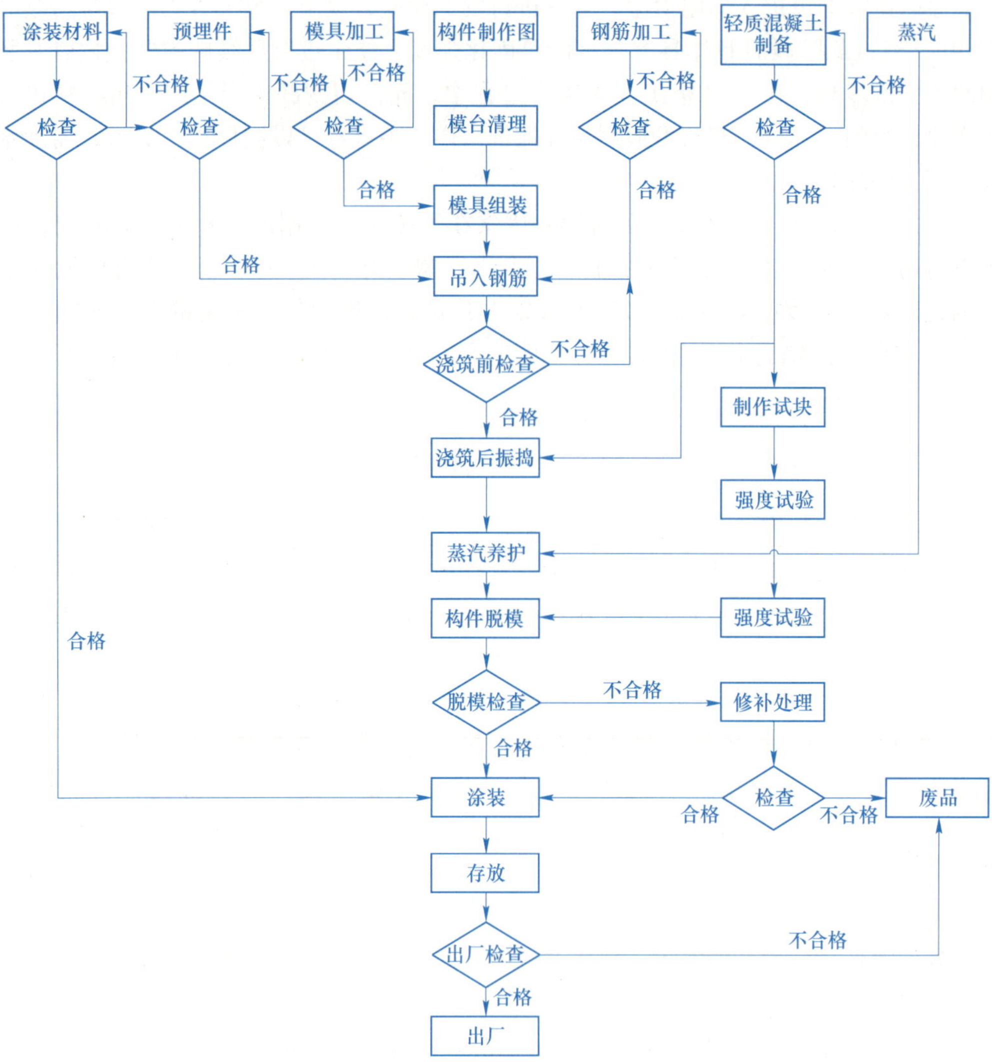

图 14-8　固定模台工艺流程

14.4　其他高附加值利用

14.4.1　尾矿制备纳米二氧化硅

纳米材料自问世以来一直引起了人们的极大关注。由于硅醇基和活性硅烷键能形成强弱不等的氢键结合，纳米二氧化硅具有吸湿、消光、绝热、绝缘等特殊性能，因此可广泛应用于催化剂载体、高分子复合材料、电子封装材料、精密陶瓷材料、橡胶、造纸、塑料、玻璃钢、黏结剂、高档填料、密封胶、涂料、光导纤维、精密铸造等诸多行业中。

尾矿中的二氧化硅占比较高，因此是制备纳米二氧化硅的良好原材料。尾矿粒度相对于晶体或单晶体而言较细，具有较大的反应界面，反应放热多，使反应速度加快；同时，由于尾矿的颗粒细小，不需要对尾矿进行研磨等前期处理，降低了成本。此外，细小的尾矿颗粒比面积较大，与溶剂的接触面积相应增加，使反应速度加快，降低了溶剂的用量。利用尾矿制备纳米二氧化硅分为两步：第一步是对二氧化硅进行提取，将尾矿中的 SiO_2 转化为硅酸钠（Na_2SiO_3）；第二步是以尾矿制备的硅酸钠提取液为原料，通过超声沉淀法制备纳米二氧化硅。

14.4.1.1 二氧化硅提取

以尾矿、碱性溶剂（如氢氧化钠等）为原料采用高温固相反应法将二氧化硅转化为硅酸钠，然后用蒸馏水溶解出硅酸钠，达到提取的目的。其反应式（式中 s 表示固态，g 表示气态）为：

$$SiO_2(s) + 2NaOH(s) \longrightarrow Na_2SiO_3(s) + H_2O(g) \tag{14-7}$$

提取 SiO_2 的工艺流程如图 14-9 所示。

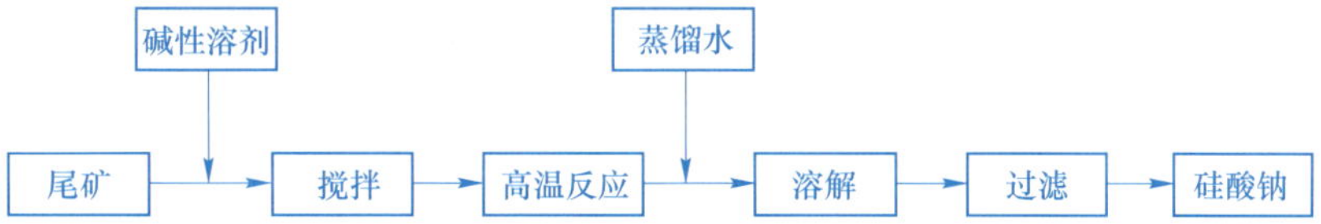

图 14-9 提取 SiO_2 的工艺流程

14.4.1.2 纳米二氧化硅制备

以尾矿的硅酸钠提取液、盐酸为原料，通过液相超声沉淀法制备纳米二氧化硅，其生产原理为：

$$Na_2O \cdot mSiO_2 + 2HCl + nH_2O \longrightarrow mSiO_2 \cdot (n+1)H_2O \downarrow + 2NaCl \tag{14-8}$$

制备纳米二氧化硅工艺流程如图 14-10 所示。

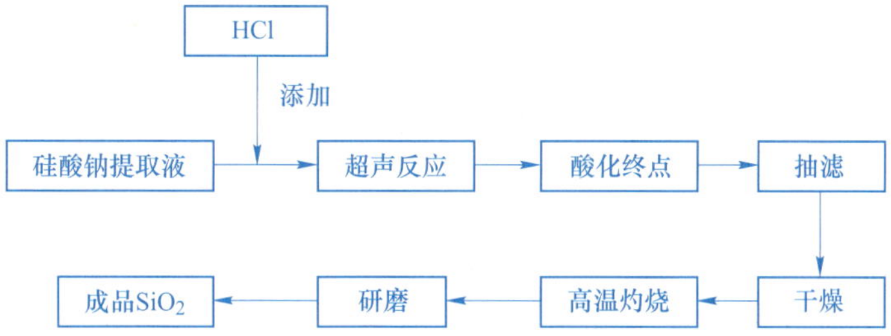

图 14-10 纳米 SiO_2 的制备工艺流程

在纳米二氧化硅制备过程中，超声波能够提高产品的分散性，有效防止纳米粒子的团聚，同时能够控制产品的粒径，使产品的粒子分布范围缩窄，有效地提高了产品性能。

14.4.2 尾矿和废石制备硅铝聚合材料

矿物聚合材料原意是指由地球化学作用形成的铝硅酸盐矿物聚合物。古代混凝土、砂浆建筑物具有非常优异的耐久性能，它们能在比较恶劣的环境中保持几千年甚至上万年而不损坏。与之相比，在相同的服役条件下，用硅酸盐水泥制备的现代混凝土平均仅有 40~50 年的寿命，最长的也不超过 100 年，短的仅仅几年就发生严重破坏，这是因为古代混凝土采用石灰石、高岭土、天然碳酸钙等原料制备，其中含有硅酸盐水泥所没有的一种无定形物质，该物质的结构与有机高分子聚合物的三维架状结构相似，但其主体为无机的 [SiO_4] 和 [AlO_4] 四面体，称为地聚合物。

14.4.2.1　硅铝聚合材料基本特性

硅铝聚合材料是一类由铝硅酸盐胶凝成分黏结的化学键陶瓷材料，以烧黏土（偏高岭土）或其他以硅、铝、氧为主要元素的硅铝质材料为主要原料，经适当的工艺处理，在较低温度条件下通过化学反应得到的一类新型无机聚合物材料。在国内，硅铝聚合物亦称为地聚合物材料、人造矿物聚合物、地质聚合物、土壤聚合物、土聚水泥等。

聚合反应得到的硅铝聚合材料是由聚合的硅氧铝网络结构构成，其基本结构单元 [SiO_4] 和 [AlO_4] 四面体通过共用氧原子交替结合。硅元素以稳定的+4 价态存在，因此硅氧四面体呈电中性；铝氧四面体中的铝元素是+3 价态，却与四个氧原子结合成键，因此铝氧四面体显电负性，需要阳离子（如 K^+、Na^+）的出现来平衡体系中的负电荷，总的结果使体系显电中性。

硅铝聚合材料的结构通式为：

$$M_x[—(Si—O_2)_z—Al—O_2—]_n \cdot wH_2O \tag{14-9}$$

式中　M——碱金属元素；

x——碱金属离子的数目；

z——硅铝比，可以是 1、2 或 3；

n——缩聚度；

w——化学结合水的数目，为 0~4。

由于硅铝聚合物材料具有类似有机高聚物的链接结构，且能够与矿物颗粒表面的 [SiO_4] 和 [AlO_4] 四面体通过脱羟基作用形成化学键，其终产物以离子键和共价键为主，范德瓦尔斯键和氢键为辅，因而兼有有机高聚物、陶瓷、水泥的特点，又不同于上述材料，具有以下优点。

（1）具有较好的快硬固化性和早强性。传统水泥固结硬化的时间一般为 10~12h，而矿物聚合材料在 2~4h 就固结硬化了；一般 24h 强度可达到 15~30MPa，28d 强度可达到 30~60MPa。

（2）强度高。它与一般矿物颗粒或废弃物颗粒具有良好的界面亲和性，因此这类材料的抗折强度较高，其主要力学性能指标优于玻璃与水泥，与陶瓷及铝、钢等金属材料相当。

（3）在凝结硬化和使用过程中具有良好的体积稳定性。通常，7d 线收缩率只有普通水泥的 1/7~1/5，28d 的线收缩率只有普通水泥的 1/9~1/8。同时高温体积稳定性也极好，其 400℃下的线收缩率为 0.2%~1%，800℃下的线收缩率为 0.2%~2%，可以保持 60%以上的原始强度。

（4）具有较强的耐腐蚀性和较好的耐水热性。耐腐蚀性和耐水热性大大优于传统的水泥材料，在 5%硫酸溶液中的分解率只有硅酸盐水泥的 1/13；在 5%盐酸溶液中的分解率只有硅酸盐水泥的 1/12。

（5）耐高温，隔热效果好。其基体相可能具有类沸石型结构，因而其密度较低，通过加入适量的发泡剂，并采用天然铝硅酸盐矿物或工业固体废物（如粉煤灰、膨胀珍珠岩等）轻质骨料，可进一步降低气体密度和热导率，制备出具有良好保温隔热和防火性能的新型轻质建筑材料。这种材料可抵抗1000~1200℃高温的炙烤而不损坏，热导率为0.24~0.38W/(m·K)，可与轻质耐火黏土砖的热导率(0.3~0.438W/(m·K))相媲美。

除以上优点外，硅铝聚合材料还有原料来源广泛；增韧和增强外加剂的选择范围广；具有笼型结构、渗透率低、可开发出许多新的功能用途（例如：用作核放射元素的固封材料）等特点。

14.4.2.2 制备工艺及反应原理

硅铝聚合材料与矿物聚合物的生产工艺相通，如图14-11所示。矿物聚合物通常是由适量偏高岭土和少量碱性激发剂溶液与大量天然或人工硅铝质材料相混合，在低于150℃下甚至常温条件下养护所得到的不同强度等级的水泥熟料胶凝材料，矿物聚合材料的形成过程主要分4个阶段。

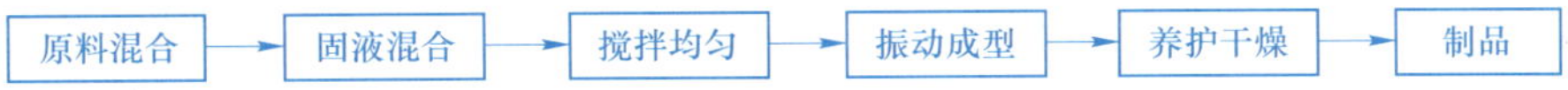

图14-11 矿物聚合物的生产工艺

（1）固体原料在碱性溶液（NaOH、KOH）中的溶解（其中硅铝组分的溶解和络合反应是同时进行的）。在Al、Si浓度很低的条件下，溶解反应形成单聚物、二聚物。随着高浓度硅酸阴离子的加入，将会形成四聚物、五聚物、六聚物、八聚物、九聚物及其化合物。

（2）溶解的铝硅配合物由固体颗粒表面向颗粒间隙扩散。在扩散过程中由于溶解反应生成的硅、铝络合物粒子在溶液中形成的浓度梯度以及带电粒子之间的库仑力作用，致使这些络合物粒子在固体颗粒之间的空隙中分散、迁移。

（3）凝胶相$[M_x(AlO_2)_y(SiO_2)_z \cdot nMOH \cdot mH_2O]$的形成，导致碱硅酸盐溶液和铝硅配合物之间发生聚合反应。在库仑静电引力作用下发生的阴阳离子配对的浓缩反应在溶解络合阶段形成$Al(OH)_4^-$和正硅酸阴离子，与碱金属阳离子发生离子配对反应，生成$M+Al(OH)_4^-$单聚物和硅酸盐的单聚物、二聚物、三聚物阴离子团。这些离子团为形成后续的聚合度更高的铝硅酸盐聚合物奠定了物质基础。

（4）凝胶相逐渐排除多余水分而固结硬化。在固体混合物料中加入碱硅酸盐溶液后，随着水合、络合、聚合反应的进行生成凝胶相的反应达到平衡。从胶体溶液中析出的凝胶相包覆在未溶解的固体颗粒表面，形成凝胶体膜层。最初，包覆有凝胶体膜层的未溶颗粒相互分离，整个体系仍具有可塑性。随着反应的进行，凝胶体膜层不断增厚，并扩展填充固体颗粒间隙而形成网状结构，非结构水逐渐蒸发排出，最终导致整个反应体系逐渐固结硬化，形成具有良好力学性能的矿物聚合材料。

参考文献

[1] 潘家华．生态文明建设的理论构建与实践探索［M］．北京：中国社会科学出版社，2019.

[2] 江泽民文选：第1卷［M］．北京：人民出版社，2006.

[3] 胡锦涛总书记在庆祝中国共产党成立90周年大会上的讲话学习读本［M］．北京：人民出版社，2011.

[4] 马克思．1844年经济学哲学手稿［M］．3版．北京：人民出版社，2000.

[5] 马克思，恩格斯．马克思恩格斯选集［M］．北京：人民出版社，1972.

[6] 决胜全面建成小康社会 夺取新时代中国特色社会主义伟大胜利［M］．北京：人民出版社，2017.

[7] 习近平．之江新语［M］．杭州：浙江人民出版社，2007.

[8] 中共中央文献研究室．习近平关于全面建成小康社会论述摘编［M］．北京：中央文献出版社．2016：171.

[9] 中共中央文献研究室．习近平关于社会主义生态文明建设论述摘编［M］．北京：中央文献出版社，2017.

[10] 习近平．习近平谈治国理论［M］．北京：外文出版社，2018.

[11] 中共中央宣传部．习近平新时代中国特色社会主义思想学习问答［M］．北京：人民出版社，2021.

[12] 习近平．推动我国生态文明建设迈上新台阶［J］．奋斗，2019（3）：1-16.

[13] 习近平．推动我国生态文明建设迈上新台阶［J］．新华月报，2019（8）：9-17.

[14] 李干杰．以习近平生态文明思想为指导坚决打好污染防治攻坚战［J］．时事报告（党委中心组学习），2018（4）：39-53.

[15] 中共中央党史和文献研究院．习近平关于总体国家安全观论述摘编［M］．北京：中央文献出版社，2018：252.

[16] 中共中央宣传部．习近平总书记系列重要讲话读本［M］．北京：人民出版社，2016：240.

[17] 全国干部培训教材编审指导委员会．推进生态文明建设美丽中国［M］．北京：人民出版社、党建读物出版社，2019：15.

[18] 郭庆藩．庄子集释［M］．北京：中华书局，1961.

[19] 马克思，恩格斯．马克思恩格斯选集：第1卷［M］．北京：人民出版社，1995：81-82.

[20] 陶焘．马克思异化劳动思想的生态意蕴［J］．湖湘论坛，2021，34（6）：37-44.

[21] 马克思，恩格斯．马克思恩格斯全集：第26卷［M］．北京：人民出版社，2014.

[22] 刘培哲．当代环境意识、环境问题和经验教训［M］．北京：海洋出版社．1993.

[23] 马克思，恩格斯．马克思恩格斯文集：第9卷［M］．北京：人民出版社，2009：560.

[24] 保罗·奥奎斯特．人类安全：一种政策框架的基本要素［M］．焦兵，译．国际社会科学杂志：中文版，2008.

[25] 张文静．美国跨阿拉斯加石油管道建设的技术争议与环保影响［J］．历史教学（下半月刊），2020（5）：38-47.

[26] 周光迅，武群堂．新世纪全球性“生态危机”的加剧与生态文明建设［J］．自然辩证法研究，2008（9）：73-78.

[27] 顾晓薇，王青．可持续发展的环境压力指标及应用［M］．北京：冶金工业出版社，2005.

[28] 顾晓薇，任凤玉，战凯，等．采矿学［M］．3版．北京：冶金工业出版社，2021.

[29] 徐中民，张志强，程国栋．生态经济学理论方法与应用［M］．郑州：黄河水利出版社，2003.

[30] Rees W E. Ecological footprint and appropriated carrying capacity: What urban economics leaves out [J]. Environment and Urbanization, 1992, 4 (2): 121-130.

[31] Wackernagel M, Rees W E. Our ecological footprint: Reducing human impact on the earth [M]. Gabriela

Island: New Society Publishers, 1996.

[32] Wackernagel M, Onisto L, Bello P, et al. National natural capital accounting with the ecological footprint concept [J]. Ecological Economics, 1999, 29 (3): 375-390.

[33] Simmons, Lewis, Barrett . Two feet-two approaches: a component-based model of ecological footprinting [J]. Ecological Economics, 2000, 32 (3): 375-380.

[34] Wackernagel M, et al. Tracking the ecological overshoot of the human economy [J]. Proceedings of the National Academy of Sciences, 2002, 99 (14): 9266-9271.

[35] Inter-agency Expert Group on SDG Indicators. Global indicator framework for the Sustainable Development Goals and targets of the 2030 Agenda for Sustainable Development [EB/OL]. https://unstats. un. org/sdgs/ indicators/indicators-list/.

[36] 邵超峰，陈思含，高俊丽，等．基于 SDGs 的中国可持续发展评价指标体系设计 [J]. 中国人口·资源与环境，2021，31 (4)：1-2.

[37] Board M E A. Millennium ecosystem assessment ecosystems and human well-being: synthesis [M]. Washington DC: Island Press, 2005.

[38] 高艳妮，张林波，李凯，等．生态系统价值核算指标体系研究 [J]. 环境科学研究，2019，32 (1)：58-65.

[39] 国家发改委，国家统计局，环境保护部，等．发展改革委印发《绿色发展指标体系》《生态文明建设考核目标体系》[EB/OL]. http://www. gov. cn/xinwen/2016-12/22/content_5151575. htm.

[40] 国家发展改革委．国家发展改革委关于印发《美丽中国建设评估指标体系及实施方案》的通知 [EB/OL]. https://www. ndrc. gov. cn/xxgk/zcfb/tz/202003/t20200306_1222531_ext. html? from = timeline&isappinstalled=0.

[41] 张杰，刘清芝，石隽隽，等．国际典型可持续发展指标体系分析与借鉴 [J]. 中国环境管理，2020，12 (4)：89-95.

[42] 高泳波．科学技术视野下的可持续发展问题研究 [D]. 武汉：华中师范大学，2003.

[43] 袁超义．流域梯级水电基本开发模式及其对生态环境影响研究 [D]. 武汉：华中科技大学，2007.

[44] 李周．生态经济理论与实践进展（续）[J]. 林业经济，2008 (10)：6-11.

[45] 张敏．全球生态危机与中国可持续发展 [D]. 南京：南京师范大学，2005.

[46] 李周．中国生态经济理论与实践的进展 [J]. 江西社会科学，2008 (06)：7-12.

[47] 张丽萍．黄土丘陵区上黄试区农业生态经济系统演变过程研究 [D]. 咸阳：西北农林科技大学，2008.

[48] 宋广喜．中国石油天然气股份有限公司建设资源节约型企业对策研究 [D]. 大连：大连理工大学，2006.

[49] 赵连栋．秦皇岛市城市供水可持续发展研究 [D]. 天津：天津大学，2003.

[50] 常战英，范韬．关于环境保护的可持续发展 [J]. 工业安全与环保，2002 (6)：3-7.

[51] 赵晓玲．西藏农牧民受教育程度与农村经济发展关系研究——以林芝地区为例 [D]. 成都：四川农业大学，2008.

[52] 华中资讯网．中国碳达峰、碳中和研究报告发布首次提出以中国能源互联网实现减排目标 [EB/OL]. http://www. huazhongnew. cn/caijing/2021/0322/992. html.

[53] 国家电力投资集团有限公司，中国国际经济交流中心．中国碳达峰碳中和进展报告（2021）[M]. 社会科学文化出版社，2021.

[54] 吕潭华．可持续发展评价指标体系研究 [D]. 厦门：厦门大学，2002.

[55] 孙家楠．基于生态经济理论的工业企业安全投入产出分析 [D]. 沈阳：沈阳航空航天大学，2010.

[56] 蒋耀．基于综合评价理论的区域可持续发展研究 [D]. 上海：上海交通大学，2008.

[57] 吕光明，何强．生态承载力综合测度方法的系统分析［J］．经济问题探索，2008（11）：122-127.
[58] 陈晓．基于生态经济学模型的新疆可持续发展度量研究［D］．乌鲁木齐：新疆大学，2005.
[59] 鲜祖德，巴运红，成金璟．联合国2030年可持续发展目标指标及其政策关联研究［J］．统计研究，2021，38（1）：4-14.
[60] 刘秀丽，张勃，杨艳丽，等．五台山地区森林生态系统服务功能价值评估［J］．干旱区研究，2017，34（3）：76-80.
[61] 张锐，罗红霞，张茹蓓，等．重庆市植被净初级生产力估算及其生态服务价值评价［J］．西南大学学报（自然科学版），2015，37（12）：40-46.
[62] 柳碧晗，郭继勋．吉林省西部草地生态系统服务价值评估［J］．中国草地，2005，27（1）：12-16.
[63] 赵金龙，王泺鑫，韩海荣，等．森林生态系统服务功能价值评估研究进展与趋势［J］．生态学杂志，2013，32（8）：2229-2237.
[64] 宋明华，刘丽萍，陈锦，等．草地生态系统生物和功能多样性及其优化管理［J］．生态环境学报，2018，27（6）：1179-1188.
[65] 谢高地，张钇锂，鲁春霞，等．中国自然草地生态系统服务价值［J］．自然资源学报，2001，16（1）：47-53.
[66] 王青，胥孝川，顾晓薇，等．金属矿床露天开采的生态足迹和生态成本［J］．资源科学，2012，34（11）：2133-2138.
[67] 顾晓薇，胥孝川，王青，等．矿山开采的生态成本［J］．东北大学学报（自然科学版），2013，34（4）：594-597.
[68] 顾晓薇，胥孝川，王青，等．露天矿最终境界的经济-生态一体化优化［J］．东北大学学报（自然科学版），2013，34（9）：1347-1351.
[69] Xu X C，Gu X W，Wang Q，et al. Production scheduling optimization considering ecological costs for open pit metal mines［J］. Journal of Cleaner Production，2018，180（4）：210-221.
[70] Xu X C，Gu X W，Wang Q，et al. Ultimate pit optimization with ecological costs for open pit metal mines［J］. Transactions of Nonferrous Metals Society of China，2014，21（5）：1531-1537.
[71] 胥孝川．生态成本内生化的金属露天矿境界—开采计划整体优化研究［D］．沈阳：东北大学，2015.
[72] 肖骁，穆治霖，赵雪雁，基于RS/GIS的东北地区森林生态系统服务功能价值评估［J］．生态学杂志，2017（11）：306-312.
[73] 张宏武．我国的能源消费和二氧化碳排出［J］．山西师范大学学报（自然科学版），2001，15（4）：64-69.
[74] 赵同谦，欧阳志云，贾良清，等．中国草地生态系统服务功能间接价值评价［J］．生态学报，2004，24（6）：1101-1110.
[75] 赵同谦，欧阳志云，郑华，等．中国森林生态系统服务功能及其价值评价［J］．自然资源学报，2004，19（4）：480-491.
[76] 黄宗理．地球科学大辞典：应用学科卷［M］．北京：地质出版社，2005.
[77] 谭绩文．矿山环境学［M］．北京：地震出版社，2008.
[78] 梁玉军．矿业建设项目竣工验收管理实务［M］．北京：煤炭工业出版社，2003.
[79] 尹国勋．矿山环境保护［M］．徐州：中国矿业大学出版社，2010.
[80] 郑明生．低碳环保下矿山环境监测策略探究［J］．世界有色金属，2020（10）：295-296.
[81] 陈奇．矿山环境治理技术与治理模式研究［D］．北京：中国矿业大学（北京），2009.
[82] 卞正富．矿山生态学导论［M］．北京：煤炭工业出版社，2015.
[83] 全国二级建造师执业资格考试用书编写委员会．矿山工程管理与实务［M］．北京：中国建筑工业

出版社，2017.
[84] 王罗春. 环境影响评价 [M] 北京：冶金工业出版社，2012.
[85] 章丽萍，何绪文. 环境影响评价 [M]. 北京：煤炭工业出版社，2015.
[86] 章丽萍，张春晖. 环境影响评价 [M]. 北京：化学工业出版社，2019.
[87] 金腊华. 环境影响评价 [M]. 北京：化学工业出版社，2015.
[88] 谢磊，王安，田梅霞. 浅谈环境影响评价在绿色矿山建设中的重要作用 [J]. 河南建材，2018，000 (002)：123-124.
[89] 梁学功，赵海珍. 强化生态影响评价提高环境评价质量——《环境影响评价技术导则 生态影响》解读 [J]. 环境保护，2011 (15)：8-11.
[90] 刘永祺，丁厚灿，陈西平，等. 矿山开发建设项目环境影响评价的特点与方法探讨 [J]. 四川环境，1999 (1)：50-52.
[91] 王本法. 浅谈污染型建设项目环境影响评价中的工程分析 [J]. 资源节约与环保，2013，000 (012)：147.
[92] Geladi P, MacDougall D, Martens H. Linearization and scatter-correction for near-infrared reflectance spectra of meat [J]. Applied Spectroscopy, 1985, 39 (3): 491-500.
[93] Fystro G. The prediction of C and N content and their potential mineralisation in heterogeneous soil samples using Vis-NIR spectroscopy and comparative methods [J]. Plant and Soil, 2002, 246 (2): 139-149.
[94] 浦瑞良，宫鹏. 高光谱遥感及其应用 [M]. 北京：高等教育出版社，2000.
[95] Stoner E R, Baumgardner M F. Characteristic variations in reflectance of surface soils [J]. Soil Science Society of America Journal, 1982, 45 (6): 1161-1165.
[96] 洪永胜，于雷，朱亚星，等. 基于 EPO 算法去除水分影响的土壤有机质高光谱估算 [J]. 土壤学报，2017, 54 (5)：1068-1078.
[97] Dalal R C. Simultaneous determination of moisture, organic carbon, and total nitrogen by near infrared reflectance spectrophotometry [J]. Soil Science Society of America Journal, 1986, 50 (1): 120-123.
[98] Lobell D B, Asner G P. Moisture effects on soil reflectance [J]. Soil Science Society of America Journal, 2002, 66 (3): 722-727.
[99] 朱永豪，邓仁达，卢亚非，等. 不同湿度条件下黄棕壤光谱反射率的变化特征及其遥感意义 [J]. 土壤学报，1984 (2)：194-202.
[100] 黄应丰，刘腾辉. 土壤光谱反射特性与土壤属性的关系——以南方主要土壤为例 [J]. 土壤通报，1989 (4)：158-160.
[101] Weidong L, Baret F, Xingfa G, et al. Relating soil surface moisture to reflectance [J]. Remote Sensing of Environment, 2002, 81 (2): 238-246.
[102] 王昌佐，王纪华，王锦地，等. 裸土表层含水量高光谱遥感的最佳波段选择 [J]. 遥感信息，2003 (4)：33-36.
[103] 姜玉松. 矿业城市废弃矿井地下工程二次利用 [J]. 中国矿业，2003 (2)：61-64.
[104] 马海涛. 矿山采空区灾害风险分级与失稳预警方法 [D]. 北京：北京科技大学，2015.
[105] 刘长武，沈荣喜，潘树华. 矿山废弃地下空间的危害与利用研究 [J]. 地下空间与工程学报，2006 (S2)：1374-1378.
[106] 谢和平，高明忠，张茹，等. 地下生态城市与深地生态圈战略构想及其关键技术展望 [J]. 岩石力学与工程学报，2017，36 (6)：1301-1313.
[107] 韩运，刘钦节，吴犇牛，等. 废弃矿井地下空间旅游资源开发利用模式研究 [J]. 煤田地质与勘探，2021，49 (4)：79-85.
[108] 谢和平，高明忠，高峰，等. 关停矿井转型升级战略构想与关键技术 [J]. 煤炭学报，2017，

42（6）：1355-1365.
［109］贾悦，王伟．基于城市闭坑矿井资源开发问题的探讨［J］．科学技术创新，2019（17）：172-174.
［110］戴佳铃，李晓昭，陈家康，等．废弃矿山地下空间开发利用典型模式探究［J］．地下空间与工程学报，2021，17（1）：28-40.
［111］武志德，郑得文，李东旭，等．我国利用废弃矿井建设地下储气库可行性研究及建议［J］．煤炭经济研究，2019，39（5）：15-19.
［112］赵蕊，姚祎．中外极深地下科学实验室建设比较研究［J］．安徽建筑大学学报，2017，25（4）：74-78，89.
［113］宋守志，钟勇，邢军．矿产资源综合利用现状与发展的研究［J］．金属矿山，2006（11）：1-4.
［114］黄天勇，等．尾矿综合利用技术［M］．北京：中国建材工业出版社，2020.
［115］赵英良，邢军，孙晓刚，等．黄金尾矿资源化利用研究现状与进展［J］．有色金属（矿山部分），2016，68（3）：1-4，8.
［116］蔡清，程江涛，于沉香．细粒尾矿的定义及分类方法探讨［J］．土工基础，2014，28（1）：91-93.
［117］焦明富，姚红，薛红梅．试论矿山废石的分类及其综合利用［J］．新疆有色金属，2007（2）：8-9.
［118］杨小聪，郭利杰，等．废物资源综合利用技术丛书 尾矿和废石综合利用技术［M］．北京：化学工业出版社，2018.
［119］李章大．我国金属矿山尾矿的开发利用［J］．地质与勘探，1992（7）：25-30.
［120］张锦瑞，等．金属矿山尾矿综合利用与资源化［M］．北京：冶金工业出版社，2002.
［121］张锦瑞，王伟之，李富平，等．金属矿山尾矿资源化［M］．北京：冶金工业出版社，2014.
［122］刘志强，郝梓国，刘恋，等．我国尾矿综合利用研究现状及建议［J］．地质论评，2016，62（5）：1277-1282.
［123］范敦成．齐大山铁尾矿预富集-深度还原提铁及尾渣综合利用研究［D］．北京：北京科技大学，2018.
［124］王威，刘红召，曹耀华，等．江西某铁尾矿磁化焙烧—磁选工艺研究［J］．金属矿山．2013（12）：147-150.
［125］乔惠芳，王磊，李宗峰，等．沂南某含金尾矿综合回收试验［J］．现代矿业，2013，29（11）：173-174.
［126］王峰举．我国有色金属尾矿资源化利用现状与趋势［J］．有色金属文摘，2015，30（5）：26-27.
［127］田雨泽，邢军．综合利用采矿废渣生产烧结空心砖的研究［J］．低温建筑技术，2008，（4）：7-9.
［128］顾晓薇，艾莹莹，赵昀奇，等．铁尾矿资源化利用现状［J］．中国有色金属学报：1-29.
［129］龙涛，余斌．露采剥离废石资源化节约综合利用研究综述［J］．有色金属（矿山部分），2007（2）：14-16，34.
［130］李彬．歪头山铁矿混矿废石中铁矿石的回收方案［J］．金属矿山，2008（8）：151-152.
［131］张以河，胡攀，张娜，等．铁矿废石及尾矿资源综合利用与绿色矿山建设［J］．资源与产业，2019，21（3）：1-13.
［132］邢志杰，袁敏，赵阳，等．我国铁尾矿综合利用及产业化推广技术研究［J］．科技创新与应用，2015（24）：75-76.
［133］刘文博，姚华彦，王静峰，等．铁尾矿资源化综合利用现状［J］．材料导报，2020，34（S1）：268-270.
［134］蒋京航，叶国华，胡艺博，等．铁尾矿再选技术现状及研究进展［J］．矿冶，2018，27（1）：1-4.

[135] 鲍负，丁兴华．浅议当前我国尾矿综合利用工作的难点及重点［J］. 金属矿山，2000（8）：48-49，60.
[136] 田祎兰，任爱军，张云海，等．我国铁尾矿资源及其开发利用现状［A］. 2009年金属矿产资源高效选冶加工利用和节能减排技术及设备学术研讨与技术成果推广交流暨设备展示会论文集［C］. 中国冶金矿山企业协会，2009：105-110.
[137] 刘文刚，魏德洲，王晓慧，等．2，4-二羟基苯甲酸对赤铁矿和石英的抑制性能［J］. 金属矿山，2011（6）：67-70.
[138] 张云国．尾矿综合利用研究［J］. 有色金属（矿山部分），2010，62（5）：48-52.
[139] 万丽，高玉德．某选铁尾矿浮选锌钼试验［J］. 金属矿山，2018（11）：181-184.
[140] 江源，黄红军．贵州某钨钼矿白钨浮选试验研究［J］. 中国钨业，2012，27（1）：3.
[141] 伍红强，刘诚，陈延飞．我国钼尾矿资源综合利用研究进展［J］. 金属矿山，2018（8）：169-174.
[142] 张兆阳．德兴铜矿尾矿中铜硫组分的开发利用［J］. 矿业快报，2008，24（12）：103-104.
[143] 艾德鸿，江启平．选矿尾砂综合利用的探讨［J］. 环境工程，2002，20（5）：2.
[144] 李牟，唐小萍，李萍军，等．江西省矿山尾矿（砂）综合利用研究现状［J］. 科技视界，2013（35）：2.
[145] 李媛媛，陈亚刚，赵秋香．广东省铅锌矿尾矿调查及综合利用潜力评价［J］. 现代矿业，2017，33（6）：5.
[146] 胡贵生，章超，钱晨阳，等．钼尾矿资源综合利用最新研究进展概述［J］. 材料导报，2019，33（z2）：233-238.
[147] 于玲．钼尾矿资源综合利用最新研究进展概述［J］. 冶金与材料，2021（5）：21-22.
[148] 谢禹，叶国华，胡艺博，等．锡尾矿的资源现状、特点与再选研究进展［J］. 矿冶，2020，29（2）：7.
[149] 杨明广，黎君欢．从尾矿中回收微细粒锡石的研究与实践［J］. 大众科技，2012，14（4）：2.
[150] 周德炎，韦丽广，黄闰芝．某低品位微细泥锡石浮选新工艺研究［J］. 大众科技，2015，17（11）：46-49.
[151] 兰志强，蓝卓越，张镜翠．钨尾矿资源综合利用研究进展［J］. 中国钨业，2016，31（2）：6.
[152] 焦文亚．某白钨尾矿浮选萤石试验研究［D］. 武汉：武汉理工大学，2018.
[153] 周菁，朱一民．从黄沙坪低品位钼铋钨浮选尾矿中浮选回收萤石的试验研究［J］. 矿冶工程，2012，32（1）：29-31，35.
[154] 张国范，魏克帅，朱阳戈，等．浮钨尾矿萤石的活化与浮选分离［J］. 化工矿物与加工，2011，40（9）：6-8，12.
[155] 王学娟，刘全军，王奉刚．金矿尾矿资源化的现状和进展［J］. 矿冶，2007（2）：64-67.
[156] 刘艳杰，张建宾，尚哲．乳化-絮凝对某金尾矿中微细粒金回收的影响［J］. 金属矿山，2016（1）：81-84.
[157] 赵楠，吕宪俊，梁志强．黄金矿山尾矿综合回收技术进展［J］. 黄金，2015，36（3）：71-75.
[158] 张剑民，张金辉，高飞．金矿尾矿渣的综合利用研究［J］. 四川建材，2018，44（11）：30-37.
[159] 袁玲，孟扬，左玉明．黄金矿山尾矿资源回收和综合利用［J］. 黄金，2010（2）：52-56.
[160] 武汉地质学院矿物教研室．结晶学及矿物学［M］. 北京：地质出版社，1979.
[161] 周徇若，等．岩石物理化学基础［M］. 武汉：武汉地质学院出版社，1983.
[162] 徐惠忠．尾矿建材开发［M］. 北京：冶金工业出版社，2000.
[163] 夏荣华，朱申红，李秋义，等．矿业尾矿在建材中的应用前景［J］. 青岛理工大学学报，2007（3）：76-80.

[164] 路畅，陈洪运，傅梁杰，等．铁尾矿制备新型建筑材料的国内外进展［J］．材料导报，2021，35（5）：5011-5026.
[165] 庄孙宁．金矿尾矿制备烧结砖的试验研究［D］．重庆：重庆大学，2019.
[166] 周伟伦，廖正家，陈涛，等．利用铁尾矿制备烧结砖的可行性及烧结固化机理［J］．环境工程学报，2021，15（5）：1670-1678.
[167] 赵阳．鞍山式铁尾矿制备耐盐碱建筑用砖的研究［D］．唐山：华北理工大学，2017.
[168] 易龙生，汪洲，万磊．利用尾矿制作免烧砖的研究现状［J］．矿业研究与开发，2014，34（3）：45-50.
[169] 杨洁，徐龙华，王周杰，等．锂辉石浮选尾矿制备建筑装饰陶瓷材料及其性能［J］．化工进展，2020，39（9）：3777-3785.
[170] 王秀兰，田达威，史芮桧，等．钼尾矿制备建筑陶瓷及性能研究［J］．人工晶体学报，2017，46（8）：1517-1520.
[171] 苏青，谢红波，陈哲，等．利用废弃物锡矿尾砂制备陶瓷砖的研究［J］．硅酸盐通报，2019，38（6）：1960-1965，1971.
[172] 李辛庚，闫风洁，岳雪涛，等．陶粒混凝土的研究进展［J］．硅酸盐通报，2020，39（11）：3407-3418，3452.
[173] 童思意，刘长淼，刘玉林，等．我国固体废弃物制备陶粒的研究进展［J］．矿产保护与利用，2019，39（3）：140-150.
[174] 吴俊权，马晶，汪应玲，等．高硅铁尾矿制备陶粒工艺试验研究［J］．矿产保护与利用，2020，40（6）：126-132.
[175] 徐晶，严义云，严群，等．用离子型稀土尾矿制备多孔免烧陶粒［J］．金属矿山，2014（12）：129-133.
[176] 申艳军，白志鹏，郝建帅，等．尾矿制备混凝土研究进展与利用现状分析［J］．硅酸盐通报，2021，40（3）：845-857，876.
[177] 王威．全尾矿砂废石骨料制备高性能混凝土的研究［D］．武汉：武汉理工大学，2014.
[178] 王宇琨．以尾矿粉制球替代粗骨料的新型混凝土性能研究［D］．保定：河北农业大学，2019.
[179] Salman Siddique，Jeong Gook Jang. Assessment of molybdenum mine tailings as filler in cement mortar［J］. Journal of Building Engineering，2020，31.
[180] Zhang W，Gu X，Qiu J，et al. Effects of iron ore tailings on the compressive strength and permeability of ultra-high performance concrete［J］. Construction & building materials，2020，260：119917.
[181] 唐可，毛雪松，徐旺，等．掺铁尾矿砂细集料的水泥混凝土性能分析［J］．工业建筑，2019，49（8）：153-157.
[182] 顾晓薇，殷士奇，张伟峰，等．铁尾矿砂多元化替代方式对混凝土抗压强度影响研究［J］．矿业研究与开发，2021，41（12）：104-108.
[183] 焦向科，罗仙平，李佳，等．硅铝质尾矿基地聚合物水泥粉料的制备及其砂浆强度性能［J］．硅酸盐通报，2015，34（12）：3641-3647，3669.
[184] Gu X，Zhang W，Zhang X，et al. Hydration characteristics investigation of iron tailings blended ultra high performance concrete：The effects of mechanical activation and iron tailings content［J］. Journal of Building Engineering，2022，45：103459.
[185] 李北星，陈梦义，王威，等．梯级粉磨制备铁尾矿-矿渣基胶凝材料［J］．建筑材料学报，2014，17（2）：206-211.
[186] 王宏宇，顾晓薇，张延年，等．钢渣基多固废掺合料制备水泥砂浆及其力学性能研究［J］．金属矿山，2022（1）：53-59.

[187] 王凤丹，胥孝川，顾晓薇，等．基于不同机械活化方式的二元固废混凝土抗压性能研究［J］．金属矿山，2022（1）：65-70.
[188] 易龙生，李行，齐莉娜，等．铁尾矿用于路面基层材料的研究进展及前景［J］．矿业研究与开发，2015，35（10）：27-32.
[189] 万磊．铁尾矿用作路面基层材料的研究［D］．中南大学，2014.
[190] 曾雅钰琼，潘建平，杨秀英，等．铁尾矿在道路基层材料中的应用研究进展［J］．应用化工，2018，47（2）：358-364.
[191] 彭团儿，王玉文，郭珍旭，可用于制备发泡陶瓷的固废综合利用现状及研究进展［J］．佛山陶瓷，2020，30（2）：1-9.
[192] 彭团儿，李洪潮，刘玉林，等．工业固废制备发泡陶瓷研究及应用进展［J］．陶瓷，2019（12）：9-22.
[193] 邢军，赵英良，孙晓刚，等．外墙泡沫保温材料的技术现状及用铁尾矿试制［J］．有色金属（矿山部分），2016，68（4）：45-49.
[194] 董硕，孙晓刚，仝海伟，等．烧结助剂添加对某黄金尾砂制备发泡陶瓷的影响［J］．金属矿山，2021（9）：216-220.
[195] 孙晓刚，马征宇，赵家琪，等．黄金尾砂和煤矸石协同制备发泡陶瓷及其性能研究［J］．金属矿山，2021（8）：214-220.
[196] 吴浩，周明凯，王怀德，等．铝尾矿制备发泡陶瓷组成设计研究［J］．新型建筑材料，2020，47（8）：149-154.
[197] 孙晓刚，王海龙，邢军，等．固废制备泡沫微晶玻璃的研究进展［J］．金属矿山，2019（11）：204-207.
[198] 佟志芳，范佳乐，曾庆钋，等．利用金属尾矿制备泡沫微晶玻璃的研究现状及展望［J］．有色金属科学与工程，2020，11（2）：34-41.
[199] 孙晓刚，王海龙，邢军，等．TiO_2 对黄金尾砂微晶泡沫玻璃非等温析晶活化能的影响［J］．矿产综合利用，2021（1）：151-156.
[200] 刘军，邢军，童粤明，等．金属尾矿建筑微晶玻璃晶核剂的研究［J］．东北大学学报，1998（5）：11-14.
[201] 魏述燕．利用北京地区铁尾矿制备泡沫微晶玻璃的工艺及其性能研究［D］．北京：北京交通大学，2018.
[202] 孙强强，杨文凯，李兆．低硅铁尾矿高强度微晶泡沫玻璃的研制［J］．商洛学院学报，2020，34（4）：26-32.
[203] 范佳乐．利用钨尾矿制备泡沫微晶玻璃的研究［D］．赣州：江西理工大学，2020.
[204] 顾晓薇，王岫宇，刘剑平，等．高硅型铁尾矿砂蒸压加气轻质混凝土的制备及其性能研究［J］．金属矿山，2022（1）：35-40.
[205] 何奕锋．利用某尾矿制备纳米二氧化硅的研究［D］．广州：广东工业大学，2008.
[206] 张艳荣，张安振，张以河，等．矿物聚合材料的发展现状及应用［J］．中国建材科技，2008（3）：51-55.
[207] 白二雷，许金余，周龙飞，等．温度对地质聚合物胶凝体系激发特性的影响试验研究［J］．混凝土，2014（1）：65-67.

冶金工业出版社部分图书推荐

书　名	作　者		定价
中国冶金百科全书·采矿卷	本书编委会	编	180.00
中国冶金百科全书·选矿卷	本书编委会	编	140.00
现代金属矿床开采科学技术	古德生	等著	260.00
采矿工程师手册（上、下册）	于润沧	主编	395.00
金属及矿产品深加工	戴永年	等著	118.00
选矿试验研究与产业化	朱俊士	等编	138.00
金属矿山采空区灾害防治技术	宋卫东	等著	45.00
金属露天矿开采方案多要素生态化优化	顾晓薇	等著	98.00
地质学（第5版）（国规教材）	徐九华	主编	48.00
采矿学（第3版）（本科教材）	顾晓薇	主编	75.00
金属矿床地下开采（第3版）（本科教材）	任凤玉	主编	58.00
应用岩石力学（本科教材）	朱万成	主编	58.00
爆破理论与技术基础（本科教材）	璩世杰	编	45.00
采矿系统工程（本科教材）	顾清华	主编	29.00
矿山岩石力学（第2版）（本科教材）	李俊平	主编	58.00
采矿工程概论（本科教材）	黄志安	等编	39.00
矿产资源综合利用（高校教材）	张　佶	主编	30.00
智能矿山概论（本科教材）	李国清	主编	29.00
现代充填理论与技术（第2版）（本科教材）	蔡嗣经	编著	28.00
现代岩土测试技术（本科教材）	王春来	主编	35.00
选矿厂设计（高校教材）	周晓四	主编	39.00
矿山企业管理（第2版）（高职高专教材）	陈国山	等编	39.00
露天矿开采技术（第2版）（职教国规教材）	夏建波	主编	35.00
井巷设计与施工（第2版）（职教国规教材）	李长权	主编	35.00
工程爆破（第3版）（职教国规教材）	翁春林	主编	35.00
金属矿床地下开采（高职高专教材）	李建波	主编	42.00